U0576583

中国近代人物文集丛书

吴 棠 集

（六）

杜宏春　杜　寅 辑校

中 华 书 局

○九七 委解同治十一年京饷 暨固本饷项起程日期折

同治十一年七月十一日(1872年8月14日)

头品顶戴四川总督臣吴棠跪奏，为川省委解本年京饷暨固本饷项起程日期，恭折仰祈圣鉴事。

窃查川省本年原拨京饷银三十六万两，续拨京饷十五万两，共银四十五万两，前已解过银二十三万两。又，固本饷项月解银五千两，前已解过银二十三万两，作为同治五年九月二十一日奉文起至九年六月二十一日止四十六个月协济之项，均经先后奏报在案。伏查川省频年防边援邻，分协各省月饷暨奉拨新疆、台藏各饷，需用浩繁。去年旱潦相继，各属解款寥寥。今春米贵民饥，奏拨捐厘，兼办赈粜，至今尚未蒇事，库款倍形支绌。惟京饷为部库正供，固本亦京畿要款，仍应勉力筹解。

臣督同司道凑集津贴银七万两、盐厘银四万两，共银十一万两，以七万两作为本年原拨京饷，以足三十万两之数。其余四万两作为本年续拨京饷。又凑集盐货厘金银四万两，作为同治九年六月二十一日起，连闰至十年正月二十一日止八个月固本饷项，均饬委郫县知县陈庆熙承领，定于本年七月二十一日自成都起程。前因秦、陇交界地方回匪溃勇出没靡常，驿路时通时阻，京饷关系甚重，实难冒险径解，于去年正月间复奏请照案发商汇兑，奉旨敕部知照在案。

所有此次饷项仍发交蔚泰厚等银号汇解，委员至京兑齐，解赴户部交纳，用昭慎重，据藩司王德固、臬司英祥、盐茶道傅庆贻会详前来。臣覆查无异。除分咨外，理合恭折具奏，伏乞皇太后、皇上圣鉴。谨奏。七月十一日。

同治十一年七月二十九日,军机大臣奉旨:户部知道。钦此。①

○九八 请以李玉春等升补都司等缺折

同治十一年七月十一日(1872年8月14日)

头品顶戴四川总督臣吴棠跪奏,为拣员请补都司、守备,以资治理,恭折仰祈圣鉴事。

窃照升补重庆右营都司滑元吉,前经部议:该员于未经引见之先闻讣丁忧,应照例停升,退回守备本任。又,普安右营守备唐玉龙在任病故,经臣恭疏题报,声明遗缺扣留外补在案。查重庆三营为镇标领袖,普安悬处夷疆,操防抚驭,均关紧要,亟须实缺人员认真整顿,未便久悬。臣于通省应补都司人员内逐加遴选,虽有尽先名列在前之都司兴福、姚怀玉等,守备刘得俊、吉玉贵等,或出师外省征防,未经归标;或未娴营务夷情,难以迁就,人地均不甚相宜。

惟查有尽先都司西阳营守备李玉春,年五十五岁,四川成都县人,由行伍出师本省瞻对及浙江、云贵、湖北等省,打仗著绩,洊保守备。咸丰八年,补授绥定营守备,调补西阳营守备,护理绥定营游击,署平安、怀远两营都司。嗣以攻克云南永北厅城出力保奏,同治十年三月二十日,内阁奉上谕:李玉春着以都司尽先补用。钦此。是年九月,进京引见,蒙钦派王大臣验放请旨:李玉春着其补

① 中国第一历史档案馆藏:军机录副,档案编号:03-4949-125。

授。十六日覆奏，奉旨：依议。钦此。该员熟谙营务，拟请补授重庆右营都司。

又，查有夔州右营千总吴廷斌，年四十八岁，四川大宁县人，由行伍出师广西、湖北等省出力，拔补马边营把总。同治三年，升补夔州右营千总。该员差操勤奋，拟请升补普安右营守备。

以上二员，均系军营出力，卓著战功，距籍各在五百里以外，现在并无事故。李玉春都司名次虽非在前，惟升补守备已届十四年之久，资格最深，且已遵例引见。吴廷斌亦系六年俸满应升之员，熟悉边番情形，人地实在相需，例得声明奏请。

合无仰恳天恩，俯准以李玉春升补重庆右营都司，吴廷斌升补普安右营守备，实于营伍有裨。如蒙俞允，李玉春甫经引见回川，毋庸送部。吴廷斌俟接准部覆，再行给咨北上。是否有当，理合会同提督臣胡中和，合词恭折具奏，伏乞皇太后、皇上圣鉴训示。再，重庆右营都司系推缺，现在部中尚未推补有人，臣为整顿营伍起见，是以拣员请补，合并陈明。谨奏。七月十一日。

同治十一年七月二十九日，军机大臣奉旨：兵部议奏。钦此。①

○九九　请将孙濂休致并请简放贤员片

同治十一年七月十一日（1872 年 8 月 14 日）

再，成绵龙茂道孙濂年力就衰，于办理省城赈粜事务诸多竭蹶，经臣奏请撤任，另委候补道尹国珍接署，并查察一切经手未

---

① 中国第一历史档案馆藏：军机录副，档案编号：03-4751-057。

完事件。嗣于本年五月十二日，准兵部火票递回原片，军机大臣奉旨：着照所请，该部知道。钦此。兹据盐茶道傅庆贻查明，孙濂经手采买仓谷，内有数仓因去秋雨水过多，谷粒带潮，其折耗短缴米石业由孙濂照数折银赔还，移交傅庆贻接收库储等情前来。

臣查孙濂经手事件，虽无侵蚀情弊，惟食谷为灾赈要需，潮湿折耗，究属办理未能得宜，且该员年力已衰，难期振作。成绵龙茂道一缺，系省会首道、请旨简放之缺，必须得人而治，未便久悬，相应请旨将孙濂以原品休致，并恳迅赐简放贤员，以重职守。理合附片陈明，伏乞圣鉴训示。谨奏。

同治十一年七月二十九日，军机大臣奉旨：钦此。①

一〇〇　奏报川省同治十一年六月雨水、粮价折

同治十一年八月初一日（1872 年 9 月 3 日）

头品顶戴四川总督臣吴棠跪奏，为恭报四川省同治十一年六月份各属具报米粮价值及得雨情形，仰祈圣鉴事。

窃照同治十一年五月份通省粮价及得雨情形，前经臣恭折奏报在案。兹查同治十一年六月份成都等十二府，资州、绵州、忠州、茂州、眉州、泸州、邛州七直隶州，石砫、叙永两直隶厅，各属先后具报得雨自一二次至八次、十次不等。秧苗含苞，黄豆滋长。其通省

---

① 中国第一历史档案馆藏：军机录副，档案编号：03-4659-062。此片具奏日期未确，兹据军机处随手登记档（档案编号：03-0209-3-1111-200）校正。

粮价俱与上月相同,据布政使王德固查明列单汇报前来。

臣覆核无异。理合恭折具奏,并分缮清单,恭呈御览,伏乞皇太后、皇上圣鉴。谨奏。八月初一日。

同治十一年九月初三日,军机大臣奉旨:知道了。钦此。[①]

一〇一 呈川省同治十一年六月粮价清单

同治十一年八月初一日(1872 年 9 月 3 日)

谨将四川省同治十一年六月份各属具报米粮价值,开具清单,恭呈御览。

成都府属,价贵。中米每仓石价银三两零五分至四两九分,与上月同。大麦每仓石价银一两八钱三分至二两,与上月同。小麦每仓石价银二两一钱三分至二两三钱,与上月同。黄豆每仓石价银一两六分至二两四钱六分,与上月同。荞子每仓石价银一两一钱六分至一两七钱,与上月同。

重庆府属,价贵。中米每仓石价银二两八钱五分至三两八钱七分,与上月同。大麦每仓石价银一两六钱二分至一两九钱七分,与上月同。小麦每仓石价银二两二钱八分至二两七钱,与上月同。黄豆每仓石价银二两七钱三分至三两三分,与上月同。

保宁府属,价贵。中米每仓石价银二两六钱七分至三两三钱八分,与上月同。大麦每仓石价银一两八钱九分至二两一钱,与上月同。小麦每仓石价银二两八钱三分至三两五钱七分,与上月同。黄豆每仓石价银一两八钱三分至二两一钱三分,与上月同。

---

① 中国第一历史档案馆藏:军机录副,档案编号:03-4966-494。

　　顺庆府属,价贵。中米每仓石价银三两一钱一分至三两五钱二分,与上月同。大麦每仓石价银一两六钱一分至一两八钱,与上月同。小麦每仓石价银二两九分至二两一钱二分,与上月同。黄豆每仓石价银一两五钱五分至一两六钱七分,与上月同。

　　叙州府属,价贵。中米每仓石价银三两一钱至三两四钱,与上月同。大麦每仓石价银一两六钱六分至二两二分,与上月同。小麦每仓石价银二两一钱三分至二两六钱三分,与上月同。黄豆每仓石价银一两一钱一分至一两五钱二分,与上月同。

　　夔州府属,价贵。中米每仓石价银二两九钱至三两二钱五分,与上月同。大麦每仓石价银一两七钱八分至二两四钱六分,与上月同。小麦每仓石价银二两九钱五分至三两三分,与上月同。黄豆每仓石价银二两一钱六分至二两二钱六分,与上月同。

　　龙安府属,价贵。中米每仓石价银二两六钱至三两三钱,与上月同。青稞每仓石价银一两五钱,与上月同。小麦每仓石价银一两七钱九分至二两一分,与上月同。黄豆每仓石价银一两八钱五分至一两九钱三分,与上月同。

　　宁远府属,价贵。中米每仓石价银二两九钱三分至三两二钱六分,与上月同。大麦每仓石价银一两四钱八分至一两六钱,与上月同。小麦每仓石价银一两五钱九分至二两二钱,与上月同。荞子每仓石价银一两四钱五分,与上月同。黄豆每仓石价银一两五钱六分至一两六钱三分,与上月同。

　　雅州府属,价中。中米每仓石价银二两八钱五分至二两九钱,与上月同。小麦每仓石价银二两二钱九分至二两六钱五分,与上月同。黄豆每仓石价银一两六钱七分至二两六分,与上月同。

　　嘉定府属,价贵。中米每仓石价银二两九钱二分至三两五钱二分，与上月同。小麦每仓石价银二两三钱六分至二两七钱三分，与上月同。黄豆每仓石价银一两四钱九分至二两五分，与上月同。

潼川府属，价贵。中米每仓石价银二两九钱三分至三两二钱一分，与上月同。大麦每仓石价银一两六钱五分至一两九钱三分，与上月同。小麦每仓石价银二两一钱四分至二两四钱九分，与上月同。黄豆每仓石价银一两七钱八分至二两一钱五分，与上月同。

绥定府属，价中。中米每仓石价银二两八分至二两九钱二分，与上月同。大麦每仓石价银一两五钱七分至一两五钱八分，与上月同。小麦每仓石价银一两六钱二分至一两七钱三分，与上月同。黄豆每仓石价银一两四钱三分，与上月同。

眉州直隶州属，价贵。中米每仓石价银二两七钱八分至三两八分，与上月同。

邛州直隶州属，价贵。中米每仓石价银二两六钱八分至三两一钱一分，与上月同。大麦每仓石价银一两九钱，与上月同。小麦每仓石价银二两五钱七分，与上月同。黄豆每仓石价银二两一钱至二两二钱四分，与上月同。

泸州直隶州属，价贵。中米每仓石价银三两一钱一分至三两一钱二分，与上月同。

资州直隶州属，价贵。中米每仓石价银二两六钱至三两，与上月同。

绵州直隶州属，价贵。中米每仓石价银二两七钱七分至三两九分，与上月同。小麦每仓石价银二两三钱二分至二两四钱六分，与上月同。

茂州直隶州属，价中。中米每仓石价银二两六钱五分，与上月同。小麦每仓石价银二两六钱八分，与上月同。青稞每仓石价银二两二钱，与上月同。荞子每仓石价银一两二钱三分至一两七钱三分，与上月同。

忠州直隶州属，价贵。中米每仓石价银二两六钱二分至三两三钱，与上月同。大麦每仓石价银一两四钱六分至一两六钱，与上月同。小麦每仓石价银二两三分至二两三钱九分，与上月同。黄豆每仓石价银一两二钱七分至一两三钱七分，与上月同。

酉阳直隶州属，价贵。中米每仓石价银二两六钱三分至三两一钱三分，与上月同。大麦每仓石价银二两二钱八分至二两六钱，与上月同。小麦每仓石价银二两六钱二分至二两七钱六分，与上月同。黄豆每仓石价银一两三钱九分至一两四钱四分，与上月同。

叙永直隶厅属，价贵。中米每仓石价银三两一分，与上月同。小麦每仓石价银一两八钱一分，与上月同。荞子每仓石价银一两三钱二分，与上月同。黄豆每仓石价银一两六钱一分，与上月同。

松潘直隶厅，价中。青稞每仓石价银二两七钱六分，与上月同。荞子每仓石价银一两七钱四分，与上月同。

杂谷直隶厅，价中。青稞每仓石价银二两四钱，与上月同。荞子每仓石价银一两七钱九分，与上月同。

石砫直隶厅，价中。中米每仓石价银一两六钱四分，与上月同。大麦每仓石价银一两七钱三分，与上月同。小麦每仓石价银二两六分，与上月同。

打箭炉厅，价贵。青稞每仓石价银四两九钱，与上月同。油麦每仓石价银一两八钱一分，与上月同。

军机大臣奉旨：览。钦此。[1]

---

[1] 中国第一历史档案馆藏：军机录副，档案编号：03-4966-495。

一〇二　呈川省同治十一年六月得雨清单

同治十一年八月初一日(1872年9月3日)

谨将同治十一年六月份四川省所属地方报到得雨情形,开具清单,恭呈御览。

成都府属:成都、华阳两县得雨八次,稻谷出穗。简州得雨六次,黄豆结实。崇庆州得雨八次,田水充足。汉州得雨六次,禾苗含苞。温江县得雨五次,堰水充足。郫县得雨三次,早禾含苞。崇宁县得雨三次,秧苗吐华。新都县得雨十次,堰水充足。新繁县得雨三次,禾苗结实。彭县得雨二次,禾苗茂盛。什邡县得雨八次,早秧畅茂。

重庆府属:江北厅得雨五次,田水充足。巴县得雨一次,早禾吐穗。江津县得雨五次,早稻结实。长寿县得雨二次,早稻成熟。永川县得雨三次,禾秀成实。荣昌县得雨六次,田水充足。綦江县得雨二次,早禾结实。南川县得雨二次,早禾吐穗。合州得雨三次,禾苗含胎。涪州得雨二次,田水充足。璧山县得雨二次,田水充盈。定远县得雨三次,田亩蓄水。

夔州府属:云阳县得雨二次,早秧畅茂。万县得雨二次,禾苗结实。

龙安府属:江油县得雨六次,田堰积水。石泉县得雨五次,包谷滋长。

绥定府属:东乡县得雨三次,早秧吐穗。大竹县得雨二次,禾苗结实。太平县得雨二次,早秧含胎。

宁远府属:会理州得雨二次,禾苗扬花。

保宁府属：阆中县得雨三次，田水充足。南部县得雨二次，地土滋润。广元县得雨三次，田水充足。昭化县得雨四次，秧苗秀发。巴州得雨三次，地土滋润。剑州得雨六次，稻粟含苞。

顺庆府属：西充县得雨二次，秧苗滋长。营山县得雨二次，早禾吐穗。仪陇县得雨三次，田堰水足。广安州得雨二次，早禾含胎。岳池县得雨二次，早稻成熟。邻水县得雨四次，晚禾含苞。

潼川府属：三台县得雨五次，秧苗吐穗。射洪县得雨四次，田水充盈。盐亭县得雨二次，早稻含胎。中江县得雨三次，禾苗茂盛。蓬溪县得雨一次，田水欠足。乐至县得雨三次，秧苗吐穗。

雅州府属：雅安县得雨四次，秧苗滋长。名山县得雨二次，田水充盈。荣经县得雨二次，禾苗畅茂。芦山县得雨三次，秧苗含胎。天全州得雨二次，黄豆滋长。

嘉定府属：乐山县得雨四次，早禾扬花。峨眉县得雨三次，秧苗畅茂。洪雅县得雨五次，晚禾出穗。犍为县得雨三次，早稻成熟。荣县得雨二次，早稻将黄。威远县得雨四次，晚秧渐出。

叙州府属：宜宾县得雨三次，禾稻初黄。南溪县得雨二次，田堰积水。富顺县得雨四次，早禾结实。隆昌县得雨一次，晚禾吐穗。珙县得雨六次，秧苗扬花。马边厅得雨五次，秧苗茂盛。

资州直隶州并属：资州得雨六次，黄豆扬花。资阳县得雨五次，禾苗吐穗。井研县得雨四次，山粮结实。

绵州直隶州属：安县得雨四次，田水有余。梓潼县得雨四次，晚禾含苞。罗江县得雨二次，禾苗滋长。

忠州直隶州并属：忠州得雨三次，田水充足。酆都县得雨二次，田水充足。梁山县得雨二次，黄豆结实。垫江县得雨四次，早稻含胎。

茂州直隶州并属：茂州得雨三次,禾苗结实。汶川县得雨三次,杂粮成熟。

眉州直隶州并属：眉州得雨六次,堰水畅流。彭山县得雨五次,早禾尽出。丹棱县得雨四次,晚秧含苞。

泸州直隶州并属：泸州得雨四次,禾稻将黄。江安县得雨三次,田水充足。合江县得雨四次,田亩积水。纳溪县得雨四次,禾稻结实。

邛州直隶州并属：邛州得雨三次,田水有余。大邑县得雨二次,禾苗茂盛。

石砫直隶厅得雨七次,早稻吐穗。

叙永直隶厅并属：叙永厅得雨三次,禾苗扬花。永宁县得雨三次,黄豆滋长。

军机大臣奉旨：览。钦此。①

一〇三　奏报同治十年地丁
并十一年新赋完欠折

同治十一年八月初一日(1872 年 9 月 3 日)

头品顶戴四川总督臣吴棠跪奏,为恭报同治十年份四川征收地丁并十一年新赋完欠各数,仰祈圣鉴事。

窃照每年钱粮完欠各数目,例应于奏销时查明奏报。兹查办理同治十年奏销,据布政使王德固详称：十年额征地丁钱粮、屯租等项,共银六十万八千八百五十两零,随征加一五火耗银一十二万

---

① 中国第一历史档案馆藏：军机录副,档案编号：03-4966-496。

六十四两零，共应征收正、耗银七十六万八千九百一十五两零，实在上下两忙征完银七十一万九千九百六十五两零，续完银四万八千九百四十九两零。又，一切杂项、课税等款共银三十四万八百二十四两零，内惟高县、盐亭、南部、庆符、石泉、叙永等厅县短征未完共银五千六百八十六两零，业经另案分别参办。余俱全完。又，额征米豆一万三千三十石七斗五升零，均于奏销前扫数全完，此外并无丝毫蒂欠。至同治十一年份征收地丁钱粮、屯租等项，已据各属册报共征过银三十二万八千二百五十九两零，未完银四十四万六百五十五两零等情，造册详请具奏前来。

臣查川省钱粮，历系年清年款，同治十一年新赋现在完将及半，其未完银两仍当督饬藩司严催各属赶紧征解，断不致稍有延欠。除恭疏具题并将清册送部外，理合循例缮折具闻，伏乞皇太后、皇上圣鉴。谨奏。八月初一日。

同治十一年九月初三日，军机大臣奉旨：户部知道。钦此。①

一〇四　请以杨昌锦补授新津县知县折
同治十一年八月初一日(1872年9月3日)

头品顶戴四川总督臣吴棠跪奏，为拣员请补知县员缺，以资治理，恭折仰祈圣鉴事。

窃照成都府属新津县知县粟增耀回避，遗缺扣留外补，前经臣以即用本班尽先补用知县刘济瀛题补，嗣准部咨：查终养、改教、撤回、降补、回避五项缺出，即将候补、即用两项相同轮用通行各省在

① 中国第一历史档案馆藏：军机录副，档案编号：03-4859-003。

案。川省于同治七年四月出射洪县改教一缺，用即用先黄起元请补，积即用之缺。今者新津县回避遗缺，轮应候补班，应用候补班前与候补正班人员，酌量补用。所请以即用班先知县刘济瀛补授新津县之处，应毋庸议。行令另拣合例人员酌补，遵照定限，专折具奏等因。查新津县为川南通衢，差操纷繁，民情浮动，必须老成持重之员，方足以资治理。

臣督同两司于候补班前及候补正班知县内，逐加遴选，查有候补正班补用知县杨昌锦，现年六十岁，原名际昌，贵州平越州廪生，道光丁酉科拔贡，朝考引见，奉旨以知县用，签掣湖北，题补京山县知县。到任捐修城工出力，保加知州衔，在任七年，堤防稳固，奉旨以应升之缺升用。道光三十年，丁父忧，接丁母艰，服满起复，遵例捐指四川。咸丰十年，调取进京。十一年十一月二十五日，蒙钦派王大臣验放，奉旨准其以知县归候补班补用，同治元年二月十四日到省。二月初一日，接准部咨，分发四川归候补班补用。核计到省在先，出缺在后。该员年健才优，以之请补新津县知县，实堪胜任。即积候补之缺，该员向未在川先行流寓寄籍、置买田产、与本身父子、胞兄弟、胞伯叔侄开设典铺及各项经营贸易，暨在各衙门襄办刑钱事件，业已取结详咨，并无例应回避之人及捐免回避情事，与例相符，据藩、臬两司会详前来。

合无仰恳天恩，俯准以候补知县杨昌锦补授新津县知县，实于地方有裨。至该员系候补知县请补知县，例不开叙参罚，且衔缺相当，毋庸送部引见，仍照例试俸三年，请销试字。是否有当，理合恭折具陈，伏乞皇太后、皇上圣鉴，敕部议覆施行。再，此案于同治十一年五月二十三日接准部咨，坐四月二十六日，应扣至六月初六日作为奉文日期，再按川省定限七十日，应扣至八月十六日限满。今该司等于七月十一日详员请补,系在限内,合并陈明。谨奏。八月初一日。

同治十一年九月初三日,军机大臣奉旨:吏部议奏。钦此。①

一〇五 请以金凤洲升补巴州知州折

同治十一年八月初一日(1872年9月3日)

头品顶戴四川总督臣吴棠跪奏,为拣员请补要缺知州,以资治理,恭折仰祈圣鉴事。

窃照保宁府属巴州知州陈洪绪于同治十一年五月初八日丁父忧,例应以该员丁忧本日作为开缺日期,经臣恭疏题报,声明所遗巴州知州缺,系繁、疲、难兼三要缺,应在外拣员调补。嗣因通省府属知州内调补乏员,经臣以候补班前先用知州吴昶请补,前于同治十一年六月初一日接准部咨,以该员补行甄别已在请补巴州知州,经部议驳之后,核与定章、成案不符,仍令另拣合例人员请补等因。

臣督同藩、臬两司在于通省现任候补各知州内,逐加遴选,非现居要缺,即人地未宜,实无合例堪以调补之员。其应升卓异班内,虽有由山西改选来川之犍为县知县林之洛,民情未熟,与是缺不甚相宜。此外,知县班内并无卓异已经引见回省应行先尽升用之员。惟查有劳绩保举尽先前补用知县南江县知县金凤洲,现年四十九岁,直隶附生,道光乙酉科举人,拣选知县。因防守天津出力保奏,以知县尽先选用,签掣今职。亲老告近,改掣

---

① 中国第一历史档案馆藏:军机录副,档案编号:03-4660-017。

山西定襄县知县，未及引见，丁忧，服满起复，坐选今职，咸丰十一年八月二十一日到任。因收复汉南郡县出力保奏，同治四年五月初五日，奉上谕：着以知县仍归四川尽先前补用。七年，大计保荐卓异，接准部覆。该员年力富强，办事明敏，久历边要，治理裕如，以之升补巴州知州，实堪胜任。其正、署各任内并无降革、留任、展参及承缉盗劫已起四参案件，亦无经征钱粮不及七分。其余因公处分，例免核计。罚俸银两，饬催完缴。历俸早满三年，曾经保举尽先前补用知州并大计保荐卓异，与升补之例相符。惟调缺请升例应声明奏请，据藩司王德固、臬司英祥会详前来。

合无仰恳天恩，俯念员缺紧要，准以劳绩尽先前补用知州南江县知县金凤洲升补巴州知州，洵于地方有裨。如蒙俞允，俟接准部覆，再行给咨送部引见。所遗南江县知县缺系简缺，应归部选，川省现有应补人员，应请扣留外补。是否有当，理合恭折具陈，伏乞皇太后、皇上圣鉴训示。再，此案系由部驳回另补，应请毋庸扣限，合并陈明。谨奏。八月初一日。

同治十一年九月初三日，军机大臣奉旨：吏部议奏。钦此。①

一○六　奏报汤似慈等员期满甄别片

同治十一年八月初一日(1872年9月3日)

再，查吏部奏定章程：州、县、丞、倅，无论何项劳绩保奏归入候补班者，以到省之日起，予限一年，令督抚详加察看，出具切实考

① 中国第一历史档案馆藏：军机录副，档案编号：03-4660-018。

语,奏明分别繁简补用等因。遵照在案。兹查有候补班前先补用知县汤似慈、候补前先用通判周溱、候补班前先补用知县胡寿昌三员,均到省均一年期满,自应照章甄别,据布政使王德固、按察使英祥造具该员等履历清册会详前来。

臣查该员汤似慈,年壮才明,请留川以繁缺知县补用;周溱办事勤奋,请留川以繁缺通判补用;胡寿昌才具稳练,请留川以繁缺知县补用。除将该员等履历清册咨部外,理合附片陈明,伏乞圣鉴。谨奏。

同治十一年九月初三日,军机大臣奉旨:吏部知道。钦此。[①]

一〇七　委令张桐等署理知府等缺片

同治十一年八月初一日(1872 年 9 月 3 日)

再,保宁府知府福兆在任俸满,并保荐卓异,现已并案给咨引见,所遗保宁府员缺,应即委员接署。查该府管辖二州七县,界连关陕,现值陇回未靖,游勇奸匪,时虞窜越。外防内抚,均关紧要,必须老成练达之员,方足以资整饬。查有候补知府张桐,才具明敏,有守有为,堪以委署。又,郫县知县陈处熙委解京饷遗缺,查有汶川县知县屈秋泰,堪以调署。该员正、署各任内并无经征钱粮未完展参及承缉盗劫已起四参案件,据藩、臬两司会详前来。除分饬遵照外,理合附片陈明,伏乞圣鉴。谨奏。

---

①　中国第一历史档案馆藏:军机录副,档案编号:03-4660-015。此片具奏日期未确,兹据军机处随手登记档(档案编号:03-0209-3-1111-230)校正。

同治十一年九月初三日，军机大臣奉旨：知道了。钦此。①

一〇八　酌补川军欠饷以资遣散折

同治十一年八月十三日(1872 年 9 月 15 日)

头品顶戴四川总督臣吴棠跪②奏，为援黔川军戡定苗疆，现在筹议酌补欠饷，以资遣散，恭折驰陈，仰祈圣鉴事。

窃臣前于同治九年九月间，会奏改拨协黔的饷，请旨敕下贵州提督周达武，驰赴本任，接办军务。旋蒙俞允，并准令列衔奏事。迨十年夏秋之交，兵力不敷分布，由臣奏明，酌拨川军、楚勇一千人，交久历行阵之提督胡国珍等管带，赴黔助剿。迭经周达武咨呈，自统师入黔以来，收抚八寨降苗，平定都匀全境，以及攻拔麻哈州、清平、黄平、重安江诸城，并会剿牛角坡等处贼寨各情形，均经会同贵州抚臣曾璧光，缕晰陈明各在案。兹据贵州提督周达武暨续派赴黔助剿之提督胡国珍等先后驰报：剿除牛角坡逸匪，攻拔香炉山坚巢，并生擒首逆高禾欧、保降等，分别凌迟斩决，下游一律肃清等情。所有详细战状，业经周达武会同曾璧光由驿奏报，无俟渎陈。

惟查苗、教各匪倡乱黔南，于今十有八年。郡县不守，兵饷两穷。自同治初年，前四川督臣骆秉章有先黔后滇之议。六年，前成都将军臣崇实于蜀督任内，遂大举援黔。至七年秋，臣持节来川，

---

① 中国第一历史档案馆藏：军机录副，档案编号：03-4660-020。此片具奏日期未确，兹据军机处随手登记档(档案编号：03-0209-3-1111-230)校正。

② 此前衔系推补。

相与殚思竭虑，调饷征兵。计抽拨楚营，招抚降众，不下二万人。督饬道员唐炯等，剿除教匪，将乌江北岸一律廓清。九年，奏请提督周达武接办军务，统带武字马步川军五千九百人，月协之饷五万八千两，并咨会添募新军，补其不足。十年，复檄派提督胡国珍等，率领楚勇一千人，赴黔助剿。竭一省之财力，专注苗疆。前后出师至数万之众，用饷至数百万之多。今幸仰赖圣主福威，始克收此寸效。臣忝膺疆寄，蒿目时艰，窃念蜀民之困于转输非一日矣。虽屡有裁勇节饷之举，而四邻之望助于川者，则尤以黔饷为大宗。上年，偶值偏灾，办理倍形竭蹶，仍不得不多方筹画，如数供支。诚以功在垂成，弃之可惜故也。兹值苗疆戡定，上游兴义府城，经川军将领何世华等约会滇军，一鼓克之，仅余蔀尔新城，不难克期规复。曾璧光等则请催四月以前欠饷，以为遣撤兵勇之用。户部则请将五月以后协饷，仍按原拨数目，源源报解。俟贵州兵勇裁撤、边清大定之后，再行停协。钦奉谕旨饬催：依议。恭录飞咨钦遵办理前来。

臣愚以为川之于黔，援兵协饷，尽心力而为之，非他省可比。即以月协之饷五万八千两而论，从九年冬季起解至本年三月底止，连续派助剿两营勇粮已解过银一百余万两，并无积欠。所谓欠饷者，则系周达武驻川防边之日历年欠拨月饷，亦有二十三万零。刻下既须裁撤勇丁，即不能不酌补欠饷。而补饷裁勇之后，即无须月协的饷银五万八千两之多。细绎曾璧光等疏内所称各省协饷，惟四川源源筹拨，及裁留勇丁数目，言之甚详。部臣亦谓贵州兵勇裁撤之后，再行停协，于今日事情均属不谋而合。

臣权衡缓急，酌剂盈虚，拟请将四月份协黔的饷五万八千两，仍饬司照章筹拨，并将周达武在川欠发月饷内，先行酌补银五万

两,共计凑拨银十万八千两,即日委员解黔,以资遣散。此后月协
的饷,纵不能全停,亦应量为核减,俾可腾出饷项,清还周达武旧
欠。再有余力,拟请查照部臣续议月协黔饷二万之数与西征粮台
及淮饷、滇饷,一体均匀拨解。盖黔省善后事宜,业经曾璧光于催
拨江西专饷内划出,并由四川等省各代还银四万两,以备开办。其
余留防兵勇二三万人,有各省协饷作抵,逐加裁汰,可望饱腾。

臣于黔省军情尚为晓悉,周达武又系旧时部将,何能漠不相
关。故当逆苗猖獗之时,不惜精兵重饷,速其成功。今捷报频闻,
边地瞬将大定,更何敢稍有推诿,有误事机。惟当畛域不分,始终
无间,激扬士气,扫荡余氛,以冀仰酬高厚于万一。所有援黔川军
戡定苗疆,现在筹议酌补欠饷、以资撤遣缘由,理合恭折驰陈,伏乞
皇太后、皇上圣鉴训示。

再,续派赴黔助剿之武字副前营、经武左营川军一千人,现值
苗疆戡定,裁撤勇丁,拟请檄调回川。合并声明。谨奏。

同治十一年八月十三日,由驿具奏,于本年九月十六日,准兵
部火票递回原折,后开军机大臣奉旨:知道了。钦此。①

【案】均经会同贵州抚臣曾璧光,缕晰陈明各在案:同治十
一年五月二十七日,贵州巡抚曾璧光会同贵州提督周达武
奏曰:

贵州巡抚臣曾璧光、贵州提督臣周达武跪奏,为克复麻哈
州城,肃清全境,尤为出力各员,今单恳恩奖励,恭折奏祈圣
鉴事。窃臣等奏报克复麻哈州城池,廓清州属地寨,直抵下

---

① 吴棠等:《游蜀疏稿》,第603—616页。

司,扼河而军一折,同治十年九月初十日,奉上谕:剿办尚属得手,其余出力员弁准由曾璧光择尤保奖,毋许冒滥等因。钦此。仰见圣恩高厚,不没微劳,臣属戎行莫不同深钦感。伏查麻哈州,界接都匀,旁连丹、凯,地险城坚,久为逆匪盘踞。而境内地寨林立,贼股尤繁,纵横数百里,蜂屯蚁聚,均与城贼联为一气,互作党援。欲复苗疆,必须先拔此城,方能以次进取。当经臣等筹定机宜,督饬各军,分道并进,合力攻剿,于转旬间立将州城克复,逆酋授首,远近各寨巢悉就平毁,群贼殄灭殆尽,州境一律肃清。各营将士当暑盛瘴作之时,乃能不避艰险,冲锋冒镝,奋力图功,均各著有微劳。据各营属将在事出力员弁、勇丁查明开报前来。臣等详加覆核,除总兵邓千胜等业经随折声明、仰邀恩奖,其出力稍次者已酌予记功不敢滥列外,谨将尤为出力文武官绅拟请升阶、班次、勇号、衔翎、封典,缮具清单,恭呈御览,并将请以千总、外委拔补之员兵练团另行开单,咨部注册,合无吁恳天恩,俯准分别奖恤,用昭激劝。所有遵保复城平贼尤为出力之文武官绅汇单请奖缘由,谨合词恭折具奏,伏乞皇太后、皇上圣鉴训示。谨奏。五月二十七日。同治十一年六月二十二日,军机大臣奉旨:钦此。①

一〇九　奏报出省查阅营伍日期折

同治十一年八月十三日(1872年9月15日)

头品顶戴四川总督臣吴棠跪奏,为恭报臣出省查阅营伍日期,

---

① 中国第一历史档案馆藏:军机录副,档案编号:03-4750-036。

仰祈圣鉴事。

　　窃臣于上年钦奉谕旨,查阅川省营伍。其时因兼署成都将军印务,公事较繁,未便遽行出省。今春交卸将军印务,又值川中粮价高翔,民情竭蹶,奏拨银两,放粥平粜,诸须悉心经理,俟救荒诸务渐有成规,即行出省阅兵,先后奏明在案。臣现将应办事宜赶紧清厘,即于八月十七日自省起程,先至川北,次至川东,挨次查阅各镇营伍。所有臣衙门日行事件,饬委藩司代行。招审案件并令该司代为勘审,俟臣回省覆核,分别题咨。其紧要事件,仍随时包封送臣行次,亲自核办。

　　所有臣出省查阅川北、川东营伍日期,理合恭折具奏,伏乞皇太后、皇上圣鉴。谨奏。八月十三日。①

　　同治十一年九月初二日,军机大臣奉旨:知道了。钦此。②

一一〇　请准提督陈希祥回籍葬亲片

同治十一年八月十三日(1872年9月15日)

　　再,统领达字营川军提督陈希祥前于同治九年七月间禀报丁生母忧,恳请回籍守制葬亲等情。维时,黔省苗疆正当军事倥偬之际,经臣会同前任成都将军臣崇实奏准,留营统兵,以资臂助。嗣因请旨敕下贵州提督周达武驰赴本任,接办军务,并声明将达字等营调回川省,以固边防各在案。该提督陈希祥朴诚果毅,练习戎机,自前督臣骆秉章由营官擢居将领,累著战功。近年移扎广元、

---

① 此具奏日期据军机处随手登记档校补。

② 中国第一历史档案馆藏:军机录副,档案编号:03-4767-100。此折具奏日期脱落,兹据军机处随手登记档(档案编号:03-0209-3-1111-229)校补。

平武两县地方,防剿秦、陇回逆,查拿游匪,绥靖岩疆,深得其展布从容之力。兹以邻氛渐息,复请给假葬亲,遴员暂行代理营务,情词迫切,出于至诚。

臣伏查河回抚局初定,此后安排降众,遣散勇丁,蜀、陇唇齿相依,弹压稽查,在在均关紧要,似未便遽议撤防。该提督陈希祥将届服阕之期,母丧未葬,情实堪矜!合无吁恳天恩,俯准赏假三个月,俾提督陈希祥得以迅速归葬,并补行穿孝,即在湖南原籍地方报明起服,仍回川省接统营务。其所部达字营勇丁,拟交后营副将田应豪暂行代理,以专责成。理合附片陈明,伏乞圣鉴训示。谨奏。

同治十一年九月初二日,军机大臣奉旨:着照所请,兵部知道。钦此。[①]

一一一　奏请赏还道员唐炯顶戴片

同治十一年八月十三日(1872年9月15日)

再,道员唐炯前办黔省军务,因擅自移师,经臣会同前成都将军臣崇实专折奏参,奉旨:着先行摘去顶戴,以示薄惩等因。钦此。当即恭录行知在案。惟查川军援黔之始,上游乌江一带,号匪、教匪与逆苗勾结横行,边疆震动。唐炯累战皆捷,次第削平,俾周达

---

① 中国第一历史档案馆藏:军机录副,档案编号:03-4676-054。又,吴棠等:《游蜀疏稿》,第593—597页。其尾记曰:"同治十一年八月十三日,由驿附奏。于本年九月十六日,在隆昌县途次准兵房火票递回原片,后开军机大臣奉旨:着照所请,兵部知道。钦此。"此片具奏日期,中国第一历史档案馆藏军机录副目录为"同治十一年九月初二日",即把奉旨日期作为其奏时间,未确。手稿所载"同治十一年八月十三日"与军机处随手登记档(档案编号:03-0209-3-1111-229)一致,当是。

武得以专力下游，亟图扫荡，似未便以一眚而遽掩成劳。刻当苗疆戡定之时，各将领迅奏肤功，同膺懋赏，合无吁恳天恩，俯准将道员唐炯赏还顶戴，出自逾格鸿慈，理合附片陈明，是否有当，伏乞圣鉴训示。谨奏。

同治十一年八月十三日，由驿附片具奏，于本年九月十六日，在隆昌县途次准兵部火票递回原片，后开：军机大臣奉旨：唐炯着赏还顶戴，该部知道。钦此。①

一一二　续拨协黔的饷委解起程日期折

同治十一年八月十三日（1872 年 9 月 15 日）

头品顶戴四川总督臣吴棠跪奏，为续拨本年三、四月份协黔的饷委解起程日期，恭折仰祈圣鉴事。

窃臣钦奉寄谕：周达武所需饷银五万八千两，由川按月筹拨，解赴贵阳省城等因。钦此。遵将同治九年冬季起至同治十一年二月止，应拨饷银一百零一万五千两，先后具奏解交各在案。嗣据周达武函称：剿办下游苗疆，正在得手，并须抽拨兵勇，驰赴上游兴义府属之新城地方，助剿逸回，需饷万分吃紧，情迫词真。当经督饬藩司王德固于左支右绌之时，作移缓救急之计，即在盐货厘金项下，预提银五万八千两，作为同治十一年三月份协黔的饷，檄委试用通判吴寿枟、大挑知县郑廷卿管解，于七月初十日自省起程。兹复接周达武来函，②据称苗疆戡定，下游一律肃清。各省俱无饷

---

① 吴棠等：《游蜀疏稿》，第 595—602 页。

② "来函"，《游蜀疏稿》作"来缄"。

到,惟川省关怀大局,接济源源。现计陆续遣撤黔勇近四十营,所留之新老各营,一俟降众安排就绪,当视协饷之丰歉,分别撤留,亟盼早为拨饷等语。

臣维新城未下,征兵待饷固殷,而苗疆善后事宜,则在抚而不在剿。其伤残将弁与羸弱勇丁,多为一月之留,即多糜累万之饷。必得迅筹巨款,酌量遣归。蜀中虽库款空虚,亦不得不设法腾挪,始终其事。复饬据藩司详请,筹拨同治十一年四月份协黔的饷银五万八千两,委员试用同知邵秉文、候补通判杨鸿藻,定期于八月十一日自省起程,解赴贵州,统交周达武军营,以为撤遣勇丁之用。

除分咨外,所有续拨本年三、四月份协黔的饷委解起程日期,理合恭折具陈,伏乞皇太后、皇上圣鉴。谨奏。八月十三日。

同治十一年九月初二日,军机大臣奉旨:知道了。钦此。①

一一三 奏报军饷不继拟请举办捐输折

同治十一年八月十三日(1872年9月15日)

头品顶戴四川总督臣吴棠跪奏,为川省军饷、协饷均已不继,请再援案筹备捐输一次,以资接济,恭折仰祈圣鉴事。

窃查川省频年办理防剿,援邻助饷,库储悉索无遗,不能不借捐输以资周转。去冬续办酌捐,因值旱涝之后,体察被灾之轻重,分别减免,以致本年收款愈少,支款愈绌。现计各路防勇,尚有达

---

① 中国第一历史档案馆藏:军机录副,档案编号:03-4950-031。又,吴棠等:《游蜀疏稿》,第617—623页。其尾记曰:"同治十一年八月十三日,由驿具奏。于本年九月十六日,在隆昌县途次准兵部火票递回原折,后开军机大臣奉旨:知道了。钦此。"

字五营、律武六营，分布川、陕边境，以遏陇回东窜之路。其振武六营、忠字一营、新字两营，分扼叙南西、涪各隘，以固滇、黔边防。而以虎威宝四营驻扎彰明一带，联络策应。又有武安、定边、裕字、亲兵等七营，暨越巂、马边、雷波、峨边各厅招募勇练三千余名，或分防边要，或驻守夷疆。统计尚有三十余营，均难遽撤。其省城旗、绿各营抽练精兵及四镇抽练之师不在此数，各军饷需、军火所费不赀。至于援黔武字并续赴黔省之经武及武字副前各营月饷仍由川省供支，并陆续补发旧欠，加以台藏、新疆、甘肃、云南各处催提协饷，纷至沓来。现在各邻省军务日有起色，需饷甚殷，不得不力筹兼顾。本年奉拨京饷及积欠固本兵饷，尤属万不可缓之款，所收津贴、捐输、盐货厘金，均已随到随用，毫无存积。综计年内必不可少之需，除有款可指外，约短一百余万两，而来年应需经费尚不在内。若不通盘筹算，早为之计，临时设有贻误，关系匪轻。

臣督同在省司道公同会议，惟有按照历办成案，劝谕通省绅民仍筹备捐输一次，以资接济。查川省上年旱涝频仍，今春米粮昂贵，幸各属赈粜兼施，民生赖以安业。现在雨旸时著，秋稼丰收，体察舆情，尚可遵办。应请饬令各厅州县富户粮民，量力捐输，仍照例办章程，计粮数之多寡，定捐之等差。如有中等之户只能捐银数两或十数两不敷议叙者，亦一律收缴，俾免阻其报效之忧，仍汇计银数，加广学额。至零星小户，一概免捐，总期于饷有济，于民无扰，据省局司道详请具奏前来。

臣覆查该司道所请，系为勉筹军饷起见，似应照办，以维大局。第念自军兴以来，劝办捐输已逾十稔，绅粮竭蹶输将，不能不量予体恤。今岁收获虽丰，而承去年灾欠之余，犹恐民力不逮，是以现办捐数，仍照上年普捐切实核减，并将边瘠州县照旧免捐，庶于筹饷之中,仍寓恤民之意。其协济各省之款,亦惟有量入为出,尽力匀拨,以期兼顾。是否有当,理合恭折具陈,伏乞皇太后、皇上圣鉴训示。谨奏。八月三十日。

同治十一年九月初二日,军机大臣奉旨:户部知道。钦此。①

一一四 委解新疆协饷起程日期折

同治十一年八月十三日(1872年9月15日)

头品顶戴四川总督臣吴棠跪奏,为委解新疆协饷起程,赴察哈尔交收转解,恭折仰祈圣鉴事。

窃臣承准军机大臣字寄:同治十一年六月初一日,奉上谕:景廉现拟采买驼只及筹拨军装等项,需款甚急,着于各该省欠解新疆军饷及景廉协饷内,无论如何为难,各先行筹拨银六七万两,迅速解至察哈尔收存等因。钦此。伏查川省奉拨新疆协饷,前于本年四月二十八日筹拨银二万两,派委成禄所遣催饷委员,解赴甘肃后路粮台,交道员萧宗幹查收,转解景廉、成禄两营分别支用,经臣附奏在案。现在川省津贴、捐输、厘金各项,因上年迭遭水旱,征收减色,而应解各省协饷,为数过多,度支万分掣肘。惟大局攸关,不得不勉力拨解。查察哈尔地方在山西口外,离川甚远,所过秦、陇接壤之地,回氛未靖,溃匪游勇,出没靡常。若委员运解实银,轻临不测之地,实觉在在堪虞。

臣与藩司悉心筹商,挪凑厘金银三万两,作为同治七年三、四、五月份协饷,拟请援照京饷发商汇兑成案,饬委试用知县糜献珍承

---

① 中国第一历史档案馆藏:军机录副,档案编号:03-4950-032。

领，发交商号汇兑，取具兑票收执，定于本年七月二十六日自成都起程，解至察哈尔，交都统衙门兑收转解，以昭慎重而免疏虞。除分咨外，所有委解新疆协饷起程日期，理合恭折陈明，伏乞皇太后、皇上圣鉴。谨奏。八月十三日。

同治十一年九月初二日，军机大臣奉旨：知道了。钦此。[1]

【案】景廉现拟采买驼只：关于购备驼只情形，同治十一年三月二十五日，乌鲁木齐都统景廉奏报曰：

再，奴才前经奏明在科布多借款，采买驼、牛、羊只以应急需在案。本年二月初二日，接准前任科布多帮办大臣文硕咨称：据采买牛羊主事职衔富勒珲覆呈：前议以银五千两买定牛一百三十条、羊三千只，刻下均已齐备，恳请交领。经本大臣传知原差五品军功李天秩速为定日，护解起程。旋据李天秩禀称：时届隆冬，沿途冰雪甚大，羊只恐多倒毙，请缓至春融，再行起解。查该军功所禀尚系因公起见，除将羊只暂缓起解外，合将此项牛一百三十条并筹备驼一百五十只交该军功，并添派五品顶戴委署笔帖式萨拉哈本带兵九名，协同护解赴坤。据差弁守备杨秉仁禀称：守备会同科布多派出之笔帖式墨麟，办买驼一百五十八只，亦交李天秩一并解运回营各等因。嗣于二月初十日，据笔帖式萨拉哈本、军功李天秩解到牛一百三十八条、驼三百零八只到坤，奴才当即委员验收，将解到牛只并在坤采买牛只随时发给前敌各营屯工，以资春种。其驼只远道行走，且值春乏之

---

[1]　中国第一历史档案馆藏：军机录副，档案编号：03-4950-033。

时，长途戈壁，水草不足，若遽行驼运，必多疲毙。奴才饬令粮台委员，酌量挑出健壮驼数十只，暂时应用。其余均就水草茂盛之处，妥为牧放，缓急仍由奴才咨会科城参赞、帮办大臣饬属续行采办驼牛，务符原奏之数，以资要需。伏思兵行粮随，运脚最关紧要，将来大兵云集，采买之驼断不敷用，仍应设法筹画。奴才前因驼只久未解到，官军西进，并转运军火、粮石等项需用运脚甚亟，是以劝谕商户，官为发价，雇觅车驼。刻下驼只虽到，一时尚不能驮载，犹须雇觅应用。第巴里坤地方户民稀少，商贩无多，所有雇觅车驼不过挪凑敷衍，暂为顾持，能否经久，未敢豫定。至于应发价值，自当极力撙节，不敢稍涉糜费。奴才惟有随时斟酌情形，竭力筹措，俟办理稍有成效，再行缕晰奏明，并咨部考查，以昭核实。是否有当，理合附片陈明，伏乞训示。谨奏。同治十一年五月初六日，军机大臣奉旨：知道了。钦此。①

【案】军机大臣字寄……解至察哈尔收存等因：此廷寄《清实录》载曰：

又谕：景廉奏，筹办兵饷各事宜，并探闻乌鲁木齐军情，请饬黑龙江马队全数赴营，哈密采办军粮各折片。乌鲁木齐沦陷已久，现在逆回与安集延互相攻击，机有可乘，自应厚集兵力，迅图克复。景廉所部官军仅十余营，不敷分布，刻下秦、晋边防较松，着定安于绥远城防军内酌拨马步劲旅二千名，并派得力大员统带，前赴景廉军营，以资攻剿。景

---

① 中国第一历史档案馆藏：军机录副，档案编号：03-4832-010。此片具奏日期未确，兹据军机处随手登记档（档案编号：03-0209-2-1111-119）校正。

廉现拟采买驼只及筹拨军装等项，需款甚急，着李鸿章、吴棠、钱鼎铭、丁宝桢、鲍源深、邵亨豫、李瀚章、郭伯〔柏〕荫于各该省欠解新疆军饷及景廉协饷内，无论如何为难，各先行筹拨银六七万两，迅速解至察哈尔收存。景廉拟于此项银两内提银十万两，买驼五千只，以一半为口北、归绥两道运送米面之需，其余一半驼只，即于新调兵勇出口时，驮运军火、口粮，乘便解至景廉军营，并再提银十万两，作为官兵出口制办军装裹带之用。其余银两，分起解交景廉应用。均着照所请办理。该都统所部需用粮石，请由口北、归绥两道每月各运解京斗粟米四百石，着李鸿章、定安督饬该道照数筹办。至所请在察哈尔设立粮台，在蒙古地方采买驼只，转运军粮，及征兵出口事宜，责成一手经理等语。着李鸿章、额勒和布会商办理。乌噜木齐回逆约会乡团徐学功，同攻安集延，是否该逆有悔罪投诚之意，如果真心向化，献出城池，不妨赦其前罪，予以自新。着景廉相机妥办。所请将徐学功等分立营名，仍着饬令张玉春等妥为钤束，以资得力。科城截留黑龙江马队，前据奎昌等奏到，未经允准。此项马队着奎昌、多布沁扎木楚、志刚、常顺、保英饬令吉尔洪额，星速统带前进，毋稍迟延。景廉军营需粮甚多，不能尽由内地运解，若就给哈密一带采买，自较便捷。着文麟遇有景廉委员赴哈采粮，或左宗棠派员出关，即行妥为料，督饬设法赶办，不得稍存膜视，致误军糈。将此由六百里各谕令知之。①

---

① 《穆宗毅皇帝实录（七）》，卷三百三十五，同治十一年六月，第420—421页。

一一五　委解淮军饷项起程日期片

同治十一年八月十三日(1872年9月15日)

再,臣承准军机大臣字寄:同治九年十月二十六日,奉上谕:李鸿章奏,淮军月饷,每月加拨四川三万两,此项月饷均系有着的款,岂可稍令短绌。着吴棠照原拨淮军额款,按月如数筹解,无稍缺误,以济要需等因。钦此。伏查淮军月饷,前经十二次解过银四十五万两,先后奏报在案。连年川省奉拨京、协各饷及援邻勇粮、军火,支用浩繁,惟恃捐输、厘金借资周转。无如上年旱潦相继,今春米粮昂贵,办理赈粜,酌减捐厘,征解减色,库储竭蹶,实有自顾不暇之势。第此项协饷为畿辅、江、鄂各军要需,大局攸关,不能不尽力腾挪。

兹复督同藩司凑集厘金银三万两,饬委候补通判王鸿儒、试用巡检刘恒安承领,定期于七月二十九日自成都起程,解赴湖北粮台交收,拨供李鸿章所部淮军征防协饷,以济要需。除分咨外,理合附片陈明,伏乞圣鉴。谨奏。

同治十一年九月初二日,军机大臣奉旨:知道了。钦此。①

一一六　奏为汇案请奖筹饷各捐生片

同治十一年八月十三日(1872年9月15日)

再,川省前因筹办防剿,库藏支绌,兼值滇、黔边防吃重,援

---

① 中国第一历史档案馆藏:军机录副,档案编号:03-4843-008。此片具奏日期未确,兹据军机处随手登记档(档案编号:03-0209-3-1111-229)校正。

军四出，需饷浩繁，前办捐输，支用无存，经原任督臣骆秉章奏请，于同治七年展办通省捐输，借资接济，于同治六年十月二十二日奉旨允准。嗣因简州、温江等州县捐输银五十六万八千六百一十四两零，经臣将敷议叙并未广额各捐生附奏请奖各在案。兹复据成都、华阳等十七厅州县陆续收银十五万三百三十四两零，均已解司兑收，拨充军饷，统归军需项下汇案报销，内有各该厅州县捐生足敷议叙并未广额者，计银二万二千二百五十四两，造具花名、履历、银数各清册，由捐输厘金总局司道核明会详前来。

臣查册开请叙各项，核与筹饷及现行常例均属相符，合无仰恳天恩，敕部迅予核议给奖，用昭激劝，一俟接准部覆，即将此项捐输划除，不准请加学额、中额，以符定章。除将清册咨送部、监外，理合附片具奏，伏乞圣鉴训示。谨奏。

同治十一年九月初二日，军机大臣奉旨：户部核议具奏。钦此。①

一一七　奏报分解甘肃、云南协饷片

同治十一年八月十三日（1872 年 9 月 15 日）

再，查川省前次分解甘肃、云南协饷，甫于本年六月二十四日奏报起程在案。兹复准陕甘、云贵督抚臣暨办理西征粮台詹事府

---

① 中国第一历史档案馆藏：军机录副，档案编号：03-4843-009。此片具奏日期未确，兹据军机处随手登记档（档案编号：03-0209-3-1111-229）校正。

少詹袁保恒、凉州副都统额尔庆额①等各委员催提,适值川省拨解大批京饷暨分拨直隶、新疆、淮军协饷之项后,司、盐两库业已搜括一空。

臣督饬藩司催提各属捐输,勉凑银四万两,作为同治十年五月下半月起至七月上半月应协甘饷,内遵旨划扣银二万两,分济凉、庄两营兵饷,发交凉州提饷委员协领荣禧等承领,汇解回凉。余银二万两,委试用知县官政、补用县丞石清杰承领,于八月二十日自成都起程,解赴西征粮台交收。又续凑银二万两,作为协滇兵饷,委试用同知宋焯、试用通判黄忠杰,同滇催饷委员大关厅同知黄士谷承领,于八月二十日起程,解赴云南藩库交收,以应急需。除分咨外,理合附片陈明,伏乞圣鉴。谨奏。

同治十一年九月初二日,军机大臣奉旨:知道了。钦此。②

一一八　奏报罗亨奎查看期满甄别折

同治十一年八月二十八日(1872年9月30日)

头品顶戴四川总督臣吴棠跪奏,为知府到省年满,循例甄别,

①　额尔庆额(1838—1893),字蔼堂,格何恩氏,隶满洲镶白旗,墨尔根城驻防,出身披甲。咸丰九年(1859),充骁骑校,旋赏戴花翎,补委参领。同治四年(1865),保以协领即补。五年(1866),加法福灵阿巴图鲁勇号。七年(1868),晋副都统衔。九年(1870),补授佐领,兼营总。十年(1871),授黑龙江副都统。同年,调补凉州副都统。光绪三年(1877),补古城领队大臣。六年(1880),兼署科布多参赞大臣、帮办大臣。七年(1881),授科布多帮办大臣。十年(1884),兼署科布多参赞大臣。十二年(1886),补伊犁副都统。十四年(1888),授塔尔巴哈台参赞大臣。十九年(1893),卒于任。
②　中国第一历史档案馆藏:军机录副,档案编号:03-4950-027。此片具奏日期未确,兹据军机处随手登记档(档案编号:03-0209-3-1111-229)校正。

恭折仰祈圣鉴事。

窃照劳绩候补道府，到省一年期满，例应察看才具，分别堪胜繁简，专折奏闻。兹查发川候补班前先用知府罗亨奎，年四十二岁，江西举人。咸丰十年，部选四川隆昌县知县，领凭赴任，经前任督臣骆秉章奏明，管带果健营楚勇，克服湖北来凤及四川太平县城，并解井研、云阳城围，委令总理川、楚各军营务，因案革职。旋于同治五年捐复知县原官，在贵州襄办营务。复赴川随同官军擒获马边宋逆，立解城围出力，保奏俟选缺后，以同知直隶州知州尽先补用，并戴花翎。奏委总理武字全军营务，攻克越巂、普雄、石城案内，奏准免选本班，以同知直隶州知州用，加知府衔，并给祖父母、父母封典。嗣因攻克西昌、冕宁、交脚等处夷巢保奏，九年七月二十三日，奉上谕：罗亨奎着免补同知直隶州，以知府留川补用。钦此。随即离营赴部引见，奉旨：罗亨奎着准免补本班，以知府仍留四川，归候补班前先用。钦此。十年六月初八日到省，扣至十一年六月初八日一年期满，据藩、臬两司详请甄别前来。

臣察看该员罗亨奎，年强才裕，为守兼优，堪膺表率之任，请留川以繁缺补用。倘或始勤终怠，仍当随时察办，不敢稍事姑容，致滋贻误。理合循例恭折具陈，伏乞皇太后、皇上圣鉴。谨奏。八月二十八日。

同治十一年九月二十七日，军机大臣奉旨：吏部知道。钦此。①

---

① 中国第一历史档案馆藏：军机录副，档案编号：03-4660-063。

一一九　奏请添设川省乡试同考官折

同治十一年八月二十八日(1872 年 9 月 30 日)

头品顶戴四川总督臣吴棠跪奏,为川省人文日盛,乡闱试卷倍增,恳恩添设同考官,以资校阅,恭折仰祈圣鉴事。

窃查川省乡试,例定同考官十员,外收掌官二员、管卷官三员、弥封、誊录、对读官各二员。嗣因士子踊跃观光,人数增多,经原任督臣骆秉章于同治四年奏添同考官二员,弥封、誊录、对读官各一员,奉旨允准在案。现查上届甲子带补辛酉科,入场士子共一万二千二十三名;丁卯带补壬戌科,入场士子共一万三千三百六十九名;庚午科入场士子共一万四千七百四十六名。层递加增,此皆仰沐圣朝造士深仁,故人文蔚起,蒸蒸日上。明年举行癸酉科乡试,约计应试士子必更有增无减,即以庚午科试卷计之,按十二房分校,每房须分阅一千二百余卷,较之顺治二年定例每房分阅三百卷或二百五十卷,增至三倍有余,卷数既多,为期又促,诚恐校阅难精,不无遗珠之憾。

臣督同在省司道悉心商酌,合无仰恳天恩,俯念川省乡试卷数更增,准援同治四年之案,再添设同考官二员,连旧额共成十四员,用资襄校,庶免丛脞。其管卷、弥封、誊录、对读等官,各循其旧。似此因时变通,酌量举办,行见分校愈形周密,贤才咸无弃遗,于朝廷遴选大典实有裨益,据在省司道会详前来。除咨部外,是否有当,理合恭折具奏,伏乞皇太后、皇上圣鉴训示。谨奏。八月二十八日。

同治十一年九月二十七日，军机大臣奉旨：礼部议奏。钦此。[①]

一二〇　请将知县吴师贤暂留省城谳局历练片

同治十一年八月二十八日（1872 年 9 月 30 日）

再，新选荣县知县吴师贤，贵州举人，因在籍办团出力，保准以知县不论双单月选用。同治十一年正月，选授荣县知县，领凭起程，于本年五月二十日依限到省。臣查看该员人尚明白有才，惟荣县地广民稠，值去年旱涝之后，米粮昂贵，现署县沈金连月办理粜赈，尚有未完事件，应责令一手经理。吴师贤甫经到川，于地方情形不熟，未便拘泥迁就，据藩、臬两司会详前来。

相应请旨将新选荣县知县吴师贤暂留省城谳局当差，俾资历练，从缓饬赴新任，以重地方而期造就。除将文凭先行咨部外，理合附片陈明，伏乞圣鉴训示。谨奏。

同治十一年九月二十七日，军机大臣奉旨：知道了。钦此。[②]

一二一　奏报同知翁樾等期满甄别片

同治十一年八月二十八日（1872 年 9 月 30 日）

再，查吏部奏定章程：道、府、丞、倅、州、县，无论何项劳绩保奏归入候补班者，以到省之日起，予限一年，令督抚详加察看，出具切

---

① 中国第一历史档案馆藏：军机录副，档案编号：03-5004-070。
② 中国第一历史档案馆藏：军机录副，档案编号：03-4660-060。此片具奏日期未确，兹据军机处随手登记档（档案编号：03-0209-3-1111-251）校正。

实考语,奏明分别繁简补用等因。通行遵照在案。兹查有军功候补班前先用同知翁樾、候补同知直隶州知州陈堉二员,均试用一年期满,例应照章甄别,据布政使王德固、按察使英祥造具该员等履历清册会详前来。

臣查该员翁樾,年壮才明,堪以繁缺同知补用。陈堉年力正健,堪以简缺同知直隶州知州补用。除将履历清册咨部外,理合附片陈明,伏乞圣鉴。谨奏。

同治十一年九月二十七日,军机大臣奉旨:知道了。钦此。①

一二二　奏报川省同治十一年七月雨水、粮价折

同治十一年八月二十八日(1872 年 9 月 30 日)

头品顶戴四川总督臣吴棠跪奏,为恭报四川省同治十一年七月份各属具报米粮价值及得雨情形,仰祈圣鉴事。

窃照同治十一年六月份通省粮价及得雨情形,前经臣恭折奏报在案。兹查同治十一年七月份成都、重庆、夔州、龙安、绥定、宁远、保宁、顺庆、潼川、嘉定、叙州等十一府,资州、绵州、忠州、眉州、泸州、邛州等六直隶州,石砫、叙永两直隶厅,各属先后具报得雨自一二次至八、九、十次不等。早谷登场,晚稻结实。其通省粮价俱与上月相同,据布政使王德固查明列单汇报前来。

臣覆核无异。理合恭折具奏,并分缮清单,恭呈御览,伏乞皇

①　中国第一历史档案馆藏:军机录副,档案编号:03-4660-064。此片具奏日期未确,兹据军机处随手登记档(档案编号:03-0209-3-1111-251)校正。

太后、皇上圣鉴。谨奏。八月二十八日。

同治十一年九月二十七日，军机大臣奉旨：知道了。钦此。[①]

一二三　呈川省同治十一年七月粮价清单

同治十一年八月二十八日(1872年9月30日)

谨将同治十一年七月份四川省所属地方各项粮价，开具清单，恭呈御览。

成都府属，价贵。中米每仓石价银三两零五分至四两九分，与上月同。大麦每仓石价银一两八钱三分至二两，与上月同。小麦每仓石价银二两一钱三分至二两三钱，与上月同。黄豆每仓石价银一两六分至二两四钱六分，与上月同。荞子每仓石价银一两一钱六分至一两七钱，与上月同。

重庆府属，价贵。中米每仓石价银二两八钱五分至三两八钱七分，与上月同。大麦每仓石价银一两六钱二分至一两九钱七分，与上月同。小麦每仓石价银二两二钱八分至二两七钱，与上月同。黄豆每仓石价银二两七钱三分至三两三分，与上月同。

保宁府属，价贵。中米每仓石价银二两六钱七分至三两三钱八分，与上月同。大麦每仓石价银一两八钱九分至二两一钱，与上月同。小麦每仓石价银二两八钱三分至三两五钱七分，与上月同。黄豆每仓石价银一两八钱三分至二两一钱三分，与上月同。

顺庆府属，价贵。中米每仓石价银三两一钱一分至三两五钱二分，与上月同。大麦每仓石价银一两六钱一分至一两八钱，与上

---

① 中国第一历史档案馆藏：军机录副，档案编号：03-4966-509。

月同。小麦每仓石价银二两九分至二两一钱二分，与上月同。黄豆每仓石价银一两五钱五分至一两六钱七分，与上月同。

叙州府属，价贵。中米每仓石价银三两一钱至三两四钱，与上月同。大麦每仓石价银一两六钱六分至二两二分，与上月同。小麦每仓石价银二两一钱三分至二两六钱三分，与上月同。黄豆每仓石价银一两一钱一分至一两五钱二分，与上月同。

夔州府属，价贵。中米每仓石价银二两九钱至三两二钱五分，与上月同。大麦每仓石价银一两七钱八分至二两四钱六分，与上月同。小麦每仓石价银二两九钱五分至三两三分，与上月同。黄豆每仓石价银二两一钱六分至二两二钱六分，与上月同。

龙安府属，价贵。中米每仓石价银二两六钱至三两三钱，与上月同。青稞每仓石价银一两五钱，与上月同。小麦每仓石价银一两七钱九分至二两一分，与上月同。黄豆每仓石价银一两八钱五分至一两九钱三分，与上月同。

宁远府属，价贵。中米每仓石价银二两九钱三分至三两二钱六分，与上月同。大麦每仓石价银一两四钱八分至一两六钱，与上月同。小麦每仓石价银一两五钱九分至二两二钱，与上月同。荞子每仓石价银一两四钱五分，与上月同。黄豆每仓石价银一两五钱六分至一两六钱三分，与上月同。

雅州府属，价中。中米每仓石价银二两八钱五分至二两九钱，与上月同。小麦每仓石价银二两二钱九分至二两六钱五分，与上月同。黄豆每仓石价银一两六钱七分至二两六分，与上月同。

嘉定府属，价贵。中米每仓石价银二两九钱二分至三两五钱二分，与上月同。小麦每仓石价银二两三钱六分至二两七钱三分，与上月同。黄豆每仓石价银一两四钱九分至二两五分，与上月同。

潼川府属，价贵。中米每仓石价银二两九钱三分至三两二钱一分，与上月同。大麦每仓石价银一两六钱五分至一两九钱三分，与上月同。小麦每仓石价银二两一钱四分至二两四钱九分，与上月同。黄豆每仓石价银一两七钱八分至二两一钱五分，与上月同。

绥定府属，价中。中米每仓石价银二两八分至二两九钱二分，与上月同。大麦每仓石价银一两五钱七分至一两五钱八分，与上月同。小麦每仓石价银一两六钱二分至一两七钱三分，与上月同。黄豆每仓石价银一两四钱三分，与上月同。

眉州直隶州属，价贵。中米每仓石价银二两七钱八分至三两八分，与上月同。

邛州直隶州属，价贵。中米每仓石价银二两六钱八分至三两一钱一分，与上月同。大麦每仓石价银一两九钱，与上月同。小麦每仓石价银二两五钱七分，与上月同。黄豆每仓石价银二两一钱至二两二钱四分，与上月同。

泸州直隶州属，价贵。中米每仓石价银三两一钱一分至三两一钱二分，与上月同。

资州直隶州属，价贵。中米每仓石价银二两六钱至三两，与上月同。

绵州直隶州属，价贵。中米每仓石价银二两七钱七分至三两九分，与上月同。小麦每仓石价银二两三钱二分至二两四钱六分，与上月同。

茂州直隶州属，价中。中米每仓石价银二两六钱五分，与上月同。小麦每仓石价银二两六钱八分，与上月同。青稞每仓石价银二两二钱，与上月同。荞子每仓石价银一两二钱三分至一两七钱三分，与上月同。

忠州直隶州属，价贵。中米每仓石价银二两六钱二分至三两三钱，与上月同。大麦每仓石价银一两四钱六分至一两六钱，与上月同。小麦每仓石价银二两三分至二两三钱九分，与上月同。黄豆每仓石价银一两二钱七分至一两三钱七分，与上月同。

酉阳直隶州属，价贵。中米每仓石价银二两六钱三分至三两一钱三分，与上月同。大麦每仓石价银二两二钱八分至二两六钱，与上月同。小麦每仓石价银二两六钱二分至二两七钱六分，与上月同。黄豆每仓石价银一两三钱九分至一两四钱四分，与上月同。

叙永直隶厅属，价贵。中米每仓石价银三两一分，与上月同。小麦每仓石价银一两八钱一分，与上月同。荞子每仓石价银一两三钱二分，与上月同。黄豆每仓石价银一两六钱一分，与上月同。

松潘直隶厅，价中。青稞每仓石价银二两七钱六分，与上月同。荞子每仓石价银一两七钱四分，与上月同。

杂谷直隶厅，价中。青稞每仓石价银二两四钱，与上月同。荞子每仓石价银一两七钱九分，与上月同。

石砫直隶厅，价中。中米每仓石价银一两六钱四分，与上月同。大麦每仓石价银一两七钱三分，与上月同。小麦每仓石价银二两六分，与上月同。

打箭炉厅，价贵。青稞每仓石价银四两九钱，与上月同。油麦每仓石价银一两八钱一分，与上月同。

军机大臣奉旨：览。钦此。①

---

① 中国第一历史档案馆藏：清单，档案编号：03-4966-510。

一二四　呈川省同治十一年七月得雨清单

同治十一年八月二十八日（1872年9月30日）

谨将同治十一年七月份四川省所属地方报到得雨情形，开具清单，恭呈御览。

成都府属：成都、华阳两县得雨四次，稻谷扬花。简州得雨六次，稻谷收毕。崇庆州得雨九次，早稻黄熟。汉州得雨五次，禾苗成熟。温江县得雨三次，田水充足。郫县得雨五次，早稻成熟。新都县得雨十次，晚稻结实。彭县得雨五次，大春结实。什邡县得雨二次，早禾扬花。

重庆府属：江北厅得雨三次，早稻收割。巴县得雨二次，晚禾结实。江津县得雨四次，早稻收割。永川县得雨三次，禾苗收获。荣昌县得雨六次，田水充足。綦江县得雨二次，早稻成熟。璧山县得雨五次，早稻收割。铜梁县得雨四次，稻谷黄熟。大足县得雨二次，尚未收割。定远县得雨二次，稻谷收获。

夔州府属：万县得雨三次，棉花结实。

龙安府属：石泉县得雨五次，晚禾结实。

绥定府属：新宁县得雨三次，早稻收割。

宁远府属：盐源县得雨三次，早稻收获。

保宁府属：阆中县得雨六次，田谷成熟。广元县得雨一次，稻谷成熟。昭化县得雨四次，晚稻结实。巴州得雨三次，早稻成熟。剑州得雨三次，晚稻成熟。

顺庆府属：南充县得雨四次，早稻收割。西充县得雨四次，稻谷成熟。蓬州得雨六次，晚稻渐黄。仪陇县得雨二次，稻谷收获。

广安州得雨三次,早禾收获。岳池县得雨五次,现在收割。邻水县得雨五次,稻谷收割。

潼川府属:三台县得雨八次,稻谷黄熟。射洪县得雨四次,早禾成熟。盐亭县得雨三次,稻谷收割。中江县得雨三次,禾苗成熟。安岳县得雨一次,早谷成熟。乐至县得雨六次,早禾收割。

嘉定府属:乐山县得雨五次,早谷收割。峨眉县得雨二次,早稻结实。洪雅县得雨四次,稻谷成熟。夹江县得雨二次,早禾将黄。荣县得雨五次,稻谷黄熟。威远县得雨五次,早稻收毕。峨边厅得雨二次,黄豆结实。

叙州府属:宜宾县得雨五次,早稻登场。南溪县得雨五次,稻谷收获。富顺县得雨六次,晚禾成熟。隆昌县得雨四次,早谷登场。马边厅得雨五次,稻谷结实。

资州直隶州并属:资州得雨十次,杂粮收割。资阳县得雨五次,收获将完。井研县得雨二次,稻谷收割。仁寿县得雨八次,棉花茂盛。内江县得雨五次,早稻收毕。

绵州直隶州并属:绵州得雨三次,早稻黄熟。安县得雨八次,禾苗结实。梓潼县得雨六次,早禾成熟。

忠州直隶州并属:忠州得雨四次,田水充足。酆都县得雨五次,收割已毕。垫江县得雨一次,晚禾扬花。

眉州直隶州并属:眉州得雨四次,晚稻黄熟。彭山县得雨三次,田禾黄熟。丹棱县得雨三次,稻谷黄熟。

泸州直隶州并属:泸州得雨七次,收割已毕。江安县得雨三次,稻谷黄熟。合江县得雨三次,田亩积水。纳溪县得雨五次,早稻收毕。

邛州直隶州并属:邛州得雨三次,晚稻结实。大邑县得雨五次,堰水充足。

石砫直隶厅得雨一次,早稻收割。

叙永直隶厅并属:叙永厅得雨三次,早稻收获。永宁县得雨三次,早稻收获。

军机大臣奉旨:览。钦此。①

一二五　奏报查阅营伍情形及回省日期折

同治十一年九月二十六日(1872年10月27日)

头品顶戴四川总督臣吴棠跪奏,为查阅川北、川东营伍情形并臣回省日期,恭折仰祈圣鉴事。

窃臣奉旨查阅四川省营伍,前将出省查阅川北、川东等处营伍日期恭折陈明在案。随即轻骑简从,于八月十七日自省起程,先赴潼川营校阅,次至川北镇驻扎之保宁府,调集各外营将备、千、把、外委与镇标三营官兵,逐加考校,合操阵式,步伐合度;演放连环枪炮,声响联惯;各官兵马步箭与枪炮中靶成分,统计亦尚合式。刀矛藤牌各杂技均尚纯熟。顺道查阅顺庆官兵后,即驰赴川东之重庆府,校阅重庆镇标三营官兵及调集外营将备。各兵排演阵式,施放连环枪炮一气联络,刀矛藤牌等技亦俱便捷。官兵马步箭并枪炮中靶成分,与川北镇属不相上下。查验各营军装、器械,尖利鲜明。马匹亦膘壮足额。其川北、重庆两镇所属之太平、夔州等协营,道路纡远,周历需时,循照旧章,兵则委员代阅,官则札调考验,择其技艺最为出众者,分别奖赏,记档存〈案〉。技生疏者,分别练

① 中国第一历史档案馆藏:清单,档案编号:03-4966-511。

习,以观后效。惟夔州左营千总杨作霖、署巫山营千总夔州左营把总张文光,骑射生疏,应请旨勒休。川北中营千总陈万荣步箭全空,重庆中营把总咎廷魁久病不操,潼川营右司外委达玉笙差操不力,查看均难造就,请分别斥革,以肃营伍,经该管镇将等层次揭报前来。

臣复向各弁兵严切晓谕,并责成将备等勤加训练,务期一兵得一兵之用,以仰副圣主设兵卫民、整饬戎行之至意。臣随于九月二十三日回省。所有查阅川北、川东营伍情形及回省日期,理合恭折具陈,伏乞皇太后、皇上圣鉴。谨奏。九月二十六日。

同治十一年十月十五日,军机大臣奉旨:钦此。①

【案】此折于是年十月十五日得批覆:

同治十一年十月十五日,内阁奉上谕:吴棠奏,查阅川北、川东营伍,请将各员弁分别革休一折。四川夔州左营千总杨作霖、署巫山营千总张文光,骑射生疏,均着勒令休致。川北中营千总陈万荣步箭全空,重庆中营把总咎廷魁久病不操,潼川营右司外委达玉笙差操不力,均着斥革,以肃营伍。余着照所议办理,该部知道。钦此。②

---

① 中国第一历史档案馆藏:军机录副,档案编号:03-4767-106。
② 中国第一历史档案馆编:《咸丰同治两朝上谕档》,第22册,第206页;《穆宗毅皇帝实录(七)》,卷三百四十二,同治十一年十月上,第514页。

一二六 委解同治十一年添拨京饷
暨固本饷项起程日期折

同治十一年九月二十六日(1872年10月27日)

头品顶戴四川总督臣吴棠跪奏，为川省委解本年添拨京饷暨固本饷项起程日期，恭折仰祈圣鉴事。

窃查川省本年原拨京饷银三十万两，前已扫数解清。其添拨京饷银十五万两，亦解过银四万两，尚欠银十一万两。又，固本饷项月解银五千两，前共解过银二十七万两，作为同治五年九月二十一日奉文之日起，至十年正月二十一日止五十四个月协济之项，均经先后奏报在案。伏查川省频年防边援邻，分协各省月饷，暨奉拨新疆、台藏兵饷，需用浩繁。去年旱潦相继，各属解款寥寥。今春米贵民饥，奏拨捐厘，兼办赈粜，库款倍形支绌。惟京饷为部库正供，固本亦京畿要款，俱应勉力筹解。

兹臣督同司道催集津贴银七万两、盐厘银四万两，共银十一万两，以清本年续拨京饷。又添凑盐货厘金银八万两，作为同治十年正月二十一日起至十一年五月二十一日止十六个月固本饷项，均饬委汉州知州陈元杰承领，定期于本年十月二十日自成都起程。

前因秦、陇交界地方回匪溃勇出没靡常，驿路时通时阻，京饷关系甚重，实难冒险径解，于去年正月间，复奏请照案发商汇兑，奉旨敕部知照在案。所有此次饷项仍发交蔚泰厚等银号汇解，委员至京兑齐，解赴户部交纳，用昭慎重。计本年原拨、添拨京饷，均已如数起解，据藩司王德固、臬司英祥、盐茶道傅庆贻会详前来。臣覆查无异。理合恭折具奏，伏乞皇太后、皇上圣鉴。谨奏。九月二十六日。

同治十一年十月十五日,军机大臣奉旨:户部知道。钦此。[①]

一二七　奏报查阅地方民情困苦片

同治十一年九月二十六日(1872年10月27日)

再,臣此次查阅川北、川东营伍,兼以巡视地方,问民疾苦。川北人情朴实,田少山多。上年,旱潦并臻,元气至今未复。臣于途次见有穷黎乏食,鹄面鸠形,自惭抚字未周,恻焉心动。川东商贾辐辏,习近纷华,而生齿过繁,亦有庶而不富之患。每乘绅士、属僚来谒,兢焉以抚植善良,挽回风气,互相劝勉,冀可有成。地方印官有不称职者,立予撤任,未敢稍有姑容。至瘠地当冲及边瘠各州县,查看情形,物力实有不给,所有应派捐输,并即饬司核议减免。惟饷源所〈在〉,民困得以少纾,经费愈因之不足,各省应协饷项,只能量力维持,随时接济,实难拘定款目、依限报解。此又臣目击民艰不敢不据实陈明者也。所有川北、川东地方大概情形,理合附片具陈,伏乞圣鉴。谨奏。

同治十一年十月十五日,军机大臣奉旨:知道了。钦此。[②]

---

① 中国第一历史档案馆藏:军机录副,档案编号:03-4950-054。又,吴棠等:《游蜀疏稿》,第625—628页。其尾记曰:"同治十一年九月二十六日,由驿附片具奏。于本年十一月初一日,准兵部火票递回原片,后开军机大臣奉旨:知道了。钦此。"

② 中国第一历史档案馆藏:军机录副,档案编号:03-4679-074。

一二八　奏为交部从优议叙谢恩折

同治十一年九月三十日（1872年10月31日）

头品顶戴四川总督臣吴棠跪奏，为恭谢天恩，仰祈圣鉴事。

窃臣查阅川东营伍途次，准贵州抚臣曾璧光、提臣周达武咨称：同治十一年七月十三日，内阁奉上谕：又，另片奏，四川总督吴棠、前任成都将军镶白旗蒙古都统崇实，援黔筹饷，不分畛域等语。吴棠、崇实均着交部从优议叙等因。钦此。臣跪诵之余，莫名惶悚。当即恭设香案，望阙叩头谢恩。伏念臣才疏豹略，诮凛鹈濡，属当边事之殷，忝领专圻之任。滇氛未靖，陇寇方张而蠢〈动〉。兹逆苗窜扰黔境，既属比邻之患，难为畛域之分，征兵则屡易将材，转饷则全资民力，仰赖天威远播，秉承圣训周详，枭獍潜踪，鹳鹅勠力，遂得以擒渠扫穴，纳款输诚。舞干戈于两阶，重看苗格；听铙歌于万里，共乐兵销。臣志切同仇，责司守土，裹粮飨士，只循分供职之常；越境出师，本救灾恤邻之义。方愧涓埃鲜效，乃蒙甄叙优加，功级顿增，感惭交集。现在新〈城〉未复，残贼犹存。昨准曾璧光等来咨：以前派赴黔助剿之武字副前营、经武左营与原部武字马步川军，出力颇多，请仍暂留黔境，迅扫余氛。臣已分檄饬遵，兼筹接济。

惟有多方指授，一意匡扶，期无间于始终，庶永清乎边徼，上酬高厚，借免愆尤。所有臣感激下忱，理合恭折叩谢天恩，伏乞皇太后、皇上圣鉴。① 谨奏。九月三十日。

---

① 《望三益斋存稿·谢恩折子》仅作"伏乞圣鉴"。

同治十一年十一月初二日,军机大臣奉旨:知道了。钦此。①

【案】另片奏……不分畛域等语:同治十一年六月,贵州巡抚曾璧光、提督周达武会衔奏请奖叙成都将军崇实、川督吴棠,曰:

再,四川总督臣吴棠、前任成都将军臣崇实,公忠体国,事不辞难,素以平黔自任。前因黔事日棘,机不可失,始则特派道员唐炯等援剿,征兵筹饷,颇费经营。继则奏奉谕旨,复饬臣达武赴黔接办,月需军饷,仍慨然力任,源源拨解。迨崇实卸任北上,吴棠当川中水旱为灾自顾不遑之时,每必督饬司局竭力转输,从无违误。平日书信往来,深恐黔中稍有掣肘,致误戎机。勉慰殷殷,忠爱溢于言表。而苗人宜剿宜抚,亦知无不言,筹策悉当,臣所获良多。计自前年冬间以来,该省月拨将及百万,臣等方得以团结军心,节节扫荡,深入苗疆,全赖此款之协济。现在苗疆底定,下游全境一律肃清。推其所由,若非吴棠等之不分畛域,实力筹维,何以克成厥勋。臣等立志由人,情难缄默,相应据实奏闻。惟吴棠、崇实系疆圉大吏,应如何分别加恩以示优异,恭候圣裁。谨合词附片具陈,伏乞圣鉴训示。谨奏。同治十一年七月十三日,军机大臣奉旨:钦此。②

---

① 中国第一历史档案馆藏:军机录副,档案编号:03-4661-006。又,吴棠等《游蜀疏稿》,第629—634页。其尾记曰:"同治十一年九月三十日,专差具奏。"
② 中国第一历史档案馆藏:军机录副,档案编号:03-4832-090。

一二九　请以潘泽调补绵州营都司折

同治十一年九月三十日（1872年10月31日）

头品顶戴四川总督臣吴棠跪奏，为拣员调补都司，以资治理，恭折仰祈圣鉴事。

窃照绵州营都司何特声，前因患病未愈，恳请开缺回籍调理，经臣恭疏具题，声明遗缺扣留外补。兹准部咨，行令拣员请补等因。查绵州为川北冲衢，上通陕南，旁达陇右，值此邻氛未靖，巡缉操防，最关紧要，非精明谙练、熟悉情形之员，不克胜任。臣于通省尽先都司内逐加遴选，非现署要缺，即防务未娴，人地多不甚相宜。

惟查有忠州营都司潘泽，年四十八岁，四川松潘厅人，由行伍出师广西、贵州等省，暨剿办本省夷匪、滇匪，屡次著绩，历拔重庆中营千总、提标左营守备。同治三年，升补忠州营都司，复保戴花翎，七年赴任。九年十一月，进京引见，奉旨：潘泽着准其补授。钦此。承领部札，于十年四月回任。该员办事稳实，熟悉操防，以之调补绵州营都司，实堪胜任。其任内并无违碍事故处分，且距籍在五百里以外，亦与调补之例相符。如蒙天恩俯允，准其调补，该员甫经引见，毋庸送部。

所遗忠州营都司缺系推缺，川省现有应补人员，并请扣留外补。臣为人地相需起见，理合会同提督臣胡中和，合词恭折具奏，伏乞皇太后、皇上圣鉴训示。谨奏。九月三十日。

同治十一年十一月初二日，军机大臣奉旨：兵部议奏。钦此。①

---

① 　中国第一历史档案馆藏：军机录副，档案编号：03-4753-002。

一三〇 委署龙安府知府等缺片

同治十一年九月三十日(1872 年 10 月 31 日)

再,龙安府知府,现因保升道员开缺。该府管辖四县,界连甘肃,边防未撤,应即委员接署,以专责成。查有忠州直隶州知州侯落源,才具练达,堪以调署。所遗忠州直隶州缺,查有试用知府庆征,才优识卓,堪以委署。又,汉州知州陈元杰委解京饷,遗缺系川北通衢,往来饷鞘络绎,差事殷繁,查有新繁县知县张文珍,办事朴诚,堪以调署。又,隆昌县知县□□调省差委遗缺,查有新升峨边厅通判杨铭,老成干练,堪以委署。侯落源、张文珍、杨铭正署各任内并无经征钱粮未完及承缉盗劫已起四参案件,据藩、臬两司会详前来。除分咨遵照外,理合附片陈明,伏乞圣鉴。谨奏。

同治十一年十一月初二日,军机大臣奉旨:知道了。钦此。[①]

一三一 奏报吴灿纶等员期满甄别片

同治十一年九月三十日(1872 年 10 月 31 日)

再,查吏部奏定章程:丞、倅、州、县,无论何项劳绩保奏归入候补班者,以到省之日起,予限一年,令督抚详加察看,出具切实考语,奏明分别繁简补用等因。遵照在案。兹查有候补班补用知州吴灿纶、候补班前补用知县赵煐、保举尽先补用知县张星三员,均

---

① 中国第一历史档案馆藏:军机录副,档案编号:03-4661-002。此片具奏日期未确,兹据同批折件校正。

到省均一年期满，自应照章甄别，据布政使王德固、按察使英祥分造履历清册会详请奏前来。

臣查该员吴灿纶，才识练达，请留川以繁缺知州补用；赵煐年壮才明，张星留心吏事，均请留川以简缺知县补用。除将该员等履历清册咨部外，理合附片陈明，伏乞圣鉴训示。谨奏。

同治十一年十一月初二日，军机大臣奉旨：吏部知道。钦此。①

一三二　覆审刘肇堂放炮追船溺毙多命一案折

同治十一年九月三十日（1872 年 10 月 31 日）

头品顶戴四川总督臣吴棠跪奏，为遵议审理放炮追船，溺毙多命，按例核办，听候部示，恭折仰祈圣鉴事。

窃臣据署射洪县知县程熙春详报：访闻该县分驻青堤渡盐大使刘肇堂、盐关巡役罗黄等，因盘验唐老板货船，放炮吓追，致船碰损，沉溺多命一案。业将审明定拟缘由专折具奏，奉旨交部议奏。嗣经刑部以案情未确，议令再行提犯研鞫，严缉逸犯李蓉等务获，质讯明确，按例妥议，具奏到日再议等因。同治九年十二月二十一日，奉旨：依议。钦此。等因。咨覆到臣。遵经行司，檄委未入流张西铭行提人卷来省，发委审办。兹据署成都府知府彭毓崧等审明定拟，由布政使王德固、按察使英祥、盐茶道傅庆贻解勘前来。

臣亲提覆讯，缘罗黄、何沆、何汰、任沅，均籍隶射洪县，赵溃籍

---

①　中国第一历史档案馆藏：军机录副，档案编号：03-4661-009。此片具奏日期未确，兹据同批折件校正。

隶蓬溪县,在逃之李蓉、宋沆系已革青堤渡盐大使刘肇堂家丁。青堤渡向有盘验盐关隘一所,滨临大河。咸丰十年,滇匪窜扰,前往办防,制造小铁炮一尊、火药一匣,驾置关前。嗣军务平息,未经撤去,相沿移交存留。罗萴等向充该关巡役。

同治七年,刘肇堂派令李蓉管关,宋沆充当门丁,与典史赵恒汰在关,督同罗萴等盘验稽查。六月十四日,有太和镇伙开纸铺之朱克兴、杨义兴、陈吉泰、杨兴顺,共雇脚夫左万禄挑银一千二百两,与同县人陈永春、陈在让回铜梁县原籍买货,即在镇外雇坐唐老板船只,并有不知姓名客贩搭载同行,连船夫、挑夫约有七十余人,共乘一船。上午,由青堤渡上游放下,维时赵恒汰因事出外,未经在关。李蓉、宋沆及罗萴等望见船只,喊令靠关盘验。唐老板与桡夫张中美等因水急难收,未经理睬。李蓉见喊不应,疑有夹带私盐,起意放炮轰吓,欲使船户畏惧靠验,随取匣内火药,喝令罗萴、何沆装筑点放,因恐伤人,未装炮子。其时船已出隘,仍未停靠,李蓉又令宋沆与罗萴等沿河追喊。唐老板与张中美等听闻炮声,又见追喊,一时惊慌忙乱,船不应舵,致在石上碰损倒没,客货、银两一并沉溺。撑驾渡船之文蛮子、杨长二、刘四望见,各驾小船,先后救起张中美及冯立锐二十余人。唐老板、左万禄、陈永春、陈在让及不识姓名客贩约共五十余人,均溺水殒命。李蓉等逃逸。文蛮子等捞获钱物,先尽冯立锐认领,剩有货物,无人指认,变卖连钱分用。冯立锐往告,朱克兴等报同乡邻,报验诣勘,打捞各尸身无获,移提罗萴等讯供通详,批饬将刘肇堂撤任,委提人证来省,发委审办。因刘肇堂延不将李蓉等交案,经据情奏参,奉旨革职勒交。讵该犯罗萴、何沆带寒病进监,拨医调治不愈,何沆于同治八年四月初九日、罗萴于五月十六日,先后在监病故,报验讯详。

兹经委署成都府王德廷督同委员等遍查律例，并无治罪专条。将来主使李蓉获案，应比依豪强凶恶之徒倚势，因事威逼，挟制窘辱，令平民冤苦无伸，情急自尽，致死非一家但至三命以上者例，拟绞监候。听从装药点炮已经病故之罗巂、何沇，依名例随从者减一等律，于李蓉绞罪上减一等，拟以满流。何汰、任沇、赵溃仅只追赶，并未听从放炮，在于何沇等流罪上量减一等，拟以满徒。由司解臣，审明具奏，奉旨交部议奏。遵照部咨：以威逼致死非一家三命以上分别有无挟制窘辱之例，系指死由自尽者而言。若彼此因事口角，死者业经跑走，凶犯复行追赶，致死者失跌殒命，或舟覆落河溺毙，虽非欲杀，但系因被追致毙人命，向俱照斗杀律科罪，不得牵引威逼致死之条。诚以死者本无欲死之心，而该犯实有致死之由。人命不可无抵，故统之以斗杀，所谓罪坐所由也。况案关巡役致毙五十余命，尤当详细研鞫致死确情，务使一命一抵，岂容轻听狡避供词，归重罪于在逃之犯，迁就完结，致涉枉纵。

详核案情，该犯何汰等充当盐关巡役，在逃之家丁李蓉，奉派管关，有盘验稽查之责。惟唐老板船只搭载置货客商，并未夹带私盐，即属无辜平民。当李蓉等喊令靠关盘验，并未理睬，系因水急难收所致，亦非闯关偷漏可比。该犯等即因叫喊不应，疑有夹带私盐，亦应禀明本官，知会营汛截拿，何以遽行点放火炮吓唬？而唐老板船上数十人，并无一言向其剖辩，终未停靠，尤属情理所未有。核其情节，难保无借差安拿、希图诈索情事，况何汰等均系盐关巡役，一经瞥见船只出隘，仍未停靠，因而直前追赶，自属势所必然，原无待乎李蓉之喝令。且喝令只系空言，亦无不得不从之势，尤与威力主使之律意未符。该犯与罗巂等始而放炮向吓，继而沿河喊追，既已因此致令船只碰损，溺毙五十余命，律意罪坐所由，自应将该犯等按律拟抵,方足以昭平允。

此等借差吓追、致毙多命之案,并不详细严切根究,率以沉溺多命、均非意料所及,牵引豪强凶徒倚势威逼,致死平民三命以上例,将在逃之李蓉以主使为首、病故之何沉、罗荑照随从减等拟流。复声称何汰等仅只追喊,并未听从放炮,量减拟徒。是无辜五十余命惨遭溺毙,竟无人实抵,殊非慎重人命之道,不足以成信谳!且李蓉等在逃未获,现获之犯即难保无饰词巧避情事。案情既未确凿引断,亦未允协,罪名出入攸关,未便率覆,应令再行提犯研鞫,并严拿逸犯李蓉等务获,质讯明确,按例妥议具奏,到日再议等因覆奏。奉旨:依议。钦此。钦遵咨覆到臣。委提人卷来省,发委成都府等讯明,由司道等覆解前来。

臣提犯研鞫,供与原招相同,复按照刑部指驳,逐层研诘。如奉驳唐老板船只搭载置货客商并未夹带私盐一节。讯明前岁冯立锐、张中美到案,曾供搭载不知姓名客贩,俱系临行时姑杂遝上船,各有肩挑背负箱笼、包裹,不知何色货物,有无夹带私盐,伊等不能深悉。当时李蓉见喊不应,疑系大伙私枭闯关偷漏,委属情实。

又如奉驳即因叫喊不应,疑有夹带私盐,亦应禀明本官,知会营汛截拿一节。讯明青堤渡盐场,向无营汛驻扎,武弁远在县城,且本官衙署亦离河十数里,往返需时,川河夏涨,水势激溜异常,舟行极快。当叫喊不应之时,李蓉虑恐船上带有私盐,设经下游盘获,本官有失察处分,是以喝令放炮恐吓。因其终未停靠,复令该役等沿河追赶。该役等身充巡役,本官专派之家丁驱使,实有不得不从之势,且船未靠岸,更无从妄拿诈索。

又如奉驳船上数十人,并无一言向其剖辩,终未停靠,尤属情理所未有一节。讯明李蓉等喊靠及令该役等追赶之时,船既隔远,水势又大，不知船上曾否有人剖辩。前岁冯立锐、张中美到案时，曾供河滩险急，船只难收，水声潏渤潺湲，舟中自相语言尚难细辨，隔岸稍远，即剖辩亦无从听闻。该役委非饰词巧避，将来拿获李蓉等，可以质对。

查核讯供，供词俱属相符。究诘至再，矢口不移，案无遁饰。

伏思彼此因事口角，死者业经跑走，凶犯复行追赶，或致死者失跌殒命，或舟覆落水溺毙，因向照斗杀科罪。第查定例：斗杀之案，除追殴致被追之人失跌身死并先殴伤人致被殴之人回扑失跌身死，及虽未殴伤人，因被揪扭挣脱致令跌毙者均仍照律拟绞外，如殴伤人跑走，被殴伤之人追赶，自跌身死及彼此揪扭松放后复自向人扑殴，因凶犯闪避，失跌身死者，均于斗杀绞罪上减一等杖流等语。诚以斗杀必须先有口角、争斗情形，其追赶亦意在殴，方可科以绞抵。若本无角斗之情，又无欲殴之意，照即与斗杀律意未符。况听从主使下手减等，律有明条，似难一概问抵。

此案何汰等与已故之罗黄等充当青堤渡盐关巡役，听从在逃之管关家丁李蓉，因唐老板船只由关经过，喊令靠验不应，始而放炮向吓，继复沿河追喊，致令船只碰损，溺毙五十余命。前以律例并无治罪专条，将来主使之李蓉到案，应比依豪强凶徒倚势威逼致死平民三命以上例拟绞。听从装药点炮已经病故之罗黄、何沆，依随从减等律拟流。何汰、任沆、赵溃仅只追喊，并未听从放炮，亦减一等满徒，系属衡情酌办。兹准部咨，以案情未确、引断未协，令再研鞫妥拟。复加遍查，并无恰合成案。

惟道光二十七年，本省眉州丐民杨三婆与彭清友等素均求乞度日，因素不认识之黄三儿与其胞弟黄四儿、黄二憘及汪四儿、刘老二、陈子和、赵清、黄子维受雇，帮刘和顺拉船，装载漆斤，运赴省城发卖,在州属管滩地方停泊,杨三婆等与在逃之彭蛟儿等欲往索钱使用,一同行至河边。黄三儿各执竹篙拦阻,不许上船,并斥骂杨三婆等年轻贪懒,以致讨吃,有钱亦不付给。杨三婆等不依吵闹。丐伙李世汰拾石掷伤黄子维额颅。黄三儿撑开船只,至对岸河边停泊。杨三婆忆及索钱不得及被辱骂,心怀不甘,起意纠同彭清友等,俟黄三儿等上岸拉纤,殴打泄愤。次早,杨三婆、彭清友、徐永亨、彭蛟儿各执木棒,李世汰、彭起汰、李帼安、徐汶顶徒手,一共八人,行至姜家渡地方。适黄子维养伤,黄三儿等七人将船拉至该处。杨三婆当先赶拢,斥说黄三儿等昨日不应拦阻斥骂。黄三儿等转身,见人多势凶,丢弃纤绳跑走。杨三婆喊同彭清友等随后追赶,并齐声喊叫殴打。黄三儿等虑恐追及殴伤,俱凫水逃避。杨三婆等复在岸呐喊,抛掷石块。刘老二、陈子和、赵溃上船得生,黄三儿、黄四儿、黄二憘、汪四儿漂入河心,溺水殒命,报验获犯,审将杨三婆照聚众共殴,原无必杀之心而殴死一家三命者,将率先聚众之人不问共殴与否,拟斩立决例,拟斩立决。彭清友等听从追殴,与为从下手伤重者不同。惟帮同追逐、呐喊,抛掷石块,究属助势。将彭清友、徐永亨、李世汰、彭起汰均依为从下手伤重致死者绞例上量减一等,各拟杖一百、流三千里,题准部覆。

彼案听纠追殴,致令溺毙一家三命,又另毙一命之从犯,尚未照共殴下手伤重例绞候,得以量减拟流。此案听从放炮向吓,沿河追喊,致逼溺毙多命,系因奉公喊船靠验起见,尚无殴打之心,情节似较彭清友等稍轻,自未便概拟绞抵。第奉准部驳,臣何敢固执原拟,但例无正条,罪名出入甚巨,亦未便率行遵改,概拟死罪。部文业经指明不得牵引威逼致死之条,则将来李蓉获案,应否照聚众共殴致死三命以上例问拟斩决,或照斗杀三命非一家例,拟以绞决,总当实抵。

其听从放炮追喊之犯，除罗蕖、何沅业已病故外，所有何汰、任沅、赵溃三犯，可否比照斗杀三命非一家绞决例上减等问拟满流，先决从罪；或照例监候待质，严缉李蓉等到案讯明，分别办理；抑或概拟绞抵之处，听候部斥遵行。除将全案卷宗咨部外，是否允协，理合恭折具奏，伏乞皇太后、皇上圣鉴，敕部核覆施行。谨奏。九月三十日。

同治十一年十一月初二日，军机大臣奉旨：刑部议奏。钦此。①

一三三　奏报川省同治十一年八月雨水、粮价折

同治十一年九月三十日（1872年10月31日）

头品顶戴四川总督臣吴棠跪奏，为恭报四川省同治十一年八月份各属具报米粮价值及得雨情形，仰祈圣鉴事。

窃照同治十一年七月份通省粮价及得雨情形，前经臣恭折奏报在案。兹查本年八月份成都等十二府，资州、绵州、忠州、酉阳、眉州、泸州、邛州七直隶州，叙永一直隶厅，各属先后具报得雨自一二次至七八次不等。早稻收获，小春将种。其通省粮价，惟中米减二分，余俱与上月相同，据布政使王德固查明列单汇报前来。

臣覆核无异。理合恭折具奏，并分缮清单，恭呈御览，伏乞皇太后、皇上圣鉴。谨奏。九月三十日。

---

① 中国第一历史档案馆藏：军机录副，档案编号：03-5034-018。

同治十一年十一月初二日,军机大臣奉旨:知道了。钦此。[①]

一三四 呈川省同治十一年八月粮价清单

同治十一年九月三十日(1872 年 10 月 31 日)

谨将同治十一年八月份四川省所属地方具报米粮价值,开具清单,恭呈御览。

成都府属,价贵。中米每仓石价银三两零三分至四两七分,较上月减二分。大麦每仓石价银一两八钱三分至二两,与上月同。小麦每仓石价银二两一钱三分至二两三钱,与上月同。黄豆每仓石价银一两六分至二两四钱六分,与上月同。荞子每仓石价银一两一钱六分至一两七钱,与上月同。

重庆府属,价贵。中米每仓石价银二两八钱三分至三两八钱五分,较上月减二分。大麦每仓石价银一两六钱二分至一两九钱七分,与上月同。小麦每仓石价银二两二钱八分至二两七钱,与上月同。黄豆每仓石价银二两七钱三分至三两三分,与上月同。

保宁府属,价贵。中米每仓石价银二两六钱五分至三两三钱六分,较上月减二分。大麦每仓石价银一两八钱九分至二两一钱,与上月同。小麦每仓石价银二两八钱三分至三两五钱七分,与上月同。黄豆每仓石价银一两八钱三分至二两一钱三分,与上月同。

顺庆府属,价贵。中米每仓石价银三两九分至三两五钱,较上月减二分。大麦每仓石价银一两六钱一分至一两八钱,与上月同。小麦每仓石价银二两九分至二两一钱二分,与上月同。黄豆每仓

---

① 中国第一历史档案馆藏:军机录副,档案编号:03-4966-549。

石价银一两五钱五分至一两六钱七分，与上月同。

叙州府属，价贵。中米每仓石价银三两八分至三两三钱八分，较上月减二分。大麦每仓石价银一两六钱六分至二两二分，与上月同。小麦每仓石价银二两一钱三分至二两六钱三分，与上月同。黄豆每仓石价银一两一钱一分至一两五钱二分，与上月同。

夔州府属，价贵。中米每仓石价银二两八钱八分至三两二钱三分，较上月减二分。大麦每仓石价银一两七钱八分至二两四钱六分，与上月同。小麦每仓石价银二两九钱五分至三两三分，与上月同。黄豆每仓石价银二两一钱六分至二两二钱六分，与上月同。

龙安府属，价贵。中米每仓石价银二两五钱八分至三两二钱八分，较上月减二分。青稞每仓石价银一两五钱，与上月同。小麦每仓石价银一两七钱九分至二两一分，与上月同。黄豆每仓石价银一两八钱五分至一两九钱三分，与上月同。

宁远府属，价贵。中米每仓石价银二两九钱一分至三两二钱四分，较上月减二分。大麦每仓石价银一两四钱八分至一两六钱，与上月同。小麦每仓石价银一两五钱九分至二两二钱，与上月同。荞子每仓石价银一两四钱五分，与上月同。黄豆每仓石价银一两五钱六分至一两六钱三分，与上月同。

雅州府属，价中。中米每仓石价银二两八钱三分至二两八钱八分，较上月减二分。小麦每仓石价银二两二钱九分至二两六钱五分，与上月同。黄豆每仓石价银一两六钱七分至二两六钱，与上月同。

嘉定府属，价贵。中米每仓石价银二两九钱至三两五钱，较上月减二分。小麦每仓石价银二两三钱六分至二两七钱三分，与上月同。黄豆每仓石价银一两四钱九分至二两五分，与上月同。

潼川府属,价贵。中米每仓石价银二两九钱一分至三两三钱一钱九分,较上月减二分。大麦每仓石价银一两六钱五分至一两九钱三分,与上月同。小麦每仓石价银二两一钱四分至二两四钱九分,与上月同。黄豆每仓石价银一两七钱八分至二两一钱五分,与上月同。

绥定府属,价中。中米每仓石价银二两七钱八分至二两九钱,较上月减二分。大麦每仓石价银一两五钱七分至一两五钱八分,与上月同。小麦每仓石价银一两六钱二分至一两七钱三分,与上月同。黄豆每仓石价银一两四钱三分,与上月同。

眉州直隶州属,价贵。中米每仓石价银二两七钱六分至三两六分,较上月减二分。

邛州直隶州属,价贵。中米每仓石价银二两六钱六分至三两九分,较上月减二分。大麦每仓石价银一两九钱,与上月同。小麦每仓石价银二两五钱七分,与上月同。黄豆每仓石价银二两一钱至二两二钱四分,与上月同。

泸州直隶州属,价贵。中米每仓石价银三两九分至三两一钱,较上月减二分。

资州直隶州属,价中。中米每仓石价银二两五钱八分至二两九钱八分,较上月减二分。

绵州直隶州属,价贵。中米每仓石价银二两七钱一分至三两七分,较上月减二分。小麦每仓石价银二两三钱二分至二两四钱六分,与上月同。

茂州直隶州属,价中。中米每仓石价银二两六钱三分,较上月减二分。小麦每仓石价银二两六钱八分,与上月同。青稞每仓石价银二两二钱,与上月同。荞子每仓石价银一两二钱三分至一两七钱三分，与上月同。

忠州直隶州属，价贵。中米每仓石价银二两六钱至三两二钱八分，较上月减二分。大麦每仓石价银一两四钱六分至一两六钱，与上月同。小麦每仓石价银二两三分至二两三钱九分，与上月同。黄豆每仓石价银一两二钱七分至一两三钱七分，与上月同。

酉阳直隶州属，价贵。中米每仓石价银二两六钱一分至三两一钱一分，较上月减二分。大麦每仓石价银二两二钱八分至二两六钱，与上月同。小麦每仓石价银二两六钱二分至二两七钱六分，与上月同。黄豆每仓石价银一两三钱九分至一两四钱四分，与上月同。

叙永直隶厅属，价贵。中米每仓石价银二两九钱九分，较上月减二分。小麦每仓石价银一两八钱一分，与上月同。荞子每仓石价银一两三钱二分，与上月同。黄豆每仓石价银一两六钱一分，与上月同。

松潘直隶厅，价中。青稞每仓石价银二两七钱六分，与上月同。荞子每仓石价银一两七钱四分，与上月同。

杂谷直隶厅，价中。青稞每仓石价银二两四钱，与上月同。荞子每仓石价银一两七钱九分，与上月同。

石砫直隶厅，价平。中米每仓石价银一两六钱二分，较上月减二分。大麦每仓石价银一两七钱三分，与上月同。小麦每仓石价银二两六钱，与上月同。

打箭炉厅，价贵。青稞每仓石价银四两九钱，与上月同。油麦每仓石价银一两八钱一分，与上月同。

军机大臣奉旨：览。钦此。[①]

---

① 中国第一历史档案馆藏：清单，档案编号：03-4966-550。

一三五　呈川省同治十一年八月得雨清单

同治十一年九月三十日(1872 年 10 月 31 日)

谨将同治十一年八月份四川省所属地方报到得雨情形,开具清单,恭呈御览。

成都府属:成都、华阳两首县得雨三次,四乡收谷。简州得雨三次,棉花采毕。崇庆州得雨三次,早稻收获。汉州得雨三次,堰水充足。温江县得雨四次,稻谷收获。崇宁县得雨二次,稻谷收割。新都县得雨七次,早稻收毕。彭县得雨二次,大春成熟。双流县得雨三次,晚稻收割。什邡县得雨三次,早稻收毕。

重庆府属:江北厅得雨三次,冲田积水。江津县得雨四次,板田翻犁。长寿县得雨三次,堰塘积水。永川县得雨四次,禾苗收割。荣昌县得雨六次,田水充足。綦江县得雨三次,田水充足。涪州得雨二次,田水充足。璧山县得雨四次,田水充足。定远县得雨四次,田亩蓄水。

夔州府属:云阳县得雨二次,晚稻收获。万县得雨四次,早稻收毕。大宁县得雨二次,晚禾割毕。

龙安府属:平武县得雨二次,堰水充足。江油县得雨三次,塘堰积水。彰明县得雨二次,早稻割毕。

绥定府属:达县得雨三次,田水充足。大竹县得雨二次,塘堰积水。太平县得雨二次,早稻收割。城口厅得雨二次,堰水充足。

宁远府属:盐源县得雨二次,塘水充足。冕宁县得雨二次,早稻收割。

保宁府属:阆中县得雨七次,田水充足。苍溪县得雨五次,田禾收割。广元县得雨三次，稻谷登场。昭化县得雨三次，杂谷收割。巴州得雨五次，田水充足。剑州得雨四次，黄豆结实。

顺庆府属：南充县得雨三次，田水充盈。营山县得雨六次，田亩翻犁。广安州得雨五次，田亩蓄水。岳池县得雨六次，水田翻犁。邻水县得雨五次，早稻收毕。

潼川府属：三台县得雨六次，田堰积水。射洪县得雨四次，杂粮播种。盐亭县得雨二次，收割已毕。中江县得雨二次，田水充足。蓬溪县得雨三次，禾苗收割。乐至县得雨二次，田亩翻犁。

雅州府属：雅安县得雨三次，早稻收割。荥经县得雨三次，粮价渐平。芦山县得雨三次，田亩蓄水。天全州得雨四次，黄豆成熟。

嘉定府属：乐山县得雨七次，堰水充盈。峨眉县得雨三次，稻谷登场。荣县得雨五次，小春将种。威远县得雨五次，田水充足。峨边厅得雨三次，地土滋润。

叙州府属：宜宾县得雨二次，早稻登场。南溪县得雨五次，田土翻犁。富顺县得雨五次，晚禾收毕。隆昌县得雨七次，田水皆足。

资州直隶州并属：资州得雨六次，堰水充足。资阳县得雨四次，堰水充足。井研县得雨二次，稻谷收毕。仁寿县得雨五次，田水充足。内江县得雨五次，田水充足。

绵州直隶州并属：绵州得雨二次，早稻收割。安县得雨三次，田水充足。梓潼县得雨六次，晚禾登场。

忠州直隶州并属：忠州得雨四次，田水充足。梁山县得雨五次，禾稻割毕。垫江县得雨三次，平田翻犁。

酉阳直隶州属：彭水县得雨二次，塘堰积水。秀山县得雨二次，早稻割毕。

眉州直隶州并属：眉州得雨五次，收割已毕。彭山县得雨五次,堰水畅流。丹棱县得雨二次,堰水充盈。

邛州直隶州并属:邛州得雨三次,晚稻收完。大邑县得雨四次,田水充盈。

泸州直隶州并属:泸州得雨五次,农民翻犁。江安县得雨二次,田畴翻犁。合江县得雨四次,收割已毕。纳溪县得雨八次,小春将种。

叙永直隶厅并属:叙永厅得雨二次,田水充足。永宁县得雨二次,田堰积水。

军机大臣奉旨:览。钦此。①

一三六　委解同治十一年五、六两月黔饷日期折

同治十一年十月十三日(1872年11月13日)

头品顶戴四川总督臣吴棠跪奏,为筹拨本年五、六月份协黔饷银委解起程日期,恭折仰祈圣鉴事。

窃臣于同治十一年八月十三日,由驿具奏援黔川军戡定苗疆,现在筹议酌补欠饷以资撤遣一折,声明此后月协的饷,纵不能全停,亦应量为核减,拟请查照部臣续议月协黔饷二万之数,与西征粮台及淮饷、滇饷一体均匀拨解等情。嗣准兵部火票递回原折,后开军机大臣奉旨:知道了。钦此。当经恭录转行,钦遵查照办理。兹据藩司王德固详称:协黔的饷,据贵州提督周达武咨报:自同治九年闰十月十五日接防起至十一年四月底止,先后由司局共解过

①　中国第一历史档案馆藏:清单,档案编号:03-4966-551。

银一百零七万三千两，加以续派助剿之武字副前营、经武左营月饷及酌补欠饷，款目繁多，实已筋疲力尽。今幸苗疆底定，黔省已裁撤勇丁近四十营，前拨之协饷欠饷十万两有奇，计此时当已解到，更可将楚、黔各勇汰弱留强，务求核实。而川省荒年之后，民困未纾，津贴捐输征解，难期踊跃，且各省协饷本无畸轻畸重之分，尚须匀拨，不得不权衡缓急，酌剂盈虚。谨遵照户部续议月协黔饷二万之数，凑集银四万两，作为同治十一年五、六月份协饷，饬委试用同知郭凤鸣、候补知县钱炳垲管解，定期于十月十八日自省起程，解赴周达武军营交收，以济要需等情。

正在批饬拨解间，适准贵州抚臣曾璧光、提臣周达武咨送折稿，内称的饷一项，原为楚军筹拨，现在所裁者黔军，并非楚军，川饷断难节省，仍请如数拨解等语。臣查周达武原部武字川军五千九百人，内官弁勇丁五千八百名，马勇一百名，按照楚军饷章，每月约仅支银三万二三千两。方入黔之始，军械、军火皆一一宽为筹备，纵应添补所需，亦正无多。而当日议定月协的饷五万八千两，原欲令其增募黔军，俾资进剿。

今周达武等以的饷专为楚军筹拨，则每月多解银二万数千两，计十八个月零十五日，统共溢解银四十余万两。现仍按月拨解银二万两，截长补短，自不难从容展布。若谓川饷如期而至，他省拨解寥寥，遂将征防黔、楚各军专望川省接济，殊不知川省应协饷需，并不止贵州一省，必须兼顾统筹，况蜀民之财力已穷，似未便再加朘削，是以臣于厘捐等款有减无增，实为深体时艰起见。第黔省军事正在得手，新城亦克日可平，惟有就心力所能为，源源拨解，〈期〉于川、黔兼顾，以弥邻患，而慰慈厪。所有筹拨本年五、六月协黔饷银委解起程缘由，理合恭折具奏，伏乞皇太后、皇上圣鉴。谨奏。

十月十三日。

同治十一年十一月初一日,军机大臣奉旨:知道了。钦此。①

【案】贵州抚臣曾璧光、提臣周达武咨送折稿……仍请如数拨解等语:同治十一年九月三十日,贵州抚臣曾璧光会同提臣周达武具奏曰:

贵州巡抚臣曾璧光、贵州提督臣周达武跪奏,为黔省下游镇抚需军,上游军务未竣,专望川饷接济,势难核减,恳恩敕下四川督臣,仍照原数,按月拨解,以全大局,恭折奏祈圣鉴事。窃臣等接准四川督臣吴棠来咨并抄奏,内称黔省苗疆戡定,上游新城不难克期规复。刻下既须裁减勇丁,即不能不酌补欠饷。而补饷裁勇之后,即无须月协的饷五万八千两之多。拟将四月份饷项并先行酌补臣达武在川欠饷五万两,共拟解银十万八千两,以资遣撤。此后应量为核减,俾可腾出饷项,清还旧欠,再有余力,请照部臣续议月协二万之数,与甘、淮、滇饷,均匀拨解等因。自系为清还旧欠、裁军节饷起见。臣等但可勉强支持,无不力求节减,以期稍疏蜀民之力。惟臣达武所带楚勇五千九百名,原系驻川防军,前因黔中军务吃紧,经吴棠会同前成都将军臣崇实奏调,来黔援剿。臣达武深知黔中事事棘手,非饷自可,断难成功。当经吴棠督同防剿局司道,再三酌议,核实筹度,每月拨解实款银五万八千两,专供臣达武马步全军之用。又虑始终□□议持郑重而名之曰的饷,以

① 中国第一历史档案馆藏:军机录副,档案编号:03-4833-063。又,吴棠等:《游蜀疏稿》,第635—644页。其尾记曰:"同治十一年十月十三日,由驿具奏。于本年十一月十八日,准兵部火票递回原折,后开军机大臣奉旨:知道了。钦此。"

示必不可少、决不能缓之意。查道员唐炯等前带兵来黔，月需川饷近十万两。嗣川省仅拨给臣营五万八千两，乃臣等得此实款，以为凭借之基，济以各省协饷，始得稍资挹注。统计川省前后力筹撙节，以事腾挪，由今视昔，援邻之费始觉较为宽舒。臣达武到黔后，体察全省情形，断非数千楚勇所能剿办，遂陆续易黔军，添募新勇，檄集降众，至本年春季，楚、黔各军共计三万八千余名，月需实饷二十万有奇。内楚军五千九百名，原有川饷可支。黔军三万数千名，则系江西、福建、广东、浙江、江苏、湖南、湖北、山东八省、东海、九江各关，每月共拨银十四万两，以济军用。使各省亦如四川拨解无欠，则楚、黔各军各有专饷，何致时形竭蹶？无如自上年二月以来，有一两月无解者，有月解数千或一二万至四五万者，统年牵算，每月所入不过二三万。以之供支数万黔军，焉能有济？本年四、五、六、七等月，粮饷两穷，尤为窘迫。各军皆采野菜为食，奄奄一息，情实堪怜。臣等统筹全局，不能不将楚军应得的饷，分济黔军，以均苦乐。计楚军饷项自到黔至今，仅支至九年冬季及十年春季，一复全米支给。所积欠款连川中旧欠，已至七十余万之多。前因苗疆已靖，筹饷维艰，已将零星营哨择其成军未久、欠饷较少者，陆续裁撤一万一千数百名，月省饷银仅四五万两。现存黔军，共计尚有二万一千数百名，月饷积欠一百数十万。各营将士困苦从征，延颈侧耳，以待饷需。而粮台月获饷银均匀散放，尚不敷米粮、盐菜、军装、药饵之需，积日愈久，所欠愈多。为今之计，必得巨款，以清还积欠，或可补救弥缝。若于原拨之数遽议更张，窃恐乘机起衅，为祸甚速。现在下游虽报肃清，而降苗甚众，镇抚巡防，在在需军驻扎。前因饷项无济,各路防营颇有浮言,古州一带苗人遂蠢蠢欲动。经武右营兵勇竟敢于省噪索欠饷,势甚汹汹。多方开导,均不能禁其嚣竞。臣达武立将出头滋闹弁勇三名正法军前,众心始定。现复派总理各营务湖北道员周康禄,驰赴都匀、麻哈、清平一带,以温言慰谕,力转危机。至上游兴郡复后,新城贼悍巢坚,城内外建有碉楼,环以深壕。贼皆死力固守,屡攻未下。总兵文德盛因开地道攻碉,被贼炮伤殒命,弁勇亦伤亡不少,因役思还,正不知规复何日。而各营勇丁亦因索饷,时有争闹。当此攻剿吃紧之际,尤难以枵腹荷戈。其兴贞、安普等处,降人亦众,夷性犬羊,更恐与新城逆回互相勾结,响应为患。臣等复于下游抽调四营,派总兵龚生环等,带往上游,协力防剿。臣达武现将各路布置周妥,即统一军,亲赴新城一带,周历弹压,亲督各军,设法攻击,以冀迅扫余寇,免致别滋事端。惟上下游情形如此,后患方深,皆非实有饷济,不能顾此全局。臣等前因积欠过多,曾经奏蒙恩谕,饬催各省协饷。讵数月以来,仍解到无几,此时稍可团结军心,惟赖川拨的饷耳。凡属军用,无一不取给于此。若遽以核减,非但楚军饷需归于无名,必至哄而解体,即黔军亦无从分润,难资抚循。万一相率哗溃,则上下游局势一反,势必竟〔尽〕弃前功,于大局实所关匪轻。查楚军向食川饷,今由川援黔一日不能撤,川拨即一日不能停。盖的饷一项,原为楚军筹拨,现在所裁者黔军,并非楚军。川省但知裁军即可节饷,不分楚军欠累数十万,非一时所能裁动,川饷断难节省。此督臣吴棠通筹本省、邻封之缓急,伏廪权衡前此黔民屡遭涂炭,故转蜀中之财力,以共济艰危;今闻黔省下游肃清,上游亦指日可期戡定,并闻陆续裁撤勇丁,故量减援军之饷需,以纾蜀民之穷困,殚精竭虑,可谓调剂得宜。而臣等身肩巨任,目击时艰,责无旁贷。当此全功将竟之会,若不沥陈近况,一旦溃裂频仍,上负君恩,下辜邻谊,将来收拾愈难,转贻邻省无期之累。再四思维,惟有吁恳天恩,敕下四川督臣,仍将协黔的饷按照原数,每月筹拨银五万八千两,并将五月至八月共银二十三万二千两先后解黔,以后仍如数源源接济。俟全省平定,楚军能撤若干,川省即酌减若干。至全数撤后,再行停协,俾臣等筹办不致掣肘,自不难及早竣事矣。所有川拨的饷未便核减,仍请如数拨解缘由,谨合词恭折由驿具奏,伏乞皇太后、皇上圣鉴训示。谨奏。九月三十日。同治十一年十月十七日,军机大臣奉旨:钦此。[①]

【附】此折得清廷允准,并饬令吴棠照数拨解,源源接济,以资攻剿,不得稍有蒂欠。军机及宫中档:

军机大臣字寄:四川总督吴、贵州巡抚曾、传谕贵州提督周达武:同治十一年十月十七日,奉上谕:曾璧光、周达武奏,川省协黔的饷,请饬仍照原数拨解一折。周达武一军入黔,剿办贼匪,川省原议每月拨解银五万八千两,现在黔省下游军务虽就肃清,镇抚巡防,在在需军驻扎,上游新城未克,尤当攻剿吃紧之时,师行饷随,势难遽行核减。值此全功将竟,若饷项稍不应手,深恐贻误大局。吴棠仍当督饬藩司,将每月协黔的饷五万八千两设法照数拨解,不得稍有蒂欠,并将五月至八月共银二十三万二千两,先行解黔,嗣后仍着源源接济。俟全黔

---

① 中国第一历史档案馆藏:军机录副,档案编号:03-4833-043。

平定,即行酌议停减。曾璧光,周达武务将下游各地方妥为镇抚,一面督军迅复新城,荡平群丑,是为至要。将此由五百里谕知吴棠、曾璧光,并传谕周达武知之。钦此。遵旨寄信前来。①

一三七　奏报即补道蹇阄给咨赴部引见片

同治十一年十月十三日(1872 年 11 月 13 日)

再,布政使衔四川即补道蹇阄于咸丰年间,历署州县,卓著循声。复因带勇克复坚城,保荐知府。同治四年,报丁母艰,经原任督臣骆秉章奏留在蜀办理番务,于松潘肃清案内保准俟服阕补知府后,以道员留川补用。嗣川省遣军援黔,经骆秉章、崇实先后奏派,管带滇、楚、黔勇丁,会同道员唐炯等入黔防剿,克复湄潭县城,暨擒获逆首朱伪亡,肃清桤木园贼巢出力,历保免补知府,仍以道员留川即补,并加盐运使衔。同治八年,请假回遵义县省亲,旋丁父忧,②经大学士湖广督臣李鸿章等委办遵义教案,随以剿匪出力,保加布政使衔。本年三月,服阕,例应起复。经臣檄委采办黔米,运川赈粜。兹以事竣,来川销差。

臣查该员年强才裕,胆识俱优,虽历年剿匪著绩,不自矜伐。询以吏治民情,所见尤极明澈,现在并无经手未完事件,应即给咨送部引见。除照例分咨外,理合附片陈明,伏乞圣鉴。谨奏。

---

① 台北故宫博物院藏:军机及宫中档,文献编号:408018129。
② "父"后之字因折面墨点无从辨认,兹推补"忧"。

同治十一年十一月初一日，军机大臣奉旨：知道了。钦此。①

一三八　奏报同治十一年秋
季合操省标官兵折

同治十一年十月十三日(1872年11月13日)

　　头品顶戴四川总督臣吴棠、成都将军臣魁玉、四川提督臣胡中和跪奏，为合操省标官兵技艺情形，恭折仰祈圣鉴事。

　　窃照成都省标官兵向于每年春秋二季合操一次，以申纪律。兹届秋操之期，臣等于十月初二等日，调集军、督、提、城十营官弁兵丁，齐赴较场考校。各兵排演新旧各阵式，步伐整齐；施放连环枪炮，声响联贯。长矛藤牌各技，亦俱进退便捷。复按照各营官兵饷册，逐名考核弓箭枪炮，其马步箭中靶统计八成有余，弓用六七力不等。各兵演放抬枪、鸟枪，中靶亦有七成。爰择其技艺娴熟者，当场分别奖赏记拔。间有生疏者，亦即勒限练习，分别劝惩。

　　伏思川省为边陲重地，省标为各营表率，现值邻氛尚未全靖，防剿紧要，武备尤应认真。臣等严谕各将备等督率弁兵，仍按日轮流操演，勤加训练，务使各兵技艺日益精进，咸成劲旅，不得以秋操已过，稍形懈弛，以期仰副圣主整饬戎行、绥靖边陲之至意。所有秋季合操省标官兵技艺情形，合词恭折具奏，伏乞皇太后、皇上圣鉴。再，臣棠因出省查阅营伍，甫于九月二十三日回署，是以此次秋操较往年稍迟旬日，合并陈明。谨奏。十月十三日。

---

　　①　中国第一历史档案馆藏：军机录副，档案编号：03-4661-001。此片具奏日期未确，兹据军机处随手登记档(档案编号：03-0209-4-1111-286)校正。

同治十一年十一月初一日,军机大臣奉旨:知道了。钦此。[①]

一三九　请准总兵杨复东暂缓引见片

同治十一年十月十三日(1872年11月13日)

再,川北镇总兵杨复东经臣于同治八年奏请先令赴任,俟军务完竣,再行请旨陛见,奉旨:着照所请,兵部知道。钦此。迄今已及三载,照例应奏请陛见,惟现在甘省军务尚未完竣,散练游匪往来于边界地方,借端生事,川北广元、平武一带,必须照旧设防。该镇杨复东督率员弁官兵,巡查边隘,妥筹布置,甚恰机宜。值此邻疆多故,未便遽离职守,相应请旨仍俟陕、甘军务完竣,川边静谧,再行奏恳陛见。理合附片陈明,伏乞圣鉴训示。谨奏。

同治十一年十一月初一日,军机大臣奉旨:着照所请。钦此。[②]

一四○　奏报同治十一年秋禾收成分数折

同治十一年十月二十四日(1872年11月24日)

头品顶戴四川总督臣吴棠跪奏,为恭报同治十一年四川秋禾收成分数,仰祈圣鉴事。

窃照每年秋禾收成分数,例应奏报。兹查各属俱已次第收获,

---

① 中国第一历史档案馆藏:军机录副,档案编号:03-4767-112。

② 中国第一历史档案馆藏:军机录副,档案编号:03-4781-043。此片具奏日期未确,兹据军机处随手登记档(档案编号:03-0209-4-1111-286)校正。

据藩司王德固查明会禀前来。臣覆加查核，川省十二府、五厅、八直隶州，计收成八分有余者，成都、宁远二府。七分有余者，叙州、雅州、绥定、泸州三府一州。七分者，重庆、嘉定、眉州、邛州、石砫二府二州一厅。六分有余者，顺庆、夔州、资州、绵州、忠州、酉阳二府四州。六分者，理番一厅。五分有余者，潼川、茂州、叙永、松潘一府一州二厅。五分者，龙安、懋功一府一厅。四分有余者，保宁一府。合计通省秋禾收成六分有余。

现在粮价尚不甚昂，民情亦属安贴，堪以仰慰圣怀。除循例具题外，理合恭折奏闻，伏乞皇太后、皇上圣鉴。谨奏。十月二十四日。

同治十一年十一月二十七日，军机大臣奉旨：知道了。钦此。[①]

一四一　奏报劳文翯察看期满甄别折

同治十一年十月二十四日（1872 年 11 月 24 日）

头品顶戴四川总督臣吴棠跪奏，为道员试看年满，循例甄别，恭折仰祈圣鉴事。

窃照候补道府等官，到省一年期满，例应察看出考，分别堪胜繁简，专折奏闻。兹查有奉旨留川尽先补用道劳文翯，年三十岁，湖南善化县监生。咸丰六年，以捐修长沙城工议叙光禄寺署正衔。八年，报捐同知不论双单月选用。十年，调赴贵州军营，剿办石阡、思南一带股匪荡平案内出力，保奏以知府遇缺选用，并戴花翎。是

① 中国第一历史档案馆藏：军机录副，档案编号：03-4960-069。

年,捐升道员不论双单月选用。同治元年,加捐盐运使衔。六年正月,以亲父劳崇光在云贵总督任内病故丁忧,奉旨:该督子孙着吏部查明,俟服阕后,带领引见,以示笃念荩臣之至意。钦此。八年六月,服阕起复。十二月,报捐分发指省四川,九年九月二十五日引见,奉旨:着以道员留于四川尽先补用。钦此。嗣请假回籍修墓。闰十月初五日,领照起程,十年九月初七日到省,扣至十一年九月初七日期满,由藩、臬两司详请甄别前来。

臣察看该员劳文翱,年壮才优,办事稳练,堪膺监司之任,应请留川以繁缺道员尽先补用。倘或始勤终怠,仍当随时核办,断不敢稍涉姑容,致滋贻误。理合循例恭折具奏,伏乞皇太后、皇上圣鉴。谨奏。十月二十四日。

同治十一年十一月二十七日,军机大臣奉旨:吏部知道。钦此。①

一四二　奏报川省绅民捐饷请广文武学额折

同治十一年十月二十四日(1872 年 11 月 24 日)

头品顶戴四川总督臣吴棠跪奏,为川省绅民历年捐助军饷并计银数,恳恩照章加广文武学额及乡试文武举额,以昭激劝,恭折仰祈圣鉴事。

窃查川省绅民历年捐输军饷,前经原任督臣骆秉章于同治五年冬间奏请加广文武举额、学额,奉旨允准在案。自五年以后,虽迭请并计捐数,加广副优贡额及文武学定额,均经部臣援章议驳。而各属绅民望泽孔殷,屡有呈恳加额之案,经臣批饬两

---

①　中国第一历史档案馆藏:军机录副,档案编号:03-4661-099。

司照章妥办去后。兹据布政使王德固、按察使英祥会详：自同治五年十一月起截至十年七月底止，先后续收本省捐输银五百一十一万二千七百六十三两零，内除已经奏奖银四十八万七千五百五十五两零，又双流、彰明等二十一州县不敷加广一次捐输银十万五百五十八两六钱零，应归入下届办理外，尚有未经请奖银四百五十二万四千六百四十八两零，应请遵照新章，加广一次文武学额各三百八十九名及乡试一次文武举额各六名，造册详请奏咨前来。

臣查同治七年部议外省捐输各案，凡有捐生不请奖叙专请加额者，准加广中额、学额。至加广中额，仍照咸丰四年所定银数核计，毋庸议改。又，九年十二月间，接准部咨：外省捐输各案，只准请广一次文武学额，概不准请加永远文武学额。其加广一次文武学额银数，拟改为一属捐银一万两，准广一次文武学额各一名等因。先后通饬遵照在案。伏思川省因邻氛未靖，频年援军四出，需饷浩繁。其协济各邻省军饷、月饷，为数甚巨，在在借资民力。该绅民等急公好义，踊跃输将，历年既久，积算愈多，不能不亟加鼓励。

所有前项未经请奖银四百五十二万四千余两，合无仰恳天恩，俯准加广各该州县一次文武学额各三百八十九名，计开除银三百八十九万两，余银六十三万四千六百四十八两零，请并计核算，加广来年川省癸酉科乡试一次文武举额各六名，俾资观感而昭鼓舞，出自圣主鸿慈。其自同治五年十一月起至八年十月底止奏请加广副优贡额及加广学额未准各案，并请敕部查销，以清款目。除册咨部外，是否有当，理合恭折具陈，伏乞皇太后、皇上圣鉴训示。谨奏。十月二十四日。

同治十一年十一月二十七日，军机大臣奉旨：该部议奏。
钦此。①

一四三　崇化屯麦粮不敷支放请旨筹拨折

同治十一年十月二十四日(1872 年 11 月 24 日)

头品顶戴四川总督臣吴棠跪奏，为崇化屯现存麦粮不敷支放，
酌请筹拨，以资接济，恭折仰祈圣鉴事。

窃照四川、新疆各屯存储粮石，原备支放官役、喇嘛口粮及屯
番借领籽种之需。如遇存储无多，历系奏明于别屯酌量拨运供支。
兹据布政使王德固转准署成绵龙茂道尹国珍移：据懋功厅同知黄
加焜详称：崇化屯截至同治十一年六月底止，仅存小麦五百四十七
石八斗零，转瞬即届春耕，籽种、口粮不敷放借，请照向例，在于别
屯酌拨麦二千石，以供支放等情前来。

臣查崇化屯岁征科粮仅只二百余石，现存小麦无几，实属不敷
借放，自应预为筹拨，俾资接济。查历次奏明动拨之绥靖屯，现存
麦粮亦属无多，惟抚边屯存粮八千六百三十余石。该屯支用较少，
应请仍照向例，在于抚边屯酌拨小麦二千石，运赴崇化屯收储借
用。除将所属需脚耗粮事竣造入屯防案内核实报销外，谨会同成
都将军臣魁玉，合词恭折具奏，伏乞皇太后、皇上圣鉴。谨奏。十
月二十四日。

同治十一年十一月二十七日，军机大臣奉旨：知道了。

---

① 　中国第一历史档案馆藏：军机录副，档案编号：03-4833-121。

钦此。①

一四四　奏报川省同治十一年九月雨水、粮价折

同治十一年十月二十四日（1872年11月24日）

头品顶戴四川总督臣吴棠跪奏，为恭报四川省同治十一年九月份各属具报米粮价值及得雨情形，仰祈圣鉴事。

窃照同治十一年八月份通省粮价及得雨情形，前经臣恭折奏报在案。兹查本年九月份成都等十二府，资州、绵州、忠州、酉阳、眉州、泸州六直隶州，石砫、叙永两直隶厅，各属先后具报得雨自一二次至十次、十二次不等。田堰充足，小春播种。其通省粮价，惟中米减二分，余俱与上月相同，据布政使王德固查明列单汇报前来。

臣覆核无异。理合恭折具奏，并分缮清单，恭呈御览，伏乞皇太后、皇上圣鉴。谨奏。十月二十四日。

同治十一年十一月二十七日，军机大臣奉旨：知道了。钦此。②

一四五　呈川省同治十一年九月粮价清单

同治十一年十月二十四日（1872年11月24日）

谨将同治十一年九月份四川省所属地方具报米粮价值，开具

---

①　中国第一历史档案馆藏：军机录副，档案编号：03-4869-170。

②　中国第一历史档案馆藏：军机录副，档案编号：03-4966-568。此折具奏日期脱落，兹据军机处随手登记档（档案编号：03-0209-4-1111-310）校补。

清单,恭呈御览。

成都府属,价贵。中米每仓石价银三两一分至四两五分,较上月减二分。大麦每仓石价银一两八钱三分至二两,与上月同。小麦每仓石价银二两一钱三分至二两三钱,与上月同。黄豆每仓石价银一两六分至二两四钱六分,与上月同。荞子每仓石价银一两一钱六分至一两七钱,与上月同。

重庆府属,价贵。中米每仓石价银二两八钱一分至三两八钱三分,较上月减二分。大麦每仓石价银一两六钱二分至一两九钱七分,与上月同。小麦每仓石价银二两二钱八分至二两七钱,与上月同。黄豆每仓石价银二两七钱三分至三两三分,与上月同。

保宁府属,价贵。中米每仓石价银二两六钱三分至三两三钱四分,较上月减二分。大麦每仓石价银一两八钱九分至二两一钱,与上月同。小麦每仓石价银二两八钱三分至三两五钱七分,与上月同。黄豆每仓石价银一两八钱三分至二两一钱三分,与上月同。

顺庆府属,价贵。中米每仓石价银三两七分至三两四钱八分,较上月减二分。大麦每仓石价银一两六钱一分至一两八钱,与上月同。小麦每仓石价银二两九分至二两一钱二分,与上月同。黄豆每仓石价银一两五钱五分至一两六钱七分,与上月同。

叙州府属,价贵。中米每仓石价银三两六分至三两三钱六分,较上月减二分。大麦每仓石价银一两六钱六分至二两二分,与上月同。小麦每仓石价银二两一钱三分至二两六钱三分,与上月同。黄豆每仓石价银一两一钱一分至一两五钱二分,与上月同。

夔州府属,价贵。中米每仓石价银二两八钱六分至三两二钱一分,较上月减二分。大麦每仓石价银一两七钱八分至二两四钱六分,与上月同。小麦每仓石价银二两九钱五分至三两三分,与上月同。黄豆每仓石价银二两一钱六分至二两二钱六分，与上月同。

龙安府属，价贵。中米每仓石价银二两五钱六分至三两二钱六分，较上月减二分。青稞每仓石价银一两五钱，与上月同。小麦每仓石价银一两七钱九分至二两一分，与上月同。黄豆每仓石价银一两八钱五分至一两九钱三分，与上月同。

宁远府属，价贵。中米每仓石价银二两八钱九分至三两二钱二分，较上月减二分。大麦每仓石价银一两四钱八分至一两六钱，与上月同。小麦每仓石价银一两五钱九分至二两二钱，与上月同。荞子每仓石价银一两四钱五分，与上月同。黄豆每仓石价银一两五钱六分至一两六钱三分，与上月同。

雅州府属，价中。中米每仓石价银二两八钱一分至二两八钱六分，较上月减二分。小麦每仓石价银二两二钱九分至二两六钱五分，与上月同。黄豆每仓石价银一两六钱七分至二两六分，与上月同。

嘉定府属，价贵。中米每仓石价银二两八钱八分至三两四钱八分，较上月减二分。小麦每仓石价银二两三钱六分至二两七钱三分，与上月同。黄豆每仓石价银一两四钱九分至二两五分，与上月同。

潼川府属，价贵。中米每仓石价银二两八钱九分至三两一钱七分，较上月减二分。大麦每仓石价银一两六钱五分至一两九钱三分，与上月同。小麦每仓石价银二两一钱四分至二两四钱九分，与上月同。黄豆每仓石价银一两七钱八分至二两一钱五分，与上月同。

绥定府属，价中。中米每仓石价银二两七钱六分至二两八钱八分，较上月减二分。大麦每仓石价银一两五钱七分至一两五钱

八分，与上月同。小麦每仓石价银一两六钱二分至一两七钱三分，
与上月同。黄豆每仓石价银一两四钱三分，与上月同。

眉州直隶州属，价贵。中米每仓石价银二两七钱四分至三两
四分，较上月减二分。

邛州直隶州属，价贵。中米每仓石价银二两六钱四分至三两
七分，较上月减二分。大麦每仓石价银一两九钱，与上月同。小麦
每仓石价银二两五钱七分，与上月同。黄豆每仓石价银二两一钱
至二两二钱四分，与上月同。

泸州直隶州属，价贵。中米每仓石价银三两七分至三两八分，
较上月减二分。

资州直隶州属，价中。中米每仓石价银二两五钱六分至二两
九钱六分，较上月减二分。

绵州直隶州属，价贵。中米每仓石价银二两六钱九分至三两
五分，较上月减二分。小麦每仓石价银二两三钱二分至二两四钱
六分，与上月同。

茂州直隶州属，价中。中米每仓石价银二两六钱一分，较上月
减二分。小麦每仓石价银二两六钱八分，与上月同。青稞每仓石
价银二两二钱，与上月同。荞子每仓石价银一两二钱三分至一两
七钱三分，与上月同。

忠州直隶州属，价贵。中米每仓石价银二两五钱八分至三两
二钱六分，较上月减二分。大麦每仓石价银一两四钱六分至一两
六钱，与上月同。小麦每仓石价银二两三分至二两三钱九分，与上
月同。黄豆每仓石价银一两二钱七分至一两三钱七分，与上月同。

酉阳直隶州属，价贵。中米每仓石价银二两五钱九分至三两
九分，较上月减二分。大麦每仓石价银二两二钱八分至二两六钱，

与上月同。小麦每仓石价银二两六钱二分至二两七钱六分，与上月同。黄豆每仓石价银一两三钱九分至一两四钱四分，与上月同。

叙永直隶厅属，价贵。中米每仓石价银二两九钱七分，较上月减二分。小麦每仓石价银一两八钱一分，与上月同。荞子每仓石价银一两三钱二分，与上月同。黄豆每仓石价银一两六钱一分，与上月同。

松潘直隶厅，价中。青稞每仓石价银二两七钱六分，与上月同。荞子每仓石价银一两七钱四分，与上月同。

杂谷直隶厅，价中。青稞每仓石价银二两四钱，与上月同。荞子每仓石价银一两七钱九分，与上月同。

石砫直隶厅，价平。中米每仓石价银一两六钱，较上月减二分。大麦每仓石价银一两七钱三分，与上月同。小麦每仓石价银二两六分，与上月同。

打箭炉厅，价贵。青稞每仓石价银四两九钱，与上月同。油麦每仓石价银一两八钱一分，与上月同。

军机大臣奉旨：览。钦此。①

一四六　呈川省同治十一年九月得雨清单
同治十一年十月二十四日（1872年11月24日）

谨将同治十一年九月份四川省所属地方报到得雨情形，开具清单，恭呈御览。

---

① 中国第一历史档案馆藏：军机录副，档案编号：03-4966-569。此单主折具奏日期脱落，兹据军机处随手登记档（档案编号：03-0209-4-1111-310）校补。

成都府属:成都、华阳两县得雨七次,播种小春。简州得雨九次,冬粮播种。崇庆州得雨五次,翻犁田亩。汉州得雨六次,小春出土。温江县得雨七次,播种小春。郫县得雨八次,稻谷收毕。崇宁县得雨四次,堰水充足。新都县得雨七次,葫豆滋长。彭县得雨二次,小春栽插。什邡县得雨三次,葫豆播种。

重庆府属:江北厅得雨六次,田水充足。江津县得雨六次,田水充足。长寿县得雨九次,塘水稍足。永川县得雨十次,沟田蓄水。荣昌县得雨八次,田水充足。綦江县得雨二次,田水充足。南川县得雨二次,蓄水充盈。合州得雨四次,田水充足。璧山县得雨三次,田水充盈。铜梁县得雨四次,田水充足。大足县得雨四次,田水充足。定远县得雨十二次,小春播种。

夔州府属:云阳县得雨二次,田土翻犁。万县得雨十次,小春播种。

龙安府属:平武县得雨二次,豆麦播种。江油县得雨三次,豆麦滋生。石泉县得雨五次,堰水充足。

绥定府属:达县得雨二次,田水充足。新宁县得雨二次,小春滋生。

宁远府属:盐源县得雨二次,田水充足。

保宁府属:阆中县得雨四次,地土透润。苍溪县得雨六次,田亩蓄水。南部县得雨三次,地土滋润。广元县得雨二次,冬粮滋生。昭化县得雨三次,小春播种。巴州得雨四次,田水充足。通江县得雨一次,豆麦播种。剑州得雨六次,黄豆结实。

顺庆府属:南充县得雨三次,田水充盈。西充县得雨四次,田水充盈。营山县得雨四次,田亩翻犁。仪陇县得雨二次,小春萌芽。广安州得雨二次,田亩翻犁。岳池县得雨七次,田水充足。邻水县得雨二次，田亩翻犁。

潼川府属：三台县得雨四次，田堰水足。射洪县得雨三次，田水充盈。盐亭县得雨七次，收获已毕。中江县得雨四次，田水充足。蓬溪县得雨四次，田水充盈。安岳县得雨二次，山粮播种。乐至县得雨五次，田堰积水。

雅州府属：雅安县得雨四次，冬粮滋茂。芦山县得雨五次，田亩蓄水。

嘉定府属：乐山县得雨五次，堰水充盈。峨眉县得雨三次，田亩翻犁。洪雅县得雨四次，小春发生。荣县得雨四次，小春将种。威远县得雨五次，山地润泽。峨边厅得雨二次，农民播种。

叙州府属：南溪县得雨五次，田水充盈。富顺县得雨五次，小春栽种。隆昌县得雨四次，田水充足。马边厅得雨三次，地土翻犁。

资州直隶州并属：资州得雨八次，小春播种。资阳县得雨八次，田水充足。井研县得雨五次，豆麦播种。仁寿县得雨九次，田水充足。内江县得雨九次，田水充足。

绵州直隶州并属：绵州得雨七次，豆麦播种。安县得雨六次，小春播种。梓潼县得雨九次，田水充足。罗江县得雨四次，豆麦正种。

忠州直隶州并属：忠州得雨二次，播种冬粮。酆都县得雨四次，田水充足。梁山县得雨一次，冬水盈田。垫江县得雨七次，农民播种。

眉州直隶州并属：眉州得雨五次，冬水收足。丹棱县得雨四次，堰水充盈。

邛州直隶州并属：邛州得雨四次，堰水充足。大邑县得雨五次，小春甫种。

泸州直隶州并属：泸州得雨五次，小春滋长。江安县得雨四次，小春萌芽。合江县得雨五次，农民翻犁。纳溪县得雨五次，小春发生。

石砫直隶厅得雨五次，小春滋长。

叙永直隶厅并属：叙永厅得雨五次，小春将种。永宁县得雨六次，田水充盈。

军机大臣奉旨：览。钦此。①

一四七　奏报翰林院侍讲童槐赴京陛见片

同治十一年十月二十四日（1872 年 11 月 24 日）

再，翰林院检讨童槐，于咸丰八年请假回籍。九年二月，以原任湖北抚臣胡林翼保荐，奉旨：着原籍督抚给咨来京，伺候召见。钦此。该员正起程间，适值蜀中军兴，省城戒严，随同地方官办理团练。十年六月，奉旨：着童槐随同办理本省团练。钦此。嗣以连年办理川省团防出力，经原任四川督臣骆秉章会同前任成都将军臣崇实，于同治四年奏保，奉旨：着赏加翰林院侍讲衔。钦此。

臣查童槐学识淹博，通达治体，在籍办团，著有成效。现值川省军务肃清，内地团防已撤，该员应行回京供职，并钦遵咸丰九年谕旨，伺候召见。除照例给咨起程外，理合附片陈明，伏乞圣鉴。谨奏。

---

① 中国第一历史档案馆藏：军机录副，档案编号：03-4966-570。此单主折具奏日期脱落，兹据《军机处随手登记档》（档案编号：03-0209-4-1111-310）校补。

同治十一年十一月二十七日，军机大臣奉旨：知道了。钦此。①

一四八　请将知县张文奎等分别降改片

同治十一年十月二十四日（1872年11月24日）

再，川省地方辽阔，民情朴直，全在地方州县善为抚字，方期静谧。臣莅川以来，察看不能称职之员，业经随时奏参，请旨分别降革，钦遵在案。兹查有洪雅县知县张文奎，才识庸浅；同知衔候补知县署通江县知县黎亘熙，治程未谙。均属难胜民社。惟该员等年力方强，未便废弃，拟〈请〉旨将洪雅县知县张文奎、署通江县知县黎亘熙，均以府经历、县丞降补。

又，查苍溪县知县吴登魁、渠县知县张钟瑛，才具拘谨，办事竭蹶。惟吴登魁系拔贡出身，张钟瑛系举人出身，文理尚优，拟请旨将苍溪县知县吴登魁、渠县知县张钟瑛，均改归教职选用。

再，洪雅、苍溪、渠县三缺应归部选，惟川省现有候补人员，应请扣留外补。臣为整饬吏治起见，与藩、臬两司函商，意见相同。理合附片陈明。是否有当，伏乞圣鉴训示。谨奏。

同治十一年十一月二十七日，军机大臣奉旨：钦此。②

【案】此案于是年十一月二十七日得允行：

---

① 中国第一历史档案馆藏：军机录副，档案编号：03-4661-093。此片具奏日期未确，兹据军机处随手登记档（档案编号：03-0209-4-1111-310）校正。

② 中国第一历史档案馆藏：军机录副，档案编号：03-4661-094。此奏片具奏日期未确，兹据军机处随手登记档（档案编号：03-0209-4-1111-310）校正。

同治十一年十一月二十七日,内阁奉上谕:吴棠奏,特参不职各员,请分别降补、改用等语。四川洪雅县知县张文奎才识庸浅,署通江县事候补知县黎亘熙治理未谙,均着以府经历、县丞降补。苍溪县知县员登魁,渠县知县张钟瑛,才具拘谨,办事竭蹶,均着改归教职选用。余着照所议办理,该部知道。钦此。①

一四九　奏请按察使英祥暂缓进京片

同治十一年十月二十四日(1872年11月24日)

再,按察使英祥于同治八年十一月到任,迄今已届三载,例应具折陈请陛见。伏查川省刑名甲于各省,本省钦奉恩旨,查办减等人犯共有一千数百之多。该臬司熟谙律例,悉心综核,现在尚未完竣。又,自军兴以来,连年筹防筹饷,通省词讼积压不少,前经臣通饬各属勒限清厘,尤须该臬司实力整顿,公事殷繁,未便令其暂行交替,合无仰恳天恩,俯准暂缓进京,俟承办事件完竣,再由该臬司循例陈请,以符定制,出自鸿慈。理合附片陈明,伏乞圣鉴。谨奏。

同治十一年十一月二十七日,军机大臣奉旨:着照所请。钦此。②

---

① 中国第一历史档案馆编:《咸丰同治两朝上谕档》,第22册,第266—267页;《穆宗毅皇帝实录(七)》,卷三百四十五,同治十一年十一月下,第548页。

② 中国第一历史档案馆藏:军机录副,档案编号:03-4661-095。此片具奏日期未确,兹据军机处随手登记档(档案编号:03-0209-4-1111-310)校正。

一五〇　奏报张焕祚等调署知县员缺片

同治十一年十月二十四日（1872 年 11 月 24 日）

再，平武县知县屠天培调省察看遗缺，查有俸满卓异并案引见回川之富顺县知县张焕祚，老成稳练，堪以调署。又，井研县知县陈葆真调省察看遗缺，查有新选奉节县知县常春，举止质朴，堪以委署。又，南川县知县黄际飞调省遗缺，查有新选通江县知县文龙，才具练达，堪以委署。张焕祚等正、署各任内并无经征钱粮未完展参及承缉盗劫已起四参案件，据藩、臬两司会详前来。除分饬遵照外，理合附片陈明，伏乞圣鉴。谨奏。

同治十一年十一月二十七日，军机大臣奉旨：知道了。钦此。①

一五一　奏为遵旨密保人才折

同治十一年十一月二十四日（1872 年 12 月 24 日）

头品顶戴四川总督臣吴棠跪奏，为遵旨酌保人才，以备任使，缮具清单，恭折密陈，仰祈圣鉴事。

窃臣于同治十年十一月二十一日，由军机大臣字寄：十一月初三日，钦奉上谕：为政首在得人，各省藩、臬两司有用人理财、察吏安民之责，果能用当其才，庶吏治民生可望日有起色。该藩、臬司

---

①　中国第一历史档案馆藏：军机录副，档案编号：03-4661-096。此片具奏日期未确，兹据军机处随手登记档（档案编号：03-0209-4-1111-310）校正。

等历练既久,并可备异日封疆之选,关系甚为紧要。着各直省督抚于所属运司、道府中,随时留心察访,如有通达治体、卓著循声堪胜两司之任者,出具切实考语,据实密陈,并将该员等才具长短分析胪陈,以备国家用才器使。即非属吏而有贤能素著,为该督抚所真知灼见者,亦不妨切实声叙。该督抚受恩深重,务当仰体朝廷慎重旁求之意,秉公保奏,不可拘一己之爱憎,稍涉冒滥。至州县等官,如有政绩卓异堪胜道府之人,仍着懔遵历次谕旨,据实保荐,用备简擢。将此各谕令知之。钦此。仰见皇上明目达聪、励志求贤之至意,跪诵之下,钦佩莫名。

俯念治平有要,必以吏事为本原;俊杰同升,本属臣子之职分。臣渥荷天恩,忝膺重寄,凡察吏安民诸事,无日不兢兢自矢,实意讲求。每于接见僚属之时,察其议论,验其行事以及禀牍往来,并证其才具之短长、识见之高下,虚心延访,博参舆论,间有不称职者,随时甄别,不敢稍事姑容。即循分供职之员,苟非卓异贤能,亦未敢轻登荐剡。诚以进举不嫌其隘,考求务缉其精也。

大抵人才之表见各殊,有为必先有守,即人心之是非难昧,无私始可无偏,知而不举,何以副圣朝简拔之怀;举非其尤,更以抱清夜难安之隐。至若循爱憎之私意,蹈欺罔之愆尤,臣具有天良,何敢出此?兹谨就平日所深知而历事者,据实密陈,缮具清单,恭呈御览。至该员等如何录用之处,臣未敢擅拟,恭候圣裁。是否有当,伏乞皇太后、皇上圣鉴训示。谨奏。同治十一年十一月二十四日。[1]

---

① 中国第一历史档案馆藏:军机录副,档案编号:03-4661-197。

同治十一年十二月二十三日，奉旨。①

一五二　呈酌保川省人才清单

同治十一年十一月二十四日（1872 年 12 月 24 日）

谨将遵旨酌保川省人材缮具清单，恭呈御览。

盐茶道傅庆贻，该员现年四十九岁，直隶进士，同治七年到任，清操自励，当醝务滞销之时，悉心整顿筹画，具有规模，经臣两次奏署臬篆，均能认真研鞫，无枉无纵，洵为操守廉洁、实心任事、不可多得之员。

三品衔建昌道黄云鹄，现年四十五岁，湖北进士。同治七年，补授雅州府知府，勤求吏治，遇有词讼案件，立时剖决，从无留牍，甚洽舆情。嗣调补成都府知府，升补建昌道，弥复勇于任事，绝少瞻徇，实为历久不懈。

成都府知府朱潮，该员现年五十七岁，浙江进士。同治五年，补授叙州府知府，凡遇民事，无论巨细，审处精详，人不能干以私。本年，调任成都，勤苦耐劳，一如在叙州时。至其清廉坚定之操，尤足振式浮靡。

三品衔道员用夔州府知府颙德模，该员现年五十三岁，安徽附生，同治十一年到任，朴诚开敏，数月以来，修理城工，整顿税务，地方蠹役，日久弊端，厘剔净尽，最为振作有为之员。

道员用补用知府绵州直隶州知州文棨，该员现年五十岁，内务府正白旗汉军贡生，前任彭县时剿办土匪，早著勤劳。嗣经升补今

---

① 此奉旨日期据军机处随手登记档（档案编号：03-0209-4-1111-335）校补。

职,勤政爱民,历久不懈;精明浑厚,兼有其长。

知府用资州直隶州知州罗廷权,该员现年五十一岁,云南举人,由大挑知县改指四川,历署各缺,实心任事,卓著循声;升补今职,益复勤劳不倦,实属明干有为,足胜表率之任。

运同衔补用同知直隶州三台县知县王宫午,该员现年四十五岁,河南进士,坚苦勤能,尽力民事,所莅之区,首严缉捕,不辞劳瘁,能使奸宄潜踪。勇敢有为,近所罕见。

盐运使衔候补道钟昌勤,该员现年五十七岁,湖南进士,志趣端方,学术深邃,办理防剿各务,缉匪安良,尤勤吏治,贤能之誉,众论咸孚。同治元年,前督臣骆秉章荐举人材,曾经具折保奏。同治十年,回籍守制。

道员用候补知府恒泰,该员现年五十六岁,满洲正白旗拔贡,通达治体,历办宁远、会理各处防务,持重老成,边围静谧,至今舆颂犹传,地方倚赖,无愧循良。同治七年,前署督臣崇实荐举人材,曾经具折保奏。同治九年,回旗守制。[①]

一五三　奏报知州葛雨澍等期满甄别片

同治十一年十一月二十四日(1872年12月24日)

再,查吏部奏定章程:丞、倅、州、县,无论何项劳绩保奏归入候补班者,以到省之日起,予限一年,令督抚详加察看,出具切实考语,奏明分别繁简补用等因。遵照在案。兹查有候补班前补用直

---

①　中国第一历史档案馆藏:清单,档案编号:03-4662-006。此清单未署具奏者,兹据内容及军机处随手登记档判定其为档案编号03-4661-197折之附件。

隶州知州葛雨澍、候补班遇缺先前即补知县张振声二员，均到省一年期满，自应照章甄别，据布政使王德固、按察使英祥先后造具履历清册，会详请奏前来。

臣查该员葛雨澍，才具稳慎，请留川以简缺直隶州知州补用；张振声办事勤敏，请留川以简缺知县补用。除将该员等履历清册咨部外，理合附片陈明，伏乞圣鉴训示。谨奏。

同治十一年十二月二十三日，军机大臣奉旨：吏部知道。钦此。①

一五四　奏为声叙谈寿龄等员片

同治十一年十一月二十四日(1872年12月24日)

再，三品顶戴留川遇缺尽先题奏道谈寿龄，现年五十二岁，顺天监生，祖籍江苏。咸丰三年，臣任清河县时，粤氛甚炽，逼近淮安。该员系南河巡检，随同练勇筹防，奋发有为，不避艰险，早得指臂之助。迨臣移督川疆，该员以知府从事行间，于援剿滇、黔案内保升今职。每与之讲求吏治，咨访民艰，其议论胥归于精细稳实。近年委令襄办民教交涉事件，均能悉心赞画，经历裕如。

又，调川差委分发候补班前先补用道魏邦庆，现年四十九岁，江苏拔贡，由副榜考补教习。臣任淮徐道时，正值发捻肆扰，该员在籍办团，著有成效，当经札调襄理戎务，并即带赴清江营次，迭著勤劳。嗣臣由漕督调任闽浙，察其守洁才优，通晓吏事，据实上陈，奏调赴闽。迨臣移督四川，复以该员练达精详、深得倚助，附片具

---

①　中国第一历史档案馆藏：军机录副，档案编号：03-4661-194。

奏,调川差委,历年援剿邻疆及本年办理赈粜各务。该员廉正朴诚,深明大体,深得赞助之力。

复读此次钦奉谕旨,即非属吏而有贤能素著为该督抚所真知灼见者,亦不妨切实声叙等因。钦此。以上二员,谈寿龄才识开朗,仍复办事实心;魏邦庆操守清严,益能练达吏治,均堪胜任监司之职。臣知之既久,见之最深,不敢不详切声叙,以副朝廷博采旁咨、择人器使之至意。可否仰恳天恩,俯准存记、用备简擢之处,出自逾格鸿慈。是否有当,谨附片密陈,伏乞圣鉴训示。谨奏。①

同治十一年十二月二十三日,奉旨。②

一五五　奏报川省历办团练官绅查核请奖片
同治十一年十一月二十四日(1872年12月24日)

再,准吏部咨:川省历年办理团练,防剿滇、发各逆出力官绅,核与例案及奏定章程不符、应行驳正各员,奏奉谕旨:依议。钦此。粘单知照,令其分别详查,另核奏明请奖等因。遵即转饬防剿局司道,暨该管府厅州县查照去后,兹据陆续详报前来。臣覆核无异。理合恭缮清单,附片具奏,伏乞圣鉴,敕部议复施行。谨奏。

同治十一年十一月二十四日,附片具奏。③

同治十一年十二月二十三日,奉旨:吏部议奏,单并发。④

---

　　① 中国第一历史档案馆藏:军机录副,档案编号:03-4662-007。此片具奏日期未确,兹据军机处随手登记档(档案编号:03-0209-4-1111-335)校正。

　　② 此奉旨日期据军机处随手登记档(档案编号:03-0209-4-1111-335)校补。

　　③ 吴棠等:《游蜀疏稿》,第645—646页。

　　④ 此奉旨日期与内容,据军机处随手登记档(档案编号:03-0209-4-1111-335)校补。

一五六　续办同治十二年按粮津贴折

同治十一年十一月二十四日（1872年12月24日）

　　头品顶戴四川总督臣吴棠跪奏，为川省京协各饷需用甚巨，请援照成案，于同治十二年续办按粮津贴，以资接济，恭折仰祈圣鉴事。

　　窃照川省因需饷浩繁，乏款接济，自咸丰年间起按粮津贴，每条粮银一两津贴银一两，随粮交纳，拨供京外要饷，历经奏奉谕旨允准在案。兹据藩司王德固详称：本年自开征起截至九月底止，共收津贴银三十六万五千八百二十七两零，又续收历年未完津贴银五万八千三十两零，统共收银四十二万三千八百五十七两零，除分解原拨京饷银十五万两，又续拨京饷银十五万两，又奉拨本省壬申年旗、绿各营兵饷银五万两，又奉拨贵州省壬申年兵饷银五万两，共计三十五万两，均系京外正供。其余拨供防剿经费，为数无几。至所收捐输厘金各项，历经奏拨直隶、云贵、陕甘、新疆、淮军、台藏各饷，均系随到随拨，毫无存剩。本年综计收支各数，仍属入不敷出，而来年奉拨京外各饷，势必不能停解。若不预为筹备，深恐贻误要需。

　　臣督同藩司悉心商酌，拟请同治十二年份再行劝办按粮津贴，每条粮银一两，仍津贴库平库色银一两，于来年开征时如数交纳，并由司刊刻告示，遍贴晓谕，除各厅州县向设夫马局供应差事暂准减成收支及各处坍塌城工仍应劝捐修理外，其余一切杂派经费概行禁革，不许私立名色，添派丝毫。如有不遵，一经访闻，或被告发，即行参撤究办。所有历届议免之汶川、梓潼、广元、昭化、剑州、营山、青神、松潘、峨边、屏山、马边、雷波、越巂、盐源、石泉、綦江、理番、石砫、天全、筠连、兴文、高县、叙永、永宁、荥经、大宁等二十六厅州县,仍照旧章免征。其上年被灾歉收之合州等处,本年收成丰稔者,应仍一体照办。余俟饬属查明,如有收成稍欠之区,再行酌量减收,以示体恤。

至于征收事宜及局中所需薪水、鞘匣、运费,均照向章办理,不准格外苛派。仍俟稍解齐全,综计银数多寡,吁恳天恩加广学额,用昭激劝。臣查此项按粮津贴,有关京外要饷,值此库款万分支绌,不得不借资民力,以免贻误,应请援案照办。一俟邻省军务肃清,支用复旧,即行奏请停止,并不永以为例。所有同治十二年份川省仍请续办按粮津贴缘由,是否有当,理合恭折具陈,伏乞皇太后、皇上圣鉴训示。谨奏。十一月二十四日。

同治十一年十二月二十三日,军机大臣奉旨:户部知道。钦此。[①]

一五七　奏报川省同治十一年十月雨水、粮价折

同治十一年十一月二十四日(1872 年 12 月 24 日)

头品顶戴四川总督臣吴棠跪奏,为恭报四川省同治十一年十月份各属具报米粮价值及得雨情形,仰祈圣鉴事。

窃照同治十一年九月份通省粮价及得雨情形,前经臣恭折奏报在案。兹查本年十月份成都、重庆、夔州、龙安、绥定、保宁、顺

---

① 中国第一历史档案馆藏:军机录副,档案编号:03-4834-053。

庆、潼川、雅州、嘉定、叙州十一府，资州、绵州、忠州、眉州、泸州、邛州六直隶州，石砫、叙永两直隶厅，各属先后具报得雨自一二次至六七次不等。小春播种，二麦滋长。其通省粮价，成都中米较上月减四分，暨重庆、保宁、顺庆、叙州、夔州、龙安、宁远、雅州、嘉定、潼川、眉州、邛州、泸州、绵州、忠州、酉阳，中米约较上月减二分，又重庆一府黄豆减二分，余俱与上月相同，据布政使王德固查明列单汇报前来。

臣覆核无异。理合恭折具奏，并分缮清单，恭呈御览，伏乞皇太后、皇上圣鉴。谨奏。十一月二十四日。

同治十一年十二月二十三日，军机大臣奉旨：知道了。钦此。①

一五八　呈川省同治十一年十月粮价清单

同治十一年十一月二十四日(1872 年 12 月 24 日)

谨将四川省同治十一年十月份各属具报米粮价值，开具清单，恭呈御览。

成都府属，价贵。中米每仓石价银三两一分至四两一分，较上月减四分。大麦每仓石价银一两八钱三分至二两，与上月同。小麦每仓石价银二两一钱三分至二两三钱，与上月同。黄豆每仓石价银一两六分至二两四钱六分，与上月同。荞子每仓石价银一两一钱六分至一两七钱，与上月同。

重庆府属，价贵。中米每仓石价银二两八钱一分至三两八钱一分，较上月减二分。大麦每仓石价银一两六钱二分至一两九钱

---

① 中国第一历史档案馆藏：军机录副，档案编号：03-4966-180。

七分，与上月同。小麦每仓石价银二两二钱八分至二两七钱，与上月同。黄豆每仓石价银二两七钱三分至三两一分，较上月减二分。

保宁府属，价贵。中米每仓石价银二两六钱三分至三两三钱二分，较上月减二分。大麦每仓石价银一两八钱九分至二两一钱，与上月同。小麦每仓石价银二两八钱三分至三两五钱七分，与上月同。黄豆每仓石价银一两八钱三分至二两一钱三分，与上月同。

顺庆府属，价贵。中米每仓石价银三两七分至三两四钱六分，较上月减二分。大麦每仓石价银一两六钱一分至一两八钱，与上月同。小麦每仓石价银二两九分至二两一钱二分，与上月同。黄豆每仓石价银一两五钱五分至一两六钱七分，与上月同。

叙州府属，价贵。中米每仓石价银三两六分至三两三钱四分，较上月减二分。大麦每仓石价银一两六钱六分至二两二分，与上月同。小麦每仓石价银二两一钱三分至二两六钱三分，与上月同。黄豆每仓石价银一两一钱一分至一两五钱二分，与上月同。

夔州府属，价贵。中米每仓石价银二两八钱六分至三两一钱九分，较上月减二分。大麦每仓石价银一两七钱八分至二两四钱六分，与上月同。小麦每仓石价银二两九钱五分至三两三分，与上月同。黄豆每仓石价银二两一钱六分至二两二钱六分，与上月同。

龙安府属，价贵。中米每仓石价银二两五钱六分至三两二钱四分，较上月减二分。青稞每仓石价银一两五钱，与上月同。小麦每仓石价银一两七钱九分至二两一分，与上月同。黄豆每仓石价银一两八钱五分至一两九钱三分，与上月同。

宁远府属，价贵。中米每仓石价银二两八钱九分至三两二钱，较上月减二分。大麦每仓石价银一两四钱八分至一两六钱，与上月同。小麦每仓石价银一两五钱九分至二两二钱，与上月同。荞子每仓石价银一两四钱五分，与上月同。黄豆每仓石价银一两五钱六分至一两六钱三分，与上月同。

雅州府属，价中。中米每仓石价银二两八钱一分至二两八钱四分，较上月减二分。小麦每仓石价银二两二钱九分至二两六钱五分，与上月同。黄豆每仓石价银一两六钱七分至二两六分，与上月同。

嘉定府属，价贵。中米每仓石价银二两八钱至三两三钱八分，较上月减二分。小麦每仓石价银二两三钱六分至二两七钱三分，与上月同。黄豆每仓石价银一两四钱九分至二两五分，与上月同。

潼川府属，价贵。中米每仓石价银二两八钱九分至三两一钱五分，较上月减二分。大麦每仓石价银一两六钱五分至一两九钱三分，与上月同。小麦每仓石价银二两一钱四分至二两四钱九分，与上月同。黄豆每仓石价银一两七钱八分至二两一钱五分，与上月同。

绥定府属，价中。中米每仓石价银二两七钱六分至二两八钱八分，与上月同。大麦每仓石价银一两五钱七分至一两五钱八分，与上月同。小麦每仓石价银一两六钱二分至一两七钱三分，与上月同。黄豆每仓石价银一两四钱三分，与上月同。

眉州直隶州属，价贵。中米每仓石价银二两七钱四分至三两二分，较上月减二分。

邛州直隶州属，价贵。中米每仓石价银二两六钱四分至三两五分，较上月减二分。大麦每仓石价银一两九钱，与上月同。小麦每仓石价银二两五钱七分，与上月同。黄豆每仓石价银二两一钱至二两二钱四分，与上月同。

泸州直隶州属，价贵。中米每仓石价银三两七分至三两六分，较上月减二分。

资州直隶州属，价中。中米每仓石价银二两五钱六分至二两九钱六分，与上月同。

绵州直隶州属，价贵。中米每仓石价银二两六钱九分至三两五分，较上月减二分。小麦每仓石价银二两三钱二分至二两四钱六分，与上月同。

茂州直隶州属，价中。中米每仓石价银二两六钱二分，与上月同。小麦每仓石价银二两六钱八分，与上月同。青稞每仓石价银二两二钱，与上月同。荞子每仓石价银一两二钱三分至一两七钱三分，与上月同。

忠州直隶州属，价贵。中米每仓石价银二两五钱八分至三两二钱四分，较上月减二分。大麦每仓石价银一两四钱六分至一两六钱，与上月同。小麦每仓石价银二两三分至二两三钱九分，与上月同。黄豆每仓石价银一两二钱七分至一两三钱七分，与上月同。

酉阳直隶州属，价贵。中米每仓石价银二两五钱九分至三两七分，较上月减二分。大麦每仓石价银二两二钱八分至二两六钱，与上月同。小麦每仓石价银二两六钱二分至二两七钱六分，与上月同。黄豆每仓石价银一两三钱九分至一两四钱四分，与上月同。

叙永直隶厅属，价贵。中米每仓石价银二两九钱七分，较上月减二分。小麦每仓石价银一两八钱一分，与上月同。荞子每仓石价银一两三钱二分，与上月同。黄豆每仓石价银一两六钱一分，与上月同。

松潘直隶厅，价中。青稞每仓石价银二两七钱六分，与上月同。荞子每仓石价银一两七钱四分,与上月同。

杂谷直隶厅,价中。青稞每仓石价银二两四钱,与上月同。荞子每仓石价银一两七钱九分,与上月同。

石砫直隶厅,价平。中米每仓石价银一两六钱,较上月减二分。大麦每仓石价银一两七钱三分,与上月同。小麦每仓石价银二两六分,与上月同。

打箭炉厅,价贵。青稞每仓石价银四两九钱,与上月同。油麦每仓石价银一两八钱一分,与上月同。

军机大臣奉旨:览。钦此。①

一五九　呈川省同治十一年十月得雨清单

同治十一年十一月二十四日(1872年12月24日)

谨将四川省同治十一年十月份各属具报得雨情形,开具清单,恭呈御览。

成都府属:成都、华阳两县得雨二次,播种小春。简州得雨一次,播种小春。崇庆州得雨六次,二麦滋长。汉州得雨四次,小春滋长。温江县得雨五次,小春播种。崇宁县得雨五次,小春播种。新都县得雨二次,二麦滋长。彭县得雨一次,小春播种。双流县得雨一次,小春播种。什邡县得雨一次,小春播种。

重庆府属:江北厅得雨四次,小春滋长。江津县得雨四次,小春滋长。长寿县得雨二次,小春滋长。永川县得雨二次,小春发生。荣昌县得雨四次,小春滋长。南川县得雨二次,小春滋长。合

---

① 中国第一历史档案馆藏:清单,档案编号:03-4966-181。

州得雨七次,冬粮滋长。璧山县得雨四次,小春滋长。铜梁县得雨二次,小春滋长。大足县得雨二次,小春发生。定远县得雨四次,小麦萌芽。

夔州府属:万县得雨二次,小春播种。

龙安府属:平武县得雨一次,豆麦滋长。江油县得雨一次,二麦滋长。石泉县得雨一次,小麦萌芽。彰明县得雨三次,二麦滋长。

绥定府属:达县得雨三次,豆麦萌芽。

保宁府属:阆中县得雨一次,地土滋润。广元县得雨二次,地土滋润。巴州得雨三次,田水充足。剑州得雨三次,小春滋长。

顺庆府属:南充县得雨三次,田水充足。西充县得雨二次,田水充足。蓬州得雨二次,堰水充足。营山县得雨二次,豆麦滋长。仪陇县得雨二次,田堰充足。广安州得雨二次,冬粮滋长。岳池县得雨三次,田水充盈。邻水县得雨二次,小春滋长。

潼川府属:三台县得雨二次,田堰充足。射洪县得雨二次,地土滋润。盐亭县得雨二次,豆麦滋长。中江县得雨一次,小春滋长。安岳县得雨二次,田水充足。乐至县得雨二次,田水充足。

雅州府属:芦山县得雨三次,小春萌芽。

嘉定府属:乐山县得雨三次,堰水充盈。峨眉县得雨三次,豆麦滋长。洪雅县得雨二次,豆麦滋长。夹江县得雨二次,豆麦滋长。犍为县得雨二次,田水充足。荣县得雨一次,田水充足。峨边厅得雨三次,小春播种。

叙州府属:南溪县得雨四次,小春滋长。富顺县得雨二次,田水充足。隆昌县得雨二次,田水充盈。

资州直隶州属:资州得雨一次,小春滋长。资阳县得雨四次,小春发生。井研县得雨四次,小春滋长。仁寿县得雨一次,小春渐长。内江县得雨二次,小春种毕。

绵州直隶州属:眉州得雨二次,二麦滋长。安县得雨四次,小春滋长。

眉州直隶州属:眉州得雨二次,豆麦萌芽。彭山县得雨三次,塘堰充盈。

泸州直隶州属:泸州得雨三次,小春滋长。江安县得雨一次,小春滋长。合江县得雨二次,小春滋长。纳溪县得雨三次,田水充足。

邛州直隶州属:邛州得雨二次,小春滋长。大邑县得雨六次,堰水蓄积。

石砫直隶厅属:石砫厅得雨一次,小春滋长。

叙永直隶厅属:叙永厅得雨三次,小春播种。永宁县得雨一次,小春播种。

军机大臣奉旨:览。钦此。①

一六○　请以李文光等员升补都司等缺折

同治十一年十一月二十七日(1872年12月27日)

头品顶戴四川总督臣吴棠跪奏,为拣员请补都、守各缺,以资整顿,恭折仰祈圣鉴事。

窃照阜和右营都司李恒清、庆宁营守备潘治平、督标左营守备汤元吉,俱已病故。又,漳腊营守备方星元久未到任,不知下落,均经臣恭疏题报开缺在案。所遗各员缺,自应拣员请补。查

---

① 中国第一历史档案馆藏:清单,档案编号:03-4966-182。

阜和、庆宁、漳腊三营,均地在极边,悬处夷疆。所辖各处番夷虽经大兵勘定,而夷情谲诈,时虞反覆。若以人地生疏、未谙形势风土之员骤膺斯任,深虑控制失宜,易起边衅,所关殊非浅鲜。其督左守备一缺,分驻省会重地,巡缉弹压,挑选精兵,均关紧要。现查川省尽先都司、守备名次在前各员,除由军营保升未经来川、存亡莫卜者未经请补外,其业经收标尽先名次在前人员,臣等详加遴选,或甫经回川,或未谙夷务,或驻防台藏,离省日久。人地均不甚相宜。

惟查有尽先前补用都司借补城守左营千总李文光,年三十六岁,松潘厅人,由行伍叠剿滇、粤各匪,打仗出力,历保蓝翎尽先守备,拔补泸州营把总。嗣以攻剿滇边苗、土各匪、克复建武营汛、肃清筠连等县案内出力,于同治八年八月初八日汇案奏保,请以都司尽先前补用,并换花翎,奉旨允准在案。十年,借补城守左营千总。该员差操勤奋,兼熟边防,拟请升补阜和右营都司。又,查有尽先前补用守备冕山营千总马元珍,年三十六岁,松潘厅人,由行伍出师,打仗出力,保拔把总,并戴五品蓝翎。同治四年,拔补冕山营千总。嗣以带勇援滇、克复鲁甸厅城、生擒要逆案内出力奏保,九年四月二十一日,奉上谕:马元珍着以守备尽先前补用。钦此。该员年力正壮,营务认真,拟请升补庆宁营守备。

又,查有尽先守备督标中营千总李廷英,年四十七岁,马边厅人,由行伍出师本省,剿办夷匪著绩,历拔把总。咸丰十一年,拔补督标中营千总。同治八年,俸满考验留任,由部换给札付。嗣以历年防剿秦、陇回逆案内出力汇保,请以守备尽先前补用,于十一年五月十二日奉旨在案。该员心地朴诚,办事勇敢,拟请升补漳腊营守备。又,查有尽先都司巴州营千总江思山,年三十六岁,盐亭县人，由行伍出师瞻对、贵州、广西、湖北等省，打仗著绩，保戴蓝翎，历拔巴州营千总，洊升守备。复在湖北永漋河及钟祥县一带追剿发、捻大获全胜案内，经前任湖广督臣李鸿章奏保，同治六年十一月初十日，奉上谕：着免补守备，以都司尽先补用，赏戴花翎。钦此。七年，凯撤回川。现在管操右营精兵。该员久历行阵，弓马亦娴，拟请借补督标左营守备。

以上各员，或熟悉夷务，或谙练营伍。李文光距籍在五百里以外，马元珍、李廷英、江思山均系隔府别营。至李廷英前于同治九年六月报丁母艰，已于十一年九月十七日服阕。现在均无违碍事故。李文光、马元珍、李廷英各保准尽先前都、守，较尽先班次尤优。江思山由尽先都司借补守备，亦与章程相符，并人地实在相需，例得声明奏请。合无仰恳天恩，俯准以李文光升补阜和右营都司，马元珍升补庆宁营守备，李廷英升补漳腊营守备，江思山借补督标左营守备，实于边防、营伍均有裨益。

如蒙俞允，俟接准部覆，再行分别给咨，送部引见。臣为慎重夷务、营伍起见，是否有当，理合会同成都将军臣魁玉、提督臣胡中和，合词恭折具奏，伏乞皇太后、皇上圣鉴训示。再，庆宁营守备系调缺，现查无合例堪调之员，是以拣员请补，合并陈明。谨奏。十一月二十七日。

同治十一年十二月十六日，军机大臣奉旨：兵部议奏。钦此。①

---

①　中国第一历史档案馆藏：军机录副，档案编号：03-4661-161。

一六一　查明迭次剿匪出力
弁兵绅团核实请奖折

同治十一年十一月二十七日(1872年12月27日)

　　四川成都将军臣魁玉、头品顶戴四川总督臣吴棠跪奏,为遵旨查明拿获纠众滋事匪徒并理番厅等处迭次剿匪出力弁兵绅团,汇案核实请奖,恭折仰祈圣鉴事。

　　窃臣吴棠于同治十一年正月初一日奉到同治十年十二月十二日内阁奉上谕:吴棠奏,拿获纠众滋事匪徒正法一折。<u>所有尤为出力之总兵刘宝国,着赏给该员三代一品封典。知府许培身着赏加盐运使衔。副将李忠恕着遇有总兵缺出,尽先题奏。</u>① 其余出力弁兵,着准其查明,汇案请奖等因。钦此。遵即恭录转行建昌镇总兵刘宝国等,宣布恩纶。凡在将士无不同声感激,益见奋兴。臣魁玉于本年二月间抵任视事,与臣吴棠讲求边备,整饬戎行。伏念松潘、建昌两镇所辖地方,界连番猓,往往越疆肆扰,易构衅端,惟慑之以威,孚之以信,全在运筹之尽善,庶几弭患于未形。治军御寇之方,正不可不随时加意也。

　　查同治四年,理番厅属下孟地方,即有屯弁穆租索朗拥众滋事之案,经前任将军臣崇实、督臣骆秉章调集兵团,立时扑灭,当将该管厅营等,奏请鼓励,并声明其余出力弁兵绅团,容即查明、核实请奖在案。建昌一带猓民,自同治七年西昌县所属交脚地方大捷后,犬羊之性渐就范围,而雷、马诸边荷戈戍卒,日驱逐于密林大堑,雪

_____

　　①　划线部分文字,军机录副缺,兹据《游蜀疏稿》校补。

岭凌崖，迭有斩擒，备尝艰险。臣等以寻常战绩，未敢渎陈。其尤著者，则逆匪普得倡蓄谋已久，集党甚多。幸叨圣主威福，兵行神速，故得以克期扫荡，设法驱除。臣吴棠体察情形，就此日廓清之效，忆频年征戍之功，类多篝洞注坡，手胼足胝，与腹地军营难易不同，是以随折乞恩，确查汇奖，渥荷朝廷有劳必录，无远弗周。兹据总兵刘宝国等具禀请奖前来。

臣魁玉等详加查核，择其尤为出力官弁绅团，开具清单，恭呈御览。吁恳鸿施立沛，以作士气而固民心。除拟保千总以下照案另册咨部外，所有查明拿获纠众滋事匪徒并理番厅等处迭次剿匪出力弁兵绅团汇案核实请奖缘由，谨合词恭折具陈，伏乞皇太后、皇上圣鉴训示。谨奏。十一月二十七日。

同治十一年十二月十六日，军机大臣奉旨：另有旨。[①] 钦此。[②]

【案】同治四年，理番厅属下孟地方……核实请奖在案：同治四年四月十一日，成都将军崇实会同四川总督骆秉章具奏曰：

四川成都将军臣崇实、督办四川军务头品顶戴四川总督臣骆秉章跪奏，为屯弁潜蓄逆谋，聚众滋事，抗拒官兵，当即扑灭，所有五屯现已安靖，恭折具奏，仰祈圣鉴事。窃查理番厅属下孟屯之增设守备穆租索朗，因屡次管带屯兵从征广西各省，于咸丰十年撤兵归屯，渐形骄纵，与其子穆裕宽暨心腹札太沙甲、余开文等把持屯务，同恶相济，侵吞屯饷，迫胁屯众。

---

① "另有旨"，此据军机处随手登记档（档案编号：03-0209-4-1111-328）校补。

② 中国第一历史档案馆藏：军机录副，档案编号：03-4661-165。又，吴棠等：《游蜀疏稿》第647—654页。其尾记曰："同治十一年十一月二十七日，由驿具奏。"

穆租索朗复于咸丰十一年,将屯守备缺解退,潜行进京,改名穆泽周,冒理番厅民籍,蒙捐监生,加捐道员,旋复回屯,吓逼各屯丁,意欲将额设屯备各缺尽行改为增设,强索各屯额设钤记,遍植私党,谋为不轨,逼令各屯弁兵听其调拨。杂谷屯赤六、格十等不肯附从,被责毙命。并将杂谷屯外委日黑纳耳吉并屯兵十二名捉拿镇禁,将额设把总木耳吉、额设外委杨飞熊、屯兵沙甲、王受春等弃河溺毙。复将额设屯守备沙达耳吉之侄沙成金中途拦截捆去,抢劫马匹、财物,送经沙达耳吉暨屯守备包国梁、额设千总札承恩、安定国、额设把总科文泰娄诸、额设外委更卓泽部、古大贵暨屯兵乃之文喜、麻思甲等,前后赴省,联名具陈控告。臣等于上年遴委试用知县吴羹梅,接署理番厅同知,密为查办,并札饬署茂州知州寒阍,会同理番厅维州协审办。今年二月间,寒阍等至新保关,传集原告、各屯弁兵,以待质审。而穆租索朗竟敢抗不到案,且挟杂谷屯兵索饷之嫌,私传木刻,擅调屯兵,欲将杂谷屯众□毁,并集党羽六百余名,分扎理番厅城东西两门,挟制地方官,剿办杂谷屯众,以泄私愆。署同知吴羹梅恐厅城被其蹂躏,阳许以调团派兵前往杂谷查办,以安其心。吴羹梅调团三百名,并招勇四百名,以作准备。穆租索朗复私调屯兵一千二百名,添扎城内,预谋抗拒。吴羹梅恐众寡不敌,派候选从九任宝谦、文生莫如德,前往杂谷、幹堡两屯添调屯兵一千二百名,星驰入城,于三月十九日四更,部署既定。穆租索朗知事机败露,遂拥众为乱。吴羹梅暨署都司李耀龙、守备杨先登督同任宝谦、莫如德等,分带团勇屯兵,围攻穆租索朗住宅。维时,两城门所扎穆租索朗私调之屯兵始知穆逆有意谋叛,该屯兵等为其愚骗,不敢与官抗拒，纷纷解散。惟穆租索朗率死党二百余人，以枪炮拒敌，团勇屯兵阵亡十三名。吴羹梅、李耀龙、杨先登等挥军奋力攻扑，枪毙逆党七十余名，立将该逆住宅踏毁，并将逆党余开文、杨满大、张泗洪、卓廷彪、松松日吉、纳耳际色朗等擒斩。穆租索朗率党百余人突围，窜踞幹沟。李耀龙、杨先登、任宝谦等督兵跟追，于二十二日将穆逆围困老林。该逆拼命冲突，立被兵勇阵斩，割获首级，传示五屯。余贼悉被殄灭。二十三日，新保关照磨汪嘉谟亲督团练，将逆党札太沙甲、桑吉格什、杨忠朋、施文斌等擒获，解至厅城，讯明正法。穆逆之子穆裕宽率死党二百余人，据守下孟屯。吴羹梅、李耀龙等派兵团围攻三昼夜，于二十七日将逆寨攻拔，生擒穆裕宽暨逆党邓传号等十三名，押解回厅，讯明正法。余逆悉数殄除，五屯现俱安靖。伏查穆租索朗及其子穆裕宽，包藏祸心，怙恶不悛，克扣屯饷，威逼屯众，滥毙多命，擅传木刻，私调屯兵，挟制地方官，复敢盘踞厅城，拥众抗拒。若非署同知吴羹梅、署都司李耀龙等审机应变，剿办迅速，则祸起仓卒，不但厅城可危，且恐凭险肆扰，不免重烦兵力。乃旬日之间，首恶歼除，党羽扑灭，全屯悉臻底定，洵足以彰国威而慑边徼。臣等现饬理番文武，妥办善后一切事宜，务期革除积弊，永杜争端。此次吴羹梅办理妥速，实属异常出力。可否仰恳天恩，请将署理番厅同知四川试用知县吴羹梅仍以知县归遇缺前先补，并加同知衔，赏戴花翎。都司李耀龙以游击尽先补用，守备杨先登以都司尽先补用。以上二员均请赏戴花翎。照磨汪嘉谟以县丞补用，候选从九品任宝谦以州吏目留川，遇缺前先补。文生莫如德以训导不论双单月选用，以示鼓励，出自格外鸿慈。其余出力弁兵绅团，容臣等查明,核实请奖。所有屯弁潜蓄逆谋,拥众滋事,抗拒官兵,立就扑灭,五屯现已安靖缘由,谨合词恭折由驿具奏,伏乞皇太后、皇上圣鉴训示。谨奏。四月十一日。①

【附】此折于同治四年四月二十七日得批覆。《清实录》:

又谕:崇实、骆秉章奏,屯弁聚众滋事,当即扑灭,全屯底定各折片。理番厅属下孟屯增设守备穆租索朗及其子穆裕宽潜蓄逆谋,克扣屯饷,遂胁屯兵谋叛,滥毙多命,复擅调屯兵,盘踞厅城,拥众抗拒,实属罪大恶极。现经署同知吴羹梅等调集屯兵、团勇,将首逆穆租索朗及其子穆裕宽搒斩正法,歼除党与,五屯一律定靖,办理尚为妥速。仍着崇实、骆秉章饬令理番文武各员,将应办善后事宜妥为筹办,务期永杜争端,以弭后患。②

一六二　委解黔饷日期并凯撤援兵折

同治十一年十一月二十七日(1872 年 12 月 27 日)

头品顶戴四川总督臣吴棠跪奏,为续拨本年七月份协黔饷银委解起程日期,并现筹酌补欠饷、凯撤援兵各事宜,恭折驰陈,仰祈圣鉴事。

臣前准贵州抚臣曾璧光、提臣周达武来咨,以前派赴黔助剿之武字副前营、经武左营与原部马步川军出力颇多,仍请暂留黔境,迅扫余氛,当即一面飞檄饬遵,一面随折陈明。嗣接周达武函称:督带经武左营总兵文德盛,在兴义、新城一带攻剿甚急,中枪阵亡,

① 中国第一历史档案馆藏:军机录副,档案编号:03-4716-196。
② 《穆宗毅皇帝实录(四)》,卷一百三十七,同治四年四月下,第 222 页。

应将经武左营改为经武中营，委令总哨颜佑胜暂行接管，并请宽筹饷项，以策全功等语。业经臣督饬藩司筹拨本年五、六月份协黔饷银四万两，克期解交，由驿奏报各在案。

兹据查探黔省军务委员禀称：十月初二日，川、滇各路官军奋勇齐进，阵擒首逆，余众投诚，当将新城攻克。并据周达武咨呈：总兵颜佑胜随同收复新城，战功卓著等情。伏念川省以全力援黔，已逾六稔，先将教匪、号匪次第廓清，俾周达武得以大举征苗，迅图戡定，同时并有兴义郡城之捷。而蠢尔逆苗，困兽犹斗，辄敢拒伤良将，窃踞孤城。臣愤懑之余，倍增焦灼。每于批答蜀将禀牍中，多方激励，加意抚循。今幸仰赖圣主福威，元恶授首，全黔军务可告肃清。约计犒赏、遣散所需，为数甚巨。

复督同藩司王德固，于左支右绌之时，作移缓救急之计，续拨银二万两，作为同治十一年七月份协黔饷银，饬委候补同知宋玉瑞管解，定期于十一月二十九日自省起程。又酌补武字马步全军欠饷银五万两，饬委妥员，一并解往，统交周达武军营查收济用；并檄调武字副前营提督胡国珍、经武中营总兵颜佑胜等，先行凯撤回川，驻扎叙永厅境，以固边防。

至克服兴义、新城详细战况及应奖应恤各员，应由贵州抚臣、提臣查明具奏。所有续拨本年七月份协黔饷银委解起程日期及现筹酌补欠饷、凯撤援兵缘由，理合恭折驰奏，伏乞皇太后、皇上圣鉴训示。谨奏。十一月二十七日。

同治十一年十二月十六日，军机大臣奉旨：知道了。钦此。①

---

① 中国第一历史档案馆藏：军机录副，档案编号：03-4834-038。又，吴棠等《游蜀疏稿》，第655—662页。其尾记曰："同治十一年十一月二十七日，由驿具奏。"

一六三 请准陈希祥在籍建祠
并将亡故弁勇入祀片

同治十一年十一月二十七日(1872年12月27日)

　　再,据统领达字楚军记名提督达春巴图鲁陈希祥禀称:窃以同仇敌忾,人臣效死事之勤;取义成仁,圣代有昭忠之典。达字一军,自同治四年由甘肃阶州振旅回川,经前督臣骆秉章饬委陈希祥接统以来,陆续添募勇丁八营,扼防蜀北,兼顾甘南。七年,奏调援黔,剿办上游苗、教各匪,披荆斩棘,转战而前,遂克定南汛城,降贼酋贺兴仁,解平远州围,收抚狁夷百二十寨,旋破黄金印巨股于扁担山,焚其巢穴。嗣复檄调下游,会办苗疆,立破冷水、龙头、黄猫岭等处逆匪,进驻清平屡寨洞。该将弁勇丁等荷戈杀贼,奋不顾身,委性命于交锋,涂脂膏于边地,加以蛮烟瘴雨,疫疬频仍,积劳累功,卒以身殉,共计阵亡、病故三千四十一员名。虽捐躯有异,而致命则同,节经分别优恤在案。

　　伏查以死勤事则祀之例,得于死事及原籍地方立祠致祭。惟现在贵州上下两游军务初平,人民、城郭率多凋敝,未能建立专祠,且官弁中重在择材,籍贯不一,亦未能按册分修。若任其湮没无闻,似非仰体国家励节表忠之意。伏念达字营两次驻防广元,先后已逾数载,绥边御寇,薄有片长。辑众和民,别无异议。度忠魂毅魄,必当依恋是乡,不忍轻去,爰率阖营将弁,捐集经费,在于广元县城内购买隙地,建立昭忠祠,将死事将弁勇丁一律入祀,并置田岁时致祭,由地方印官公举绅耆代为经理等情。

　　臣查军兴以来各营阵亡将士,呈请建立昭忠祠,均邀俞允。今该提督所禀，系为表扬忠烈起见，合无吁恳天恩，俯准提督陈希祥在于广元县地方，捐资建祠，将达字营出征亡故将弁勇丁等一并入祀，以彰荩节，而慰忠魂。除将送到清册咨送礼、兵二部查照外，理合附片陈明，伏乞圣鉴训示。谨奏。

同治十一年十二月十六日，军机大臣奉旨：着照所请，该部知道。钦此。[1]

一六四　请奖励主事周盛典片

同治十一年十一月二十七日（1872 年 12 月 27 日）

再，吏部候补主事周盛典，[2]前在籍时率团助剿，卓著劳绩。经臣于通省团防案内，请以知州分发省份，归候补班前先用。嗣因该员志切观光，请将保案注销，照旧当差，以便应试。第念该员冲锋陷阵，生擒伪都统等百余名，厥功甚伟。复于办理茂州夷务，擒斩酋首，力保危城，似未便没其微劳。合无仰恳天恩，俯准将主事周盛典赏给五品衔，并赏戴花翎，以示鼓励。理合附片陈明，伏乞圣鉴训示。谨奏。

---

①　中国第一历史档案馆藏：军机录副，档案编号：03-4661-169。又，吴棠等：《游蜀疏稿》，第663—669页。其尾记曰："同治十一年十一月二十七日，附驿具奏。"关于此片具奏日期，中国第一历史档案馆馆藏军机录副目录即以奉旨日期"同治十一年十二月十六日"作为具奏时间，不确。兹据军机处随手登记档（档案编号：03-0209-4-1111-328）及《游蜀疏稿》，应以"同治十一年十一月二十七日"为确。

②　周盛典（1845—1897），字雅堂，四川灌县人。咸丰十一年（1861），考取拔贡。光绪二年（1876），中式进士，授编修。告假回籍省亲，主讲岷江书院、少城书院，学士追随者甚多。

同治十一年十二月十六日，军机大臣奉旨：吏部知道。钦此。①

一六五　请准何行保引见时免其射箭片

同治十一年十一月二十七日（1872 年 12 月 27 日）

再，提督衔简用总兵留川借补副参将何行保，自咸丰七年以义勇投效，援剿贵州，于克服古州一役，首先登城，被贼矛伤穿左手四指。十年，攻剿猫猫山号匪，矛伤右手、肘膊二处。同治元年，进剿石头寨盔鳞甲回匪，石伤头顶、胸前、右膊、左右脚等处。是年六月，攻剿平越州尚大坪，枪子穿右肩胛子骨，幸医治得法，未至残废。偶值旧创举发，手腕运掉不灵。又，留川借补尽先补用总兵陈泽久，于咸丰二年以守兵随征湖北、安徽、江南等省。五年，进攻安徽舒城，右膊受枪子伤穿过，直入右肋、右臀旁，后受枪伤一处。七年，进剿和州，左肘受矛伤一处。八年，仍在和州身受火弹烧伤。十年，攻克僧道桥、菱塘桥等处，右膀、右肋均受矛伤一处。同治二年，援剿蒙城，左膝受石伤一处。每交节气，酸痛异常。又，副将衔升用参将留川补用游击都司谢思友，自咸丰十年以蓝翎千总带队入川，追剿李逆，进攻青神县城，被贼枪子击损左目，登时失明，仅存右目，审视未能得力。

---

①　中国第一历史档案馆藏：军机录副，档案编号：03-4661-163。又，吴棠等《游蜀疏稿》，第 671—673 页。其尾记曰："同治十一年十一月二十七日，附驿具奏。"关于此片具奏日期，中国第一历史档案馆藏军机录副目录即以奉旨日期"同治十一年十二月十六日"作为具奏时间，未确。兹据军机处随手登记档（档案编号：03-0209-4-1111-328）及《游蜀疏稿》，应以"同治十一年十一月二十七日"为确。

查咸丰八年，准兵部咨：湖北尽先都司陆得胜进攻蔡甸，左臂受伤，难以挽运，经前湖广督臣官文奏奉上谕：陆得胜着于带领引见时，免其骑射。嗣后送部引见武职员弁，遇有因伤不能射箭者，即由各该督抚奏明办理等因。钦此。今简用总兵留川借补副参将何行保、留川借补尽先补用总兵陈泽久、留川借补游击都司谢思友，出师贵州、安徽、江南、四川等省，迭著战功，受伤深重。现在逐加查验，伤痕虽平，而何行保左手四指屈伸不克自如，陈泽久右肋、右膀、骨损筋挛，均难挽强运重，谢思友左目成废，亦难命中。

合无仰恳天恩，俯念该员等均系打仗出力受伤，将来送部引见时，免其射箭，以示体恤，出自逾格鸿慈。除分咨外，理合附片陈明，伏乞圣鉴训示。谨奏。

同治十一年十二月十六日，军机大臣奉旨：着照所请，兵部知道。钦此。①

一六六　请将袁复清留川借补再行引见片

同治十年十一月二十七日（1872 年 12 月 27 日）

再，记名总兵彰勇巴图鲁袁复清，湖北武昌县人。咸丰九年，以义勇投效江南大营，屡获胜仗。十年，于镇江二次解围案内奏保，奉上谕：着赏给三品顶戴花翎，以示鼓励。钦此。嗣经前湖广督臣官文奏派，招募督标精锐左、右两营，带赴山西军营，听候差遣，积功洊升今职。同治九年，臣魁玉兼署两江总督任内，委带亲

---

① 中国第一历史档案馆藏：军机录副，档案编号：03-4661-162。又，吴棠等《游蜀疏稿》，第 675—681 页。其尾记曰："同治十一年十一月二十七日，附片奏。"

兵水师,奏明留于两江差遣。十年,调任四川将军,随带来川,由臣吴棠檄委省垣总巡。

臣等留心察看,该总兵袁复清,勤慎趋公,不辞劳瘁,洵属将备中有用之才,合无吁恳天恩,俯准将记名总兵袁复清留于四川,遇有相当缺出,按照新章,酌量借补。俟补缺后,再行给咨,送部引见,以资臂助。谨合词附片陈明,是否有当,伏乞圣鉴训示。谨奏。

同治十一年十二月十六日军机大臣奉旨:着照所请,兵部知道。钦此。①

【案】经前湖广督臣官文奏派:同治二年正月二十日,湖广总督官文会同湖北巡抚严树森片陈副将袁复清等自晋回楚募勇并筹办协饷,曰:

再,奴才等接奉寄谕:前据官文等奏,山西所需壮勇已就襄、黄两属招募千人,派副将袁复清等管带赴省。兹据英桂奏称,晋疆四面筹防,兵力仍虞单薄,请饬官文等仍行添募壮勇二千,派员管带赴晋。所需行装、口粮,由湖北于应解多隆阿月饷内垫发,归山西就近补解等语。着官文等字商毛鸿宾,酌量情形,如能添募,即照所请办理等因。钦此。遵查湘勇因南北风气异宜,不愿应募赴晋,奴才等前已缕晰覆陈在案。山西逼处秦、豫,四郊多垒,兵力不敷分防,情形岌岌。奴才等深知保晋疆即所以卫畿辅,关系綦重,决不忍稍分畛域,致贻君父之忧。惟招勇必先选将,将不得人,勇焉用之。此时若以不堪

① 中国第一历史档案馆藏:军机录副,档案编号:03-4781-075。又,吴棠等:《游蜀疏稿》,第683—686页。其尾记曰:"同治十年十一月二十七日,会同四川成都将军魁玉,附片具奏。"

统率之将领，骤令再招二千人，勉强成军，徒糜经费，万难期其得力。辗转思维，惟有仍请查照奴才等原奏，俟袁复清等到晋后，由英桂察看该二员，如果打仗得力，再令带银来楚添募，以收实效。至多隆阿军饷，前已奏明，自同治二年正月为始，由鄂按月协济一半饷银三万五千两，钦奉谕旨允准。除本年正月份协饷三万五千两已于正月初二日如数委解外，以后仍由鄂省按月解济。英桂请以募勇之费，抵解多隆阿协饷，徒滋掣肘辘，恐有误征粮，应请毋庸置议。所有袁复清等成军后行粮拟由鄂省筹拨银数千两，以资口食，即作鄂省协济晋饷，毋须筹还。谨合词附片覆陈，伏乞圣鉴。谨奏。①

【案】招募督标……听候差遣：此案《清实录》载曰：

又谕：官文等奏，遵筹募勇赴晋，现无堪以统率之将，请仍俟袁复清等到晋后，察看如果得力，再令来楚添募。多隆阿协饷仍由楚省按月报解，英桂请以募勇之费，抵解多隆阿协饷，徒滋掣肘辘，转恐有误征粮，应请无庸置议。袁复清等成军后行粮，拟筹拨银数千两，以资口食，即作鄂省协济晋饷，无须筹还等语。湘勇因南北风气异宜，不愿应募赴晋，此时将领未得其人，即令勉强召募，亦属难资得力。着照所请，毋庸添募，俟袁复清等到晋，由英桂察看，该二员如果打仗得力，再令携银赴楚添募，以收实效。多隆阿月饷三万五千两，仍由楚省按解，毋庸抵作募勇经费，以免掣肘辘。楚省既筹袁复清等行粮作为协济晋饷，所为邻省计者，已属周到，英桂即派员迎提，令袁复

---

① 中国第一历史档案馆藏：朱批奏折，档案编号：04-01-01-0877-039。

清等赴晋防剿,仍随时察看,再行具奏。①

【案】积功洊升今职:同治三年十二月初八日,山西巡抚沈桂芬附片曰:

再,副将袁复清、罗承勋管带楚勇,于同治二年四月到晋,驻扎何干,操防均属认真。今奉调带勇赴甘,合无仰恳天恩,俯念该员等在晋著有微劳,袁复清、罗承勋两员均敕部从优议叙,以昭激劝,出自鸿施。为此附片具陈,伏乞圣鉴。谨奏。同治三年十二月十二日,议政王军机大臣奉旨:袁复清、罗承勋均着交部从优议叙。钦此。②

一六七 奏报川省来春毋庸接济折

同治十一年十一月二十七日(1872年12月27日)

头品顶戴四川总督臣吴棠跪奏,为川省秋收丰稔,粮价平减,各属赈粜均已停止,来春毋庸接济,恭折仰祈圣鉴事。

窃臣钦奉寄谕:以各省被灾地方来春如有应行接济之处,查明覆奏,候旨施恩等因。钦此。仰见圣主轸念民瘼有加无已至意,当即钦遵分饬查办去后。兹据藩、臬两司会详:去年川省旱潦频仍,秋收甚歉,今春米粮昂贵,民食维艰,业经奏奉谕旨,在于厘金捐输项下拨银二十万两,分拨各属办理赈粜。自春徂夏,抚恤数月之久,凡在省城及各厅州县困苦穷黎,莫不均沾实惠。迨时届秋收,各属禾稼丰稔,粮价日减,民食无虞缺乏。所有各属办赈之处均已一律停

---

① 《穆宗毅皇帝实录(二)》,卷五十七,同治二年二月上,第67—68页。
② 中国第一历史档案馆藏:军机录副,档案编号:03-4612-104。

止。间有收成稍歉之区，复经臣查明，将本年应办捐输分别减免。现在体察舆情，户有盖藏，民皆安业，来春似可毋庸接济等情前来。

臣详加访查无异。理合恭折覆陈，伏乞皇太后、皇上圣鉴训示。谨奏。十一月二十七日。

同治十一年十二月十六日，军机大臣奉旨：知道了。钦此。①

一六八　委解滇饷起程日期折

同治十一年十一月二十七日(1872年12月27日)

头品顶戴四川总督臣吴棠跪奏，为委解滇饷起程日期，恭折仰祈圣鉴事。

窃照川省应协滇饷，前于本年八月二十日续解银二万两，当经奏报在案。兹复准云贵督抚臣委员来川守提。伏查川省本年当岁饥民困、筹办赈粜之后，分拨京外各饷，为数甚巨，司、盐两库业已搜索无遗。现在甘肃、新疆、陕西、贵州、西藏等处催饷尤急，一时猝难应手，实有不遑兼顾之势。第滇省军务日有起色，需饷甚殷，不得不先行腾挪，稍资接济。

臣现督饬藩司勉凑银二万两，发交滇省来川催饷委员候补同知陆希曾、候补知县王世德承领，定期于十一月二十日自成都起程，解赴云南藩库交收，以应急需。除分咨外，理合恭折陈明，伏乞皇太后、皇上圣鉴。谨奏。十一月二十七日。

同治十一年十二月十六日，军机大臣奉旨：知道了。钦此。②

---

① 中国第一历史档案馆藏：军机录副，档案编号：03-4679-085。
② 中国第一历史档案馆藏：军机录副，档案编号：03-4834-039。

一六九　提督胡中和请旨照例给荫片

同治十一年十一月二十七日(1872年12月27日)

再,咸丰十一年十月初九日,恭逢恩诏内开:武职在外二品以上,照现任品级荫一子入监等因。伏查四川提督胡中和,前于咸丰十一年在建昌镇总兵任内,恭逢恩诏例荫一子,因该提督连年亲督川、楚各军,攻剿滇、发各逆,肃清全蜀。嗣越境援剿甘肃,攻克阶州城池,凯撤后复赴叙南防剿,保固川、滇门户,并扫荡马边、雷波夷、教各匪,暨解散贵州溃勇,崎岖戎马,迄未休息。迨前年回省,即奉旨督操精兵,整饬通省营伍,举行军政,仍无暇晷,以致尚未请荫,兹准咨请代奏前来。臣覆查现任云南提督马如龙、普洱镇总兵博昌等,以办理军务,请荫逾限,均经云贵督臣刘岳昭奏请谕旨给荫在案。

今胡中和事同一律,自应援案办理,合无仰恳天恩,俯念胡中和久历戎行,功绩卓著,其请荫迟延,实系公而忘私,仍请敕部照例给荫,以励有功而昭激劝,出自圣主鸿慈。除取供结咨部外,理合附片陈明,伏乞圣鉴训示。谨奏。

同治十一年十二月十六日,军机大臣奉旨:该部议奏。钦此。①

---

① 中国第一历史档案馆藏:军机录副,档案编号:03-4784-090。此片具奏日期未确,兹据军机处随手登记档(档案编号:03-0209-4-1111-328)校正。

一七〇　　委解李鸿章淮军月饷日期片

同治十一年十一月二十七日(1872年12月27日)

再，臣承准军机大臣字寄：同治九年十月二十六日，奉上谕：李鸿章奏，淮军月饷，每月加拨四川三万两。此项月饷均系有着的款，岂可稍令短绌。着吴棠照原拨淮军额款，按月如数筹解，无稍缺误，以济要需等因。钦此。伏查淮军月饷，前经臣督同藩司十三次解过银四十八万两，先后奏报在案。连年川省分拨邻饷、军饷，需用浩繁，民力疲敝，加以上年岁饥粮贵，办理赈粜，酌减捐厘，入少出多，库藏愈形空竭，实有自顾不暇之势。惟此项协饷，大局攸关，又不能不设法腾挪。

兹督同藩司先凑集厘金银三万两，饬委试用同知何瑄、试用未入流袁增辉承领，定期于同治十一年十一月十五日自省起程，解赴湖北粮台交收，拨供李鸿章所部淮军征防协饷，以济要需。除分咨外，理合附片陈明，伏乞圣鉴。谨奏。

同治十一年十二月十六日，军机大臣奉旨：知道了。钦此。[①]

一七一　　奏报分批委解新疆等饷片

同治十一年十一月二十七日(1872年12月27日)

再，查川省月协甘饷，前已解至同治十年七月前半月止；新疆

---

① 中国第一历史档案馆藏：军机录副，档案编号：03-4834-045。此片具奏日期未确，兹据军机处随手登记档(档案编号：03-0209-4-1111-328)校正。

协饷已解至七年五月底止,均经分别奏报在案。兹复准乌鲁木齐提督臣成禄、都统臣景廉、办理西征粮台詹事府少詹臣袁保恒、凉州副都统臣额尔庆额,纷纷催提。伏查川省本年酌减捐厘、库藏支绌情形,已于现解滇饷、淮饷各折片内分晰陈明,第成禄、景廉各军规复乌城,待饷孔殷;左宗棠西征之师军糈,亦虞缺乏,又不能不竭力筹拨,以期兼顾。

臣督同藩司催提各属厘金,凑集银六万两,以二万两饬委候补知县刘光锡、试用从九品张龄承领,解至西征粮台,交袁保恒查收,转解成禄军营应用;以一万两发交景廉催饷差员都司蒋安邦管解回营,作为应解新疆三个月协饷;又以三万两作为同治十年七月下半月至八月份应协甘饷,内遵旨划扣银一万两,分济凉、庄两营兵饷。除查照袁保恒来咨,将左宗棠垫发凉、庄饷银二千两如数扣还、改解西征粮台外,下剩银八千两,发交凉、庄提饷委员笔帖式罕札布承领,汇解回凉。其甘饷二万两,亦照袁保恒来咨,扣除西宁办事大臣豫师委员在川借领制办旗帜银六百两外,余银一万九千四百两,连凉、州应还左宗棠垫饷二千两,一并饬委试用同知赵席珍、试用未入流陈元植,解交袁保恒收明,转解甘肃大营。

以上各起协饷,于十月二十六、二十八等日,先后自成都起程,趱运前进。除分咨外,理合附片陈明,伏乞圣鉴。谨奏。

同治十一年十二月十六日,军机大臣奉旨:知道了。钦此。①

---

① 中国第一历史档案馆藏:军机录副,档案编号:03-4950-086。此片具奏日期未确,兹据军机处随手登记档(档案编号:03-0209-4-1111-328)校正。

一七二　采办木植请饬沿途督抚一体照料折

同治十一年十二月十八日(1873年1月16日)

　　头品顶戴四川总督臣吴棠跪奏，为采办灯杆木植，业经觅就催运，请旨敕下沿途各省督抚，查明解运河道有无阻滞，并转饬各地方官照料催趱，以期妥速，恭折具奏，仰祈圣鉴事。

　　窃臣钦奉上谕：天坛望灯杆，巨典攸关，向由四川、湖南两省采办木植，着即遴委妥员，勒限三个月，迅速运解等因。钦此。伏查前项灯杆木植，上年经兼署督臣崇实等屡次委员购觅，因各属成材木料多被滇、发各匪毁砍殆尽，建南一带又因夷匪不靖，道路多梗，未能购获，曾经奏明在案。臣履任后，即督饬藩司派员绕赴夷地，到处采觅。各该委员频年遍历深山穷谷，缒幽凿险，认真踩访，仅有中等材料，或树虽高达，又系枯老中空，不适于用，并无十丈以外竖直大木，未敢遽就，实非有心迟误。臣以事关紧要，叠勒限严催，期在必得。

　　兹据藩司王德固转据续派委员江安县知县贾鑫具报：该员深入夷地老林，多方访觅。本年三月间，甫在沈边土司边界之烟雾沟及青笞坎等处，得有坚直大木，估量合式，足敷正副杆木及饯木之数，业经开工砍伐。惟查道光年间，前委员王槐龄在打箭炉属之菩萨冈、老菁枋等处采获木植，因道路纡险，自开工至运抵水口，时阅一二载之久。现在采木之处较王槐龄采办处所尤为险僻，中经悬岩峻岭、人力难施之处，不一而足。甫届秋深，即大雪封山，路径皆迷，挽运维艰，势难限以时日等情。臣现在严饬藩司，添拨经费，催令承办之员多雇人夫，开凿道路，赶紧拖运下山，一俟运抵嘉定水口,先行委员驰往量验,另报起程。

至此次运解木植出川境后,沿江顺流而下,仍应查照向章,由江南省瓜洲进口,循运河北上。沿河闸坝甚多,中间有无阻滞,相应请旨敕下江南、山东、直隶暨漕运、河道各督、抚臣,查明经过地方,如能照旧运行,即分饬所属一体照料催趱,以期妥速而免迟误。除咨部外,所有采办木植及预筹运解缘由,理合恭折驰奏,伏乞皇太后、皇上圣鉴训示。谨奏。十一年十二月十八日。

同治十二年正月初六日,军机大臣奉旨:钦此。①

【案】此折于同治十二年正月初六日获批覆:

军机大臣字寄:大学士直隶总督一等肃毅伯李、两江总督李、四川总督吴、署两江总督江苏巡抚张、河东河道总督乔、漕运总督文、山东巡抚丁,传谕署江苏巡抚布政使恩锡:同治十二年正月初六日,奉上谕:吴棠奏,采运灯杆木植,请饬沿途各省督抚,查明河道有无阻滞,并令地方官照料催趱一折。川省采办天坛望灯杆木植,业经觅得坚直大木,开工砍伐,着吴棠督饬承办之员赶紧运解,毋任迟误。至此项木植,查照向章,应由江南瓜洲口循运河北上,中间有无阻滞,着沿途各省督抚暨漕运、河道各总督查明经过地方,如能照旧运行,即分饬所属一体照料催趱,以期妥速,如运河难以行走,能否由海道解运,并着该督抚等会商妥办。将此谕知李鸿章、李宗羲、吴棠、张树声、乔松年、文彬、丁宝桢,并传谕恩锡知之。钦此。遵旨寄信前来。②

---

① 中国第一历史档案馆藏:军机录副,档案编号:03-4676-103。

② 中国第一历史档案馆编:《咸丰同治两朝上谕档》,第23册,第7页;《穆宗毅皇帝实录(七)》,卷三百四十八,同治十二年正月,第586页。

【案】钦奉上谕……迅速运解等因：此上谕《清实录》载曰：

谕军机大臣等：工部奏，川省承办灯杆木植，延不报解，请旨饬催一折。天坛望灯杆，巨典攸关，向由四川、湖南两省采办木植，前因灯杆糟朽过重，亟应换新，经工部于同治四年奏准，由该两省采办解京，嗣复叠次奏催，并令四川总督查明承办木植迟误之员奏参，责令勒限赶解，如果该省委员认真经理，何至时阅七载，仍未报解，实属有心玩延。即着吴棠将承办迟误之员查取职名，先行交部严加议处，仍着该督遴委妥员，勒限三个月，迅速运解，倘再任意延宕，即将该督一并交部议处。至湖南虽因苗疆未靖，未能如期办理，咨覆该部，而现在该省军务早平，亦应照旧采办，着王文韶饬属一体购运，毋误要需。将此各谕令知之。①

一七三　奏报还回闽省垫拨黔饷日期折

同治十一年十二月十八日(1873年1月16日)

头品顶戴四川总督臣吴棠跪奏，为川省汇还闽省垫拨黔饷日期，恭折具奏，仰祈圣鉴事。

窃臣承准军机大臣字寄：同治十一年十一月十五日，奉上谕：前因贵州办理善后，需饷甚殷等因。钦此。伏查近年川省分解京饷及直隶练饷、淮军月饷、云南、陕甘、新疆、台藏各饷，迄无虚月，库藏搜索一空。即如贵州一省协饷之外，继以援黔军糈及周达武全军的饷，并添调武字副前、经武等营勇粮、军火，历年拨解已以百

---

① 《穆宗毅皇帝实录(七)》，卷三百四十三，同治十一年十月下，第519页。

万计,民力实属不支。惟现在闽省代川垫拨黔饷,又不能不设法归还,第由川至闽,道阻且长,委员远涉江湖,长途运解,在在堪虞,且虑迟缓。

兹臣督同藩司于厘金项下,尽力先凑拨银二万两,抵作川省欠解黔饷,援照上届江苏等省汇还川省垫解贵州赔款成案,于同治十一年十二月二十日,发交殷实商人日升昌号承领,汇解闽省藩库交收,以期迅速而免贻误。所有川省汇还闽省垫拨黔饷日期缘由,除分咨外,理合恭折由驿查明,伏乞皇太后、皇上圣鉴训示。谨奏。十一年十二月十八日。

同治十二年正月初二日,军机大臣奉旨:知道了。钦此。①

【案】军机大臣字寄……需饷甚殷等因:此谕旨《清实录》载曰:

又谕:前因贵州办理善后,需饷甚殷,谕令由福建借拨银二十万两,迅速解黔应用,即由四川、广东、江西、湖北、浙江等省筹款解闽归还。现在黔军已将新城攻拔,上下游一律肃清,善后事宜尤属刻不容缓。闽省厘税支绌,自属实情。惟黔省需饷孔殷,亟须赶紧设法措解,以期无误,现经李鹤年等先后筹拨银八万两解往应用,其未拨之十二万两,仍着李鹤年、王凯泰迅速筹措,陆续解齐,俾供支用。四川等省积欠黔饷甚多,此次谕令分筹解闽归款,自是移缓就急,且各拨银四万两,为数无多,岂可意存延宕,使闽省独为其难。着瑞麟、李瀚章、吴棠、杨昌濬、刘坤一、郭柏荫、张兆栋等懔遵前旨,迅各拨银

---

① 中国第一历史档案馆藏:军机录副,档案编号:03-4835-004。

四万两，克期解交福建，以清款目，毋得稍有延缓，致误要需。将此由五百里各谕令知之。①

一七四 奏报同治五年川省
办理防剿收支军需折

同治十一年十二月十八日（1873年1月16日）

头品顶戴四川总督臣吴棠跪奏，为造报同治五年份川省办理防剿收支军需细数清册，送部核销，恭折奏闻，仰祈圣鉴事。

窃查川省频年办理防剿，动用一应军需，前已截至同治四年十二月底止循例造册报销，经部臣核覆在案。其自同治五年正月初一日起截至是年十二月底止支发各路兵勇盐折、口粮、制造、军装、器械及一切杂支，现据防剿局司道督同局员逐款核算，按例勾稽，分造清册，详请奏咨前来。

臣按册覆加查核，计同治五年份旧管、新收共银三百十一万二百九十两零，开除支发军需银三百六万二千四百四十八两零，存剩银四万七千八百四十二两零，应入于六年份报销案内，接收造报。其册开动支银两均系实支实销，并无浮冒。除将清册咨部外，所有川省第三起报销军需缘由，理合恭折具奏，伏乞皇太后、皇上圣鉴训示。谨奏。十一年十二月十八日。

同治十二年正月初六日，军机大臣奉旨：该部知道。钦此。②

---

① 《穆宗毅皇帝实录（七）》，卷三百四十四，同治十一年十一月上，第537页。
② 中国第一历史档案馆藏：军机录副，档案编号：03-4835-009。

一七五　委解淮军协饷起程日期片

同治十一年十二月十八日(1873年1月16日)

再,臣承准军机大臣字寄:同治九年十月二十六日,奉上谕:李鸿章奏,淮军月饷,每月加拨四川三万两。此项月饷均系有着的款,岂可稍令短绌。着吴棠照原拨淮军额款,按月如数筹解,无稍缺误,以济要需等因。钦此。伏查淮军月饷,前经臣督同藩司十四次解过银五十一万两,先后奏报在案。现值川省甫经拨解陕、甘、新疆、贵州协饷之后,库藏愈形空匮,惟此项协饷为留扎畿辅及分防江、鄂、陕西各军要需,大局攸关,又不能不竭力腾挪,稍资接济。

兹督同藩司凑集厘金银三万两,饬委候补直隶州知州熊自勋、补用县主簿陈鸿恩承领,定期于同治十一年十二月十四日自省起程,解赴湖北粮台交收,拨供李鸿章所部淮军征防协饷。除分咨外,理合附片陈明,伏乞圣鉴。谨奏。

同治十二年正月初六日,军机大臣奉旨:知道了。钦此。①

一七六　奏报前晋抚李宗羲起程北上日期片

同治十一年十二月十八日(1873年1月16日)

再,臣承准军机大臣字寄:同治十一年十月二十五日,奉上谕:前任山西巡抚李宗羲,现在计将服满。着吴棠传知该前抚即行来

---

① 中国第一历史档案馆藏:军机录副,档案编号:03-4951-004。此片具奏日期未确,兹据军机处随手登记档(档案编号:03-0210-1-1112-005)校正。

京陛见,并将起程日期奏闻。将此由四百里谕令知之。钦此。臣查前任山西抚臣李宗羲,于同治九年七月十八日闻讣丁艰,除闰扣至十一年十月十八日服阕,当即钦遵转移去后。兹据李宗羲具报:定于本年十二月二十四日自开县原籍起程,遵旨北上入觐,恳请具奏前来。理合附片陈明,伏乞圣鉴。谨奏。

同治十二年正月初六日,军机大臣奉旨:钦此。①

【案】军机大臣字寄⋯⋯谕令知之:此廷寄曰:

军机大臣字寄:四川总督吴:同治十一年十月二十五日,奉上谕:前任山西巡抚李宗羲,现在计将服满。着吴棠传知该前抚即行来京陛见,并将起程日期奏闻。将此由四百里谕令知之。钦此。遵旨寄信前来。②

【附】同治十二年正月初六日,清廷以前任山西巡抚李宗羲为两江总督,并充办理通商事务大臣。上谕档载曰:

军机大臣字寄:两江总督李:同治十二年正月初六日,奉上谕:本日已有旨,将李宗羲简放两江总督,并令充办理通商事务大臣矣。该督现在由籍起程北上,着于接奉此旨后,即行驰赴新任,毋庸来京请训。将此谕令知之。钦此。遵旨寄信前来。③

---

① 中国第一历史档案馆藏:军机录副,档案编号:03-4698-001。此片具奏日期未确,兹据军机处随手登记档(档案编号:03-0210-1-1112-005)校正。

② 台北故宫博物院藏:军机及宫中档,文献编号:408018131。

③ 中国第一历史档案馆编《咸丰同治两朝上谕档》,第23册,第7页;《穆宗毅皇帝实录(七)》,卷三百四十八,同治十二年正月,第586页。

一七七　密陈川省司、道、各府考语折

同治十一年十二月二十二日（1873 年 1 月 20 日）

头品顶戴四川总督臣吴棠跪奏，为察看司、道、各府，密陈考语，恭折仰祈圣鉴事。

窃照向例：藩、臬、道、府各员，每届年底应由督抚出考，开单密陈。伏思朝廷设官分职，首重得人，川省邻氛未靖，筹办一切事宜，必须为守兼优之员，方足以资整饬。臣渥荷天恩，畀以边疆重寄，惟以整躬率属、勤求吏治为怀。所有在省司道并省外道府各员品行识略，或于因公接见时面加咨询，或于详禀事件中觇其才器。复博采舆论，密访官常，均已得其梗概。

兹届年底，谨就臣见闻所及，分别出具切实考语，另缮清单，密陈御览。臣仍当随时认真察看，如有改行易辙之员，即据实分别参劾，不敢稍有徇隐，以仰副圣主整肃官方之至意。理合恭折具奏，伏乞皇太后、皇上圣鉴。谨奏。十一年十二月二十二日。

同治十二年正月二十二日，军机大臣奉旨：知道了，单、片留中。钦此。①

一七八　呈同治十一年司、道、府各员考语清单

同治十一年十二月二十二日（1873 年 1 月 20 日）

谨将川省司、道、府各员，出具切实考语，缮列清单，密陈御览。

---

① 中国第一历史档案馆藏：军机录副，档案编号：03-4663-076。

布政使王德固,年五十九岁,河南进士,同治九年五月初二日到任。宽以恤民,严以洁己。精于裕饷,明于用人。

按察使英祥,年五十岁,满洲正蓝旗翻译生员,同治八年十一月二十九日到任。才识明通,器局闳远。谳狱允慎,一本慈祥。

盐茶道傅庆贻,年四十九岁,直隶进士,同治十年闰四月初十日到任。操守清严,办事练达。

成龙绵茂道谢膺禧,尚未到川。

建昌道黄云鹄,年四十五岁,湖北进士,同治十年八月二十六日到任。筹边察吏,益著循声。

川北道张兆辰,年五十八岁,山东进士,同治八年十一月初六日到任。率属有方,爱民不扰。

川东道姚觐元,年四十六岁,浙江举人,同治十一年五月初九日到任。精明廉洁,繁剧克胜。

永宁道延祐,年五十六岁,满洲正红旗笔帖式,同治八年七月十五日到任。办事老成,堪资表率。

成都府知府朱潮,年五十七岁,浙江进士,同治十一年七月初二日到任。吏事勤恳,守正不阿。

新补龙安府知府王祖源,尚未到川。

宁远府知府许培身,年五十一岁,浙江举人,同治八年十二月十八日到任。练习边防,勤求吏治。

雅州府知府徐景轼,年四十四岁,安徽进士,同治九年九月十三日到任。舆情爱戴,抚字能周。

嘉定府知府玉昆,年三十七岁,汉军镶黄旗监生,同治八年二月十三日到任。年力富强,供职无误。

保宁府知府福兆,年五十七岁,满洲正白旗监生,同治四年三

月十七日到任。现因俸满卓异,并案给咨,进京引见。才识老练,
久洽舆情。

顺庆府知府李书保,年六十二岁,直隶拔贡,同治六年八月二
十五日到任。整饬官方,历久不懈。

潼川府知府李德良,年五十三岁,顺天拔贡,同治九年八月二
十五日到任。吏事勤奋,才识优长。

重庆府知府瑞亨,年五十岁,满洲正白旗官学生,同治八年三
月初十日到任。心地朴诚,才具明练。

夔州府知府蒯德模,年五十三岁,安徽附生,同治十一年六月
十一日到任。实心实力,有守有为。

绥定府知府顾开第,年六十八岁,江苏进士,咸丰元年七月二
十四日到任。才识老成,办事不懈。

叙州府知府宜成,年四十八岁,满洲镶白旗监生,同治十一年
五月二十一日到任。精明稳练,表率有方。①

一七九　密陈川省提、镇各员考语片

同治十一年十二月二十二日(1873年1月20日)

再,实任提、镇各员,每届年底,例应出考密陈。伏思提、镇有
专阃之责,川省邻氛未靖,各营武备,尤宜认真讲求。臣随时察看,
查提臣胡中和,勤明稳练,督率堪资。建昌镇刘宝国,纪律严明,边
防安靖。重庆镇联昌,驭兵严整,与民相安。松潘镇李得太,渐悉
边防,尚堪造就。川北镇杨复东,朴勤任事,整饬戎行。均能勤慎

---

① 中国第一历史档案馆藏:清单,档案编号:04-01-12-0512-104。

操防,弹压要地。

臣于该员等仍留心访察,如有始勤终怠之员,即行据实奏参,断不敢稍涉徇隐。理合附片密陈,伏乞圣鉴。谨奏。①

一八〇　密陈四川学政夏子镐考试情形折

同治十一年十二月二十二日(1873 年 1 月 20 日)

头品顶戴四川总督臣吴棠跪奏,为查明学政考试情形,恭折奏闻,仰祈圣鉴事。

窃照各省学政考试有无劣迹,应由督抚于年底陈奏。诚以学政一官,培养人才,主持风教,务须严密关防,衡平去取,庶多士观感奋兴,潜修向上,以期仰副国家广罗俊彦之至意。兹查四川学政夏子镐,历试夔州、绥定、顺庆、保宁、潼川、邛州、雅州、宁远、成都府厅州属生童。臣密加访察,并于各该属因公来省人员广咨博采,该学政考试各属,均能严密关防,去取公允,士心悦服,舆论翕然。

现在将次举办眉州等属科试,臣惟有破除情面,留心稽查。如有劣迹,即行据实陈奏,断不敢稍事徇隐。所有查明学政考试情形,理合恭折具奏,伏乞皇太后、皇上圣鉴。谨奏。同治十一年十二月二十二日。②

---

① 中国第一历史档案馆藏:朱批奏片,档案编号:04-01-16-0194-046。

② 中国第一历史档案馆藏:朱批奏折,档案编号:04-01-12-0514-096。

一八一　奏报道员周廷揆期满甄别折

同治十一年十二月二十二日(1873 年 1 月 20 日)

头品顶戴四川总督臣吴棠跪奏,为道员试用年满,循例甄别,恭折仰祈圣鉴事。

窃照道府等官试用一年期满,例应察看出考,分别堪胜繁简,专折奏闻。兹查发川试用道周廷揆,年二十六岁,广西拔贡,中式举人,考取景山官学汉教习。同治乙丑科,中式进士,以主事签分户部,历派八旗现审处、捐铜局当差,遵例捐升道员,指省四川,于同治十年四月十五日引见,奉旨:着以道员发往四川试用。钦此。领照起程,十一月初七日到省,扣至十一年十一月初七日,试用一年期满,由藩、臬两司详请甄别前来。

臣察看该员周廷揆,年力富强,才识练达,应请留川以繁缺道员补用。倘或始勤终怠,仍当随时核办,断不敢稍事姑容,致滋贻误。理合循例恭折具陈,伏乞皇太后、皇上圣鉴。谨奏。十一年十二月二十二日。

同治十二年正月二十二日,军机大臣奉旨:吏部知道。钦此。①

一八二　审拟千总黄占先空悬兵额一案折

同治十一年十二月二十二日(1873 年 1 月 20 日)

头品顶戴四川总督臣吴棠跪奏,为审明汛弁空悬兵额,按律定

---

① 中国第一历史档案馆藏:军机录副,档案编号:03-4663-078。

拟，恭折仰祈圣鉴事。

　　窃前兼署督臣崇实任内，据建昌镇总兵刘宝国转据该管游击定长，以升补靖远营守备建昌中营千总黄占先不守官箴，搕索冒饷等情，查明揭报，并据剿办建南夷务贵州提督周达武禀参，即经附片具奏，奉旨：黄占先着即行革职提审，按律惩办。钦此。等因。遵将该革弁黄占先提省，发委审办。该革弁供词游移，禀经分别饬查各原案，发府审讯去后。兹据成都府知府朱潮等讯明，由布政使王德固、按察使英祥审解前来。

　　臣亲提研鞫，缘黄占先籍隶永宁县。道光十八年，入营食粮。二十一年，出师广东，拔补马兵。二十八年，考拔外委。嗣由外委拔升把总，递升建昌中营千总，旋奉保升靖远营守备。同治六年六月十五日，先行赴任，因营墙倒塌，居民时被夷匪抢劫，绅民议修墙垣，无款可筹。文生李赞元、民人潘云凤、梁福成禀请出示劝捐，补修本处蜡虫、烧房、屠案三项，自愿捐助，前后捐银六百一十三千八百六十八文，系李赞元等经手收支。补修墙垣四十丈，连培修各处哨楼，共去工料钱六百八十七千零九十七文，不敷钱文亦系李赞元挪垫，黄占先并未经手。雍正年间，安设靖远营汛，因夷民散处凉山，认纳菽粮须各该支黑夷经收，定案将各支黑夷验补额兵十五名，入巢查捕夷贼，催收粮石。

　　同治七年七月间，黄占先派拨各夷兵入巢催收欠粮，查捕夷贼。维时汉兵因事故开除十名，无人应募，尚未验补。二十九日，刘宝国赴营查点兵丁，因夷兵未回，不敷额数，并查知黄占先出示劝捐、修补营墙及开除兵丁尚未验补各情。据该管游击具禀相同，疑系黄占先搕索冒吞，与剿办建南夷务贵州提督周达武禀经前兼署督臣崇实奏奉谕旨，将黄占先革职，提省审办。因黄占先供词游移,禀经分别饬查修补营墙及安设夷兵各原案,发府审讯。兹据成都府等讯明,由司审解到臣。随亲提研讯,据认前情不讳,诘无掯索及冒支饷银入己情事,案无遁饰。

此案革弁黄占先因营墙倒塌,出示劝捐修补,派拨夷兵入巢催收欠粮,查捕夷贼,并开除兵丁,延不募补,致被禀参。查修补营墙,出自绅民乐输,黄占先并未经手,讯无掯索情弊。其出示劝捐,并不先行禀明,虽属不合,究无忝于官箴。

至派拨夷兵催收欠粮,查捕夷匪,亦系照章办理。惟于开除兵丁不即募补足数,致令缺额,实与空歇军役无异。黄占先应请照管军千总、把总空歇军役者一名杖八十、每三名加一等罪止杖一百罢职律,拟杖一百、罢职。业已革职,应毋庸议。案已讯结,未到人证,并请免提,以省延累。除将供招咨部备核外,所有审明汛弁空悬兵额议拟缘由,理合专折具奏,伏乞皇太后、皇上圣鉴,敕部核覆施行。谨奏。十一年十二月二十二日。

同治十二年正月二十二日,军机大臣奉旨:刑部议奏。钦此。[①]

一八三　奏报夔州等处议筑城垣先行存案折

同治十一年十二月二十二日(1873 年 1 月 20 日)

头品顶戴四川总督臣吴棠跪奏,为筹修夔州府城并迁建酆都县城,先将现议修筑情形恭折具陈,仰祈圣鉴事。

窃查同治九年六月间,川省连日大雨,江水陡涨数十丈,沿江

---

① 　中国第一历史档案馆藏:军机录副,档案编号:03-5068-026。

州县城垣、衙署多被淹没，而夔州、酆都两城被水冲决为尤甚。前据夔州府同城之奉节县禀请勘修，并据酆都县禀报，该县绅民因旧城地势低洼，屡遭水患，公议另择高地，迁建新城。当经臣商同藩司，饬委候补道钟昌勤驰往勘估去后。兹据藩司王德固详称：该委员勘得奉节县城为夔州府附郭首邑，北面傍山，东、西、南三面均临大江，计冲塌城楼二座、城身二百四十余丈，坍卸内外城墙一百六十余丈。又臌裂城身十余丈，矬裂垛内海面二百余丈，向有护城石堤五层，从沙岸上至城基，共高十六丈，长二百八十余丈，亦均被水刷，石冲土崩，仅存浮沙。其城内县衙署、税关、仓廒、兵房、堆卡，共倒塌三百五十余间。该城当川江下流之冲，每值水涨，奔涛怒浪，直撼城根。必须购用巨石，坚筑护堤，由河旁层累而上，照旧分作五层，再于上层堤面稳建城基，加土实筑，庶期永固。较别处之在平地修筑者，工力悬殊，所需经费若干，须先将各层护堤筑有规模，方能逐段勘估。现在约略计之，城堤两工，总需银十六七万两之数。又勘得酆都县旧城，滨临大江，三面近水，惟北门路接山坡，中隔小溪。每遇大水，溪桥淹没，环城悉成巨浸，水势汹涌入城，居民无可走避。现在城垣冲塌，城基多已下陷，势难再建。所有衙署、仓库、监狱亦均被淹塌。地势低洼，即使仍旧兴修，将来难免冲决，随与该县及士民人等同往公议，另迁之莽坡地方，勘明该处地高而广，依山据险，南面俯瞰大江，距水尚远，势亦雄秀，可期永免水灾，实较旧制为□地，其间并无坟墓、田庐有碍凿造，林泉足供民食。约计迁建一切经费，约需银十万两之数。

伏查夔州府城系川东门户，兼设税关厘局，实为下游重镇，非赶紧兴修，不足以资保障。而酆都旧治城基既被冲陷，不能修复，士民咸愿迁徙，以为一劳永逸之计，业已另择善地，必须如议迁建，以奠民居。历据酆都县知县马佩玖禀请,就地劝捐兴工,并据夔州府知府鹬德模禀明,在于所属云、开、万等县设法劝捐,接济经费。惟夔州城堤并修,需费尤巨,地方迭遭水患,民力维艰,且必趁江水未发之时,方能鸠工,诚恐劝捐缓不济急,并虑不敷,拟请于该府盐税项下量为筹拨,先备支用,以免迟误等情前来。

臣查同治七年接准部咨:外省捐修城工,应令于议修议筑之始,先行查明存案等因。川省夔州、酆都两处城垣,均于同治九年被水冲塌,前经奏明有案。刻下蜀中内地虽已肃清,而邻疆多故,该府县地当冲要,自应准其拨款劝捐,及早建修,借资防范。除责成该府县等迅速妥办、一俟工竣之后另行委员验收取结分别劝办民捐若干、动用公款若干核实办理外,所有夔州、酆都两处议筑城垣缘由,相应奏明请旨,敕部存案。理合恭折具陈,伏乞皇太后、皇上圣鉴训示。

再,现在修城处所并无军务,其上年同被水灾之合州、巴州等处城垣丈尺无多,已饬地方官自行筹修,完竣禀报查核,合并陈明。谨奏。十一年十二月二十二日。

同治十二年正月二十二日,军机大臣奉旨:该部知道。钦此。①

一八四 奏报川省同治十一年应征新赋完欠折

同治十一年十二月二十二日(1873 年 1 月 20 日)

头品顶戴四川总督臣吴棠跪奏,为查明同治十一年份川省应征新赋完欠数目,恭折仰祈圣鉴事。

---

① 中国第一历史档案馆藏:军机录副,档案编号:03-4993-007。

窃照新赋完欠实数，例应按年奏报。兹据藩司王德固详：同治十一年份川省额征地丁、条粮、屯、租折色等项，共银六十六万八千八百五十两零，上忙征过银二十七万七千一百七十六两零，业经分别留支批解，造册呈报在案。今下忙完银三十四万一千四百八十三两零，内除留支各项外，实在解到司库银二十四万九千六百五十六两零，尚未完银五万一百九十两零。又，应征火耗银一十万六十四两零，上忙征过银五万一千八十二两零，亦经分别留支批解册报。今下忙完银四万一千五百五十四两零，内除扣支各官养廉外，实在解到司库银一万三千六百三十五两零，尚未完银七千四百二十七两零等情，具详请奏前来。

臣查同治十一年份川省应征额赋，已完九分有余，比较同治十年年底，收数不相上下。现在督饬该司王德固将未完银两实力催提，务在奏销以前扫数全完，以期年清年款。除咨户部查照外，理合循例恭折具奏，伏乞皇太后、皇上圣鉴。谨奏。十一年十二月二十二日。

同治十二年正月二十二日，军机大臣奉旨：户部知道。钦此。①

一八五　奏报川省同治十一年十一月雨水、粮价折

同治十一年十二月二十二日(1873 年 1 月 20 日)

头品顶戴四川总督臣吴棠跪奏，为恭报四川省同治十一年十

---

① 中国第一历史档案馆藏：军机录副，档案编号：03-4860-006。

一月份各属具报米粮价值及得雨情形,仰祈圣鉴事。

窃照同治十一年十月份通省粮价及得雪情形,前经臣恭折奏报在案。兹查本年十月、十一月份龙安、雅州、顺庆、绥定、资州、酉阳等府州,各属先后具报得雪一次。三农胥庆,六出呈祥。其十一月份通省粮价,成都、重庆、保宁、顺庆、龙安、嘉定中米较上月减四分,叙州、夔州、宁远、雅州、潼川、绥定、眉州、邛州、泸州、资州、绵州、酉阳、忠州,约较上月减二分。又重庆一府黄豆减二分,余俱与上月相同,据布政使王德固查明列单汇报前来。

臣覆核无异。理合恭折具奏,并分缮清单,恭呈御览,伏乞皇太后、皇上圣鉴。谨奏。十一年十二月二十二日。

同治十二年正月二十二日,军机大臣奉旨:知道了。钦此。①

一八六　呈川省同治十一年十一月粮价清单

同治十一年十二月二十二日(1873 年 1 月 20 日)

谨将四川省同治十一年十一月份各属具报米粮价值,开具清单,恭呈御览。

成都府属,价贵。中米每仓石价银二两九钱七分至三两九钱七分,较上月减四分。大麦每仓石价银一两八钱三分至二两,与上月同。小麦每仓石价银二两一钱三分至二两三钱,与上月同。黄豆每仓石价银一两六分至二两四钱六分,与上月同。荞子每仓石价银一两一钱六分至一两七钱,与上月同。

重庆府属,价贵。中米每仓石价银二两七钱七分至三两七钱

---

① 中国第一历史档案馆藏:军机录副,档案编号:03-4966-226。

七分，较上月减四分。大麦每仓石价银一两六钱二分至一两九钱七分，与上月同。小麦每仓石价银二两二钱八分至二两七钱，与上月同。黄豆每仓石价银二两七钱一分至二两九钱九分，较上月减二分。

保宁府属，价贵。中米每仓石价银二两五钱九分至三两二钱八分，较上月减四分。大麦每仓石价银一两八钱九分至二两一钱，与上月同。小麦每仓石价银二两八钱三分至三两五钱七分，与上月同。黄豆每仓石价银一两八钱三分至二两一钱三分，与上月同。

顺庆府属，价贵。中米每仓石价银三两三分至三两四钱二分，较上月减四分。大麦每仓石价银一两六钱一分至一两八钱，与上月同。小麦每仓石价银二两九分至二两一钱二分，与上月同。黄豆每仓石价银一两五钱五分至一两六钱七分，与上月同。

叙州府属，价贵。中米每仓石价银三两四分至三两三钱二分，较上月减二分。大麦每仓石价银一两六钱六分至二两二分，与上月同。小麦每仓石价银二两一钱三分至二两六钱三分，与上月同。黄豆每仓石价银一两一钱一分至一两五钱二分，与上月同。

夔州府属，价贵。中米每仓石价银二两八钱四分至三两一钱七分，较上月减二分。大麦每仓石价银一两七钱八分至二两四钱六分，与上月同。小麦每仓石价银二两九钱五分至三两三分，与上月同。黄豆每仓石价银二两一钱六分至二两二钱六分，与上月同。

龙安府属，价贵。中米每仓石价银二两五钱二分至三两二钱，较上月减四分。青稞每仓石价银一两五钱，与上月同。小麦每仓石价银一两七钱九分至二两一分，与上月同。黄豆每仓石价银一两八钱五分至一两九钱三分，与上月同。

宁远府属，价贵。中米每仓石价银二两八钱七分至三两一钱八分,较上月减二分。大麦每仓石价银一两四钱八分至一两六钱,与上月同。小麦每仓石价银一两五钱九分至二两二钱,与上月同。荞子每仓石价银一两四钱五分,与上月同。黄豆每仓石价银一两五钱六分至一两六钱三分,与上月同。

雅州府属,价中。中米每仓石价银二两七钱九分至二两八钱二分,较上月减二分。小麦每仓石价银二两二钱九分至二两六钱五分,与上月同。黄豆每仓石价银一两六钱七分至二两六分,与上月同。

嘉定府属,价贵。中米每仓石价银二两七钱六分至三两三钱四分,较上月减四分。小麦每仓石价银二两三钱六分至二两七钱三分,与上月同。黄豆每仓石价银一两四钱九分至二两五分,与上月同。

潼川府属,价贵。中米每仓石价银二两八钱七分至三两一钱三分,较上月减二分。大麦每仓石价银一两六钱五分至一两九钱三分,与上月同。小麦每仓石价银二两一钱四分至二两四钱九分,与上月同。黄豆每仓石价银一两七钱八分至二两一钱五分,与上月同。

绥定府属,价中。中米每仓石价银二两七钱四分至二两八钱六分,较上月减二分。大麦每仓石价银一两五钱七分至一两五钱八分,与上月同。小麦每仓石价银一两六钱二分至一两七钱三分,与上月同。黄豆每仓石价银一两四钱三分,与上月同。

眉州直隶州并属,价贵。中米每仓石价银二两七钱二分至三两,较上月减二分。

邛州直隶州并属,价贵。中米每仓石价银二两六钱二分至三两三分,较上月减二分。大麦每仓石价银一两九钱,与上月同。小麦每仓石价银二两五钱七分，与上月同。黄豆每仓石价银二两一钱至二两二钱四分，与上月同。

泸州直隶州并属，价贵。中米每仓石价银三两五分至三两四分，较上月减二分。

资州直隶州并属，价中。中米每仓石价银二两五钱四分至二两九钱四分，较上月减二分。

绵州直隶州并属，价贵。中米每仓石价银二两七钱一分至三两一分，较上月减二分。小麦每仓石价银二两三钱二分至二两四钱六分，与上月同。

茂州直隶州并属，价中。中米每仓石价银二两六钱一分，与上月同。小麦每仓石价银二两六钱八分，与上月同。青稞每仓石价银二两二钱，与上月同。荞子每仓石价银一两二钱三分至一两七钱三分，与上月同。

忠州直隶州并属，价贵。中米每仓石价银二两五钱六分至三两二钱二分，较上月减二分。大麦每仓石价银一两四钱六分至一两六钱，与上月同。小麦每仓石价银二两三分至二两三钱九分，与上月同。黄豆每仓石价银一两二钱七分至一两三钱七分，与上月同。

酉阳直隶州并属，价贵。中米每仓石价银二两五钱七分至三两五分，较上月减二分。大麦每仓石价银二两二钱八分至二两六钱，与上月同。小麦每仓石价银二两六钱二分至二两七钱六分，与上月同。黄豆每仓石价银一两三钱九分至一两四钱四分，与上月同。

叙永直隶厅并属，价中。中米每仓石价银二两九钱七分，与上月同。小麦每仓石价银一两八钱一分，与上月同。荞子每仓石价银一两三钱二分,与上月同。黄豆每仓石价银一两六钱一分,与上月同。

松潘直隶厅,价中。青稞每仓石价银二两七钱六分,与上月同。荞子每仓石价银一两七钱四分,与上月同。

杂谷直隶厅,价中。青稞每仓石价银二两四钱,与上月同。荞子每仓石价银一两七钱九分,与上月同。

石砫直隶厅,价平。中米每仓石价银一两六钱,较上月减二分。大麦每仓石价银一两七钱三分,与上月同。小麦每仓石价银二两六分,与上月同。

打箭炉厅,价贵。青稞每仓石价银四两九钱,与上月同。油麦每仓石价银一两八钱一分,与上月同。

军机大臣奉旨:览。钦此。[①]

一八七　呈川省同治十一年
十月、冬月得雪清单

同治十一年十二月二十二日(1873 年 1 月 20 日)

谨将四川省同治十一年十月、十一月份各属具报得雪情形,开具清单,恭呈御览。

龙安府属:平武县得雪一次,小春滋长。

雅州府属:清溪县得雪一次,豆麦茂盛。

顺庆府属:邻水县得雪一次,地土滋润。

资州直隶州属:仁寿县得雪一次,小春繁茂。

---

① 　中国第一历史档案馆藏:清单,档案编号:03-4966-227。

酉阳直隶州属：酉阳得雪一次，豆麦秀发。

军机大臣奉旨：览。钦此。①

一八八　奏报川省同治十一年征
收地丁比较上三年完欠折

同治十一年十二月二十二日（1873年1月20日）

　　头品顶戴四川总督臣吴棠跪奏，为查明同治十一年四川省征收地丁钱粮，比较上三年完欠数目，恭折具奏，仰祈圣鉴事。

　　窃照前准部咨：嗣后各省征收钱粮，统于年底截数，次年二月造报春拨之时，即将新旧赋项下各额若干，蠲免若干，已完、未完若干，比较上三年或多或少，另行开单具报等因。历经遵办在案。兹届造报春拨之时，据藩司王德固查明开单、详细具报前来。臣查四川省经收地丁钱粮，向系年清年款。所有同治十一年份新赋，上下两忙共完过银六十一万八千六百五十九两零，尚未完银五万一百九十两零，计欠数不及一分。比较上三年征收，尾欠数目不相上下。

　　除严饬藩司分催各属将未完银两务于奏销前催征全完另行题报外，谨缮三年比较清单，恭呈御览，伏乞皇太后、皇上圣鉴。谨奏。十一年十二月二十二日。

　　同治十二年正月二十二日，军机大臣奉旨：户部知道。单并发。钦此。②

---

　　①　中国第一历史档案馆藏：清单，档案编号：03-4966-228。
　　②　中国第一历史档案馆藏：军机录副，档案编号：03-4860-008。

一八九　呈川省同治十一年征收地丁比较上三年完欠数目清单

同治十一年十二月二十二日（1873 年 1 月 20 日）

谨将同治十一年四川省征收地丁银两比较上三年完欠数目，缮具清单，恭呈御览。

一、同治八年份额征旧管地丁钱粮、屯租、折色、秋粮、黄蜡折价、草籽折征，共银六十六万八千八百五十两五钱一分二厘，上忙征完银三十七万七千七百三十一两三钱三分五厘一毫，下忙征完银二十四万四千七百八十三两六钱八分三厘三毫，奏销前征完银四万四千七百八十七两三钱六分五厘六毫。其青神县未完银一千五百四十八两一钱二分八厘，已据批解到司，入于同治九年春拨册内报拨在案。统计全完。

一、同治九年份额征旧管地丁钱粮、屯租、折色、秋粮、黄蜡折价、草籽折征，正、闰共银六十九万二千一百四十一两七钱九分四厘六毫，上忙征完银三十三万七千一百五十五两九钱七分一毫五丝，下忙征完银三十万五千九百九十八两二钱九厘，奏销前征完银四万八千九百八十七两六钱一分五厘四毫五丝，已据批解到司，入于同治十年秋拨册内报拨在案。统计全完。

一、同治十年份额征旧管地丁钱粮、屯租、折色、秋粮、黄蜡折价、草籽折征，共银六十六万八千八百五十两五钱一分二厘，上忙征完银三十四万二千四十五两一钱四厘一毫，下忙征完银二十八万五千二百一十五两八钱一分一厘三毫，尚未完银四万一千五百八十九两五钱九分六厘六毫，入于同治十一年秋册内报拨在案。

统计全完。

一、同治十一年份额征旧管地丁钱粮、屯租、折色、秋粮、黄蜡折价、草籽折征，共银六十六万八千八百五十两五钱一分二厘，上忙征完银二十七万七千一百七十六两五钱三分一厘九毫，下忙征完银三十四万一千四百八十三两六厘八毫，尚未完银五万一百九十两九钱七分三厘三毫，定于奏销前催收全完。理合登明。

军机大臣奉旨：览。钦此。①

一九〇　奏报知州萧连城等期满甄别片

同治十一年十二月二十二日(1873年1月20日)

再，查吏部奏定章程：州、县、丞、倅，无论何项劳绩保奏归入候补班者，以到省之日起，予限一年，令督抚详加察看，出具切实考语，奏明分别繁简补用等因。遵照在案。兹查有候补班尽先前补用知州萧连城、尽先前即用知州王锦章二员，均到省一年期满，例应照章甄别，据布政使王德固、按察使英祥分别造具履历清册，会详请奏前来。

臣查该员萧连城，年壮才明，请留川以繁缺知州补用；王锦章留心吏事，请留川以简缺知州补用。除将该员等履历清册咨部外，理合附片陈明，伏乞圣鉴训示。谨奏。

---

① 中国第一历史档案馆藏：清单，档案编号：03-4861-015。此清单未署具呈者，具呈日期亦未确。兹据内容判定其为档案编号03-4860-008折之附件。

同治十二年正月二十二日,军机大臣奉旨:吏部知道。钦此。①

一九一　委令周润蕃调署双流县知县片

同治十一年十二月二十二日(1873年1月20日)

再,双流县知县彭琬调省遗缺,应即遴员接署。查有筠连县知县周润蕃,才具干练,堪以调署。该员正、署各任内并无经征钱粮未完展参及承缉盗劫已起四参案件,据藩、臬两司会详前来。除檄饬遵照外,理合附片陈明,伏乞圣鉴。谨奏。

同治十二年正月二十二日,军机大臣奉旨:知道了。钦此。②

一九二　奏报知县史震悠等期满甄别片

同治十一年十二月二十二日(1873年1月20日)

再,查吏部奏定章程:州县无论何项劳绩保奏归入候补班者,以到省之日起,予限一年,令督抚详加察看,出具切实考语,奏明分别繁简补用等因。通行遵照在案。兹查同知衔遇缺前先即补知县史震悠、候补班补用知县何树森二员,均已到省年满,例应甄别,据布政使王德固、按察使英祥造具该员等履历清册会详前来。

---

① 中国第一历史档案馆藏:军机录副,档案编号:03-4663-081。此片具奏日期未确,兹据军机处随手登记档(档案编号:03-0201-1-1112-021)校正。

② 中国第一历史档案馆藏:军机录副,档案编号:03-4663-073。此片具奏日期未确,兹据军机处随手登记档(档案编号:03-0201-1-1112-021)校正。

臣查该员史震悠年富才明，何树森吏事晓晰，均堪以简缺知县补用。除将履历清册咨部外，理合附片陈明，伏乞圣鉴训示。谨奏。

同治十二年正月二十二日，军机大臣奉旨：知道了。钦此。[1]

一九三　请准何天鹏等引见时免其骑射片

同治十一年十二月二十二日(1873 年 1 月 20 日)

再，巴州营右司把总何天鹏，于咸丰三年出师江南，历在芜湖、宁国、溧水等处打仗著绩，迭保尽先参将，加副将衔。时因贼扑金山卫城，何天鹏尽力堵御，被贼炮子打伤右手心，伤筋损骨，至今作痛。又，绥定营属新宁汛把总雷发祥，先年出师湖南，转战江、浙等省，奋勇破敌，身带二十余伤，历保花翎守备。咸丰五年，在镇江府属金鸡岭打仗，右臂膊、右胳肘被贼枪伤，枪子入骨，未能取出，伸屈维艰。以上两员，均难挽强运重，由川北镇杨复东分别委验明确，具禀前来。

臣查咸丰八年，准兵部咨：湖北尽先都司陆得胜进攻蔡甸，左臂受伤，难以挽强，经湖广督臣官文奏奉上谕：陆得胜着带领引见时，免其骑射。嗣后送部引见武职，遇有因伤不能射箭者，即由各该督抚奏明办理等因。钦此。兹查巴州营右司把总何天鹏、新宁汛把总雷发祥，从征数省，均因奋勇剿贼，被枪炮伤损筋骨，现经逐加查验属实，均难挽强运重。

合无仰恳天恩，俯念该员等打仗受伤，将来送部引见时，免其

---

① 中国第一历史档案馆藏：军机录副，档案编号：03-4663-074。此片具奏日期未确，兹据军机处随手登记档(档案编号：03-0201-1-1112-021)校正。

骑射,用示体恤,出自鸿慈。理合附片陈明,伏乞圣鉴训示。谨奏。

同治十二年正月二十二日,军机大臣奉旨:着照所请,兵部知道。钦此。①

一九四　奏报新繁等州县捐饷请旨加广学额片

同治十一年十二月二十二日(1873年1月20日)

再,川省前因筹办防剿,库藏支绌,加以援滇、援黔、援陕,征军四出,需饷浩繁,前办捐输,支用无存,经臣会同前任成都将军臣崇实奏请于同治九年另筹普捐一次,借资接济,于同治八年八月初六日奏报,奉旨允准。嗣因简州、崇宁等州县捐输银五十二万六千五百八两零,经臣将足敷议叙并未广额各捐生附奏请奖各在案。兹据新繁、彭县等二十三州县陆续收捐银三十八万八千八百十六两零,均已解司兑收,拨充军饷,统归军需项下汇案报销,内有各该州县捐生足敷议叙并未广额者,计银五万三千四百两,造具花名、履历、银数各清册,由捐输厘金总局司道核明会详前来。

臣查册开请叙各项,核与筹饷及现行常例均属相符,合无仰恳天恩,敕部迅予核议给奖,用昭激劝。俟接准部覆,即将此项捐输划除,不准请加学额、中额,以符定章。除将清册咨送部、监外,理合附片具奏,伏乞圣鉴训示。谨奏。

同治十二年正月二十二日,军机大臣奉旨:户部核议具奏。

---

① 中国第一历史档案馆藏:军机录副,档案编号:03-4755-058。此片具奏日期未确,兹据军机处随手登记档(档案编号:03-0201-1-1112-021)校正。

钦此。①

一九五　奏报同治十一年川、楚、陕三省会哨片

同治十一年十二月二十二日（1873年1月20日）

再，查川、陕、楚三省交界地方，向定章程，于每年十月间，提、镇分年会哨。本年又值松潘镇与甘肃河州镇会哨之期，前准陕甘督臣来咨，已奏请暂停一次。而川省边防紧要，仍应照常巡哨，经臣饬委重庆、松潘二镇，循例办理去后。兹据重庆镇总兵联昌禀报：于十月初一日行抵川、陕交界之渔渡坝，与陕西派去之定远营游击松鹤见面会哨；又于十月二十五日行抵川、楚交界之火峰界岭，适湖北宜昌镇总兵黄中元亦抵界所，会同巡哨。并据松潘镇总兵李得太禀报：于十月二十日在川、甘交界之马尾墩，与河州镇属之文县营都司魏世禄见面会哨。该镇等查看三省交界处所及往返经过地方，均属静谧，民情亦甚安堵，并无外来匪徒滋扰各等情前来。

臣查三省交界边隘，现在虽均安静，而甘肃回匪未靖，并恐有游匪散勇越境窜扰，防范未可稍疏，仍严饬各镇协营，会同地方文员随时侦探巡查，实力防守，务期有匪必获，以仰副圣主绥靖边圉之至意。所有三省会哨情形，理合恭折附片具陈，伏乞圣鉴。谨奏。

同治十二年正月二十二日，军机大臣奉旨：知道了。钦此。②

---

①　中国第一历史档案馆藏：军机录副，档案编号：03-4835-041。此片具奏日期未确，兹据军机处随手登记档（档案编号：03-0201-1-1112-021）校正。

②　中国第一历史档案馆藏：军机录副，档案编号：03-4777-088。此片具奏日期未确，兹据军机处随手登记档（档案编号：03-0201-1-1112-021）校正。

同治十二年(1873)

○○一　奏为御赐福字谢恩折

同治十二年正月二十日(1873年2月17日)

头品顶戴四川总督臣吴棠跪奏,为恭谢天恩,仰祈圣鉴事。

同治十二年正月十三日,赍折差弁回川,奉到上年十二月十三日御赐福字一方。臣当即恭设香案,望阙叩头,谢恩祗领。钦惟我皇上鼎祚丕昌,乾符在握,缵洪绪而允齐七政,奉慈纶而亲总万几。固已大福蕃臻,纠缦灿星云之彩;尤欣景福茂介,昭回焕日月之华。兹当凤纪更新,渥荷龙光下逮。奎文垂象,调玉烛以凝厘;辰极延鸿,阐珠囊而集祜。九重恩普,亿兆欢胪。

臣忝领封圻,自维谫劣,春回锦水,弥殷靖献之衷怀;颂上金銮,共效来同之歌舞。幸瞻羲画,永戴尧天。涓埃之报未遑,葵藿之忱倍切。惟有时勤华祝,益励樗庸,赓福禄而运启初元,早征合璧联珠之瑞;仰福威而化敷四海,齐诵戢戈囊矢之章。所有微臣感激下忱,理合恭折具陈,叩谢天恩,伏乞皇上圣鉴。谨奏。正月二十日。

同治十二年二月二十七日，奉朱批：知道了。钦此。[①]

○○二　审明刘代迁因奸杀兄按律定拟折

同治十二年正月二十五日(1873年2月22日)

头品顶戴四川总督臣吴棠跪奏，为因奸谋杀期亲胞兄，提省审明，按律定拟，恭折仰祈圣鉴事。

窃据大足县详报：县民刘代迁因奸听从刘蓝氏谋杀期亲胞兄刘代溢身死，该氏怀孕将产，不遽刑死一案。臣以案情重大，批饬提省审办。嗣据该县知县刘宝荫以犯妇刘蓝氏产限已满，将犯证申解来省，发委审办去后。兹据成都府知府朱潮等审明拟定，由按察使英祥解勘到臣。

亲提研鞫，缘刘代迁、刘蓝氏均籍隶该县，刘代溢系刘代迁期亲胞兄，向俱佣工度日，同居共饮，素睦无嫌。刘蓝氏先嫁沈元法，未生子女。同治九年十一月间，沈元法因贫苦难度，将刘蓝氏卖休与刘代溢为妻，立有婚书，刘代溢知情买休。十年三月十一日，刘代溢有事外出，刘代迁即向刘蓝氏调戏成奸。刘代溢与其父刘柿子均不知情。十一年正月间，不记日期，刘代迁与刘蓝氏在房内续旧，被刘代溢回家撞见，称欲送究。其时，刘柿子赶场回家，因事关颜面，嘱令隐忍，当场将刘代迁、刘蓝氏讯责。从此，刘代溢防范严密，时将刘蓝氏殴骂。

二月十四日，刘蓝氏因时被责骂，又因恋奸情密，起意商同

---

① 中国第一历史档案馆藏：军机录副，档案编号：03-4663-183；朱批奏折，档案编号：04-01-12-0513-036；吴棠：《望三益斋存稿·谢恩折子》。

刘代迁将刘代溢杀死，可作长久夫妻。刘代迁允从。十五日点灯时分，刘代溢出外探亲。刘代迁知其转回必从杨正周业界路过，即携尖刀先往守候。适刘代溢走至，刘代迁闪至身后，用刀砍伤其脑后发际。刘代溢转身喝问，刘代迁砍伤其右肩甲、左臂膊。刘代溢扑拢夺刀，刘代迁砍伤其左手背、额颅、左太阳穴相连合面、左耳根倒地。刘代溢在地喊骂，刘代迁又用刀乱砍，致伤其左腮颊、咽喉近左、左右胳膊，登时殒命。刘代迁当即回家，密向刘蓝氏告知情由。业主杨正周瞥见尸身，向刘柿子告知，前往看明。因刘代迁形色慌张，盘出实情，投约报县验讯。时值刘蓝氏怀孕，产期将至，不便审鞫，照例详报，批饬提省审办。嗣于三月初十，该犯妇在监产生一子。当经该县于限满后，将犯证解省，发委审办。兹据成都府等讯明，由臬司招解前来。臣提犯亲讯，据供前情不讳。诘系因奸商谋致毙。刘蓝氏实系刘代溢买休之妻，仅只起意主谋，并未在场下手，亦无另有加功之人。众供佥同，案无遁饰。

查律载：谋杀造意者，斩监候。又，谋杀期亲尊长已杀者，凌迟处死。又例载：嫁娶违律应行离异者，与其夫有犯如系知情买休，虽有媒约婚书，依凡人科断各等语。此案刘代迁因与刘蓝氏通奸败露，听从刘蓝氏商谋，将刘代溢砍伤身死，实属淫恶蔑伦。刘代溢系刘代迁胞兄，服属期亲，自应按律问拟。刘代迁除犯奸轻罪不议外，合依谋杀期亲尊长已杀者凌迟处死律，拟凌迟处死，照例刺字。

刘蓝氏因奸起意，商令刘代迁将刘代溢杀死，实属造意杀人。该氏系刘代溢知情买休之妻，例应照凡人谋杀科断。刘蓝氏除买休犯奸各轻罪不议外，合依谋杀人造意者斩监候律，拟斩监候。系妇人，免其刺字。沈元法将妻卖休，合依图财买休卖休和同娶人妻者，本人、本妇及买休人各杖一百律，拟杖一百，折责发落。刘代溢知情买休，罪有应得，业已身死，应与讯未纵奸之刘柿子，均毋庸议。无干省释，未到人证，免提省累。尸棺饬埋，凶刀案结销毁。除供招咨部备核外，所有审拟缘由，理合专折具奏，伏乞皇上圣鉴，敕部核覆施行。谨奏。正月二十五日。

同治十二年二月二十八日，奉朱批：刑部速议具奏。钦此。①

○○三　审明庞恒一故杀二命按律定拟折

同治十二年正月二十五日（1873 年 2 月 22 日）

头品顶戴四川总督臣吴棠跪奏，为杀死一家二命重犯审明定拟，恭折仰祈圣鉴事。

窃据铜梁县详报：县民庞恒一故杀李周氏、李双憘母子二命一案。臣以案情重大，批饬确审拟办去后。旋据审拟，由府转经按察使英祥解勘到臣。随亲提研鞫，缘庞恒一籍隶该县，与李永和之妻李周氏、幼子李双憘无仇。李永和向佃庞恒一房屋，同院居住，押佃钱十五千文，每年佃钱三千二百文。同治十年正月间，李永和称欲搬移，向庞恒一退佃。庞恒一退过压钱四千文。迨后李永和夫妇屡向庞恒一退佃，庞恒一无钱付给，屡次吵闹，经约邻周潮发等劝散。

七月十四日上午，李周氏复向庞恒一索讨押钱，庞恒一无钱推

---

① 中国第一历史档案馆藏：朱批奏折，档案编号：04-01-26-0076-098；军机录副，档案编号：03-5049-005。

缓,李周氏村斥庞恒一骗赖,使其不能搬迁。庞恒一分辩,李周氏
不依嫚骂。庞恒一顺用竹烟袋殴伤其左额角,李周氏扑拢抓扭,庞
恒一丢弃烟杆,顺用门旁防夜尖刀,砍伤其右胳肘、右手腕。李周
氏撞头拼命,庞恒一砍伤其顶心相连偏左。李周氏双手夺刀,庞恒
一连砍伤其左手腕,连戳伤其脐肚倒地。李周氏在地滚骂,辱及庞
恒一父母。庞恒一一时气忿,起意致死,用刀连戳伤其胸膛、左右
乳、心坎、左后肋、左右后胁,当即因伤而死。其子李双憘拉住庞恒
一衣襟哭喊,庞恒一虑恐惊动邻右,难以走脱,起意一并致死。即
将李双憘推跌倒地,用刀连砍,戳伤其咽喉、左右肩甲、左右后胁,
亦即因伤殒命。张大顺拢救无及。李永和赶场转回,同向庞恒一
询悉情由。李永和投同约邻看明,赴县报验。庞恒一自行投首,经
县验讯通详。饬据该县审理,由府司招解前来。臣亲提研鞫,据认
前情不讳。诘无预谋致死及起衅别故与帮同下手之人,众供金同,
案无遁饰。

　　查例载:杀一家非死罪二人者,拟斩立决枭示,酌断财产一
半给被杀之家。此案庞恒一因李周氏向索押佃钱文,推缓争闹,
将其殴砍戳伤倒地,因被辱骂气忿,起意将其戳伤致毙。复因李
双憘抓衣哭喊,起意一并砍戳身死,均属故杀,死系母子二命,自
应按律问拟。庞恒一合依杀一家非死罪二人者拟斩立决枭示
例,拟斩立决枭示,照例刺字,仍酌断财产一半给被杀之家养赡。
张大顺救阻不及,应毋庸议。无干省释。尸棺饬埋,凶刀供弃
免追。

　　除供招咨部外,所有审拟缘由,理合恭折具奏,伏乞皇上圣鉴,
敕部核覆施行。谨奏。同治十二年正月二十五日。

同治十二年二月二十七日，奉朱批：刑部速议具奏。钦此。[①]

○○四　奏报刘廷恕等员期满甄别片

同治十二年正月二十五日（1873年2月22日）

再，查吏部奏定章程：道、府、丞、倅、州、县，无论何项劳绩保奏归入候补班者，以到省之日起，予限一年，令督抚详加察看，出具切实考语，奏明分别繁简补用等因。遵照在案。兹查有尽先补用同知直隶州知州刘廷恕、候补班前先补用同知萧树森、尽先补用知县鲍庆、同知直隶州用遇缺即补知县王喆、候补班前先即补知县章际隆、补用知县赵廷璜、候补班前先补用知县李大林、杨暹、候补班尽先前补用王元培九员，均到省一年期满，自应照章甄别，据布政使王德固、按察使英祥分造该员等履历清册，会详请奏前来。

臣查该员刘廷恕，年壮才优，请留川以繁缺同知直隶州知州补用；萧树森才识敏练，请留川以繁缺同知补用；鲍庆吏事精明，章际隆才具朴实，均请留川以繁缺知县补用；王喆年力正强，赵廷璜办事稳慎，李大林年力正富，杨暹任事勤谨，王元培年力正壮，均请留川以简缺知县补用。除将该员等履历清册咨部外，理合附片陈明，伏乞圣鉴训示。谨奏。

同治十二年二月二十八日，奉朱批：吏部知道。钦此。[②]

---

① 中国第一历史档案馆藏：朱批奏折，档案编号：04-01-26-0074-086；军机录副，档案编号：03-5049-004。

② 中国第一历史档案馆藏：军机录副，档案编号：03-4663-184。

○○五　奏报守备谢玉与万正青对调片

同治十二年正月二十五日（1873 年 2 月 22 日）

再，提标中营守备一缺，分驻省垣重地，巡缉弹压，最关紧要，兼有挑选省标精兵之责，事甚繁剧。查有通江营守备谢玉，自前年引见回川后，经臣委署提标中营守备，差操勤慎，缉捕奋勉。去冬省城内外，宵小敛迹，地方静谧，著有成效，人地甚属相宜，相应请旨以通江营守备谢玉调补提标中营守备，借资得力。所遗通江营守备缺，事务较简，即请以提标中营守备万正青对调，亦堪胜任。该员等均无事故，与对调之例相符。

如蒙俞允，并请敕部换给札付，系对品调补，毋庸送部引见，亦毋庸造送履历。臣期人地相宜起见，是否有当，理合会同提督臣胡中和，合词附片具陈，伏乞圣鉴训示。谨奏。

同治十二年二月二十八日，奉朱批：兵部议奏。钦此。①

○○六　奏报川省同治十一年
十二月雨水、粮价折

同治十二年正月二十五日（1873 年 2 月 22 日）

头品顶戴四川总督臣吴棠跪奏，为恭报同治十一年十二月份各属具报米粮价值及得雨情形，仰祈圣鉴事。

---

① 中国第一历史档案馆藏：朱批奏片，档案编号：04-01017-0111-011；军机录副，档案编号：03-4755-129。此片具奏日期未确，兹据军机处随手登记档（档案编号：03-0210-1-1112-056）校正。

窃照同治十一年十一月份通省粮价及得雪情形,前经臣恭折奏报在案。兹查同治十一年十二月份成都、重庆、夔州、龙安、绥定、保宁、顺庆、潼川、雅州、嘉定、叙州十一府,资州、绵州、忠州、眉州、泸州、邛州六直隶州,石砫、叙永二直属厅,各属先后奏报得雨一二次至三四次不等。小春竞秀,田水充盈。其通省粮价俱与上月相同,据布政使王德固查明,列单汇报前来。

臣覆查无异。理合恭折具奏,并分缮清单,恭呈御览,伏乞皇上圣鉴。谨奏。同治十二年正月二十五日。

同治十二年二月二十八日,奉朱批:知道了。钦此。[①]

〇〇七　呈川省同治十一年十二月粮价清单

同治十二年正月二十五日(1873年2月22日)

谨将四川省同治十一年十二月份各属具报米粮价值,开具清单,恭呈御览。

成都府属,价贵。中米每仓石价银二两九钱七分至三两九钱七分,与上月同。大麦每仓石价银一两八钱三分至二两,与上月同。小麦每仓石价银二两一钱三分至二两三钱,与上月同。黄豆每仓石价银一两六分至二两四钱六分,与上月同。荞子每仓石价银一两一钱六分至一两七钱,与上月同。

重庆府属,价贵。中米每仓石价银二两七钱七分至三两七钱

---

① 中国第一历史档案馆藏:朱批奏折,档案编号:04-01-25-0512-039;军机录副,档案编号:03-4966-266。

七分，与上月同。大麦每仓石价银一两六钱二分至一两九钱七分，与上月同。小麦每仓石价银二两二钱八分至二两七钱，与上月同。黄豆每仓石价银二两七钱一分至二两九钱九分，与上月同。

保宁府属，价贵。中米每仓石价银二两五钱九分至三两二钱八分，与上月同。大麦每仓石价银一两八钱九分至二两一钱，与上月同。小麦每仓石价银二两八钱三分至三两五钱七分，与上月同。黄豆每仓石价银一两八钱三分至二两一钱三分，与上月同。

顺庆府属，价贵。中米每仓石价银三两三钱三分至三两四钱二分，与上月同。大麦每仓石价银一两六钱一分至一两八钱，与上月同。小麦每仓石价银二两九分至二两一钱二分，与上月同。黄豆每仓石价银一两五钱五分至一两六钱七分，与上月同。

叙州府属，价贵。中米每仓石价银三两四分至三两三钱二分，与上月同。大麦每仓石价银一两六钱六分至二两二分，与上月同。小麦每仓石价银二两一钱三分至二两六钱三分，与上月同。黄豆每仓石价银一两一钱一分至一两五钱二分，与上月同。

夔州府属，价贵。中米每仓石价银二两八钱四分至三两一钱七分，与上月同。大麦每仓石价银一两七钱八分至二两四钱六分，与上月同。小麦每仓石价银二两九钱五分至三两三钱，与上月同。黄豆每仓石价银二两一钱六分至二两二钱六分，与上月同。

龙安府属，价贵。中米每仓石价银二两五钱二分至三两二钱，与上月同。青稞每仓石价银一两五钱，与上月同。小麦每仓石价银一两七钱九分至二两一分，与上月同。黄豆每仓石价银一两八钱五分至一两九钱三分，与上月同。

宁远府属，价贵。中米每仓石价银二两八钱七分至三两一钱八分，与上月同。大麦每仓石价银一两四钱八分至一两六钱，与上月同。小麦每仓石价银一两五钱九分至二两二钱，与上月同。荞子每仓石价银一两四钱五分，与上月同。黄豆每仓石价银一两五钱六分至一两六钱三分，与上月同。

雅州府属，价中。中米每仓石价银二两七钱九分至二两八钱二分，与上月同。小麦每仓石价银二两二钱九分至二两六钱五分，与上月同。黄豆每仓石价银一两六钱七分至二两六分，与上月同。

嘉定府属，价贵。中米每仓石价银二两七钱六分至三两三钱四分，与上月同。小麦每仓石价银二两三钱六分至二两七钱三分，与上月同。黄豆每仓石价银一两四钱九分至二两五分，与上月同。

潼川府属，价贵。中米每仓石价银二两八钱七分至三两一钱三分，与上月同。大麦每仓石价银一两六钱五分至一两九钱三分，与上月同。小麦每仓石价银二两一钱四分至二两四钱九分，与上月同。黄豆每仓石价银一两七钱八分至二两一钱五分，与上月同。

绥定府属，价中。中米每仓石价银二两七钱四分至二两八钱六分，与上月同。大麦每仓石价银一两五钱七分至一两五钱八分，与上月同。小麦每仓石价银一两六钱二分至一两七钱三分，与上月同。黄豆每仓石价银一两四钱三分，与上月同。

眉州直隶州并属，价贵。中米每仓石价银二两七钱二分至三两，与上月同。

邛州直隶州并属，价贵。中米每仓石价银二两六钱二分至三两三分，与上月同。大麦每仓石价银一两九钱，与上月同。小麦每仓石价银二两五钱七分，与上月同。黄豆每仓石价银二两一钱至二两二钱四分，与上月同。

泸州直隶州并属，价贵。中米每仓石价银三两四分至三两五分，与上月同。

吴棠集

资州直隶州并属,价中。中米每仓石价银二两五钱四分至二两九钱四分,与上月同。

绵州直隶州并属,价贵。中米每仓石价银二两七钱一分至三两一分,与上月同。小麦每仓石价银二两三钱二分至二两四钱六分,与上月同。

茂州直隶州并属,价中。中米每仓石价银二两六钱一分,与上月同。小麦每仓石价银二两六钱八分,与上月同。青稞每仓石价银二两二钱,与上月同。荞子每仓石价银一两二钱三分至一两七钱三分,与上月同。

忠州直隶州并属,价贵。中米每仓石价银二两五钱六分至三两二钱二分,与上月同。大麦每仓石价银一两四钱六分至一两六钱,与上月同。小麦每仓石价银二两三分至二两三钱九分,与上月同。黄豆每仓石价银一两二钱七分至一两三钱七分,与上月同。

酉阳直隶州并属,价贵。中米每仓石价银二两五钱七分至三两五分,与上月同。大麦每仓石价银二两二钱八分至二两六钱,与上月同。小麦每仓石价银二两六钱二分至二两七钱六分,与上月同。黄豆每仓石价银一两三钱九分至一两四钱四分,与上月同。

叙永直隶厅并属,价中。中米每仓石价银二两九钱七分,与上月同。小麦每仓石价银一两八钱一分,与上月同。荞子每仓石价银一两三钱二分,与上月同。黄豆每仓石价银一两六钱一分,与上月同。

松潘直隶厅,价中。青稞每仓石价银二两七钱六分,与上月同。荞子每仓石价银一两七钱四分,与上月同。

杂谷直隶厅,价中。青稞每仓石价银二两四钱,与上月同。荞子每仓石价银一两七钱九分,与上月同。

石砫直隶厅,价平。中米每仓石价银一两六钱,与上月同。大麦每仓石价银一两七钱三分,与上月同。小麦每仓石价银二两六分,与上月同。

打箭炉厅,价贵。青稞每仓石价银四两九钱,与上月同。油麦每仓石价银一两八钱一分,与上月同。

(御批):览。①

○○八　呈川省同治十一年十二月得雨清单

同治十二年正月二十五日(1873年2月22日)

谨将四川省同治十一年十二月份各属报到得雨情形开具清单,恭呈御览。

成都府属:成都、华阳两县得雨三次,小春滋长。简州得雨二次,二麦敷荣。崇庆州得雨二次,小春茂盛。汉州得雨二次,小春畅茂。温江县得雨一次,小春滋长。郫县得雨三次,小春发荣。崇宁县得雨二次,春苗茂盛。新都县得雨二次,小春畅茂。灌县得雨三次,小春滋长。彭县得雨二次,小春茂盛。双流县得雨二次,小春滋长。什邡县得雨一次,小春茂盛。

重庆府属:江北厅得雨二次,春苗茂盛。江津县得雨一次,小春滋长。长寿县得雨二次,小春畅茂。永川县得雨三次,小春茂盛。荣昌县得雨一次,小春滋长。璧山县得雨一次,小春滋长。铜梁县得雨二次,小春畅茂。大足县得雨二次,小春茂盛。定远县得

---

① 中国第一历史档案馆藏:清单,档案编号:03-4966-267。

雨一次,小春滋长。

夔州府属:万县得雨一次,小春茂盛。

龙安府属:平武县得雨一次,小春竞秀。江油县得雨一次,春苗茂盛。

绥定府属:渠县得雨二次,小春滋长。

保宁府属:阆中县得雨二次,地土滋润。苍溪县得雨三次,豆麦荣茂。南部县得雨二次,杂粮渐长。广元县得雨二次,小麦茂盛。昭化县得雨一次,冬粮滋长。剑州得雨二次,田水充足。

顺庆府属:南充县得雨二次,小春秀发。西充县得雨二次,冬粮滋长。蓬州得雨三次,堰水充盈。营山县得雨三次,豆麦滋长。仪陇县得雨一次,地土滋润。广安州得雨三次,豆麦畅茂。岳池县得雨二次,冬粮滋长。邻水县得雨三次,田水充足。

潼川府属:三台县得雨二次,田堰积水。射洪县得雨二次,冬粮荣茂。盐亭县得雨二次,豆麦滋长。乐至县得雨三次,小春滋长。

雅州府属:雅安县得雨二次,田水充盈。

嘉定府属:乐山县得雨二次,小春茂盛。峨眉县得雨二次,豆麦荣茂。洪雅县得雨二次,田水充足。夹江县得雨一次,豆麦滋长。荣县得雨二次,小春渐茂。

叙州府属:富顺县得雨三次,小春畅茂。隆昌县得雨二次,田水充盈。兴文县得雨二次,小春秀发。

资州直隶州属:资州得雨三次,春苗茂盛。资阳县得雨一次,小春滋长。井研县得雨二次,麦苗茂盛。仁寿县得雨二次,小春滋长。内江县得雨四次,小春畅茂。

绵州直隶州属:绵州得雨二次,小春滋长。安县得雨二次,小春渐长。梓潼县得雨二次,小春滋长。罗江县得雨一次,小春茂盛。

忠州直隶州属:酆都县得雨二次,小春滋长。垫江县得雨三次,春苗畅茂。

眉州直隶州属:眉州得雨三次,豆麦滋长。彭山县得雨三次,小春畅茂。丹棱县得雨二次,堰水充盈。青神县得雨三次,地土滋润。

泸州直隶州属:泸州得雨三次,小春滋长。江安县得雨一次,田水不缺。合江县得雨二次,豆麦葱秀。纳溪县得雨三次,田水充盈。

邛州直隶州属:邛州得雨三次,豆苗畅茂。大邑县得雨一次,小春滋长。蒲江县得雨三次,田水充足。

石砫直隶厅得雨二次,小春滋长。

叙永直隶厅属:叙永厅得雨三次,小麦茂盛。永宁县得雨二次,豆麦畅茂。

(御批):览。①

○○九　奏请加广珙县等处学额折

同治十二年正月二十五日(1873 年 2 月 22 日)

头品顶戴四川总督臣吴棠跪奏,为川省珙县、綦江、涪州、南川等州县绅民连年练团,剿贼守城,出力最久,援案请加文武学额,恭折仰祈圣鉴事。

---

① 中国第一历史档案馆藏:清单,档案编号:03-4966-268。

窃查川省珙县接壤滇疆,咸丰九年,滇匪李、蓝各逆由大关厅分扰叙州各属,珙县正当其冲。该县绅团齐心堵御,固守却贼,并随同官军克复筠连、高县各城。同治元年五月,粤逆石达开窜陷长宁,叠扑珙县,经绅团并力击退,复随同官军克复长宁县城。是年,滇匪复由兴文窜至珙县,围城半月之久,绅民登陴守御,力保危城。嗣后滇匪、蛮匪迭次窜扰,均经团众力剿,立时歼灭。迨苗匪窜入建武营汛,又随同官军奋勇克复。

又,綦江县自咸丰十一年发逆由贵州窜扰,经官绅督团协力守御,击贼出境。同治元年三月,粤逆石达开围攻綦江县城十七昼夜,轰陷南城二十余丈,贼众蜂拥登城,绅团效死据守,血战十余次,贼始败遁。是年秋间,石逆复率众回窜綦江,连营百余里。该县绅团协同官军,分路进剿,相持四十余日,将贼击退。同治三年,贵州号匪窜至,屡扑县城,均经绅团击败,殄灭甚众。复派团随同官军越境剿灭桐梓土匪,并采运军米出境,俾官军得以肃清黔属绥阳、桐梓、仁怀、正安各边境。

又,涪州自咸丰十一年发逆围扑州城,经官绅督团击退。是年,滇匪大股窜踞州属鹤游坪,于同治元年二月间,贼分五路攻城。官绅督团力战,危城获全。贼退后,复集全境团众,直捣鹤游坪贼巢,血战三昼夜,贼不能支,弃险狂奔,被官军截擒首逆,并将余匪殄灭净尽。时粤逆石达开由楚入川,先返涪州,其气甚锐,连营二百余里,环攻州城。绅团撄城固守,相持四十余日,援兵驰至,内外夹击,殄灭贼众无算,大挫凶锋,城围立解。同治三年,贵州号匪窜扰州境龙洞场一带,窥伺州城,亦经团众随即击散,斩获甚众。

又,南川县自咸丰八年黔匪窜扰县属黄坪坝、斡洞子等处,屡扑县城,经官绅督团堵剿,贼众败遁。十一年,发逆入境,环攻县城三昼夜，几濒于危。团众竭力守御，屡挫其锋，贼奔出境。同治元年，粤逆石达开率众窜至，四面围攻，孤城几陷。官军督团日夜坚守，以待援兵，旋即会合官军，并力夹击，杀贼无算，城围立解，逆焰因之顿衰。嗣后二、三两年，黔匪迭次窜扑县城，复经团众力击出境，屡获全胜。

以上均据该州县具禀，分别详奏有案。伏查川省军兴以后，虽经兵勇云集，分路会剿，而贼踪飘忽，或兼程驰突，或东击西窜，深赖绅团自为战守，以助兵力之不足。计自滇匪入川，叙南先被蹂躏，筠连、庆符、兴文、长宁、高县相继失守，惟珙县以弹丸小邑，错处其间，与贼相持，卒能转危为安，并助官军克复邻邑。至石逆窥川之始，拥众数十万，声势浩大，人心不免动摇。而涪州、綦江、南川三州县团练，首撄其锋，不但力保危城，复以荷锸之民，敌方丈之寇，卒能挫其凶锐，贼众咸怵蜀民忠勇，不敢轻犯，逆焰遂衰。是皆圣泽涵濡既久，师儒训迪有方，故能众志成城，同心御侮。况该州县均毗连滇、黔，贼扰非止一次，防剿皆逾数年，较他属之仅止捐资团练、暂时防堵者，义勇功绩尤为昭著。核与同治九年部议专计捐输、分别年限情形，亦各不同。虽通省团防之案前经择尤汇保，每处不过绅士数人，其乡曲义旅，同泽同袍，以数万计，未及均邀异数。现在邻氛尚未全靖，边防未能尽撤，尚有借资民力之处，似此四属团民忠勇久著，实所罕觏，不能不别加鼓励。

现查该州县士尽知方，文风日盛，应试生童较前愈众。而珙县、綦江、南川三县，原定学额各止八名，内南川县于津贴案内加过永额一名。涪州原定十二名，津贴案内加过永额三名；捐输案内加过永额一名，均未及原额之半，尽有绩学之士，限额不能取进人才，实属可惜。据各该州县援案详请永加文武学额，由在省司道核明会详前来。

臣查同治十年广东连山、归善等厅州县,绅民团练剿贼,力保危城,经两广督臣瑞麟等奏请永加学额,钦奉谕旨俞允在案。所有川省珙县、綦江、涪州、南川四州县,绅民连年举办团练,随同官军防剿各匪,力保危城,克复邻县,立功最多,历时最久,实属深明大义,核与广东连山等厅州县准广学额成案,情节相符。

合无仰恳天恩,俯准将珙县、綦江、南川三县永加文武学额各二名,涪州各加文武学额各三名,以励士心,而昭激劝,出自圣主逾格鸿施。除咨部外,理合会同学政臣夏子镠,合词恭折具陈,伏乞皇上圣鉴训示。谨(奏)。同治十二年正月二十五日。

(朱批):该部议奏。此件折面漏写奏字,吴棠着交部察议。①

○一○　奏报防剿滇逆恳奖出力人员折

同治十二年二月初二日(1873年2月28日)

成都将军臣魁玉、头品顶戴四川总督臣吴棠跪②奏,为川军防剿滇省逆回,阅时最久,现在大理郡城攻克,军务渐平,恳恩汇奖出力员弁兵团,以昭激劝,恭折仰祈圣鉴事。

窃查川省建南、叙南地方,迤逦千有余里,与滇疆唇齿相依。自逆回倡乱以来,土匪复因之起事。川东之匪李永和、蓝潮鼎等,则从高、珙、筠连一带豕突入川,蹂躏几及通省。滇西之匪先陷木里土司所管境内,土司项札史剿贼阵亡;继又有另股逆匪杨矮子、

---

① 中国第一历史档案馆藏:朱批奏折,档案编号:04-01-38-0165-001。
② 此前衔据军机处随手登记档(档案编号:03-0210-1-1112-048)校补。

文翠等，各率悍党，窜踞盐井，直扑盐源县城。节经官军设法剿除，不致蔓延为害。而邻氛愈炽，边患方殷，于是川、滇接壤之区，征兵调练，盖未尝一日少休矣。同治七年，云贵督臣刘岳昭率果后川军二千五百人，赴滇视事，志在先克寻甸，而后解省围，无如贼势鸱张，边陲震动。云南抚臣岑毓英来咨，以昆垣内外戒严，力难兼顾东路，请由川省拨饷拨兵等语。维时，正值臣吴棠莅任之际，殚虑竭思，似觉远防不如近剿，当即檄催道员刘岳曙，统带果后后川军二千八百人，星夜驰援。

八年二月，奏派前云南提督唐友耕，统领振武全军，由迤东扫荡而前，克复鲁甸厅城，擒斩逆首李本终①等，而叙南之门户始安。旋又奏派记名提督建昌镇总兵刘宝国，添募定边军练勇千人，益以武安军楚勇两营归其节制，扼守会、盐边界。九年八月，越疆击贼，遂乘胜直抵永北厅城下，会同滇军，再战再捷，攻克厅城，而建南之藩篱亦固。臣吴棠据实奏陈，并随折声明，仍督饬将士相机进取，冀可擒渠扫穴，同奏肤公在案。迭据署云南鹤丽镇总兵杨玉科、②建昌镇总兵刘宝国等，禀报克复丽江、剑川、邓州、永昌、云赵、蒙化各府厅州县城池情形。

---

① 即李本忠。

② 杨玉科（1838—1885），字云阶，白族。同治初，从和耀曾镇压回民暴动，积功至守备。同治四年（1865），署维西协，克丽江、鹤庆。六年（1867），从攻镇雄，晋游击，创办沧江书院。七年（1868），袭元谋、马衔、武禄、罗次。八年（1869），占柯渡、可郎，迁副将。克嵩明、寻甸、大姚、浪邓，解省城围，擢总兵。次年，攻姚州，擢提督，主大理、丽江军事，权开化镇总兵。十年（1871），克宾川，署提督。十一年（1872），克大理。十二年（1873），克锡腊、顺宁、云州。光绪元年（1875），还署开化镇总兵。二年（1876），移广西右江镇，剿平腾越义军。明年，调广东高州镇总兵。六年（1880），署陆路提督。十年（1884），率师出关抗法，守观音桥。十一年（1885），于镇南关中炮阵亡。赠太子少保，谥武湣。

十一年三月至十月,接据刘宝国禀称:遴委右营营官胡德成,率队遄征,随同杨玉科,夺回上下两关,围攻大理郡城,及该镇亲旅行间,督师境上,以资策应而固根本各等情。臣等深恐因恤邻之切,滋越俎之嫌,故凡战胜攻克事宜,必多方指授,未敢遽登奏牍,但求无失戎机而已。兹据建昌镇总兵刘宝国、宁远府知府许培身驰报:杜逆伏诛,克复大理府城,余党歼除净尽。并据刘宝国禀称:定边川军营官胡德成,随同杨玉科首先入城,奋勇出力。复截剿窜回,搜获伪印九颗,呈缴备查,与杨玉科所禀大略相同。杨玉科兼以刘宝国筹办江防,历久不懈。方杜逆倾巢出寇,围困省城,该镇以一旅之师取道会理州,渡江抄袭贼后,攻克武禄、元罗各城,以及进攻六井、二姚等处,均属滇事危迫之秋,悬军深入。悉赖刘宝国助以声援,周其缓急,得免瞻前顾后之虞。其于川、滇两省,不为无功,恳请具奏前来。

臣等伏念滇省逆回之变,自云贵督臣刘岳昭振旅启行,以迄大功底定,计先后出师二万人,月饷均系川省供支,共拨过银八十余万两。臣吴棠督蜀以来,深悉云南抚臣岑毓英知兵任战,应协滇饷必得宽为筹备,共解过银四十余万两。臣等忝膺边寄,只循职分所应为,期于共矢和衷,早清疆圉。此次大理之捷,杨玉科骁勇冠军,厥功甚伟,总因刘岳昭、岑毓英运筹决胜、勠力同心所致。其详细战况,应由云贵督臣、云南抚臣奏报,无俟臣等再为渎陈。

惟川军防剿滇省逆回,阅时最久,实属始终无间,畛域不分,而刘宝国调度有方,勋勤尤著。即民团〔团〕、土练御寇绥边,亦有成劳足录。现在大理郡城攻克,军务渐平,可否吁恳天恩,俯准臣等将出力员弁兵团,核实汇奖,以昭激励之处,出自逾格鸿慈。所有川军防剿滇省逆回阅时最久、恳恩汇奖出力员弁绅团缘由,谨合词恭折具奏，伏乞皇上圣鉴训示。谨奏。

同治十二年二月初二日由驲具奏。兹于同治十二年三月初八日，准兵部火票递回原折，后开奉朱批：着准其择尤保奖，毋许冒滥。钦此。[①]

【案】此次大理之捷……其详细战况，应由云贵督臣、云南抚臣奏报：同治十一年十二月十九日，云贵总督刘岳昭会同云南巡抚岑毓英具报克复大理府城情形曰：

云贵总督臣刘岳昭、云南巡抚臣岑毓英跪奏，为克复大理府城，首逆伏诛，群酋尽灭，全郡一律肃清，恭折仰祈圣鉴事。窃臣毓英遵旨进攻大理，于同治十一年十一月二十七日，曾将带兵行抵镇南日期、头队官军进扎下关，相机接应，及各路军情奏报在案。臣拜折后，即日兼程前进，沿途接据提督杨玉科及续派助剿各员弁禀报：自十一月初十、十一等日，官军由地道轰陷东南城隅，直从缺口冲入，因里面建有土城，城角环筑碉楼，城濠遍围木栅，乘锐攻之，炮石如雨，损伤精锐甚多。杨玉科伤痕未愈，仍负创临敌，一面督军力扎缺口，以攻其前；一面向土城下开挖地道，以通其内。十四日，地道告成，十数穴引火施放，墙垣倾压，瓦石飞空，计轰陷土城约百余丈，官军乘势拥入，贼匪排比如鳞，左右冲突，互有损伤，游击周作祥临阵退缩，即斩以徇。自此人人用命，锐莫可遏，昼夜鏖战，至十七日，共计毙贼二千余人，将城内校场、莲花池一带贼营概行夺

_____

① 吴棠等：《游蜀疏稿》，第689—701页。据军机处随手登记档，此折之朱批日期应为"同治十二年二月二十日"。

据。惟西北半城尚为贼踞,且土城内又有伪禁城一道,即杜逆僭造伪府之地,凡心腹逆党,及惯战回众悉卫其中,官军屡次乘夜梯攻,急切难下。此攻入东南两层外城之情形也。杨玉科窥察形势,度从东南面逼攻愈紧,则逆贼之蚁聚愈众,不如四面合击,约时并进,使贼首尾不能相顾,其势既分,其力必单。适于二十日,新军已赶到五千余人,当派拨分路齐进,以副将徐联魁所部及都司赵骞斗、董良弼、范桂兴,守备赵钦、徐成林,千总董正性、孙毓等军攻其正东;以游击李应举、张润,守备姚纲,千总木逢春、马遇春、王珍等军攻其正西;以副将蒋宗汉、蔡标,游击陆纯刚、彭子祥,都司寇文通、马士成,守备董云庆、彭子兴,千总龚联元、周庆安、杨发贵、鲁达等军攻其正南;以总兵段瑞梅,都司和述廷、刘全中,千总雷跃龙、李占魁,把总鲁国栋、李自新、段文昇、赵时义等军攻其正北。四面之外,又以游击李朝相、许士坤、黄才广、覃修纲,都司马应麟、依得胜,知府陈泰琨,守备杨志光等军,分攻四隅。杨玉科率领副将和耀曾、都司杨建勋,知县马驷良、赵子骧、刘尚中,守备黄河洲、奚长青、杨发科、邵洪盛,州判李光裕、县丞刘紫绶、千总胡德成、李舒锦、马双元、李春盛、单玉林、马从泰、戴盈照等,各营中军亲兵分驰策应,结成圆阵,面面相联。又饬参将雷应山一营官兵将此次运到开花大炮二十位,排列城上,昼夜环击。所有贼营碉楼、木栅攻毁大半,炮石击入内城,守陴之贼逐日伤亡。杜逆见事势危急,于二十五日巳刻,亲率死党万余,由伪禁城冲出接仗。杨玉科督军迎敌,战至二十六日向明,不能撤队,而四面官军侦知杜逆出战,均各带劲旅兜剿前来,更番叠战,尸骸枕藉,血流成渠,毙贼约五六千众。杜逆败溃入城，闭门死守。正在逼攻之际，有衰迈老回数十人舁杜逆出城，泣称该逆自败回后，势穷情急，已率同家属服毒自尽，其逆党伪大司衡杨荣、伪大经略蔡廷栋、伪大冢宰马仲山等，趁杜逆服毒尚未气绝，遣令该回等献解来营，并将伪帅印、伪衣冠一同呈缴，情愿求抚等情。杨玉科见杜逆呕吐不言，已将气绝，再延时刻，反逃显戮，当就军前正法，割取首级，同伪印、伪衣冠解呈查验，并将可否准其就抚之处请示前来。此杜逆出战败后授首之情形也。臣毓英行抵红崖地方，接据禀报时，只距大理府城一百二十里，当即驰赴五里桥驻扎。于初四日亲往城外周围巡视，见西、北两面城中贼营贼碉十分坚固，又密探得内城之贼填街塞巷，垒石修垣。当即严讯出降老回马大鹏等，据供杜逆子女俱匿寄杨、蔡二逆家中，并无全家自尽之事，窥其言语支吾，恐系诈降缓兵。况蔡廷栋前次围省被获，业经奏明交提臣马如龙严加管束，立功赎罪，旋复逃回大理贻害，又已三年，是其怙恶罔悛，非恩义所能化导。臣毓英商饬杨玉科，督令各营慎密防备，并传谕城内各回，如果倾心投诚，予限三日，腾城缴械，并赶造丁口清册呈报，以凭遣散归业。乃于限满后概未遵办，再三开导，只许署太和县知县谭席珍及一二武员带兵二百名进城安抚，俟半年后人心大定，方能腾城归业等语。其奸谋已显而易见。臣等熟思，兵法谓上兵伐谋，其下攻城；又兵贵速不贵久。该逆贼既以诈来，不如即以智取。遂密商各将领，拟派员挑带敢死之士二百人，暗带干粮短械，同谭席珍进城安抚，借查看伪帅府为名，混入伪禁城，夺据要隘，有险可凭，内外夹击，或可得手。膺斯任者必得谋勇兼优，方能随机应变，遍询各将领，都有难色，惟杨玉科以受国深

恩,誓以死报,毅然肩任,忠勇之气形于辞色。臣等以此举成
败所关,更须妥为布置,当密派段瑞梅、徐联魁等军伏于东城
先锋各营,蒋宗汉、蔡标等军伏于南城大营;又派和耀曾、李应
举、陆纯刚、范桂兴、和述廷、刘全忠、彭子祥、马士成等军伏于
西、北二门。此外,上、下两关及沿海各要隘早经分派范清、刘
步龙、马中驭、赵骞斗、董良弼、赵钦、徐成林、岑应麟、李德瀄、
陈发科、王用梅、游辅廷等严密防守。后杨玉科即照议定机
宜,传谕城中回众,准于十二月初七日协同署太和县谭席珍入
城安抚。该逆贼以二百人为数无多,遂行允许。杨玉科正在
严整戎装,将次入城,适有良回马德良、李端年出城密告以蔡
廷栋、杨荣等先已埋伏地炮在杨荣家中,外面阳为粉饰公馆,
宜预先防备,免中奸计等语。杨玉科得此密报,厚赏该回,仍
饬旋城密探,即与谭席珍入城,直到太和县署驻扎。该逆贼屡
请移住杨荣家中,均借辞推诿,阳为不知其诈,迨查探城内虚
实的确后,定期密禀前来。臣即密谕各将领预备接应。初九
日巳刻,杨玉科由县署溜入伪府,喝令兵勇,占据伪府之炮楼,
贼众惊乱,遂出悍党四五千人,层层围攻,幸伪府墙垣坚厚,居
高击下,最为得势,不致为贼所乘。其时四面伏兵,一闻号炮,
无不争先恐后,并力冲锋,因该逆死守伪禁城各门,官兵不能
联络。战至日暮,臣亲督各军乘夜四面架梯登城,杨玉科亦由
伪府挥兵夹击,立将伪禁城南城楼夺据,内外联络,轮班血战。
至初十,官军伤亡以千计,而贼之死者已万余人。该逆见势
不能支,于十一日黎明举火自焚,分股由东、南、北三门夺路狂
奔。东门一股直奔海边,意欲夺船而渡,经段瑞梅、徐联魁等
军追杀,共毙逆党五百余人,扑海死者不计其数,生擒伪大冢

宰马仲山、伪参谋马遇春、段惺帼、伪左辅杨彩元、伪将军撒登科、马芋、伪兵马司马平川、伪中郎将马文彩、伪参军马绍荣等八十九名。北门一股逃往上关，经守关之范清、马中驭、董良弼等扼住关口，不能冲过，回窜喜洲，又被派驻该处之赵骞斗、赵钦、徐成林、鲁国栋各营拦路截杀，李应举、和述廷、张润、刘全忠、赵时义等由后追至，两面合围，将三千余贼歼除净尽，生捡一百二十一名，伪大司衡杨荣、伪三元帅杨占鹄、伪大都督刘贵、马增荣、伪右弼马国臣、伪参谋马昆山，亦被捡获。其南门一股冲至五里桥，意图闯出下关，经臣毓英督饬岑宽德、覃修纲、黄才广、李朝相、罗均德、王永龄、钱汝清等各营伏兵兜剿，蔡标、和耀曾由城内追出，四面围杀，生擒伪大经略蔡廷栋，伪大司旗马国玺，伪左将军刘名扬，伪参军蔡文焕、汶阴、马贞吉及酋目一百三十五名，杀毙一千数百名。及追至下关，又经守关之岑应麟、李德濑、王用梅、游辅廷等捡斩三百余名，扑水死者千余名。次日驻防赵州之黄章、李锦标等复搜获逸匪马为骏等七十三名。杨玉科肃清城内，将火救息后，果从杨荣家内挖出地炮火药三千斤，并由蔡廷栋、马国玺住宅搜出杜逆幼子三人、幼女一人，解送臣营。臣验明逆长子名宗扬，年十三岁；次子名赓扬，年十一岁；三子名成扬，年九岁；幼女三岁。均发交署太和县知县谭席珍审讯。据供杜逆服毒自尽实系情急，子女托寄蔡、马各逆，实为携遁起见。讯明后，同杜逆首级，委员解省，交按察司程诚分别收禁。其杜逆子如何处治，该逆首级应否献馘，恭候谕旨敕遵。其擒获之逆酋杨荣、蔡廷栋、马仲山、马国玺等，经随营之署迤西道颜培高，督同发审委员覆鞫，佥供于咸丰丙辰年，与伪帅杜文秀谋逆，曾攻破城池多处,戕害文武官员,并围攻省城,妄图大业各等情,实属罪大恶极。即于军前凌迟处死,传首被害地方,以昭炯戒。共救出城内老弱妇女四千余人,分别安置。统计大理一役,将弁士卒先后伤亡者六千余人,而贼数万之众,或死于出战,或死于守城,或死于火焚,或死于水溺,凶酋悍党,悉数歼除。此官军攻入内城肃清全郡之情形也。臣等查杜逆倡乱以来,流毒一十八年,攻陷五十三城,西扰及四川会理等州,东窜踞贵州兴义各属,蓄发变服,铸印设官,伪造禁城,僭规王制。其逞志于滇省者,直欲追踪金陵之洪逆而并驾一时。当年占踞迤西不过区区一隅,何致如火燎原,不可向迩,实缘大理天生奇险,以上、下两关为锁钥,苍山、洱海为藩篱。唐宋之际,蒙、段割据五百余年,李宓之师下关覆军二十余万。即以时事而论,凡西征者四次迄无成功:咸丰六年,提臣文祥调川兵助剿,克红崖,图宾居,而东南各处回众围省,退兵回援,则弥渡、云南县由此失矣。九年,署提臣褚克昌克鹦鹉关、云南驿等处,正可乘胜进攻,而馆驿、澄江回众攻陷广通、楚雄、镇南,以袭其后,则褚克昌之全军覆没矣。同治二年,臣在署藩司任内,连拔景东、镇沅、永北、楚雄、广通、定远,进规镇南,而马联升、马荣率众益,寻甸之众占踞曲靖、马龙、平彝,撤兵回顾,则大理之役不果矣。六年,提臣马如龙甫至定远,前军失利,而合国安、杨振鹏等内外勾结,连失定远、楚雄以次二十城,则省围几莫解矣。推原其故,皆由东南党援未除,则迤西寇氛愈炽。故先从各路征剿,克曲靖而东隅固,解省围而内患清,复澄江而近地宁,平临安而南徼定。由此内顾无忧,远图易举。臣等所以先事东南而后专事迤西者,职是故也。第念臣等猥以庸材,忝膺重寄，深虞贼情负固，师久易疲，虽前派之军已百战而俱捷，恐积年之患非一朝所能平。尤有虑者，各省之协饷稽迟，滇军之奇穷尤甚。计自同治八年奏奉谕旨，每月给发滇饷银十二万一千六百余两，迄今四年，所得不及三分之一。臣毓英此次带兵出省，仅由军需局司道凑获银一万五千两，率尔进兵。而杨玉科统军数万之众，鏖战三年之久，积欠盐菜、赏需，为数亦巨，百计筹画，焦急如焚。幸将士和衷，始终用命，不以师劳役久，稍有懈心；不以饷匮军饥，少萌退志；更不以巢坚贼悍，视为畏途。卒能一鼓荡平，歼除元恶。是皆仰赖朝廷德威远播，圣武布昭，靖边境之干戈，登斯民于衽席。臣等钦承谟训，幸免愆尤，惟有矢勤矢慎，赶将应办善后事宜妥为区画，务使全省灾黎重享升平之福，庶仰答天恩于万一。所有此次攻克大理，歼厥渠魁尤为出力之赏穿黄马褂记名提督开化镇总兵瑚松额巴图鲁杨玉科，连年血战，克复多城，实属谋勇兼优，力当艰巨，应如何加恩破格优奖之处，出自圣裁。在事尤为出力员弁兵勇，谨择尤开具清单，吁恳恩施，俾资鼓励。其余出力文武及各路筹办粮饷人员，容臣等续查明确，再行请奖。血战阵亡之都司衔补用守备李正昌，补用千总木映芳、杨建、李芳林、段得才、李鸿才、钟成凤，补用把总谢香廷、赵时杰、和文、饶青云、萧汝霖、杨仪、韩有才、薛正邦、和本善、马镜星、倪成仙、李春华，记保千总周文彩、苏显达、李有惠、刘永泰、洪长保、杨世兴、张秉义、杜金玉、赵福禄、冯昌、刀福寿、姜义得、姜毓华、鲁得华、李春、施尹才、胡先觉、任正道、李中珠、沙锦溢、姜如龙、张瑞、谭开科、莫贵贤、刘坤、董润生、李品元、寸润荣、洪步戎、杨沛廷、杨沛、李得才、王喜、芮得生、沈占春、牟友、周升、段正邦、段文寿、赵满、李培、赵义、赵松盛、余龙、李发贵、段福保、孙芝、李发桂、鲁国祚、李长福、和学文、范三、李金和、增茶禄、蔡德昌、尤之元、袁中山、赵阿发、蒯尚德、张文星、高林、周文秀、李茂林、王占标、李洪顺、杞洪、张先发、牛晓曙、彭子龙、蓝金榜、倪云龙、陈仕高、张洪高、赵鹏章、何仕贤、向联陛、杨奇胜;伤亡之副将衔补用参将涂秀清、都司衔补用守备于品高、补用千总赵春山等,均属可悯,相应请旨敕部从优议恤,以慰忠魂。此次缴到杜逆自用赤金伪印一颗、伪衣冠十件及逆酋蔡廷栋金包银伪经略印一颗,谨封送军机处,恭呈御览。所有克复大理府城,首逆伏诛,群酋尽灭,全郡肃清缘由,谨合词缮折,由驿六百里驰陈,伏乞皇太后、皇上圣鉴训示。谨奏。十二月十九日。[①]

【附】此折于同治十二年正月二十四日得允行。《清实录》:

甲辰,谕内阁:刘岳昭、岑毓英奏,克复大理府城,首逆伏诛、全郡肃清一折。逆首杜汶秀盘踞大理府城十有八载,地险城坚,负隅抗拒。上年五月间,官军攻克上、下两关,贼势渐蹙。云南巡抚岑毓英先将近省及东南各郡次第廓清,督兵前赴迤西,规取大理。十一月初十至二十等日,总兵杨玉科及派出各将弁开挖地道,轰陷大理东南城隅,乘势拥入城内之土城,昼夜鏖战,共毙贼二千余名,夺据莲花池一带贼垒,官军攻逼土城西北隅。杨玉科复约束各军,四面合击,自率亲兵策应,施放开花大炮,轰毁贼营碉楼、木栅。逆首杜汶秀见事势

---

① 《岑襄勤公遗集》(冀刻),第773—791页,(台北)文海出版社,1966。

危迫,于二十五日亲率死党万余接仗,杨玉科督军兜剿,至二十六日,毙贼五六千名。该逆败入土城内之伪城,情急服毒。其党将杜逆献解军前正法。岑毓英督军至五里桥地方,环城审视,探知余酋杨荣、蔡廷栋等仍形负固,会商杨玉科,先期密派将弁暗入伪城,分投设伏。十二月初七日,杨玉科率同太和县知县谭席珍,直至县署驻扎。初九日,潜入伪府,督令伏兵夺据该逆碉楼,贼众惊乱。岑毓英复亲率各军,与杨玉科内外夹击,连日血战,杀贼万余,贼分股由东、南、北三门狂窜,我军跟踪追击,生擒伪大冢宰马仲山等多名,歼贼三千余名,生擒伪大司衡杨荣、伪大经略蔡廷栋等,尽法惩治。并搜获杜逆子女杜淙扬等,分别收禁。悍党悉数歼除,大理全郡肃清。览奏,实深欣慰。逆酋杜汶秀首级即着于犯事地方悬竿示众,无庸献馘来京。其年未及岁之逆子杜淙扬、杜赓扬、杜城扬三名及幼女一人,着在该省严行监禁,并着刑部查明例案,咨行该督抚,照例办理。云南巡抚岑毓英当兵饷支绌之时,激励众心,亲临前敌,攻克坚城,渠魁授首,实属谋勇兼裕,调度有方,深堪嘉尚,着赏穿黄马褂,并赏给骑都尉世职。云贵总督刘岳昭与岑毓英和衷共济,克奏肤公,着开复革职留任处分,交部从优议叙。记名提督开化镇总兵杨玉科,着赏给骑都尉世职,并赏给白玉翎管一支、白玉搬指一个、小刀一柄、大荷包一对、小荷包两个。所有单开之总兵段瑞梅等,均着交军机处记名,遇有提督缺出,请旨简放。①

杜逆自倡乱以来,流毒十有八载,攻陷五十三城,踞险负

---

① 《穆宗毅皇帝实录(七)》,卷三百四十八,同治十二年正月,第596—597页。

隅,其势甚炽。岑毓英于兵单饷绌之时,激励众心,坚忍耐苦,先将东南各郡次第荡平,然后专事迤西,卒使全境肃清,渠魁授首,实属谋勇兼裕,功绩懋昭。刘岳昭遇事和衷,克济成绩,均堪嘉尚。本日已明降谕旨,分别加恩,并将出力、阵亡各员照所请奖恤,俟该省全境肃清,再行普沛恩施。大理既复,其未复之顺宁、云州及所属之小猛统、猛郎、锡腊,又腾越厅城及所属之乌土寨、马家村,并蒙化厅属之大小围埂,自应乘胜扫荡,俾全省一律廓清。即着岑毓英督同杨玉科,将围埂贼巢迅速攻拔,一面料理大理善后事宜,务臻妥善。顺宁、云州两城前有旨,令马如龙前往攻取,该提督以饷绌尚未起程,所派头队官兵仅五百名,亦嫌单薄。岑毓英现拟就近分军,相机进取,仍着传知马如龙,懔遵前旨,克日带兵,径赴顺宁、云州一带,合兵会剿,以竟全功。应需饷项即着刘岳昭妥筹接济,毋令缺乏。至腾越地方,即责成总兵李维述,带领所部前往办理,毋稍迟误。将此由六百里各谕令知之。①

○一一　委解同治十二年京饷
　　　暨固本饷项起程日期折

同治十二年二月初二日(1873年2月22日)

头品顶戴四川总督臣吴棠跪奏,为川省委解同治十二年份京饷暨固本饷项起解日期,恭折仰祈圣鉴事。

窃臣承准军机大臣字寄:同治十一年十一月十一日,奉上谕:

———————————

① 《穆宗毅皇帝实录(七)》,卷三百四十八,同治十二年正月,第597—598页。

户部奏拨同治十二年份京饷，着于来年开印后，分批起解。原单着抄给阅看等因。钦此。单开拨四川盐厘银十五万两、津贴十五万两。又，查固本饷项每月解银五千两，前已解过银三十五万两，作为同治五年九月二十一日奉文之日起至十一年五月二十一日止七十个月协济之项，先后奏报在案。伏思京饷为部库正供，固本亦京畿要款，亟应勉力筹解。兹臣督同藩司凑集按粮津贴五万两、盐厘五万两，共银十万两，作为本年奉拨京饷。又催集货厘银四万两，作为同治十一年五月二十一日起至十二年正月二十一日止八个月固本饷项，均饬委乐至县知县胡书云承领汇解，定期本年二月初十日自成都起程。

前因秦、陇交接地方游勇溃匪出没靡常，驿站时通时阻，京饷关系甚重，实难冒险径解。臣于十年正月间复奏请援案发商汇兑，奉旨敕部知照在案。所有此次饷项仍发交蔚泰厚等银号汇解，委员至京兑齐，解赴户部交纳，用昭慎重，据藩司王德固、臬司英祥、盐茶道傅庆贻会详前来。臣覆查无异。理合恭折具奏，伏乞皇上圣鉴。谨奏。同治十二年二月初二日。

同治十二年二月二十日，奉朱批：户部知道。钦此。①

【案】户部奏拨同治十二年份京饷：同治十一年十一月十一日，户部尚书载龄等具奏曰：

经筵讲官户部尚书公臣宗室载龄等谨奏，为豫拨来年京饷，恭折仰祈圣鉴事。窃查历届京饷，均系年前豫拨。上年原

---

① 中国第一历史档案馆藏：朱批奏折，档案编号：04-01-35-0974-056；军机录副，档案编号：03-4951-021。

拨同治十一年京饷银七百万两,嗣因例放各款以及内务府借支,并恭办大婚典礼等项,需用浩繁,当于二月间添拨银一百万两,统共拨银八百万两。现届应行豫拨同治十二年京饷,臣等公同商酌,拟照上年原拨数目,在各省地丁、盐课、关税等款内指拨银七百万两,谨缮清单,恭呈御览。请旨饬下各该督抚、将军、通商大臣、盐政、藩司、运司、盐道、监督等,务于来年开印后,分批起解,限五月前解到一半,十二月初间,全数解清,不准截留改拨,借词延误。倘届限不到,即照奏定章程,指名严参。所有酌拨来年京饷缘由,理合恭折具奏,伏乞皇太后、皇上圣鉴。谨奏。同治十一年十一月十一日。户部尚书公臣宗室载龄,户部尚书臣董恂(赴库),户部左侍郎臣志和,户部左侍郎臣潘祖荫,户部右侍郎臣桂清,户部右侍郎臣温葆深。①

【附】同日,户部尚书载龄等呈拟拨京饷清单曰:

谨将拟拨同治十二年份京饷银七百万两缮具清单,恭呈御览。计开:山西地丁银一百万两,山东地丁银三十二万两,浙江地丁银三十万两,湖北地丁银三十万两,湖南地丁银五万两,河南地丁银二十万两,安徽地丁银二十万两,江西地丁银二十万两,长芦盐课银二十五万两,两淮盐课、盐厘银三十五万两,两浙盐课、盐厘银二十二万两,河东加课银十万两、羡余银五万两,广东盐课银二十万两、帑息银五万两,山东盐课银十四万两、加价银七万两,福建盐课银二十万两,湖北盐厘银十万两,湖南盐厘银三万两,四川盐厘银十五万两、按粮津贴

---

① 中国第一历史档案馆藏:军机录副,档案编号:03-4950-066。

银十五万两，福建茶税银二十万两，粤海关税银十万两、新增盈余银二万两，闽海关洋税银四十二万两，九江关洋税银三十五万两，浙海关常规银三万两、洋税银二十万两，江海关洋税银三十万两，江汉关洋税银三十万两，天津关常税银五万两、洋税银十万两，赣关税银五万两，江西厘金银五万两，江苏厘金银五万两，浙江厘金银五万两，广东厘金银五万两，湖北厘金银五万两。①

【案】军机大臣字寄……抄给阅看等因：此廷寄上谕档载曰：

军机大臣字寄：福州将军、直隶、两江、湖广、闽浙、两广、四川、江苏、安徽、江西、福建、浙江、湖北、湖南、河南、山东、山西、广东各督抚，传谕粤海关监督：同治十一年十一月十一日，奉上谕：户部奏，豫拨来年京饷一折。据称历届京饷均于年前豫拨，同治十二年京饷拟在各省地丁、盐课、关税等款内指拨银七百万两，请饬各该省于来年分批起解等语。京饷关系紧要，现经该部就各省缓急情形，斟酌动拨，自应遵照奏定数目，源源报解，以济要需。着该将军、督、抚、盐政、监督等，务于来年开印后分批起解，限五月前解到一半，十二月初间全数解清，不准截留改拨，借词延误，倘届限不到，即照奏定章程，指名严参。原单均着钞给阅看。另片奏，本年用款甚巨，请饬将指拨、续拨京饷并各海关应解四成洋税及欠解漕折银两，迅速拨解等语。着各该督抚迅即筹解，统于十二月初间全数解齐，以应急需。其豫拨来年京饷，务各提前赶拨，源源批解，毋稍

---

① 中国第一历史档案馆藏：清单，档案编号：03-4950-067。

延误。又片奏,内务府同治十二年份应需经费,拟拨两淮盐课银五万两,两浙盐课银五万两,广东盐课银五万两,福建茶税银十万两,闽海关常税银十万两,太平关常税银十万两,九江关常税银十五万两,共银六十万两,请饬依限完解等语。着该将军、督、抚、盐政、监督等,各按拨定数目,务于来年开印后,陆续径解内务府,先将起程日期报部,限六月前解到一半,十二月初间扫数解清,不准稍有蒂欠。将此由五百里谕知福州将军、直隶、两江、湖广、闽浙、两广、四川、江苏、安徽、江西、福建、浙江、湖北、湖南、河南、山东、山西、广东各督抚,并传谕粤海关监督知之。①

○一二　奏报同治十二年川省乡试可以举行折

同治十二年二月初二日(1873 年 2 月 28 日)

头品顶戴四川总督臣吴棠跪奏,为川省本年癸酉科乡试察看可以举行,恭折仰祈圣鉴事。

窃查前准礼部咨:本年癸酉科乡试,各省能否依限举行,并考官赴县有无绕道之处,奏奉谕旨,饬令体察情形,先行奏报等因。伏查川省边防虽未全撤,而内地早已肃清,连年恩纶叠沛,中额屡加,多士志切观光,道途并无阻隔,均可如期赴省。其由京到川之山西、陕西驿路亦均疏通,考官不必绕道行走。

所有本年癸酉科乡试及驻防翻译乡试,相应请旨于本年一并

---

① 中国第一历史档案馆编:《咸丰同治两朝上谕档》,第 22 册,第 242 页;《穆宗毅皇帝实录(七)》,卷三百四十四,同治十一年十一月上,第 533—534 页。

举行,由藩司王德固具详前来。除咨部外,理合会同学政臣夏子
鎬,合词恭折,由驿具奏,伏乞皇上圣鉴训示。谨奏。同治十二年
二月初二日。

同治十二年二月二十日,奉朱批:礼部知道。钦此。①

○一三 筹解协滇军饷起程日期片

同治十二年二月初二日(1873 年 2 月 28 日)

再,川省应拨滇饷,自同治八年四月起至十一年十一月二十
日止,先后解过银三十四万两,均经奏报在案。兹复准云贵督抚
臣委员来川守提。伏查川省自军兴以来,援邻防边,并分协甘
肃、新疆、贵州各省军饷,拨款浩繁,司、盐两库早已悉索无遗。
上年旱潦相继,办理棠赈,征解减色。现在筹拨大批京饷及固本
饷项,入少出多,实有不遑兼顾之势。惟滇省军务日有起色,大
理已经克复,各军扫荡群寇,望饷甚殷,不能不腾挪接济,以利
师行。

臣现督饬藩司挪凑银三万两,发交滇省催饷委员保宁县知县
唐湛春承领,定于本年二月初五日自成都起程,驰解云南藩库交
收,以应急需。除咨部外,理合附片陈明,伏乞圣鉴。谨奏。

同治十二年二月二十日,奉朱批:知道了。钦此。②

---

① 中国第一历史档案馆藏:朱批奏折,档案编号:04-01-38-0165-002;军机录副,
档案编号:03-5004-094。

② 中国第一历史档案馆藏:朱批奏片,档案编号:04-01-01-0920-036;军机录副,
档案编号:03-4951-020。

○一四　请以王虎臣等借补参将等缺折

同治十二年二月二十八日(1873 年 3 月 26 日)

　　头品顶戴四川总督臣吴棠跪奏,为拣员请补参将、游击、都司,以资整顿,恭折具奏,仰祈圣鉴事。

　　窃照普安营参将阿达春、绥靖营游击黄锡成俱已病故,经臣恭疏题报开缺。又,接准部咨:忠州营都司潘泽,准其调补绵州营都司;军标左营都司陈定国在京病故,所遗各缺均准由外拣员题调。查普安营参将分驻雷波,管辖普安左、右及安阜三营,系夷疆重镇。绥靖亦地处极边,忠州当川冲衢,军标为各营领袖,抚驭操防,均关紧要,非老成干练熟悉营伍、夷情之员,不克胜任。现查川省实缺游击、都司及尽先名次在前之参将、游击、都司各员,除在各处军营推题、保荐未经到川查无履历者未便请调、请补外,其业经到任、收标、应调、应补、应升人员,臣等详加遴选,或现居要地,或营务生疏,或未谙夷情,或远戍台藏,人地均不甚相宜。

　　惟查有留川补用副将城守营游击王虎臣,年四十五岁,山西武进士,由二等侍卫于咸丰八年掣补四川黎雅营游击,十年十月到营任事,以剿办滇匪出力,保戴花翎。同治二年,换防前藏,复以攻剿瞻对夷巢在事出力,经驻藏大臣景文奏保免补参将,以副将留川补用。同治五年六月二十五日,兵部议准,具奏,奉旨:依议。钦此。八年三月,调补城守营游击。九年七月,由藏回川,复以捐青稞接济兵食,保加总兵衔,历署顺庆营游击、维州协副将。十一年,举行军政,保荐卓异。该员心地朴诚,戎行熟练,拟请借补普安营参将。

　　又,查有拣发游击庆安,年五十三岁,正黄旗满洲岳索讷佐领下人，由整仪尉历升云麾使，于咸丰四年五月引见，奉旨：着发往四川，以游击补用。钦此。是年到川。嗣因出师甘肃、克复阶州著绩，经原任督臣骆秉章等保加参将衔，历署提右、顺庆、广元、叠溪、太平等营游击。该员年力强健，营务夙谙，拟请补授绥靖营游击。

又，查有尽先补用都司酉阳营守备李玉春，年五十六岁，四川成都县人，由行伍出师浙江、瞻对、云南、贵州、湖北等省，历保花翎尽先守备。同治二年，调补酉阳营守备，嗣于攻克云南永北厅城案内出力保奏。同治十年三月二十日，内阁奉上谕：李玉春着以都司尽先补用。钦此。是年九月进京引见，蒙钦派王大臣验放，奉旨准其补授。随领札回任。该员差操勤奋，拟请升补忠州营都司。

又，查有尽先前补用游击松玉，年四十一岁，镶白旗满洲裕光佐领下人，由监生遵例报捐都司，分发四川。咸丰七年六月引见，奉旨：松玉着发往四川照例用。钦此。九年到省，试用年满，考验咨留，接准部覆，历署绥靖营游击、镇远营都司。嗣以殄灭马边教匪案内出力汇保，仍以都司尽先补用，并戴花翎。复以防剿秦、陇回匪打仗著绩保奏，同治十一年五月二十日，内阁奉上谕：着免补都司，以游击留于四川，尽先前补用。钦此。现署军标左营都司。该员弓马娴习，拟请借补军标左营都司。

以上各员，均在军营出力，熟悉营伍、夷情，以之请补各缺，实堪胜任。王虎臣籍隶别省，松玉籍隶京旗，各保准副将、游击，与借补章程相符。庆安籍隶满洲，系拣发游击，照章应酌补调缺。李玉春距籍在五百里以外，其尽先名次虽非在前，惟升补守备已历十五年之久，资格最深，业经遵例引见，人地实在相需，例得声明奏请。

合无仰恳天恩，俯准以王虎臣借补普安营参将，庆安补授绥靖营游击，李玉春升补忠州营都司，松玉借补军标左营都司，实与营伍、夷务均有裨益。如蒙俞允,俟接准部覆,再行分别请札给咨。臣为因地择人起见,是否有当,理合会同成都将军臣魁玉、提督臣胡中和,合词恭折具奏,伏乞皇上圣鉴训示。再,绥靖营游击、军标左营都司俱系调缺,现查无应调、应升人员,是以拣员请补,合并陈明。谨奏。同治十二年二月二十八日。

同治十二年三月二十七日,奉朱批:兵部议奏。钦此。①

○一五　奏报同治十一年十月至腊月借补把总折

同治十二年二月二十八日(1873年3月26日)

头品顶戴四川总督臣吴棠跪奏,为借补把总弁缺,按照新章恭折汇奏,仰祈圣鉴事。

窃查前准兵部咨:嗣后借补千、把总各弁缺,积至三月开单一次,以归简易等因。兹查川省自同治十一年十月起至十二月底止,各营借补把总三员,分造年岁、履历清册,由提督臣胡中和咨请汇奏暨咨部给札前来。

臣覆加查核,均与定章相符。除咨部外,理合恭折汇奏,并照缮清单,恭呈御览,伏乞皇上圣鉴训示。谨奏。同治十二年二月二十八日。

同治十二年三月二十七日,奉朱批:兵部知道。单并发。钦此。②

---

① 中国第一历史档案馆藏:朱批奏折,档案编号:04-01-16-0197-062;军机录副,档案编号:03-4755-163。

② 中国第一历史档案馆藏:朱批奏折,档案编号:04-01-16-0197-064;军机录副,档案编号:03-4755-166。

○一六　呈同治十一年十月
至腊月借补把总清单

同治十二年二月二十八日（1873 年 3 月 26 日）

谨将川省自同治十一年十月起至十二月底止借补把总应行给札各弁，缮具清单，恭呈御览。

计开：一、重庆镇标中营右哨头司把总崇祥拔补重庆右营千总遗缺，考验得重庆中营右哨外委袁大顺，箭中六矢，曾经出师著绩，奏保以守备尽先补用，堪以借补重庆中营把总。

一、绥宁协属黔彭营右司把总唐兆扬斥革遗缺，查有补用守备侯遇春，历练营务，屡著战功，曾经奏保以守备尽先前补用，堪以借补黔彭营把总。

一、马边协右营专城把总吕占清病故遗缺，考验得马边右营外委曾德福，弓马可观，曾经出师著绩，奏保以千总尽先拔补，堪以借补马边右营把总。

（御批）：览。①

○一七　奏报林占魁暂缓北上片

同治十二年二月二十八日（1873 年 3 月 26 日）

再，新补泰宁营都司林占魁，例应给咨引见。惟查泰宁营分驻

打箭炉属之华林坪,孤悬夷疆,管辖沈边、冷边各土司,与越嶲等处夷巢在在毗连。该处夷支纷繁,性情谲诈,时虞反侧。现值裁减营勇之后,兵力渐单,弹压抚绥,均属不易。

该都司连年委办夷务,威惠颇著,臣前以治理需人,饬令先赴泰宁新任。数月以来,竭力整顿,夷众帖服,未便遽令暂离,合无仰恳天恩,俯准该员林占魁暂缓北上,敕部先给署札,一俟夷疆日臻静谧,再行循例给咨。理合附片陈明,伏乞圣鉴训示。谨奏。

同治十二年三月二十七日,奉朱批:着照所请,兵部知道。钦此。①

○一八　奏报川省同治十二年正月雨水、粮价折

同治十二年二月二十八日(1873年3月26日)

头品顶戴四川总督臣吴棠跪奏,为恭报同治十二年正月份各属具报米粮价值及得雨情形,仰祈圣鉴事。

窃照同治十一年十二月份通省粮价及得雨情形,前经臣恭折奏报在案。兹查同治十二年正月份成都、重庆、夔州、龙安、绥定、保宁、顺庆、潼川、雅州、嘉定、叙州十一府,资州、绵州、忠州、眉州、泸州、邛州六直隶州,石砫、叙永二直隶厅,各属先后具报得雨自一二次至三四次不等。豆麦畅茂,田水充足。其通省粮价俱与上月相同,据布政使王德固查明列单汇报前来。

---

① 中国第一历史档案馆藏:朱批奏片,档案编号:04-01-16-0197-063;军机录副,档案编号:03-4755-167。

臣覆核无异。理合恭折具奏，并分缮清单，恭请御览，伏乞皇上圣鉴。谨奏。同治十二年二月二十八日。

同治十二年三月二十七日，奉朱批：知道了。钦此。[①]

○一九 呈川省同治十二年正月粮价清单

同治十二年二月二十八日（1873 年 3 月 26 日）

谨将四川省同治十二年正月份各属具报米粮价值，开具清单，恭呈御览。

成都府属，价贵。中米每仓石价银二两九钱七分至三两九钱七分，与上月。大麦每仓石价银一两八钱三分至二两，与上月同。小麦每仓石价银二两一钱三分至二两三钱，与上月同。黄豆每仓石价银一两六分至二两四钱六分，与上月同。荞子每仓石价银一两一钱六分至一两七钱，与上月同。

重庆府属，价贵。中米每仓石价银二两七钱七分至三两七钱七分，与上月同。大麦每仓石价银一两六钱二分至一两九钱七分，与上月同。小麦每仓石价银二两二钱八分至二两七钱，与上月同。黄豆每仓石价银二两七钱一分至二两九钱九分，与上月同。

保宁府属，价贵。中米每仓石价银二两五钱九分至三两二钱八分，与上月同。大麦每仓石价银一两八钱九分至二两一钱，与上月同。小麦每仓石价银二两八钱三分至三两五钱七分，与上月同。黄豆每仓石价银一两八钱三分至二两一钱三分，与上月同。

---

① 中国第一历史档案馆藏：朱批奏折，档案编号：04-01-25-0512-057；军机录副，档案编号：03-4966-294。

　　顺庆府属,价贵。中米每仓石价银三两三分至三两四钱二分,与上月同。大麦每仓石价银一两六钱一分至一两八钱,与上月同。小麦每仓石价银二两九分至二两一钱二分,与上月同。黄豆每仓石价银一两五钱五分至一两六钱七分,与上月同。

　　叙州府属,价贵。中米每仓石价银三两四分至三两三钱二分,与上月同。大麦每仓石价银一两六钱六分至二两二分,与上月同。小麦每仓石价银二两一钱三分至二两六钱三分,与上月同。黄豆每仓石价银一两一钱一分至一两五钱二分,与上月同。

　　夔州府属,价贵。中米每仓石价银二两八钱四分至三两一钱七分,与上月同。大麦每仓石价银一两七钱八分至二两四钱六分,与上月同。小麦每仓石价银二两九钱五分至三两三分,与上月同。黄豆每仓石价银二两一钱六分至二两二钱六分,与上月同。

　　龙安府属,价贵。中米每仓石价银二两五钱二分至三两二钱,与上月同。青稞每仓石价银一两五钱,与上月同。小麦每仓石价银一两七钱九分至二两一分,与上月同。黄豆每仓石价银一两八钱五分至一两九钱三分,与上月同。

　　宁远府属,价贵。中米每仓石价银二两八钱七分至三两一钱八分,与上月同。大麦每仓石价银一两四钱八分至一两六钱,与上月同。小麦每仓石价银一两五钱九分至二两二钱,与上月同。荞子每仓石价银一两四钱五分,与上月同。黄豆每仓石价银一两五钱六分至一两六钱三分,与上月同。

　　雅州府属,价中。中米每仓石价银二两七钱九分至二两八钱二分,与上月同。小麦每仓石价银二两二钱九分至二两六钱五分,与上月同。黄豆每仓石价银一两六钱七分至二两六钱,与上月同。

　　嘉定府属,价贵。中米每仓石价银二两七钱六分至三两三钱四分，与上月同。小麦每仓石价银二两三钱六分至二两七钱三分，与上月同。黄豆每仓石价银一两四钱九分至二两五分，与上月同。

潼川府属，价贵。中米每仓石价银二两八钱七分至三两一钱三分，与上月同。大麦每仓石价银一两六钱五分至一两九钱三分，与上月同。小麦每仓石价银二两一钱四分至二两四钱九分，与上月同。黄豆每仓石价银一两七钱八分至二两一钱五分，与上月同。

绥定府属，价中。中米每仓石价银二两七钱四分至二两八钱六分，与上月同。大麦每仓石价银一两五钱七分至一两五钱八分，与上月同。小麦每仓石价银一两六钱二分至一两七钱三分，与上月同。黄豆每仓石价银一两四钱三分，与上月同。

眉州直隶州并属，价贵。中米每仓石价银二两七钱二分至三两，与上月同。

邛州直隶州并属，价贵。中米每仓石价银二两六钱二分至三两三分，与上月同。大麦每仓石价银一两九钱，与上月同。小麦每仓石价银二两五钱七分，与上月同。黄豆每仓石价银二两一钱至二两二钱四分，与上月同。

泸州直隶州并属，价贵。中米每仓石价银三两四分至三两五分，与上月同。

资州直隶州并属，价中。中米每仓石价银二两五钱四分至二两九钱四分，与上月同。

绵州直隶州并属，价贵。中米每仓石价银二两七钱一分至三两一分，与上月同。小麦每仓石价银二两三钱二分至二两四钱六分，与上月同。

茂州直隶州并属，价中。中米每仓石价银二两六钱一分，与上月同。小麦每仓石价银二两六钱八分，与上月同。青稞每仓石价银二两二钱,与上月同。荞子每仓石价银一两二钱三分至一两七钱三分,与上月同。

忠州直隶州并属,价贵。中米每仓石价银二两五钱六分至三两二钱二分,与上月同。大麦每仓石价银一两四钱六分至一两六钱,与上月同。小麦每仓石价银二两三分至二两三钱九分,与上月同。黄豆每仓石价银一两二钱七分至一两三钱七分,与上月同。

酉阳直隶州并属,价贵。中米每仓石价银二两五钱七分至三两五分,与上月同。大麦每仓石价银二两二钱八分至二两六钱,与上月同。小麦每仓石价银二两六钱二分至二两七钱六分,与上月同。黄豆每仓石价银一两三钱九分至一两四钱四分,与上月同。

叙永直隶厅并属,价中。中米每仓石价银二两九钱七分,与上月同。小麦每仓石价银一两八钱一分,与上月同。荞子每仓石价银一两三钱二分,与上月同。黄豆每仓石价银一两六钱一分,与上月同。

松潘直隶厅,价中。青稞每仓石价银二两七钱六分,与上月同。荞子每仓石价银一两七钱四分,与上月同。

杂谷直隶厅,价中。青稞每仓石价银二两四钱,与上月同。荞子每仓石价银一两七钱九分,与上月同。

石砫直隶厅,价平。中米每仓石价银一两六钱,与上月同。大麦每仓石价银一两七钱三分,与上月同。小麦每仓石价银二两六分,与上月同。

打箭炉厅,价贵。青稞每仓石价银四两九钱,与上月同。油麦每仓石价银一两八钱一分,与上月同。

(御批):览。①

---

① 中国第一历史档案馆藏:清单,档案编号:03-4966-295。

○二○ 呈川省同治十二年正月得雨清单

同治十二年二月二十八日(1873年3月26日)

谨将四川省同治十二年正月份各属报到得雨情形,开具清单,恭呈御览。

成都府属:成都、华阳两县得雨二次,二麦敷荣。简州得雨一次,二麦敷荣。崇庆州得雨三次,豆麦畅茂。汉州得雨四次,小春茂盛。温江县得雨二次,小春荣茂。新都县得雨三次,豆麦竞秀。金堂县得雨二次,豆麦滋长。彭县得雨一次,二麦畅茂。什邡县得雨一次,豆麦青葱。

重庆府属:江北厅得雨三次,小春竞秀。巴县得雨一次,豆麦滋长。江津县得雨三次,田水充足。长寿县得雨一次,豆麦茂盛。永川县得雨一次,小春畅茂。荣昌县得雨二次,二麦敷荣。綦江县得雨一次,小春滋长。南川县得雨二次,蓄水充盈。璧山县得雨一次,小春滋长。大足县得雨一次,豆麦畅茂。定远县得雨四次,田水充足。

夔州府属:万县得雨四次,豆麦滋长。

龙安府属:江油县得雨二次,小春茂盛。

绥定府属:达县得雨一次,豆麦荣茂。太平县得雨一次,小春荣茂。

保宁府属:阆中县得雨二次,地土滋润。苍溪县得雨三次,小春畅茂。南部县得雨二次,豆麦青秀。广元县得雨三次,小春滋长。昭化县得雨三次,地土滋润。巴州得雨三次,豆麦茂盛。通江县得雨三次,豆苗滋长。南江县得雨三次,田水不缺。剑州得雨二次，小春滋长。

顺庆府属：南充县得雨三次，豆麦扬花。西充县得雨二次，杂粮畅茂。蓬州得雨二次，小春畅茂。营山县得雨三次，小麦畅茂。仪陇县得雨一次，冬粮滋长。岳池县得雨三次，田水充盈。广安州得雨四次，小麦青葱。邻水县得雨三次，豆麦茂盛。

潼川府属：三台县得雨三次，杂粮畅茂。射洪县得雨三次，二麦青秀。盐亭县得雨四次，地土滋润。中江县得雨三次，小春畅茂。遂宁县得雨三次，豆麦荣茂。蓬溪县得雨三次，冬粮滋长。安岳县得雨三次，地土滋润。乐至县得雨三次，小春荣茂。

雅州府属：雅安县得雨四次，小春滋长。名山县得雨三次，二麦青秀。荥经县得雨二次，小春滋长。

嘉定府属：乐山县得雨三次，豆麦荣茂。峨眉县得雨三次，豆苗荣茂。洪雅县得雨二次，豆麦滋长。夹江县得雨二次，二麦茂盛。荣县得雨三次，小春畅茂。威远县得雨三次，田土滋润。峨边厅得雨四次，豆苗茂盛。

叙州府属：南溪县得雨三次，小春吐秀。富顺县得雨二次，小春茂盛。隆昌县得雨三次，杂粮畅茂。长宁县得雨三次，小麦青秀。兴文县得雨二次，田水不缺。马边厅得雨三次，小春茂盛。

资州直隶州属：资州得雨二次，小春畅茂。资阳县得雨二次，豆麦滋长。井研县得雨二次，豆麦敷荣。内江县得雨三次，小春渐茂。

绵州直隶州属：绵州得雨一次，小春渐秀。安县得雨一次，豆麦滋长。梓潼县得雨一次，二麦渐长。

忠州直隶州属：酆都县得雨二次，小春茂盛。梁山县得雨一次，二麦滋长。垫江县得雨一次，小春茂盛。

眉州直隶州属：眉州得雨四次，豆麦荣茂。彭山县得雨三次，小春茂盛。丹棱县得雨三次，田土滋润。青神县得雨二次，二麦滋长。

泸州直隶州属：泸州得雨三次，二麦青秀。江安县得雨三次，小春畅茂。纳溪县得雨三次，田水充盈。

邛州直隶州属：邛州得雨三次，二麦茂盛。蒲江县得雨三次，豆麦荣茂。大邑县得雨三次，田水充盈。

石砫直隶厅得雨一次，小春滋长。

叙永直隶厅属：叙永厅得雨二次，小春滋长。永宁县得雨二次，小春滋长。

（御批）：览。①

○二一 暂缓办理同治十二年秋审折

同治十二年三月二十一日(1873 年 4 月 17 日)

头品顶戴四川总督臣吴棠跪奏，为本年秋审届期，原案部文未到，难以依限办理，吁恳天恩暂准展缓，恭折仰祈圣鉴事。

窃查办理秋审，例有定限，川省向以上年封印前部中题结之案，即于次年开印后由臬司查叙原案，核拟实缓，陆续送臣，定期公审，统于四月底，依限具题。兹查应入同治十二年秋审人犯，其原案由部题结行文到省者，仅只十一起。而综计十一年七月以前川省具题之案，共有一百三十六起。约计去年封印以前，部中俱可题结，至今多未奉文，是否驻京提塘发递迟延，抑系中途遗失，现经臬

---

① 中国第一历史档案馆藏：清单，档案编号：03-4966-296。

司逐起查明,另详咨查。惟此等案件多在同治十一年正月初四日恩旨以前,有应援减者,有不准减者,有酌予监禁二三年者,秋审册内应照部文声叙。转瞬四月,即届秋审具题之期,而原案部文未到,无凭照叙,诚恐有误秋谳。查本年多一闰六月,惟有据实奏明展限,一俟原案部文到川,赶紧核审办理,以昭慎重,据按察使英祥具详请奏前来。

臣覆查无异。合无仰恳天恩,俯准将本年秋审暂行展缓一月,并请饬下部臣查案补发,由驿飞递来川,以便随到随办,赶紧核审,总期于六月内到部,断不敢以奏展在先,稍涉延缓。理合恭折具奏,伏乞皇上圣鉴训示。

再,四川驻京提塘李为臣传递文报,每有迟延,前已咨部革换,另委妥员,暂行代办,一面由川拣员送京接替,合并陈明。谨奏。同治十二年三月二十一日。

同治十二年四月初九日,奉朱批:着照所请,该部知道。[①]

○二二 筹拨淮军月饷起解日期折

同治十二年三月二十一日(1873年4月17日)

头品顶戴四川总督臣吴棠跪奏,为川省筹拨淮军月饷起程日期,恭折仰祈圣鉴事。

窃臣前准军机大臣字寄:同治九年十月二十六日,奉上谕:李鸿章奏,淮军月饷,每月加拨四川三万两。此项月饷均系有着的款,

---

① 中国第一历史档案馆藏:朱批奏折,档案编号:04-01-01-0921-005;军机录副,档案编号:03-5036-024。

岂可稍有短绌。着吴棠照原拨淮军额款，按月如数筹解，毋稍缺误，以济要需等因。钦此。伏查淮军月饷，前经臣督同藩司十五次解过银五十四万两，先后奏报在案。伏查川省额征粮税，为数无多，所有应协各省军饷，全赖捐输、厘金两项，借资周转。自前、去两年岁饥粮贵，民力拮据，不得已而酌减捐厘，司、盐两库入不敷出。前月甫经委解大批京饷。各属解款寥寥，其各处协饷，只得尽力匀拨，期免顾彼失此。

兹臣督同藩司凑集厘金银三万两，饬委候补知县张源泉、府经历萧霭臣承领，定期于同治十二年二月二十八日自成都起程，解赴湖北粮台交收，拨供李鸿章所部淮军征防饷项。除分咨外，理合恭折具陈，伏乞皇上圣鉴训示。谨奏。同治十二年三月二十一日。

同治十二年四月初九日，奉朱批：知道了。钦此。①

○二三　请准藩司王德固暂缓陛见片

同治十二年三月二十一日（1873年4月17日）

再，布政使王德固于同治九年五月初二日到任，至今将满三年，例应具折陈请陛见。兹臣定于四月初旬出省查阅建昌、松潘二镇营伍，奏明将臣衙门日行事件饬委藩司代印代行。各属招审案件，亦令该司代为勘审。又，本年举行乡试，凡办理贡院一切各务及筹备经费、酌调内外帘执事官，向于五、六、七等月由司预行详办，及臣监临文闱、主试武闱场外各事宜，亦须藩司督率

---

① 中国第一历史档案馆藏：朱批奏折，档案编号：04-01-35-0974-072；军机录副，档案编号：03-4836-014。

经理。

此数月中，公事正繁，未便遽令交替，合无仰恳天恩，俯准暂缓起程进京，一俟本年文武乡试完竣，再由该藩司循例陈明，以符定制，出自鸿慈。是否有当，理合附片具陈，伏乞圣鉴训示。谨奏。

同治十二年四月初九日，奉朱批：着照所请。钦此。①

○二四　奏报吴洪恩等员期满甄别片

同治十二年三月二十一日(1873 年 4 月 17 日)

再，查吏部奏定章程：丞、倅、州、县，无论何项劳绩保奏归入候补班者，以到省之日起，予限一年，令督抚详加察看，出具切实考语，奏明分别繁简补用等因。遵照在案。兹查有尽先补用同知直隶州知州吴洪恩、候补班补用知县王震乙、补用知县周开甲、尽先补用知县宋棅四员，均到省一年期满，自应照章甄别，据布政使王德固、按察使英祥分造各该员履历清册，会详请奏前来。

臣察看该员吴洪恩，年强才裕，请留川以繁缺同知直隶州知州补用；王震乙才识稳练，周开甲讲求吏事，均请留川以繁缺知县补用；宋棅年壮才明，请留川以简缺知县补用。除将该员等履历清册咨部外，理合附片具陈，伏乞圣鉴训示。谨奏。

同治十二年四月初九日，奉朱批：吏部知道。钦此。②

---

① 中国第一历史档案馆藏：军机录副，档案编号：03-4664-126。
② 中国第一历史档案馆藏：军机录副，档案编号：03-4664-127。

○二五　奏报查阅建昌、松潘各营伍日期片

同治十二年三月二十一日(1873年4月17日)

再，臣于上年钦奉谕旨，查阅四川营伍，遵将省标川北、重庆两镇营伍官兵技艺先后校阅，奏蒙圣鉴在案。现将应办事宜逐一清厘，拟于同治十二年四月初四日自省起程，前往松潘、建昌等处查阅营伍。

所有臣衙日行事件，仍委藩司代印代行；招审案件，并令该司代为勘审，俟臣回省覆核，分别题咨；紧要事务，仍随时包封，送臣行次，亲自核办。所有臣出省查阅建昌、松潘营伍日期，理合附片陈明，伏乞圣鉴。谨奏。

同治十二年四月初九日，奉朱批：知道了。钦此。①

○二六　请将试用同知刘愚革职解回原籍片

同治十二年三月二十一日(1873年4月17日)

再，发川试用同知刘愚，籍隶江西安福县，其在籍应童试时，即于试卷面妄陈时事，违犯功令，经学臣发提调官传讯惩办，仍不知省悟，公然出具原稿，刊布四方。是其素行狂妄，已有明征。嗣足迹所至，干谒当道，奔禁军营，要求不遂，辄上书痛诋时事，大言恫喝，实为无稽之尤。该员初捐纳府经历，指发四川。嗣又加捐同知，于同治九年到省，理应敛迹改行，讵桀骜性生，辄以不干己事具

---

① 中国第一历史档案馆藏：军机录副，档案编号：03-4767-128。

禀陈渎,经臣随时训饬,罔知悛改。当密令成都府知府朱潮留心查察。据朱潮禀称:该员诡谲习惯,以现今险诐之行证诸往年狂妄之为,仍出一辙。并据藩、臬两司面禀:该员性情浮躁,语言狂诞,洵为不安本分,难期造就。

臣查川省捐纳人员较多,流品太杂,如任其肆行无忌,实属有坏官常,相应请旨将试用同知刘愚即行革职,解回原籍安福县,交地方官严加管束,勿任出外滋事,庶狂诞之徒咸知儆惕。理合附片具陈,伏乞圣鉴训示。谨奏。

同治十二年四月初九日,奉朱批:刘愚着即行革职。余依议。吏部知道。钦此。①

○二七　筹拨成禄及左宗棠军饷片

同治十二年三月二十一日(1873 年 4 月 17 日)

再,查川省月协甘饷已解至同治十年八月底止,新疆协饷已解至七年八月底止,均经分别奏报在案。兹准军机大臣字寄:同治十二年正月二十一日,奉上谕:前因成禄一军出关,需饷紧急,谕令户部酌拨在四川积欠饷内,先提银十万两,解至西征粮台,运送出关等因。钦此。伏查成禄出关以后,盼饷愈殷。左宗棠西征之师,亦虑军糈不继。川库虽极支绌,均不能不尽力分拨。

兹督同藩司凑集各属捐输三万两,拨供成禄一军,作为同治七年九、十、十一三个月应协之饷,饬委试用通判黄兴邃、府经历姜鸣凤,同成禄提饷委员吏目常清高承领,解至西征粮台,运送出关。

---

① 中国第一历史档案馆藏:军机录副,档案编号:03-5004-102。

又拨厘金三万两,作为十年九月至十一月上半月协甘之饷,内除遵旨划扣凉、庄兵饷银一万两,发交凉州提饷委员笔帖式罕札布承领,汇解回凉。其余二万两,饬委候补知县黄应高承领,解赴西征粮台交收,转解左宗棠大营,稍资接济。各委员均于同治十二年二月二十九日自成都起程,趱运前进。除分咨外,理合附片陈明,伏乞圣鉴。谨奏。

同治十二年四月初九日,奉朱批:知道了。钦此。①

【案】军机大臣字寄……运送出关等因:此廷寄《清实录》载曰:

又谕:前因成禄一军出关需饷紧急,谕令户部于款项稍裕省份酌拨,兹据该部奏称,拟在四川积欠饷内先提银十万两,湖北积欠饷内先提银五万两,共银十五万两,请饬筹解等语。着照该部所议,即由吴棠、李瀚章、郭柏荫各饬藩司如数筹拨,解至西征粮台,运送出关,毋稍延宕。此项提拨饷银,仍在四川、湖北欠饷内扣抵归款。将此由五百里各谕令知之。②

○二八　请开复岳维勋游击并赏还世职折

同治十二年三月二十九日(1873 年 4 月 25 日)

头品顶戴四川总督臣吴棠跪奏,为已革世职效力年久,当差勤

---

① 中国第一历史档案馆藏:军机录副,档案编号:03-4836-015;朱批奏片,档案编号:04-01-01-0924-054。此片具奏日期未确,兹据军机处随手登记档(档案编号:03-0210-2-1112-096)校正。

② 《穆宗毅皇帝实录(七)》,卷三百四十八,同治十二年正月,第 594—595 页。

奋,恭逢恩诏查办,吁恳天恩准予开复,恭折仰祈圣鉴事。

　　窃查臣标革职带罪效力游击岳维勋,系原任四川提督岳钟琪①之嫡长元孙。道光十七年,承袭一等轻车都尉世职,学习期满。咸丰元年十二月十四日,赴部带领引见,奉旨:以游击用。钦此。题补会盐营游击,奉调出师安徽,剿办发逆。经前督办安徽军务臣盛保奏参,九年二月二十七日,奉上谕:岳维勋着即行革职,并革去世职,随营效力。钦此。因攻克怀远县城出力,经原任大臣袁甲三、安徽抚臣翁同书奏保,十年二月十三日,奉上谕:已革游击岳维勋,着开复游击原衔,并给还世职。钦此。咨遣回川候补,委署太平营游击。同治元年四月,滇匪窜扰太平县境,岳维勋带兵出城,赴固军坝堵剿。二十六日,贼潜由羊庙趋扑县治,因无城垣,以致失守。岳维勋回兵救援,协同楚军,于五月初七日将县治克复。经原任督臣骆秉章汇案奏参,四年四月二十七日,军机大臣奉旨:该部议奏,单并发。钦此。嗣有兵部覆奏,议将岳维勋革职,戴罪立功。奉旨:依议。钦此。

　　查该革员岳维勋,自效力以来,当差勤奋,迄今历时八年,始终不懈。兹恭逢十一年十月初九日恩诏内开:各处效力赎罪人员,向无定限,多致苦累,殊堪矜悯。着各该管官查系已满三年者,声明

---

　　① 岳钟琪(1686—1754),字东美,号容斋,四川成都人。初入伍,授永泰营千总。康熙间,报捐同知。五十年(1711),补四川游击,旋调松潘镇中军游击。五十七年(1718),升直隶固关参将。同年,调补四川永宁协副将。六十年(1721),授左都督。是年,擢四川提督,授骑都尉。六十一年(1722),授参赞大臣。雍正二年(1724),封奋威将军、三等公。同年,兼甘肃提督。三年(1725),授川陕总督。次年,兼署陕西巡抚。七年(1729),授西路宁远大将军,加少保,领川陕总督衔。乾隆十三年(1748),补四川提督。次年,加太子少保,封三等威信公。十九年(1754),卒于任。谥襄勤,赠一等轻车都尉。有《蛩吟集》《姜园集》等行世。

犯罪缘由,奏请酌量宽免等因。钦此。湛恩汪涉,废弃不遗,凡属臣工,同深钦感。

合无仰恳天恩,伏念已革世职岳维勋系勋臣后裔,效力早满三年,材堪造就,敕部核议,将岳维勋开复游击,并赏还一等轻车都尉世职,留川补用,俾得及时自效,出自圣主逾格鸿慈。理合会同提督臣胡中和,合词恭折具奏,伏乞皇上圣鉴训示。谨奏。同治十二年三月二十九日。

同治十二年四月二十六日,奉朱批:兵部议奏。钦此。①

【案】十一年十月初九日恩诏:此诏书《清实录》载曰:

……于同治十一年十月初八日率诸王贝勒文武群臣,恭奉册宝,加上慈安皇太后徽号曰:慈安端裕皇太后;加上慈禧皇太后徽号曰:慈禧端佑皇太后。宫壸麻凝,聿重尊亲之典;寰瀛庆洽,应推锡类之恩。所有事宜,开列于后:一、在内亲王之福晋以下、公之妻以上,着加恩赐。一、外藩蒙古诸王之福晋以下、公之妻以上,着加恩赐。一、民公、侯、伯以下、二品大臣以上命妇,着加恩赐。一、从前尚过公主、格格之额驸等,照伊等品级,着加恩赐。一、从前恩诏后升职、加衔、补官者,悉照现在职衔给与封典。一、在京文官四品以上、武官三品以上,着各加一级。一、在京王公、文武官员任内有降级、罚俸、住俸者,咸与开复。又,在京官员现在议降议罚者,悉予豁免。一、外藩蒙古王公以下、台吉以上有罚俸住俸者,咸与开复。

---

① 中国第一历史档案馆藏:朱批奏折,档案编号:04-01-17-0111-006;军机录副,档案编号:03-4756-058。

其现在议罚者,悉予豁免。一、除十恶不赦外,犯法妇人,尽行赦免。一、太监等赏给一月钱粮。一、上三旗辛者库当差妇人,酌议赏赐。一、罚赎积谷,原以备赈,冬月严寒,鳏寡孤独贫民,无以为生。着直省各督抚令有司务将积谷酌量赈济,毋令奸民假冒支领。一、各处效力赎罪人员,向无定限,多致苦累,殊堪矜悯。着各该管官查系已满三年者,声明犯罪缘由,奏请酌量宽免。於戏,开国承家,俾缉熙于纯嘏;行庆施惠,用敷锡厥庶民。布告天下,咸使闻知。①

〇二九　奏报同治十二年春季合操省标官兵折

同治十二年三月二十九日(1873 年 4 月 25 日)

头品顶戴四川总督臣吴棠、四川成都将军臣魁玉、四川提督臣胡中和跪奏,为合操省标官兵技艺情形,恭折仰祈圣鉴事。

窃照成都省标官兵,向于每年春秋二季合操一次,以申纪律。兹届春操之期,臣等于三月初八日,调集军、督、提、城十营官弁兵丁,齐赴较场考校。各兵排演新旧各阵式,步伐整齐。施放连环枪炮,声响联贯。长矛藤牌各技,亦俱进退便捷。复按照各营官兵饷册,逐名考校弓箭枪炮,其马步箭中靶,统计八成有余,弓用六七力不等。各兵演放抬枪、鸟枪,中靶亦有七成。爰择其技艺娴熟者,当场分别奖赏、记拔。间有生疏者,亦即勒限练习,分别劝惩。伏思川省为边陲重地,省标为各营表率,现在邻氛尚未全靖,防剿紧要,武备尤应认真。

---

① 《穆宗毅皇帝实录(七)》,卷三百四十二,同治十一年十月上,第511—512页。

臣等严谕各将备等督率弁兵，仍按日轮流操演，勤加训练，务使各兵技艺日益精进，咸成劲旅。不得以春操已过，稍行懈弛，以期仰副圣主整饬戎行、绥靖边陲之至意。所有春季合操省标官兵技艺情形，谨合词恭折具奏，伏乞皇上圣鉴。谨奏。同治十二年三月二十九日。

同治十二年四月二十六日，奉朱批：知道了。钦此。①

○三○　委任博文署理知府片

同治十二年三月二十九日(1873年4月25日)

再，据候选道绥定府知府顾开第具禀：已在黔捐局捐请离任，赴部候选，恳即委员接署。并准贵州抚臣咨送捐案来川。伏查绥定府管辖一厅六县，毗连陕南，山深林密，易于藏奸。现在陕防未撤，尤须督率所属妥筹布置，以重边备而固藩篱。查有候补知府博文，才识通达，办事稳练，且在川年久，情形熟悉，堪以委署绥定府知府篆务，据藩、臬两司会详前来，经臣檄饬遵照。所有绥定府知府缺，相应请旨简放，以重职守。理合附片具陈，伏乞圣鉴。

再，川省现有盐运使衔补用道候补知府彭毓棻，前经贵州抚臣曾璧光奏保，于同治十一年七月十三日奉上谕：着俟四川无论何项知府缺出，尽先题奏。钦此。钦遵在案。合并陈明。谨奏。

同治十二年四月二十六日，奉朱批：另有旨。钦此。②

---

①　中国第一历史档案馆藏：朱批奏折，档案编号：04-01-18-0047-061；军机录副，档案编号：03-4767-134。

②　中国第一历史档案馆藏：军机录副，档案编号：03-4664-172。

○三一　委令李溶等署理厅县片

同治十二年三月二十九日(1873年4月25日)

再,署叙永直隶厅同知事候补知府邓友仁保升道员,应离署任遗缺,应即选员接署,查有遂宁县知县李溶,老成稳练,堪以委署。又,江津县知县王煌委解京饷遗缺,查有华阳县知县陈枝莲,诚愨勤饬,堪以调署。该员等正、署各任内并无经征钱粮未完展参及承缉盗劫已起四参案件,据藩、臬两司会详前来。除分咨遵照外,理合附片陈明,伏乞圣鉴。谨奏。

同治十二年四月二十六日,奉朱批:知道了。钦此。①

○三二　查销张士锜原参之案片

同治十二年三月二十九日(1873年4月25日)

再,同治十年份税契银两,前于奏销时,因前署高县知县张士锜欠解银三百四十四两九钱七分,经臣奏明请旨将该员摘去顶戴,勒限两月完解在案。兹据布政使王德固、按察使英祥会详:该员张士锜欠解前项银两,已于限内如数解缴司库收储,尚知愧奋,详请具奏前来。

合无仰恳天恩,俯准将前署高县知县张士锜原参摘顶之案敕部查销,出自鸿慈。除咨部外,理合附片陈明,伏乞圣鉴训示。谨奏。

---

①　中国第一历史档案馆藏:军机录副,档案编号:03-4664-170。

同治十二年四月二十六日，奉朱批：着照所请，该部知道。钦此。①

○三三　请将守备杨步青革职严讯片

同治十二年三月二十九日（1873年4月25日）

再，松潘镇属平番营守备杨步青，前在署理茂州营都司任内，有被控殴伤民人黄森身死一案。该都司捏报系兵丁蓝文海殴毙等情。据茂州知州张祺验明通详，并据松潘镇总兵揭报提督移咨到臣。随将杨步青撤任，批饬臬司提集人证来省，督同成都府等审讯。据兵丁蓝文海、蒋国栋、坤应泰及干证张应福等佥供：黄森身受各伤系杨步青所殴。其时，蓝文海并未在场。传询杨步青，坚不承认，显系恃官狡展。案关武职殴毙人命，亟应参革严审，期无纵枉。

相应请旨将平番营守备杨步青先行革职，饬司提同人证，严讯确供，按律解勘拟办，以成信谳。除咨部外，理合会同成都将军臣魁玉、提督臣胡中和，合词附陈，伏乞圣鉴训示。再，平番营守备系提缺，川省现有应补人员，并请扣留外补，合并陈明。谨奏。

同治十二年四月二十六日，奉朱批：着照所请，该部知道。钦此。②

---

① 中国第一历史档案馆藏：军机录副，档案编号：03-4951-072。

② 中国第一历史档案馆藏：军机录副，档案编号：03-5049-033；朱批奏片，档案编号：04-01-17-0112-080。此片具奏日期未确，兹据军机处随手登记档（档案编号：03-0210-2-1112-113）校正。

○三四　奏报川省同治十二年二月雨水、粮价折

同治十二年三月二十九日（1873 年 4 月 25 日）

头品顶戴四川总督臣吴棠跪奏，为恭报同治十二年二月份各属具报米粮价值及得雨情形，仰祈圣鉴事。

窃照同治十二年正月份通省粮价及得雨情形，前经臣恭折奏报在案。兹查同治十二年二月份成都等十二府，资州、绵州、忠州、眉州、邛州、泸州六直隶州，叙永、石砫两直隶厅，各属先后具报得雨自一二次至六七次不等。小春扬花，田水充盈。其通省粮价俱与上月相同，据布政使王德固查明，列单汇报前来。

臣覆查无异。理合恭折具奏，并分缮清单，恭呈御览，伏乞皇上圣鉴。谨奏。同治十二年三月二十九日。

同治十二年四月二十六日，奉朱批：知道了。钦此。①

○三五　呈川省同治十二年二月粮价清单

同治十二年三月二十九日（1873 年 4 月 25 日）

谨将四川省同治十二年二月份各属具报米粮价值，开具清单，恭呈御览。

成都府属，价贵。中米每仓石价银二两九钱七分至三两九钱

---

① 中国第一历史档案馆藏：朱批奏折，档案编号：04-01-25-0513-055；军机录副，档案编号：03-9559-031。

七分,与上月同。大麦每仓石价银一两八钱三分至二两,与上月同。小麦每仓石价银二两一钱三分至二两三钱,与上月同。黄豆每仓石价银一两六分至二两四钱六分,与上月同。荞子每仓石价银一两一钱六分至一两七钱,与上月同。

重庆府属,价贵。中米每仓石价银二两七钱七分至三两七钱七分,与上月同。大麦每仓石价银一两六钱二分至一两九钱七分,与上月同。小麦每仓石价银二两二钱八分至二两七钱,与上月同。黄豆每仓石价银二两七钱一分至二两九钱九分,与上月同。

保宁府属,价贵。中米每仓石价银二两五钱九分至三两二钱八分,与上月同。大麦每仓石价银一两八钱九分至二两一钱,与上月同。小麦每仓石价银二两八钱三分至三两五钱七分,与上月同。黄豆每仓石价银一两八钱三分至二两一钱三分,与上月同。

顺庆府属,价贵。中米每仓石价银三两三分至三两四钱二分,与上月同。大麦每仓石价银一两六钱一分至一两八钱,与上月同。小麦每仓石价银二两九分至二两一钱二分,与上月同。黄豆每仓石价银一两五钱五分至一两六钱七分,与上月同。

叙州府属,价贵。中米每仓石价银三两四分至三两三钱二分,与上月同。大麦每仓石价银一两六钱六分至二两二分,与上月同。小麦每仓石价银二两一钱三分至二两六钱三分,与上月同。黄豆每仓石价银一两一钱一分至一两五钱二分,与上月同。

夔州府属,价贵。中米每仓石价银二两八钱四分至三两一钱七分,与上月同。大麦每仓石价银一两七钱八分至二两四钱六分,与上月同。小麦每仓石价银二两九钱五分至三两三钱,与上月同。黄豆每仓石价银二两一钱六分至二两二钱六分,与上月同。

龙安府属,价贵。中米每仓石价银二两五钱二分至三两二钱,与上月同。青稞每仓石价银一两五钱,与上月同。小麦每仓石价银一两七钱九分至二两一分,与上月同。黄豆每仓石价银一两八钱五分至一两九钱三分,与上月同。

　宁远府属,价贵。中米每仓石价银二两八钱七分至三两一钱八分,与上月同。大麦每仓石价银一两四钱八分至一两六钱,与上月同。小麦每仓石价银一两五钱九分至二两二钱,与上月同。荞子每仓石价银一两四钱五分,与上月同。黄豆每仓石价银一两五钱六分至一两六钱三分,与上月同。

　雅州府属,价中。中米每仓石价银二两七钱九分至二两八钱二分,与上月同。小麦每仓石价银二两二钱九分至二两六钱五分,与上月同。黄豆每仓石价银一两六钱七分至二两六分,与上月同。

　嘉定府属,价贵。中米每仓石价银二两七钱六分至三两三钱四分,与上月同。小麦每仓石价银二两三钱六分至二两七钱三分,与上月同。黄豆每仓石价银一两四钱九分至二两五分,与上月同。

　潼川府属,价贵。中米每仓石价银二两八钱七分至三两一钱三分,与上月同。大麦每仓石价银一两六钱五分至一两九钱三分,与上月同。小麦每仓石价银二两一钱四分至二两四钱九分,与上月同。黄豆每仓石价银一两七钱八分至二两一钱五分,与上月同。

　绥定府属,价中。中米每仓石价银二两七钱四分至二两八钱六分,与上月同。大麦每仓石价银一两五钱七分至一两五钱八分,与上月同。小麦每仓石价银一两六钱二分至一两七钱三分,与上月同。黄豆每仓石价银一两四钱三分,与上月同。

　眉州直隶州并属,价贵。中米每仓石价银二两七钱二分至三两,与上月同。

　邛州直隶州并属,价贵。中米每仓石价银二两六钱二分至三两三分，与上月同。大麦每仓石价银一两九钱，与上月同。小麦每仓石价银二两五钱七分，与上月同。黄豆每仓石价银二两一钱至二两二钱四分，与上月同。

泸州直隶州并属，价贵。中米每仓石价银三两四分至三两五分，与上月同。

资州直隶州并属，价中。中米每仓石价银二两五钱四分至二两九钱四分，与上月同。

绵州直隶州并属，价贵。中米每仓石价银二两七钱一分至三两一分，与上月同。小麦每仓石价银二两三钱二分至二两四钱六分，与上月同。

茂州直隶州并属，价中。中米每仓石价银二两六钱一分，与上月同。小麦每仓石价银二两六钱八分，与上月同。青稞每仓石价银二两二钱，与上月同。荞子每仓石价银一两二钱三分至一两七钱三分，与上月同。

忠州直隶州并属，价贵。中米每仓石价银二两五钱六分至三两二钱二分，与上月同。大麦每仓石价银一两四钱六分至一两六钱，与上月同。小麦每仓石价银二两三分至二两三钱九分，与上月同。黄豆每仓石价银一两二钱七分至一两三钱七分，与上月同。

酉阳直隶州并属，价贵。中米每仓石价银二两五钱七分至三两五分，与上月同。大麦每仓石价银二两二钱八分至二两六钱，与上月同。小麦每仓石价银二两六钱二分至二两七钱六分，与上月同。黄豆每仓石价银一两三钱九分至一两四钱四分，与上月同。

叙永直隶厅并属，价中。中米每仓石价银二两九钱七分，与上月同。小麦每仓石价银一两八钱一分，与上月同。荞子每仓石价银一两三钱二分，与上月同。黄豆每仓石价银一两六钱一分，与上月同。

松潘直隶厅,价中。青稞每仓石价银二两七钱六分,与上月同。荞子每仓石价银一两七钱四分,与上月同。

杂谷直隶厅,价中。青稞每仓石价银二两四钱,与上月同。荞子每仓石价银一两七钱九分,与上月同。

石砫直隶厅,价平。中米每仓石价银一两六钱,与上月同。大麦每仓石价银一两七钱三分,与上月同。小麦每仓石价银二两六分,与上月同。

打箭炉厅,价贵。青稞每仓石价银四两九钱,与上月同。油麦每仓石价银一两八钱一分,与上月同。

(御批):览。[1]

〇三六　呈川省同治十二年二月得雨清单

同治十二年三月二十九日(1873 年 4 月 25 日)

谨将四川省同治十二年二月份各属报到得雨情形,开具清单,恭呈御览。

成都府属:成都、华阳两县得雨七次,小春扬花。简州得雨三次,豆麦吐葩。崇庆州得雨四次,豆麦畅茂。汉州得雨五次,小春扬花。温江县得雨六次,豆麦滋长。郫县得雨二次,小春扬花。崇宁县得雨二次,田水充足。新都县得雨四次,葫豆扬花。彭县得雨三次,小春畅茂。什邡县得雨二次,豆麦青葱。

重庆府属:江北厅得雨三次,小春茂盛。巴县得雨一次,小春滋长。江津县得雨四次,田水充足。长寿县得雨三次,小春放花。

---

① 中国第一历史档案馆藏:清单,档案编号:03-9559-033。

永川县得雨二次，小春茂盛。合州得雨三次，春粮滋长。南川县得雨二次，田水充盈。璧山县得雨一次，小春滋长。大足县得雨二次，田水已足。定远县得雨二次，秋田翻犁。

　夔州府属：云阳县得雨二次，田水充足。万县得雨一次，二麦含胎。大宁县得雨一次，小春欣荣。

　龙安府属：江油县得雨三次，豆麦茂盛。石泉县得雨二次，豆麦滋长。

　绥定府属：东乡县得雨三次，田水充足。

　宁远府属：盐源县得雨一次，小春扬花。

　保宁府属：阆中县得雨三次，豆麦荣茂。苍溪县得雨三次，小春茂盛。南部县得雨二次，豆麦滋长。广元县得雨二次，地土稍润。昭化县得雨三次，豆麦青葱。巴州得雨三次，小麦竞秀。通江县得雨二次，豆麦渐长。南江县得雨三次，杂粮滋长。剑州得雨二次，小春滋长。

　顺庆府属：南充县得雨四次，田水充盈。西充县得雨三次，豆麦茂盛。蓬州得雨二次，豆粮荣茂。营山县得雨二次，小麦含苞。仪陇县得雨二次，豆麦滋长。岳池县得雨三次，葫豆扬花。广安州得雨三次，春粮滋长。邻水县得雨四次，小春荣茂。

　潼川府属：三台县得雨四次，小麦含苞。射洪县得雨四次，葫豆滋长。盐亭县得雨二次，二麦荣茂。中江县得雨二次，小春滋长。遂宁县得雨二次，小春畅茂。蓬溪县得雨二次，小麦含苞。安岳县得雨四次，田水充足。乐至县得雨三次，田塘积水。

　雅州府属：雅安县得雨三次，小春茂盛。芦山县得雨三次，小春畅茂。

　嘉定府属：乐山县得雨一次，小春扬花。峨眉县得雨二次，豆麦畅茂。洪雅县得雨三次,豆麦滋长。夹江县得雨二次,豆麦青秀。犍为县得雨四次,田水敷足。威远县得雨四次,豆麦扬花。

　　叙州府属:南溪县得雨四次,小春青秀。富顺县得雨二次,小春滋长。隆昌县得雨三次,田水充足。珙县得雨三次,地土滋润。

　　资州直隶州属:资州得雨四次,小春茂盛。资阳县得雨三次,小春扬花。井研县得雨四次,小春吐葩。仁寿县得雨二次,田水充足。内江县得雨五次,小春扬花。

　　绵州直隶州属:眉州得雨四次,二麦滋长。安县得雨五次,小春含苞。梓潼县得雨四次,小春扬花。罗江县得雨五次,豆麦吐穗。

　　忠州直隶州属:忠州得雨七次,春粮扬花。酆都县得雨五次,小春滋长。垫江县得雨三次,小春茂盛。梁山县得雨一次,田水充盈。

　　眉州直隶州属:眉州得雨三次,田水充足。彭山县得雨三次,豆麦滋长。丹棱县得雨四次,堰水充足。

　　邛州直隶州属:邛州得雨四次,二麦扬花。大邑县得雨四次,小春荣茂。蒲江县得雨三次,小春竞秀。

　　泸州直隶州属:泸州得雨四次,地土滋润。江安县得雨四次,二麦畅茂。合江县得雨四次,田水充足。纳溪县得雨四次,小春茂盛。

　　叙永直隶厅属:叙永厅得雨三次,二麦青葱。永宁县得雨三次,二麦青葱。

　　石砫直隶厅得雨二次,小春吐穗。

　　(御批):览。[①]

---

　　①　中国第一历史档案馆藏:清单,档案编号:03-9559-032。

○三七　请以张焕祚升补叙永直隶厅同知折

同治十二年五月初一日（1873 年 5 月 26 日）

头品顶戴四川总督臣吴棠跪奏，为拣员升补要缺同知，以资治理，恭折仰祈圣鉴事。

窃照叙永直隶厅同知葛凤修告病，详请开缺，前经臣恭疏具题，声明所遗叙永厅同知缺，系冲、繁、难要缺，例应在外拣员升调，接准部咨，于同治十一年九月初五日行文，扣至十月十五日，作为开缺日期，已报缺咨部在案。查叙永直隶厅同知，管辖永宁一县，界接滇、黔，汉苗杂处，弹压抚绥，最关紧要，必须老成干练之员，方能胜任。臣督同两司于通省现任同知内逐加遴选，非员缺紧要，即人地未宜，实无堪以调补之员。其甫经到川之记名分发同知暨各项候保同知及劳绩应升各员，亦与是缺不甚相宜。

惟查有升用同知直隶州知州富顺县知县张焕祚，年六十四岁，山东蓬莱县人，由优廪生中式道光丁酉科副榜，甲辰科考取八旗汉教习，充补正黄旗第二馆教习，三年期满，以知县归部选用。咸丰四年，选授璧山县知县，五年三月到任。同治二年，补行元年大计，保荐卓异。是年调补富川县知县，八年十一月到任。十年十二月，请咨赴部。十一年五月十一日引见，奉旨：准其卓异加一级，仍回任候升。钦此。领照来川，接准吏部行知。该员历年办理团防，击退股匪、生擒要逆出力，经部议奏，以同知直隶州知州升用，并戴花翎。同治十一年四月二十五日，奉旨：依议。钦此。委署平武县知县。该员年健才优，循声素著，在川年久，熟悉边务，以之升补直隶厅同知，实堪胜任；任内并无词讼积案五十起以上、承缉盗案五起以上、经征钱粮不及七分,亦无承缉盗劫已起四参案件。其余因公处分,例免核计。罚俸银两,现饬完缴。历俸已满十年,保荐卓异引见,回省在先,又保准以同知直隶州知州升用,与升补之例相符。惟调缺请升,例应声明奏请,据藩司王德固、臬司英祥会详请奏前来。

合无仰恳天恩,伏念员缺紧要,准以补用直隶州知州富顺县知县张焕祚升补叙永直隶厅同知,实与边地有裨。该员系卓异引见人员,甫经回川,毋庸送部。所遗富顺县知县缺系要缺,俟接准部覆,由外拣员请调。是否有当,理合恭折具奏,伏乞皇上圣鉴训示。再,此案应以同治十二年正月二十九日截缺之日起限,应扣至四月十一日限满,合并陈明。谨奏。同治十二年五月初一日。

同治十二年六月十一日,奉朱批:吏部议奏。钦此。[1]

〇三八　请以马应祥等升补游击等缺折

同治十二年五月初一日(1873年5月26日)

头品顶戴四川总督臣吴棠跪奏,为拣员请补游击、都司,以资治理,恭折仰祈圣鉴事。

窃查绥定营游击吕登鳌告病,前经臣具题开缺,接准部咨,令照例拣员题调等因。臣等现于通省实缺游击内详加遴选,非员缺紧要,即人地未宜,实无可调之员。惟查有尽先游击现任川北右营都司马应祥,年四十岁,松潘厅人,由行伍出师瞻对、两湖、江南、浙江等省著绩,历保尽先都司。咸丰十一年,由江南军营奏补川北右

---

①　中国第一历史档案馆藏:军机录副,档案编号:03-4665-101;朱批奏折,档案编号:04-01-13-0324-098。

营都司。同治元年，于镇江解围案内出力，保准以游击尽先补用，复保戴花翎。嗣凯旋回川，四年四月到营。八年，请咨进京，十一月二十五日，蒙钦派王大臣验放，奉旨准其补授，领札回营。该员整顿操防，实心实力，历俸已满三年，拟请升补绥定营游击。

所遗川北右营都司缺系推缺，应请扣留外补。该营毗连陕南，巡防吃重，未便久悬。查有尽先前即补游击抚边营守备车重轮，年三十九岁，马边厅人，由行伍出师本省、云南著绩，历保都司、游击。复于攻克冕宁、西昌、热水等处夷巢案内出力保奏。同治九年七月二十三日，内阁奉上谕：车重轮着以游击，无论推题缺出，尽先前即补，并加副将衔。钦此。十年十二月，奏请借补抚边营守备，接准部覆。该员熟悉营务，屡著勤劳，拟请借补川北右营都司。

马应祥尽先名次在前，车重轮已保尽先前游击，今借补都司，未逾三级，距籍各在五百里以外。均无违碍事故，且系久历戎行、功绩卓著之员，实堪胜任。惟车重轮前补守备后，未经引见，与例稍有未符。第人地实在相需，例得声明奏请。合无仰恳天恩，俯准以马应祥升补绥定营游击、车重轮借补川北右营都司，实于营伍有裨。如蒙俞允，马应祥前已引见，请免送部。车重轮俟接准部覆，并案给咨引见。是否有当，理合会同提督臣胡中和，合词恭折具奏，伏乞皇上圣鉴训示。谨奏。同治十二年五月初一日。

同治十二年六月十一日，奉朱批：兵部议奏。钦此。[1]

---

① 中国第一历史档案馆藏：军机录副，档案编号：03-4757-024；朱批奏折，档案编号：04-01-16-0197-099。

○三九　讯明署任知县李宗畴服毒自尽折

同治十二年五月初一日(1873年5月26日)

头品顶戴四川总督臣吴棠跪奏,为署任知县因负债无偿服毒自尽,提省讯明,恭折仰祈圣鉴事。

窃据署泸州直隶州候补知府张轴新禀报:署合江县事试用同知李宗畴,因患怔忡病症,禀准告病,忆及负欠私债,无力清还,愁急莫释,于同治十年二月十三日夜,乘间自服洋药,经家丁人等惊觉,报知合江县典史陆承绳,会同儒学、汛弁趋视,向李宗畴询明前情属实,解救不愈,移时殒命。经该故县之戚职员谭星垣,以李宗畴生前业经同城文武询明,并无他故,恳请免验,由该典史转报前来。当即檄委纳溪县驰往查讯等情。旋据纳溪县知县恩煦亲诣该县查询明确,李宗畴服毒自尽,委因积欠债银四千余两、无力清还所致。眼同亲属将尸妥为棺殓,取具切实供结呈详。经臣批司饬提来省,发委审办,兹据布政使王德固、按察使英祥转据成都府知府朱潮等审拟具详到臣。

覆加核看,缘李宗畴籍隶广东南海县,由监生报捐同知,分发四川试用,眷属均在原籍。同治九年九月间,李宗畴委署合江县事,到任后,因患怔忡,禀准告病。十年二月间,李宗畴病已稍愈,忆及候补时积欠私债银四千余两,无力清还,虑及交卸回省,债主逼索,追悔告病,向其戚谭星垣、家丁区进愁叹,并称不如寻死免累。谭星垣等多方劝慰,终难解释。讵于十三日夜,李宗畴乘人熟睡,自将刷贴头风用剩洋药吞服,毒发呻吟。谭星垣等惊觉起视,报知典史陆承绳,会同儒学、汛弁趋视。向李宗畴询悉前情，救治不愈，移时殒命。谭星垣呈恳免验，由该典史转报委员，访查讯详，批提来省审办。兹据成都府等审拟，由藩臬两司会详前来。

臣覆核无异。此案试用同知李宗畴于署合江县任内服毒身死之处，业经讯明，委因负债无偿，愁急莫释，自服洋药所致，并无别故，系属短见轻生，与人无尤，应毋庸议。无干省释。尸棺饬属领埋，欠债身死勿征。除供招咨部外，理合将审拟缘由，恭折具陈，伏乞皇上圣鉴，敕部核覆施行。谨奏。同治十二年五月初一日。

同治十二年六月十一日，奉朱批：该部知道。钦此。[1]

○四○　奏报何顺等到省期满甄别片

同治十二年五月初一日(1873 年 5 月 26 日)

再，查吏部奏定章程：道、府、同、通、州、县，无论何项劳绩保奏归入候补班者，以到省之日起，予限一年，令督抚详加察看，出具切实考语，奏明分别繁简补用等因。遵照在案。兹查有候补班前先补用同知何顺、邵秉文，同知衔军功班前先补用知县吴玉辉、尽先补用知县翁植，均到省一年期满，据布政使王德固、按察使英祥造具该员等履历清册，详请甄别前来。

臣查同知何顺年力壮盛，邵秉文才具勤能，均堪以繁缺同知留川补用。知县吴玉辉勤习吏治，翁植办事老成，均堪以繁缺知县留

---

[1]　中国第一历史档案馆藏：军机录副，档案编号：03-4665-102；朱批奏折，档案编号：04-01-12-0216-072。

川补用。除将该员等履历清册咨部外,理合附片具陈,伏乞圣鉴。谨奏。

同治十二年六月十一日,奉朱批:吏部知道。钦此。[①]

○四一　奏报续收捐银请旨加广学额片

同治十二年五月初一日(1873年5月26日)

再,川省前因筹办防剿,库藏支绌,加以援黔、援滇、援陕、征军四出,需饷浩繁,前办捐输,支用无存,经臣会同前任成都将军臣崇实奏请于同治九年另筹普捐一次,借资接济,于同治八年八月初六日奏报,奉旨允准。嗣因简州、崇宁、新繁、彭县等四十九州县陆续捐输银九十一万五千三百二十两零,经臣将足敷议叙并未广额各捐生两次附奏请奖各在案。兹据眉州、华阳等五州县陆续收捐银九万七千一百四十六两零,均已解司兑收,拨充军饷,统归军需项下汇案报销。此项银并无足敷议叙之人,造具银数清册,移明藩司汇请广额等情,由捐输厘金总局司道会详前来。臣覆查无异。理合附片陈明,伏乞圣鉴训示。谨奏。

同治十二年六月十一日,奉朱批:该部知道。钦此。[②]

---

① 中国第一历史档案馆藏:军机录副,档案编号:03-4665-103。此片具奏日期未确,兹据军机处随手登记档(档案编号:03-0210-2-1112-157)校正。

② 中国第一历史档案馆藏:军机录副,档案编号:03-4837-028。此片具奏日期未确,兹据军机处随手登记档(档案编号:03-0210-2-1112-157)校正。

○四二　奏报川省同治十二
年三月雨水、粮价折

同治十二年五月初一日(1873 年 5 月 26 日)

头品顶戴四川总督臣吴棠跪奏,为恭报同治十二年三月份各属具报米粮价值及得雨情形,仰祈圣鉴事。

窃照同治十二年二月份通省粮价及得雨情形,前经臣奏报在案。兹查同治十二年三月份成都等十二府,资州等八直隶州,叙永、理番、石砫三直隶厅,各属先后具报得雨自一、二次至六、七、八次不等。田水充足,小春成熟。其通省粮价俱与上月相同,据布政使王德固查明列单汇报前来。

臣覆核无异。理合恭折具奏,并分缮清单,恭呈御览,伏乞皇上圣鉴。谨奏。同治十二年五月初一日。

同治十二年六月十一日,奉朱批:知道了。钦此。①

○四三　呈川省同治十二
年三月粮价清单

同治十二年五月初一日(1873 年 5 月 26 日)

谨将四川省同治十二年三月份所属地方各项米粮价值,开具清单,恭呈御览。

① 中国第一历史档案馆藏:军机录副,档案编号:03-4966-391;朱批奏折,档案编号:04-01-25-0513-054。

吴棠集

成都府属,价贵。中米每仓石价银二两九钱七分至三两九钱七分,与上月同。大麦每仓石价银一两八钱三分至二两,与上月同。小麦每仓石价银二两一钱三分至二两三钱,与上月同。黄豆每仓石价银一两六分至二两四钱六分,与上月同。荞子每仓石价银一两一钱六分至一两七钱,与上月同。

重庆府属,价贵。中米每仓石价银二两七钱七分至三两七钱七分,与上月同。大麦每仓石价银一两六钱二分至一两九钱七分,与上月同。小麦每仓石价银二两二钱八分至二两七钱,与上月同。黄豆每仓石价银二两七钱一分至二两九钱九分,与上月同。

保宁府属,价贵。中米每仓石价银二两五钱九分至三两二钱八分,与上月同。大麦每仓石价银一两八钱九分至二两一钱,与上月同。小麦每仓石价银二两八钱三分至三两五钱七分,与上月同。黄豆每仓石价银一两八钱三分至二两一钱三分,与上月同。

顺庆府属,价贵。中米每仓石价银三两三分至三两四钱二分,与上月同。大麦每仓石价银一两六钱一分至一两八钱,与上月同。小麦每仓石价银二两九分至二两一钱二分,与上月同。黄豆每仓石价银一两五钱五分至一两六钱七分,与上月同。

叙州府属,价贵。中米每仓石价银三两四分至三两三钱二分,与上月同。大麦每仓石价银一两六钱六分至二两二分,与上月同。小麦每仓石价银二两一钱三分至二两六钱三分,与上月同。黄豆每仓石价银一两一钱一分至一两五钱二分,与上月同。

夔州府属,价贵。中米每仓石价银二两八钱四分至三两一钱七分,与上月同。大麦每仓石价银一两七钱八分至二两四钱六分,与上月同。小麦每仓石价银二两九钱五分至三两三分,与上月同。黄豆每仓石价银二两一钱六分至二两二钱六分,与上月同。

　　龙安府属，价贵。中米每仓石价银二两五钱二分至三两二钱，与上月同。青稞每仓石价银一两五钱，与上月同。小麦每仓石价银一两七钱九分至二两一分，与上月同。黄豆每仓石价银一两八钱五分至一两九钱三分，与上月同。

　　宁远府属，价贵。中米每仓石价银二两八钱七分至三两一钱八分，与上月同。大麦每仓石价银一两四钱八分至一两六钱，与上月同。小麦每仓石价银一两五钱九分至二两二钱，与上月同。荞子每仓石价银一两四钱五分，与上月同。黄豆每仓石价银一两五钱六分至一两六钱三分，与上月同。

　　雅州府属，价中。中米每仓石价银二两七钱九分至二两八钱二分，与上月同。小麦每仓石价银二两二钱九分至二两六钱五分，与上月同。黄豆每仓石价银一两六钱七分至二两六分，与上月同。

　　嘉定府属，价贵。中米每仓石价银二两七钱六分至三两三钱四分，与上月同。小麦每仓石价银二两三钱六分至二两七钱三分，与上月同。黄豆每仓石价银一两四钱九分至二两五分，与上月同。

　　潼川府属，价贵。中米每仓石价银二两八钱七分至三两一钱三分，与上月同。大麦每仓石价银一两六钱五分至一两九钱三分，与上月同。小麦每仓石价银二两一钱四分至二两四钱九分，与上月同。黄豆每仓石价银一两七钱八分至二两一钱五分，与上月同。

　　绥定府属，价中。中米每仓石价银二两七钱四分至二两八钱六分，与上月同。大麦每仓石价银一两五钱七分至一两五钱八分，与上月同。小麦每仓石价银一两六钱二分至一两七钱三分，与上月同。黄豆每仓石价银一两四钱三分，与上月同。

　　眉州直隶州并属，价贵。中米每仓石价银二两七钱二分至三两，与上月同。

邛州直隶州并属,价贵。中米每仓石价银二两六钱二分至三两三分,与上月同。大麦每仓石价银一两九钱,与上月同。小麦每仓石价银二两五钱七分,与上月同。黄豆每仓石价银二两一钱至二两二钱四分,与上月同。

泸州直隶州并属,价贵。中米每仓石价银三两四分至三两五分,与上月同。

资州直隶州并属,价中。中米每仓石价银二两五钱四分至二两九钱四分,与上月同。

绵州直隶州并属,价贵。中米每仓石价银二两七钱一分至三两一分,与上月同。小麦每仓石价银二两三钱二分至二两四钱六分,与上月同。

茂州直隶州并属,价中。中米每仓石价银二两六钱一分,与上月同。小麦每仓石价银二两六钱八分,与上月同。青稞每仓石价银二两二钱,与上月同。荞子每仓石价银一两二钱三分至一两七钱三分,与上月同。

忠州直隶州并属,价贵。中米每仓石价银二两五钱六分至三两二钱二分,与上月同。大麦每仓石价银一两四钱六分至一两六钱,与上月同。小麦每仓石价银二两三分至二两三钱九分,与上月同。黄豆每仓石价银一两二钱七分至一两三钱七分,与上月同。

酉阳直隶州并属,价贵。中米每仓石价银二两五钱七分至三两五分,与上月同。大麦每仓石价银二两二钱八分至二两六钱,与上月同。小麦每仓石价银二两六钱二分至二两七钱六分,与上月同。黄豆每仓石价银一两三钱九分至一两四钱四分,与上月同。

叙永直隶厅并属，价中。中米每仓石价银二两九钱七分，与上月同。小麦每仓石价银一两八钱一分，与上月同。荞子每仓石价银一两三钱二分，与上月同。黄豆每仓石价银一两六钱一分，与上月同。

松潘直隶厅，价中。青稞每仓石价银二两七钱六分，与上月同。荞子每仓石价银一两七钱四分，与上月同。

杂谷直隶厅，价中。青稞每仓石价银二两四钱，与上月同。荞子每仓石价银一两七钱九分，与上月同。

石砫直隶厅，价平。中米每仓石价银一两六钱，与上月同。大麦每仓石价银一两七钱三分，与上月同。小麦每仓石价银二两六分，与上月同。

打箭炉厅，价贵。青稞每仓石价银四两九钱，与上月同。油麦每仓石价银一两八钱一分，与上月同。

（御批）：览。[1]

○四四　呈川省同治十二年三月得雨清单

同治十二年五月初一日(1873年5月26日)

谨将四川省同治十二年三月份各属报到得雨情形，开具清单，恭呈御览。

成都府属：成都、华阳两县得雨七次，小春成熟。简州得雨三次，红花正茂。崇庆州得雨四次，荞子长发。汉州得雨五次，小春成熟。温江县得雨六次，小春结实。新都县得雨二次，小春结实。

---

[1]　中国第一历史档案馆藏：清单，档案编号：03-4966-392。

彭县得雨四次,荞子长发。新津县得雨三次,葫豆成熟。双流县得雨四次,菜子扬花。

重庆府属:江北厅得雨六次,小春成熟。江津县得雨五次,小春成熟。长寿县得雨八次,堰塘积水。永川县得雨二次,小春茂盛。荣昌县得雨六次,田水充足。綦江县得雨二次,小春吐穗。涪州得雨三次,田水充足。铜梁县得雨二次,小春成熟。璧山县得雨二次,田水稍歉。大足县得雨三次,小春结实。定远县得雨一次,田亩翻犁。

夔州府属:云阳县得雨二次,小春收获。万县得雨二次,小春结实。

龙安府属:石泉县得雨三次,堰塘积水。彰明县得雨二次,小春收获。

绥定府属:东乡县得雨二次,田水充足。大竹县得雨三次,田亩翻犁。太平县得雨二次,小春成熟。

宁远府属:盐源县得雨一次,小春收获。

保宁府属:阆中县得雨四次,地土滋润。苍溪县得雨六次,小春结实。南部县得雨三次,田水稍足。广元县得雨二次,稻谷播种。剑州得雨五次,小春滋长。

顺庆府属:南充县得雨七次,田水充盈。西充县得雨三次,豆麦扬花。营山县得雨二次,早秧生发。仪陇县得雨三次,田堰水足。广安州得雨三次,春粮发秀。岳池县得雨七次,小麦吐穗。邻水县得雨四次,小春结实。

潼川府属:三台县得雨五次,田水敷足。射洪县得雨五次,秧针出水。盐亭县得雨六次,葫豆成熟。蓬溪县得雨二次,早秧播种。乐至县得雨三次,大麦结实。

雅州府属：雅安县得雨四次，小春茂盛。名山县得雨二次，田水充足。芦山县得雨三次，小春结实。天全州得雨二次，地土滋润。

嘉定府属：乐山县得雨六次，早秧出针。峨眉县得雨四次，晚秧下种。洪雅县得雨八次，豆麦成熟。夹江县得雨二次，堰田积水。犍为县得雨一次，小春结实。荣县得雨五次，早秧渐长。威远县得雨五次，豆麦将黄。峨边厅得雨二次，小麦扬花。

叙州府属：南溪县得雨七次，秧苗滋长。富顺县得雨七次，小春成熟。隆昌县得雨一次，小春结实。兴文县得雨三次，田水充足。马边厅得雨四次，小春成熟。

资州直隶州并属：资州得雨四次，小春结实。资阳县得雨四次，田水充足。井研县得雨二次，小春结实。内江县得雨三次，小春结实。

绵州直隶州并属：绵州得雨三次，小麦吐穗。安县得雨四次，田水充盈。罗江县得雨五次，豆麦成熟。

忠州直隶州并属：忠州得雨三次，小春成熟。酆都县得雨一次，小麦吐穗。垫江县得雨三次，葫豆扬花。梁山县得雨二次，小春收获。

西阳直隶州属：秀山县得雨二次，塘堰积水。

茂州直隶州得雨二次，小春收获。

眉州直隶州并属：眉州得雨三次，堰水畅流。彭山县得雨二次，豆麦结实。丹棱县得雨六次，秧苗茂盛。

邛州直隶州并属：邛州得雨二次，二麦吐穗。大邑县得雨八次，田水充盈。

泸州直隶州并属：泸州得雨五次，早秧青秀。江安县得雨二次,晚秧如针。合江县得雨二次,小春黄熟。纳溪县得雨七次,地土滋润。

叙永直隶厅并属:叙永厅得雨三次,秧苗滋长。永宁县得雨一次,小春扬花。

理番直隶厅得雨五次,小春吐穗。

石砫直隶厅得雨四次,堰塘积水。

（御批）:览。①

○四五　奏报查阅营伍情形并回省日期折

同治十二年五月初四日(1873年5月29日)

头品顶戴四川总督臣吴棠跪奏,为查阅建昌、松潘等镇营伍情形并回省日期,恭折仰祈圣鉴事。

窃臣前将出省查阅建昌、松潘各镇营伍日期附片奏报在案,随即轻骑简从,克期驰诣,先将阜和协及建昌所属各营官兵详加考核,合操大阵,步伐整齐;施放连环枪炮,声音联贯;鸟枪及马步箭中靶,计有八九成;长矛刀牌各杂技,演运娴熟。阅毕后,即驰阅松潘镇所属各营,官兵排演阵式,进退合度。次阅枪箭,均各纯熟有准。刀矛藤牌,亦俱矫捷,与建昌镇属不相上下。查阅各营军装、器械,坚利鲜明;马匹膘壮足额。其僻远各营份,循照旧章,兵则委员代阅,官仍檄调亲考。当将材技最为出众者,分别奖赏,记档存拔。生疏者,分别限习,以观后效。惟署黎雅营游击尽先游击王仕明,营务欠练,应请旨以守备降补。宁越营都司陈湛亭、靖远营千总任佑,人地不

---

①　中国第一历史档案馆藏:清单,档案编号:03-4966-393。

宜,请撤回内地另补。漳腊营把总陈占魁,技艺甚生,应即斥革。永定营外委王荣年力就衰。建昌左营额外黎恩,宁越营额外萧声明,各借病规避,难期造就,均请勒休。经该管镇将等层次揭报前来。

伏思松潘、建昌两镇及阜和协所属各营,汉番杂处,兼与甘肃、藏、卫毗连,兵技军容,自应加倍整肃。臣复谆饬该镇协营弁等,务各督率兵丁,勤加练习,总期精益求精,使一兵得一兵之用,以仰副圣主整饬戎行之至意。臣随于四月二十八日回省。

再,此次亲历地方,多系边瘠之区,而茂、汶一带为尤甚。时当初夏,冰雪未消,跬步皆石,向来不产稻谷,居民惟以青稞、山芋充饥,衣不遮体,穷苦堪悯。均谆饬地方官加意抚恤。所幸雨水调匀,山粮滋润,番夷帖服,地方安静,堪以上纾慈廑。理合恭折具陈,伏乞皇上圣鉴。谨奏。同治十二年五月初四日。

同治十二年五月二十二日,奉朱批:着照所请,兵部知道。钦此。[1]

○四六　委解同治十二年京饷暨固本饷项起程日期折

同治十二年五月初四日(1873 年 5 月 29 日)

头品顶戴四川总督臣吴棠跪奏,为川省委解同治十二年份京饷暨固本饷项起程日期,恭折仰祈圣鉴事。

窃查川省本年原拨京饷三十万两,前已解过银十万两。又,查

---

① 中国第一历史档案馆藏:军机录副,档案编号:03-4703-111;朱批奏折,档案编号:04-01-03-0061-023。

固本饷项每月解银五千两,前已解过银三十九万两,作为同治五年九月二十一日奉文之日起至十二年正月二十一日止七十八个月协济之项,先后奏报在案。伏思京饷为部库正供,固本亦京畿要款,亟应陆续筹解。兹臣督同藩司凑集按粮津贴银六万两、盐厘七万两,共银十三万两,作为本年原拨京饷,又催集货厘二万两,作为同治十二年正月二十一日起至五月二十一日止四个月固本京饷,均饬委江津县知县王煌承领汇解,定期本年五月二十八日自成都起程。

前因秦、陇交界地方游勇溃匪出没靡常,驿站时通时阻,京饷关系甚重,实难冒险径解。臣于十年正月间复奏请援案发商汇兑,奉旨敕部知照在案。所有此次饷项,仍发交蔚泰厚等银号汇解,委员进京兑齐,解赴户部交纳,用昭慎重,据藩司王德固、臬司英祥、盐茶道傅庆贻会详前来。臣覆查无异。理合恭折具奏,伏乞皇上圣鉴。谨奏。同治十二年五月初四日。

同治十二年五月二十二日,奉朱批:户部知道。钦此。[①]

○四七　奏请准予故员董贻清建立专祠折

同治十二年五月初四日(1873年5月29日)

头品顶戴四川总督臣吴棠跪奏,为故员力守危城,保全地方,士民感戴,恳恩准予建立专祠,以顺舆情,恭折仰祈圣鉴事。

窃照已故知府董贻清,江苏阳湖县人,寄籍顺天,由癸酉科举

人选授四川青神县知县,调补成都,以军功保荐知府。前于咸丰十年署理资州直隶州任内,适值滇匪李泳和拥众数万,进逼府属之井研县。该员以该县为省城门户,虑有疏虞,当即率勇星驰前往,督办防剿。遇贼上窜,甫入井研县城,贼即合围,连营数十里,层层包裹,屡用云梯、吕公车,四面攻扑。董贻清激励绅民,登陴固守,募敢死士毁其攻具。贼暗伏地雷,轰陷城垣数十丈,蜂拥而至。董贻清躬冒矢石,指挥勇丁,拼死苦斗,尽歼登城之贼。旋于城上亲点大炮,轰毙悍匪多名,贼始稍却。嗣后连日地雷迸发,轰陷城墙,均随堵随筑。贼又于城外空室分穿地道,希图暗袭。董贻清于城内掘濠注水,灌入地道,并添筑土城,力遏其冲。复时出奇计,袭破贼营。计自闰三月十二日起,相持六十余日。城中粮绝食尽,董贻清誓众死守。

至五月十八日,援兵始至,内外夹击,毙贼无算,城围遂解。旋追破贼于资州之苏家湾,并尽解遂宁县城围。附近数州县地方,均赖以保全。而董贻清积劳过度,即得呕血之症,屡治罔效,于同治十一年十二月,在省病故。据资州直隶州知州罗廷权、井研县知县陈葆真转据合县绅民张墀等公禀,追念该故员忠绩卓著,保全民命,遗爱不忘,胪陈事实,恳请于井研县建祠列祀,借纾追慕之忱等情,由藩司王德固核明具详请奏前来。

臣查故员董贻清,从前历任川省州县,久著循声。迨援井研县城,以蕞尔弹丸,当数万强寇,效死勿去,屡濒于危,而孤城卒赖保全,生灵借免涂炭,积劳成疾,卒以不起,殊堪嘉悯。今井研县绅民同情感慕,自愿捐建专祠,情出至诚。合无仰恳(以下缺)①

---

① 中国第一历史档案馆藏:朱批奏折,档案编号:04-01-12-0516-060。

○四八　奏报黎亘熙挟忿报复请旨派员查办折

同治十二年五月初四日(1873年5月29日)

头品顶戴四川总督臣吴棠跪奏,为已参知县事后挟忿诬讦,希图报复,请旨派员查办,恭折仰祈圣鉴事。

窃臣于去年八月望后,出省查阅营伍,先赴川北,途次接据望江县民人上控署知县黎亘熙纵容丁役之案,计十余起,照例批交该管道府查讯。旋至保宁府城,据川北道张兆辰及署保宁府知府张桐先后面禀,均称黎亘熙治理未谙,审断要案,时多错误,屡经驳正。其与地方绅民不洽,致控案叠出。时届县试,并闻通江童生以黎亘熙平日办事不公,物议沸腾,不愿在黎亘熙任内投考。该县离省甚远,更替需时,请由府委员先往代办考试,以免贻误。臣深恐黎亘熙激变士民,当即允准,一面飞致藩、臬两司,将黎亘熙撤任,另委贤员前往署理。继闻通江绅民阻截黎亘熙家丁龚大,欲与算帐,不容出境。

臣复虑生事端,即于行次饬来郡听操之通江营守备萧曰盛,回县弹压,并勒提龚大,发交川北道查案严讯。随赴川东查阅营伍,回省接阅秋操。事竣,即以黎亘熙治理未谙,难胜民社,汇案参奏。同治十一年十一月二十七日,奉上谕:署通江县事候补知县黎亘熙,治理未谙,着以府经历县丞降补等因。钦此。并准吏部咨:饬令该员交代清楚,回籍候选等因。当即行司转饬遵办。讵黎亘熙抗不交待,潜自回省。于本年三月中旬,忽携一封口白禀,私嘱臣衙门巡捕代递。该巡捕以白禀既未用印,外封又无官衔、姓名,有类匿名揭帖,未经接收。臣于四月初四日出省查阅建昌、松潘营伍，兹由建昌转回，在茂州途次，据臣署巡捕来禀：黎亘熙潜至官厅，投一有印禀封，封面填有署通江县知县黎亘熙字样。验系通江县空白印封，将原禀递送前来。

臣拆阅来禀，据称通江民刁健讼，屡次控词，均不足凭，伊去年撤任被参，由于不能馈送上司所致。又谓该管知府张桐于参后许为营求，复索谢礼，并牵砌不干己事，编列款迹，请予查办等情。查该员前往通江署任，信用家丁龚大，控案累累，已据川北道提审龚大，供认索取户吏张守珍银物不讳，由道拟罪详办。又，通江县民黄金冀，因向胞弟黄金材借钱不遂，彼此争角，将黄金材殴伤身死一案，实系斗杀，律应拟流。该员讯供含糊，详请照谋杀律定罪。又，县民吴仲沅等因拢护族侄吴伸发，殴伤差役杨举等平复一案，该员忽牵引谋叛不分首从皆斩律，具禀请示。若非司府提审更正，几致失人。是其未谙治理，均有确据，原参并无屈抑。至署保宁府知府张桐，去秋面禀黎亘熙不胜民社，语尤激切，何能于该员已经参劾之后许为营求，向其索谢？其牵列黔省奏保道员谈寿龄系军务、洋务文案委员，并非幕友，尤属失实。现据川北道张兆辰具禀：黎亘熙办事昏愦，去年奏参降补，已属从宽，仍不知悔罪自新，闻其在省控造谣言，牵诬张桐及谈寿龄等，并以毫无影响之事，凭空污蔑，殊属丧心昧良等情前来。恭查咸丰元年七月初六日，钦奉上谕：近来被劾人员，于被劾本案之外摭拾别项款迹，砌词訾讼，显系怀挟私仇，借图报复。内外问刑衙门，仍照例立案不行，仍分别治罪等因。钦此。臣查川省吏治敝坏，向由刁顽之员动以狂诞虚词，希图挟制，使该管上司不得遽行纠劾，然后肆志妄为，百姓任其鱼肉而莫可如何，不逞之徒往往萌此故智。

此次黎亘熙被参，奉旨数月之后，乘臣因公出省，潜投印禀，自谓平日不能馈送上司,致被参撤,随意编捏款迹,且于本案之外,摭拾无稽浮词,冀图耸听。其为怀挟私忿,存心报复,难逃圣明洞鉴。臣职司举劾,于属吏之贤者宜于荐扬,不肖者应即参揭,向不肯稍避嫌怨,迁就姑容,无非为整饬吏治、保护百姓起见。讵黎亘熙以民嵒为不足畏,以法纪为不必遵,因身列弹章,遂以无稽之谈挟制上司,并牵涉不干己事。似此肆行无忌,臣不敢立案不行,相应请旨饬派就近大员,秉公查办,照例治罪,俾获咎人员咸知儆惕,不敢任意诪张。恭候圣裁。

至原禀牵叙州试用同知刘愚素行妄诞,条陈别事,查无实据,尤与此案无涉,业经臣附片奏参,奉朱批:刘愚着即革职。余依议。钦此。钦遵在案。所有参员事后诬讦上司、希图报复,请派员查办缘由,理合恭折驰陈,并钞录该参员及川北道各原咨禀,恭呈御览,伏乞皇上圣鉴训示。再,查黎亘熙玩视部例,将经管捐输、税契、仓谷等项抗不交代,且狡黠性成,诚恐私自逃逸,现已发交成都府委员看守,听候参追查办,合并陈明。谨奏。同治十二年五月初四日。

同治十二年五月二十二日,奉朱批:另有旨。钦此。①

【案】此案于是年五月获批覆,清廷饬令魁玉确查具奏:

军机大臣字寄:成都将军魁:同治十二年五月二十二日,奉上谕:吴棠奏,被参属员挟忿诬讦,请旨派员查办,并钞录禀词呈览一折。前署通江县知县黎亘熙,经吴棠以治理未谙奏参补降后,旋递禀呈,内称撤任被参,由于不能馈送上司所致,

① 中国第一历史档案馆藏:军机录副,档案编号:03-5068-037。

又以该管知府张桐许为营求，有与幕宾谈寿龄往还书信为证，并称谈寿龄随幕入川，滥邀保叙，又牵叙已革同知刘愚，禀词胪列多款。属员于被参后禀讦上司，意图挟制，此风断不可长。惟据所禀张桐与谈寿龄为该员营求，需索银两，既有书信为据，亟应确切根究，谈寿龄是否系吴棠幕友，违例滥保，亦难逃人耳目。其余各款虚实均应研究，着魁玉按照禀内所指各情，秉公确查，据实具奏，不准稍涉徇隐。原折一件、禀二件均着钞给阅看。将此谕令知之。钦此。遵旨寄信前来。①

【附】同日，川督吴棠钞呈川北道张兆辰原禀告单，曰：

谨钞录川北道张兆辰原禀，恭呈御览。

川北道张兆辰敬禀者：窃职道供职川北，仰荷榘训，时懔冰兢，从不敢以毫无凭据之事上渎聪听。惟近闻前署通江县黎亘熙于去年秋间，被县民纷纷赴宪台行辕上控，奉批发职道提审。黎令办事昏愦，经宪台奏请以府经历县丞降补，已属格外恩施。乃不知悔罪自新，闻其在省捏造谣言，内有牵连署保宁府知府张桐，并波及随员谈道寿龄之语。被参之员讦告上司，例有专条，并以毫无影响之事平空反噬，尤属丧心昧良。

去秋，宪节按临保郡，通江县民赴辕控诉，均以为黎令定干参处。比时职道与知府张桐博采舆论，先后面禀，均为整肃吏治起见。及事后论及此事，张守惟言黎令居官，虽参革实不为过，并未闻有贼私之事。职道近在同城，见闻较确。该参员黎亘熙捏砌谎词，到处散布，其鬼蜮伎俩固难逃洞鉴。惟张守

① 中国第一历史档案馆编：《咸丰同治两朝上谕档》，第 23 册，第 123 页；《穆宗毅皇帝实录(七)》，卷三百五十二，同治十二年五月，第 659—660 页。

及谈道平空被人污蔑，职道深知其屈抑情由，不敢不实陈宪听也。至黎亘熙于被参后诬诘上司，宪断自有权衡，职道亦不敢妄议。为此具禀。须至禀者。①

【附】同日，川督吴棠钞呈黎亘熙原禀告单，曰：

谨钞录前署通江县知县降补府经历县丞黎亘熙原禀，恭呈御览。

前署通江县知县降补府经历县丞黎亘熙敬禀者：窃以官箴首重清廉，律法尤严，贪污、纵容、徇庇，例有明条，期以遏官邪而止祸乱也。今蜀中吏治上下交征，劣幕助虐，贪婪不足，尤肆抑勒，有如卑职之事者乎。前三月初九，卑职据情具禀，交江巡捕瑞芝递呈，不料候批糜月，置之高阁，一味纵庇，用再屡禀批示，以便自行叩冤。同治十年，卑职委署通江县。通、南、巴为川省著名刁野之地，三邑之中，又推通江为尤甚。健讼上控，毁票殴差等事，殊区区不足道。即如聚众围城、哄堂闹考，乘官交卸、拦途抢辱之事，仆数难更。

卑职履此虎尾，常竞业自持。故视事十六月，虽治理未谙，克无围城等事，且及交卸，尚有祖饯。惟民刁缺苦，上司三节两寿，到任、交卸，需银双份，门包索银，卑职未谙治理，不善贪赃，无力赔贴。因二次禀催瓜代，而李令应观以畏途裹足。部选文令龙又以初任难胜不来。延至七月二十四，宪台荣寿，东阁大开，筵宾演戏。卑职悔未能尾诸君子后馈祝礼银。

八月，宪台巡阅保郡，卑职以民刁边缺，不敢擅离，且路距千里，过不履境，致未随各州县纷纷远迎、致敬夫马程仪一切。

---

① 中国第一历史档案馆藏：清单，档案编号：03-5068-042。

讵宪台遂借痞棍红呈四纸，偏执一面之词，不察虚实，遽将卑职撤任，并饬萧守备日盛当兵锁拿家丁，交川北道严办，以致萧守备得勒夫马银四十两，纵容稿房兵丁余海门、熊万朋、李云亭，磨勒银二十四两。卑职伏思案可一讯自明，惟长嗟太息者，卑职非首逆，家丁非从匪，何须扰动制兵拘拿？且痞棍以二钱红纸之费，官可即撤，被告可使受累无穷。纵即审虚坐诬，上必为之故出，枉纵如斯，宜其近日围城闹考，府县省垣啯匪白昼劫杀等案，层见叠出。大局如此，有识寒心。及交卸抵保，有人责卑职治理未谙者，曰：本府到任，中秋各礼银欠不给，宪台寿礼、巡费又不给。试观不受程仪，改索备赏银，避名色也。不食海菜，餐餐燕窝、烧烤；禁止繁华，屎桶用缎子裹套；轻骑减从，幕友、家人、亲兵、夫役不下千名。谓卑职何愚，视奉行例事为真乎！后卑职谒见保宁张守桐，果云宪台前已夹片拟参，全赖幕宾谈静山即寿龄说项，若不充扩致谢，难免回省甄别。

　　卑职虽苦于囊涩，为势迫勒，只得将服物典凑银八百两，并补送张守到任礼银八十八两八钱。又索中秋礼银，卑职复典银八十八两八钱，均亲交阆中孙令海转交。复值开房考试，张守又缄示，适间接到谈静翁来信云，黎厚翁事已有转机矣。亲笔信据，并出谈幕信阅，果有不登白简，委署补缺，须好自为调理，云云。且吩咐尤需送银二千两，交谈幕与宪台拜门，方能保全。卑职后实力竭，未能满填。今正初四日上省，张守又致谈幕始终成全一缄，携至中途，乃奉札降卑职以府经历用，缄存未递，又据切卑职控案，批经川北道研讯，不惟毫无枉诈，而且委员守提原告俱无，其异常虚诬可胜言哉！讵诬告不坐，反将卑职记过，家丁拟以枷杖，图仰副上意，光枉撤之脸。案虽详经批销在卷，而卑职实委屈甚矣。幸而理有定然，屈极必伸。罪恶贯盈，鬼神愤怒。冥冥中使以二信与卑职作铁据，以证其官幕贪勒之确情者八：

因案撤卑职，不候案讯详覆，光以治理未谙出参，其因礼银不遂枉撤枉参之确情，一也。

论上控之有无，且恐天下州县纵使清水明镜无一无上控者，又鲜有上控不毁赃款者也。除痞则痞怨，纵痞则良恶。所谓不如善者好之，其不善者恶之。论控案之多寡，如南部等县，尤有十倍于通江者多，均不撤不参。通江仅四诬控，即枉撤参。其为苞苴者通，守箴者塞，相形愈出，二也。

张守苟无抑勒，卑职升降与伊无干，张守何得函示谈厚翁事已有转机矣？嗣后复函致谈幕始终成全，其抑勒得赃确凿有据，三也。

谈幕与张守系换帖弟兄，随宪台巡保，彼此商串，勒赃瓜分，故谈幕与张守信中书事不登白简，云云。张守信亦书适间接到谈静翁来信，黎厚翁已有转机，云云。此分赃之铁据，四也。

幕府关防、局钥等禁，律有严条。今谈幕出入靡常，宴酬宾客，勾通关节，以奏案重事先行形诸东牍，其为招摇撞骗显然，五也。

通国之事，尚应明察幕府，车马盈庭，丑声扬溢宅门内，若得诿为失察，求其治国必难，六也。

纵先失察，及经卑职缕禀，兼禀两司，一不奏办，二不批究，其非失察，故意徇庇纵容，七也。

例载邀属员充当幕宾，均革职私罪。幕友滥邀议叙，奏参私罪。今谈寿龄随幕入川，系已奏保四川候补人员，仍坐食督幕脩金，又嘱托滥邀黔省保叙，不数年，擢至道员，官升富巨矣。张守亦随员来蜀差委，禔属不绝，一委富荣厘局，再委夔府厘金，计已约获数万金矣。此二人皆有刘、晏之才，宜必纵容，且猎犬去，猎人不能得麋。今事败遽逐，又恐犬反噬人，势不得不为之庇纵，八也。

卑职又以刘丞愚去年所禀整饬吏治十余条征之，如二条曰：盐茶道刑幕沈丞械委署宜宾县，川东道刑幕吴令廷海今委署仁寿县，均达例以刑名指捐入幕之省矣。三条曰：马守玉堂系四川人，冒籍捐官本省，今署雅州府知府矣。四条曰：父子姻亲，不准同官一省。今沈丞械之子沈希濂委当防剿局号签所委员矣。此皆宪台去经批示已照例饬行矣。想不得仍诿为失察。前月刘丞见其依然重用，因又上二呈，添汇多条，皆律法森严之事，宪台仍蹈故纵，何况随员随幕，不得不更庇纵耶？揆诸私情有难乎？不为之庇纵，第事经败露，卑职扼着铁据证死，抑勒确情，据实已禀。虽狡兔难逃，苏秦莫辩，亟宜奏办，以肃律法而儆官邪！焉能尚作阿姑阿翁之庇，任属员贪婪，剥民剥脂；纵幕宾附羽，颠倒官常，以鹰击为治，驱民作盗也耶？谨将张守、谈幕勾通抑勒铁据确情，再禀宪台，赏疾奏办。为此具禀。须至禀者。①

【附】同治十二年闰六月十六日，成都将军魁玉奏报确查黎亘熙禀讦上司各情折：

---

① 中国第一历史档案馆藏：清单，档案编号：03-5068-043。

奴才魁玉跪奏,为遵旨确查已参知县黎亘熙被参后禀讦上司各情,并该参员畏罪自首,主唆之人在逃未获,恭折由驿具陈,仰祈圣鉴事。

窃奴才承准军机大臣字寄:同治十二年五月二十二日,奉上谕:吴棠奏,被参属员挟忿诬讦,请旨派员查办,并钞录禀词呈览一折。前署通江县知县黎亘熙,经吴棠以治理未谙奏参降补后,旋递禀呈,内称撤任被参由于不能馈送上司所致,又以该管知府张桐许为营求,有与幕宾谈寿龄往还书信为证,并称谈寿龄随幕入川,滥邀保叙,又牵叙已革同知刘愚,禀词胪列多款。属员于被参后禀讦上司,意图挟制。此风断不可长。惟据所禀张桐与谈寿龄为该员营求,需索银两,既有书信为据,亟应确切根究。谈寿龄是否系吴棠幕友,违例滥保,亦难逃人耳目。其余各款虚实均应研究,着魁玉按照禀内所指各情,秉公确查,据实具奏,不准稍涉徇隐。原折一件、禀二件均着钞给阅看。将此谕令知之。钦此。仰见皇上整饬官方,实事求是,跪诵之下,钦悚莫名!

伏查此案先于本年四月初十日,据该参员黎亘熙以所禀各情填用通江县空白印禀,在奴才衙门投递。接阅来禀,系讦控上司,列有赃款,虚实均应彻究。当即据禀咨明督臣查办,并行藩、臬两司转饬知照在案。兹钦奉前因,奴才细绎原禀所指各情,有应详查之事,有应质讯之事。如禀称吴棠枉撤枉参,徇庇张桐与谈寿龄等各情,悉心查察,自不难虚实立分。惟所禀张桐与谈寿龄商串索银,有书信二件可据;萧日盛等勒揸银两各情,非调集该员等质讯不能水落石出。

查禀内送给张桐银两,系亲交阆中县孙海转交。又据该参员呈出书信二件，内信一件有"始终成全"之语，据称系张桐致谈寿龄之信，令其带省，尚未送交。又一件信尾有"厚翁事已有转机矣"一语，据称"厚翁"即亘熙别号。此信系张桐亲笔致川北镇杨复东之信，复东交孙海给伊阅看。是孙海、杨复东均系案内要证，当即咨明督臣分别檄调署保宁府知府张桐、阆中县知县孙海、川北镇总兵杨复东、前署通江营守备萧日盛、随带兵丁余海门等，来省被质去后。奴才一面咨取各案卷宗到署，督同在省司道等按照所禀各情，逐细彻查。

如原禀所称吴棠借红呈四纸将伊撤任，不候案讯详覆，先以治理未谙出参等情。查去年八月，吴棠巡阅川北途次，接据通江县绅民控案十二起，及抵保郡，查该管道府衙门有通江县绅民控案十一起，俱系具控丁役搕诈之案，不止红呈四纸。该管道张兆辰、知府张桐以该参员不洽舆情，适值考试，恐酿事端，面禀吴棠，访查不虚，将其撤任。即吴棠原奏该参员将斗杀胞弟之案照谋杀律定罪，殴伤差役平复之案引谋叛律请示，均有详案可凭。

又，该参员卸任后，尚有通江县廪生冉东升等数十人，以该参员在任侵蚀廪饩、废置书院各情，在学臣衙门上控，经学臣咨明有案。是该参员平日纵容丁役，不谙治理，确有明征，其撤参并不为枉。

又如原禀所称去年七月，督臣生日筵宾演戏，伊未馈祝礼银，八月巡阅，随从人役千名，不受程仪，改索备赏银两，伊未随各州县远迎，致送夫马程仪等情。饬传督署巡捕面诘，并询之司道等，佥称该督去年生日，无人馈送礼银，亦未演戏。八月，巡阅未出省时，已饬禁各州县远迎，随从人役上下不过二百人,所有夫马及各营赏号均系自备,并无人送夫马程仪等语。

奴才查吴棠向来廉谨自持,时以洁己爱民为念,何至遽易清操。揆之情理,所禀殊不足信。原禀又称近日围城开考,府、县、省垣白昼劫杀之案层见叠出等情,殊属骇人听闻。询之司道面称:近年并无围城开考之事,惟川省地方辽阔,外府州县间有强劫案件,均经随时惩办。至省城尚属安静,从无白昼劫杀之案。复经奴才访察不虚。该参员所禀未免张大其词。原禀又称谈寿龄随幕入川,已保留候补人员,仍坐食督幕脩金,滥邀黔省保叙;张桐亦随员来蜀,一委富荣厘局,再委夔府厘金,约获数万金等情。

查谈寿龄原以知府从戎,在滇、黔沿边随营堵剿。同治九年四月,经前任将军臣崇实会同该督保留在川候补,札调该员来省,委办军务、洋务文案。是年,与贵州提臣周达武商定平苗之策,颇合机宜。又频年在川筹拨协饷,著有劳绩。同治十一年,贵州抚臣曾璧光奏请奖励川省筹饷出力人员,经防剿局司道核明劳绩,开单详咨贵州抚臣曾璧光、提臣周达武,于是年攻拔牛角坡等处贼巢案内,请将该员谈寿龄免补知府,以道员仍留原省补用,奉旨允准钦遵在案。

至吴棠署中刑、钱事件,均另有人裹理,人所共知。谈寿龄并未随幕来川,亦非吴棠幕友,其仰邀保叙系防剿局司道核明择尤请奖,由黔抚奏明办理,并无滥邀,有案可凭。

至川省厘局向由司道拣员管理,由省局发给印票,轮流缴领,每月只给薪水银数十两,别无弊端。张桐于同治八年管理夔府盐厘,十年管理富荣厘局,均系司道公议、详明督臣委办,非由一人专政。谓吴棠徇私，固属无从；谓张桐获利数万金，尤无事理。此皆奴才稽之卷宗、参以众论之实在情形也。

至如原禀所称上司三节两寿，到任、交卸需银，双份门包索银；撤任时，守备萧日盛带兵锁拿家丁，得勒夫马银四十两，纵容兵丁余海门等磨勒银二十四两；交卸抵郡，张桐许为营求，向其索谢，伊典凑银八百两；又索补到任、秋节礼银各八十八两八钱，均交孙海过交，系张桐与谈寿龄商串分赃，有书信二件为据；张桐又嘱送银二十两，与督臣拜门各等情。必须各该员等到案，三面质明，方成信谳。正在催集间，旋据黎亘熙首称：伊旧患痰迷病症，因被参情急，旧疾复发，作事昏迷，有同乡幕友贝世培教伊揑控上司，可望开复，即编砌赃私各款，伪造书信二件，交伊作据，代作禀词，唆使投递。伊因痰迷，一时误信。今病稍愈猛省，所禀各情均系贝世培平空捏造，并无其事。现闻札调张守等质对，恐质虚治罪，追悔无及，情愿自首等情，出具甘结前来。

维时，张桐、孙海、杨复东、萧日盛等陆续到省。查该参员自首之处，果否不虚。奴才仍督同司道等，传集各该员到案研究，诘据萧日盛面禀：伊去年奉委锁拿该参员门丁龚大，只带兵丁四名同往，并未得过夫马银两。即兵丁口粮系伊逐日给发，亦无磨勒情弊。余海门等尚未到省。提讯该参员门丁龚大，供称余海门等实无磨勒银两情事，取有供结在卷。

诘据张桐面禀：伊自到任，从未收过礼银，何至有双份门包？即三节两寿，各属亦无应送规礼。至黎亘熙早知由伊禀撤，怀恨方深，何肯反谢银两。且禀撤劣员原为保护地方起见，岂有甫经禀撤又转为其营求之理。实未向其索银，亦无给予书信情事。至嘱送银拜门,更无此语。查原禀"厚翁事已有转机矣"一信,称系张桐亲笔致杨复东之信,杨复东转交孙海给阅。饬令张桐当堂书写比对,笔迹不符。据杨复东面禀:伊未接张桐有信,无从辗转给阅。质之孙海,坚称伊与黎亘熙交浅情疏,并未给信与看,亦不能无端过付赃私银两,况银至八百两,必有人帮同携送。原禀银两由典凑得来,自必有典铺典票。今该参员既无典票呈验,又不能指出典铺与携银之人,显系虚诬。

至"始终成全"一信,称系张桐交伊带省,尚未送交。诘之张桐称,伊并无致谈寿龄有信交其带省之事。据谈寿龄面禀:伊与张桐从无信件往来各等语。转诘黎亘熙供称:参员家贫母老,只有参员一人。今年被参情急痰迷,旧疾复作,原无禀讦上司之意,因上年借过同乡友人贝世培银两未还,参员署理通江县时,贝世培即在署管理银钱;交卸回省,时常往来。伊见参员被劾,债项无着,主唆参员禀控上司,或可希图开复,将来事成加倍还伊银两。参员因一时痰迷,误信为真。贝世培教参员取出去年正月用剩空白印禀,代作禀词,捏说本府张桐索银八百两,与道员谈寿龄分用,并索两次礼银一百余两;又捏说督臣收受规礼、作事不公,并说萧日盛等勒索银两。其指谈寿龄为幕友、孙海为过交,牵涉刘愚,禀词及一切款目均系贝世培一人编造,教参员攀连杨复东在内。书信二件亦由贝世培交参员作据。四月底间,闻此案业已出奏,贝世培即私自逃走,现在参员疾病稍愈,想及前禀,误听人言,追悔无及,所以自行首明,甘愿出结,只求施恩等供。据此,诘其当初何以一再禀呈,据称实因贝世培起意主使、一时痰迷所致,并无别故。反覆严诘,矢口不移。此又奴才调集人证研诘确供之实在原委也。

伏查此案原禀情节,本属支离。现经奴才详稽事实,细核供情,所禀全属子虚。又据该参员将主唆之贝世培首出,其为听唆妄诬,毫无疑义。查本年五月间,据通江县绅民在川北道衙门控称:捐职贝世培即贝树人,在黎亘熙通江署任内,与该参员主谋定计,并与门丁龚大狼狈为奸,无恶不作,曾经该道张兆辰禀明督臣,饬拿未获。是贝世培原非善类。兹又撷拾款迹,编砌赃私,造作禀词、信件,主唆黎亘熙诬控,洵属讼棍之尤,亟应严拿究办,以儆刁顽。黎亘熙身为职官,被参之后,不知悔过自新,辄听贝世培主唆诬讦,虽据自首,究有应得之罪。

查原禀内所指各情,惟该管知府张桐许为营求向索银八百两一款为重,如果所控得实,张桐应照诬骗应议官吏财物已成、财已入手,无论赃数多寡,枷号三个月,发烟瘴地面充军。今既查属全虚,例应反坐,枷号三个月,抵充军役。此案系在逃之贝世培起意为首,应以贝世培反坐拟军。该参员听唆为从,复据自行投首,律得累贼拟徒。惟该参员供称母老丁单,经奴才饬传该参员同乡官候补知县李世宗、王基寅、县丞文世棠、从九彭璠树到案,佥称该参员父故,母陈氏现年八十岁,家无次丁等语。具有甘结在案。此次该参员诬讦上司,讯系贝世培起意主唆,因痰迷病发、一时误信所致。奴才查该参员到案时,行步迟重,语言謇涩,口眼䐔颊间,时形掣动,显有病状。又经奴才查传医生杨五丰到案,供称该参员实系素患痰疾,具有甘结亦在案。现于未经质讯之先据实自首,并首出主唆之人,尚知畏罪悔过,情有可原。可否援照自首免罪之律,仰恳天恩,将降补府经历县丞黎亘熙即予革职,永不叙用,免其治罪,交原籍地方官严加管束,毋得出外滋事之处,出自圣主逾格鸿慈。

奴才奉旨饬查,究出虚诬,断不敢稍涉徇隐,致干咎戾;亦不敢意存姑息,致长刁风。查贝世培系湖南浏阳县人,除咨明督臣并咨湖南巡抚转饬原籍地方官一体严缉务获惩办,并将黎亘熙自首亲笔甘结咨送军机处备查外,所有遵旨秉公确查、据实具奏,并该参员畏罪自首、主唆之人在逃未获缘由,理合恭折由驿驰陈,伏乞皇上圣鉴训示。谨奏。同治十二年闰六月十六日。[①] 同治十二年七月初五日,奉朱批:另有旨。钦此。[②]

【附】同治十二年闰六月十六日,将军魁玉呈禀讦上司一案黎亘熙首悔甘结单,曰:

具首悔甘结状:已参知县降补府经历县丞黎亘熙,今于军宪台前为首悔甘结事情。

参员禀讦上司一案,缘参员旧患痰迷之症,时发时愈,被参后因念母老丁单,一时情急,旧疾复发,适有同乡幕友贝世培教参员捏控上司,可望开复。贝世培即捏造本府张守需索银两,道员谈寿龄为幕友,商串分赃;又捏砌刘愚一切各款,牵涉刘愚一□,代作禀词;复造伪信二件,交参员作据,参员因患痰迷,一时误信,妄将禀词投递。今钦派军宪查办,参员痰疾

---

① 中国第一历史档案馆藏:朱批奏折,档案编号:04-01-12-0516-119。
② 中国第一历史档案馆藏:军机录副,档案编号:03-4666-097。

稍愈，猛忆禀讦各款，均系贝世培平空捏造，并无其事。参员追悔莫及，甘愿自行首明。至贝世培系浏阳人，不知逃亡何处。甘结是实。①

【附】同治十二年闰六月十六日，成都将军魁玉为咨送黎亘熙自首甘结致军机处咨文：

镇守四川成都等处将军魁为咨呈事。

窃照本将军奉旨饬查已参知县黎亘熙被参后禀讦上司各情，现已集提人证，查讯明确。除由驿恭折驰奏外，相应将该参员黎亘熙自首亲笔甘结一纸咨送贵处，请烦查核施行。须至咨呈者。计咨送甘结一纸。右咨呈军机处。同治十二年闰六月十六日。②

【附】同治十二年闰六月十六日，③将军魁玉具奏整饬吏治等事片，曰：

再，已革知县黎亘熙诬讦上司禀内，牵叙已革同知刘愚，禀词胪列多款，原与本案无涉，其意不过欲与刘愚附和，为挟持上司地步。诚如圣谕，此风断不可长。惟查川省人员自军兴以来，捐局频开，或由军营保举，或捐指省份，分发来川候补者，计算正杂各员，计有千数百员之多，差使既难遍及，轮委又复无期，日相习于奔竞逢迎之路，此吏治之所以不振也。

奴才愚意以为欲整饬吏治，先宜疏通仕途，即如幕友不准指捐游幕省份，职官不准捐发流寓省份，祖孙、父子、胞伯叔、

---

① 中国第一历史档案馆藏：清单，档案编号：03-4666-085。
② 中国第一历史档案馆藏：咨呈，档案编号：03-4666-043。
③ 此片具奏日期未确，兹据军机处随手登记档（档案编号：03-0210-3-1112-208）校补。

弟兄不准同官一省,定例本极严明,是凡属前项人员,自应照例呈明改省。而以奴才所闻未经呈明者,正不乏人。历任督臣奉旨清查,非不实力奉行,而其中亦有难于彻查之故。如亲族一项,本系父子、胞伯叔、弟兄,而报捐之始有已将三代各异其名者。幕友一项,有先曾服官,其后或因事故偶尔入幕仍复为官者;有仅入幕学习,尚未游幕即报捐官职者;有名为幕友,实未办理刑名、钱粮,仅在各处襄办笔墨者。

流寓一项,有其祖若父服官既久,其子孙虽似土著,并未置有产业者;有服官未久即置有产业,而其子若孙实非土著者。牵混极多,查办亦非易事。奴才思维事期核实,前项应行回避人员,是真是似,断不能逃人耳目,总在随时悉心稽查,亦不难于就理。

相应请旨饬下督臣,遵照历次通行章程,督同藩司自道府以至佐杂,如有前项应行回避之员,勒限饬令呈明,准其另指一省,倘敢仍前隐匿取巧,则是有意规避,一经发觉,即行从严奏参,庶仕途可借以疏通,而官方亦因之澄叙矣。奴才为整饬吏治起见,是否有当,理合附片陈明,伏乞圣鉴训示。谨奏。①同治十二年七月初五日,奉朱批:另有旨。钦此。②

【附】同治十二年七月初五日,③军机大臣④具奏将军魁玉咨送黎亘熙甘结片曰:

---

① 中国第一历史档案馆藏:朱批奏片,档案编号:04-01-01-0918-003。

② 中国第一历史档案馆藏:军机录副,档案编号:03-4666-098。

③ 此片具奏日期未确,兹据军机处随手登记档(档案编号:03-0210-3-1112-208)校补。

④ 因此片未署具奏者,兹据前项咨呈推定,此片应为军机处所奏。

本日，据魁玉送到咨文一件、黎亘熙甘结一件，恭呈御览。谨奏。①

【附】此案由成都将军魁玉查明具奏，得允行：

同治十二年七月初五日，内阁奉上谕：前据吴棠奏，前署通江县知县黎亘熙经该督以治理未谙奏参降补，旋据该员呈递禀词，挟怨诬讦，请旨派员查办，当经谕令魁玉确查具奏。兹据奏称，按照所禀各情，分别详查，如所称上年吴棠生日，属员馈送礼银，及出省巡阅时，随从人役千名，需索备赏银两，均无其事。至道员谈寿龄，并非吴棠幕友，因历年筹拨黔饷出力，咨由曾璧光请奖，亦非吴棠徇私滥保。其所称知府张桐许为营求，向其索谢，与谈寿龄商同分赃，有书信二件为据，又张桐嘱送吴棠银二千两等情，传集该员等到案研讯，均属子虚。黎亘熙旋递悔呈，据称该员旧患痰迷，因曾借同乡幕友贝世培银两，贝世培唆令捏控，希图开复，并捏造书信二件，交该员作据。贝世培畏罪逃走等语。黎亘熙身为职官，于被参后不知悔过自新，辄听人唆使，诬讦上司，着即行革职，永不叙用，交原籍地方官严加管束，毋任出外滋事。并着严缉贝世培务获，按律惩办，以儆刁顽。另片奏，四川候补各员人数众多，其中有因曾在该省游幕，并职官指捐流寓省份，暨亲族同官一省，照章均应回避者，殊多牵混，应请查办等语。着吴棠确切查明，如有照章应行回避之员，勒限呈明，准其改省，傥敢隐匿取巧，即行从严参办。该部知道。钦此。②

① 中国第一历史档案馆藏：奏片，档案编号：03-4667-005。

② 中国第一历史档案馆编：《咸丰同治两朝上谕档》，第 23 册，第 153 页；《穆宗毅皇帝实录（七）》，卷三百五十五，同治十二年七月，第 687—688 页。

○四九　筹拨协黔饷银委解起程日期折

同治十二年五月十九日(1873年6月13日)

头品顶戴四川总督臣吴棠跪奏,为筹拨上年八、九月份协黔饷银委解起程日期,恭折仰祈圣鉴事。

窃查贵州协饷,据提督周达武咨报:自同治九年闰十月十五接办军务之日起至十一年四月底止,先后由司局共解过银一百零七万三千两。嗣于戡定苗疆之后,奏明减为月协银二万两,复接解上年五、六、七月份饷银六万两,而续派助剿之武字副前营、经武中营月饷及补还周达武在川欠饷,款目繁多,不在其内,均经专折报明在案。

本年春间,臣以黔省军情大定、正当凯撤之时,需饷甚殷,督同藩司王德固,于左支右绌之中,作移缓济急之策,复拨解上年八月份协饷银二万两、欠饷银三万两,饬委试用知县熊士英、候补县丞廖松年领解,于同治十二年二月二十九日自省起程,尚未具奏,旋准贵州抚臣曾璧光、提臣周达武咨送疏稿,以全黔军务将竣,楚军欠饷过多,奏奉谕旨,饬催赶解。伏念黔省自香炉山扫穴擒渠,苗疆底定。臣愚以为伤残将弁、羸弱勇丁,多为一月之留,即多糜累万之饷。周达武亦称,陆续遣散黔勇近四十营,楚军专食川饷,尚难节省等语。是以迅筹巨款,俾凯撤有资,为一劳永逸之计,共拨解协黔欠饷各十数万,救灾恤邻,未敢稍留余力。乃不早为之计,辄以楚军欠饷过多,又拨出勇四千一百人,责令川省补足原协之数。殊不思军兴十余稔,蜀民久困,输将、正赋、津捐征解,难期踊跃;奉拨京饷,已形竭蹶不遑,更何能于匝月之中,筹此巨款? 惟黔、蜀相依唇齿，正值功亏一篑之时，岂容膜视。谨就心力所能及，善保始终。

兹复督同藩司王德固，在于各属解到厘金项下，凑集银二万两，作为同治十一年九月份协黔饷银，饬委候补知县陆镕，协同贵州催饷委员平越州吏目薛华尧等，定期于五月十八日自省起程，解赴贵州，统交周达武行营，专供马步全军之用。又另筹欠饷银三万两，由司遴委妥员，一并解往。计旧欠仅余数万两，协款亦解至上年九月，已届新城克复之期。此后仍当与西征粮台以及淮军、滇军应协各饷，一体均匀拨解，以绥邻圉而慰慈廑。所有续拨上年八、九月份协黔饷银委解起程缘由，理合恭折驰奏，伏乞皇上圣鉴。谨奏。

同治十二年六月初七日，奉朱批：知道了。钦此。①

○五○　委解陕甘、新疆月饷起程日期折

同治十二年五月十九日（1873 年 6 月 13 日）

头品顶戴四川总督臣吴棠跪奏，为委员分解陕甘、新疆两处月饷委员起解日期，恭折仰祈圣鉴事。

窃照川省月协甘饷已解至同治十年十月上半月止，新疆协饷已解至七月十一日止，均经分别奏报在案。兹复准办理西征粮台臣袁保恒咨：左宗棠现督各军围攻肃州，需饷甚急，其关外各营军糈，亦甚缺乏。川库虽极支绌，不能不尽力分济。

---

①　中国第一历史档案馆藏：朱批奏折，档案编号：04-01-35-0974-090；军机录副，档案编号：03-4951-108。又，吴棠等《游蜀疏稿》，第 703—710 页。其尾记曰："同治十二年五月十九日，由驿具奏。于本年六月十六日，奉朱批：知道了。钦此。"

臣督饬藩司凑集厘金银三万两,作为十年十月下半月及十一月份协甘之饷,内除遵旨划扣凉、庄兵饷银一万两,发交凉州催饷委员罕扎布承领,汇解回凉;其余二万两,饬委补用同知直隶州知州丁盛荣、补用县丞梁安国承领,星驰解赴西征粮台交收。又,拨捐输银二万两,作为同治七年十二月及八年正月新疆协饷,饬委试用知县朱燮元、试用盐大使吴秉仁承领,解至西征粮台,运送出关。该委员等均于五月二十六日自成都起程,趱运前进。除分咨外,理合恭折具奏,伏乞皇上圣鉴。谨奏。同治十二年五月十九日。

同治十二年六月初七日,奉朱批:知道了。钦此。①

○五一 奏报筹解淮军协饷片

同治十二年五月十九日(1873 年 6 月 13 日)

再,前准军机大臣字寄:同治九年十月二十六日,奉上谕:李鸿章奏,淮军月饷,每月加拨四川三万两。此项月饷均系有着的款,岂可稍令短绌。着吴棠照原拨淮军额款,按月如数筹解,无稍缺误等因。钦此。伏查淮军月饷银三万两,前经臣督同藩司十六次解过银五十七万两,先后奏报在案。现值分拨陕甘、新疆、贵州各协饷以及供支本省勇粮,司库入少出多,本难兼顾。惟淮军留扎畿辅,并分防数省,大局攸关,亦不得不竭力筹济。

兹臣督同藩司设法腾挪,凑集厘金银三万两,饬委试用知县吕明钟、候补盐大使刘彝寿承领,定于五月二十五日自成都起程,解

---

① 中国第一历史档案馆藏:军机录副,档案编号:03-4951-107;朱批奏折,档案编号:04-01-35-0974-091。

赴湖北粮台交收，拨供李鸿章所部淮军征防饷项。除分咨外，理合附片陈明，伏乞圣鉴。谨奏。

同治十二年六月初七日，奉朱批：知道了。钦此。[1]

○五二　查销知县张焕祚等处分片

同治十二年五月十九日(1873年6月13日)

再，川省办理同治七、八、九等年盐茶课税奏销案内，有富顺、彭水、雅安三县，天全一州及湖北省咸丰、来凤两县，各欠解七、八两年盐课银两。又有邛州及荥经县各欠解七、八、九三年茶课税银两，均未全完。当将经征不力各职名随案附参。兹据盐茶道傅庆贻详：查明富顺、彭水、雅安、天全四属及湖北之咸丰、来凤两县，已将欠解同治七、八两年盐课税银扫数全完。邛州、荥经两属亦将欠解同治七、八、九各年份茶课税银扫数全完，均已弹收存库等情前来。臣查富顺、彭水、雅安、天全、咸丰、来凤六州县所欠同治七、八两年盐课税，邛州、荥经二州县欠解同治七、八、九年茶课税，现既一律全完，所有原参经征不力之富顺县知县张焕祚、接署富顺县知县吴鼎立、署彭水县知县姜迪范、姜凤仪、钱璋、雅安县知县杨铭、接署雅安县知县英顺、署天全州知州汪筠、署邛州知州陈廷杰、接任邛州知州霍为棻、署荥经县知县梅震煦、夏霈四、吴以诗及原参、复参、督催、接催各官暨盐茶道傅庆贻各职名，合无仰恳天恩，敕部一并查销，免其议处，出自鸿慈。理合附片陈明，伏乞圣鉴训示。谨奏。

---

① 中国第一历史档案馆藏：军机录副，档案编号：03-4837-017；朱批奏片，档案编号：04-01-35-049-2871。此片具奏日期未确，兹据军机处随手登记档(档案编号：03-0210-2-1112-153)校正。

同治十二年六月初七日，奉朱批：着照所请，该部知道。钦此。[1]

○五三　奏报周振琼等期满甄别折

同治十二年五月二十八日(1873年6月22日)

头品顶戴四川总督臣吴棠跪奏，为道员试看、试用年满，循例甄别，恭折仰祈圣鉴事。

窃照候补试用道府等官到省一年期满，例应察看出考，分别堪任繁简，专折奏闻。兹查二品衔尽先题奏道周振琼，年三十二岁，湖南廪生，投效军营，以频年在四川、甘肃打仗著绩，由教谕保升知县，迭保同知直隶州知州、知府用，并俟补缺后，以道员尽先补用。同治九年十月十六日，吏部带领引见，奉旨：着以同知直隶州知州，留于四川，遇缺尽先前补用。俟补缺后，以知府用，先换顶戴，俟补知府后，以道员尽先补用。钦此。请假回家修墓，领照起程，于十年二月到籍，经贵州抚臣曾璧光奏调，赴黔办理营务。四月十六日到营，当将知照由黔咨缴，声明以到营之日作为到省日期在案。嗣以克复麻哈州城出力保奏，十年九月初十日，奉上谕：着免补同知直隶州、知府各本班，以道员仍归四川，遇缺尽先前补用。钦此。又因连克贼巢、疏通驿道出力，经吏部奏请，遇有本省应题、应调、应选道员缺出，尽先题补，奏补准加按察使衔，十一年六月初二日：奉旨：依议。钦此。复以剿除苗匪、下游一律肃清出力保奏，十一

---

① 中国第一历史档案馆藏：军机录副，档案编号：03-4887-100。此片具奏日期未确，兹据军机处随手登记档(档案编号：03-0210-2-1112-153)校正。

年七月十三日,奉上谕:着赏给二品顶戴,并两代二品顶戴。钦此。扣至十一年十月二十六日,试看一年期满。

又,查有发川试用道黄沄,原名继昌,年四十八岁,湖南举人,拣选知县,考补教习,告假回籍,办理东征筹饷局务出力,同治二年保奏,以知县不论双单月遇缺前先选用。四年,遵例改捐盐大使,指省广东,五年三月到省。七年,在安徽捐局报捐候选郎中。十年九月,在甘捐局报捐道员,指省四川试用。十二月初十日,由部带领引见,奉旨:黄沄着发往四川,以道员试用。钦此。领照到省,扣至十二年四月初八日,试用一年期满,由藩、臬两司详请甄别前来。

臣查看该补道周振琼,年力正壮,胆识兼优;黄沄学识优长,治理通达,均请留川以繁缺道员补用。倘或始勤终怠,仍当随时核办,断不敢稍事姑容,致滋贻误。理合循例恭折具陈,伏乞皇上圣鉴。谨奏。同治十二年五月二十八日。

同治十二年闰六月十三日,奉朱批:吏部知道。钦此。①

○五四　查明川省承袭世职照章汇案办理折

同治十二年五月二十八日(1873年6月22日)

头品顶戴四川总督臣吴棠跪奏,为川省承袭世职,照章汇案办理,恭折仰祈圣鉴事。

窃查前准部咨:钦奉上谕:嗣后阵亡、殉难各员子孙承袭世职,均着各该厅州县将应袭职名迅速查明,径行具报督抚,予限半年汇

---

① 中国第一历史档案馆藏:军机录副,档案编号:03-4757-072;朱批奏折,档案编号:04-01-12-0516-063。

案具奏一次等因。钦此。历经遵办在案。兹查同治十一年九月起至十二年二月底止,陆续据成都等各厅州县先后详请承袭世职,并将前经请袭年未及岁、现已及岁之员呈请验看,造具各该故员履历事实暨应袭各员三代宗图、年貌、族邻供结前来。经臣先后验看属实,并将册结、宗图汇总,专咨报部查核。其有并无籍贯可稽者,请俟咨查覆到,另行办理。

所有同治十一年九月起至十二年二月底止川省各属请袭世职,遵照奏定章程,谨缮清单,恭呈御览,伏乞皇上圣鉴,敕部议覆施行。谨奏。同治十二年五月二十八日。

同治十二年闰六月十三日,奉朱批:兵部议奏,单并发。钦此。①

○五五　呈同治十一年九月至翌年二月请袭世职清单

同治十二年五月二十八日(1873年6月22日)

谨将同治十一年九月至十二年二月底止川省请袭世职各案,缮具清单,恭呈御览。

一、马如飞,原籍马边厅,寄籍成都县人,现年三十岁。伊父马应泰由龙安营千总出师湖北,于咸丰四年闰七月十五日在天门县属陶溪潭地方打仗阵亡,经部议给云骑尉世职。咸丰十一年九月初七日奉旨:依议。钦此。请以马应泰之嫡长子马如飞承袭。

---

①　中国第一历史档案馆藏:军机录副,档案编号:03-4757-073;朱批奏折,档案编号:04-01-17-0111-003。

一、李安邦，成都县人，现年二十三岁。伊曾祖李春和由提标右营外委出师达州，于嘉庆六年五月十二日在大宁县落水淹毙，经部议给云骑尉世职。伊祖父李正国承袭后革退病故，伊父李锡恩左手残废，不能请袭。所遗世职请以李春和之嫡长曾孙李安邦承袭，前于咸丰七年请袭时年未及岁，准食半俸。今年已及岁验看，请食全俸。

一、李万春，华阳县人，现年三十二岁。伊曾祖李凤鸣由陕西定边协左营都司因追剿教匪，于嘉庆七年二月初八日在本省渠县属之卷洞门地方打仗阵亡，经部议给云骑尉世职。伊祖父李宝余承袭后病故，父李馨林久患残疾，未经补袭。所遗世职请以李凤鸣之嫡长曾孙李万春承袭。前于道光三十年请袭时年未及岁，准食半俸。今年已及岁验看，请食全俸。

一、李廷锡，原籍湖南武陵县，寄籍四川华阳县人，现年十九岁。伊父李仁由咨补陕西米脂县典史，于同治三年五月初一日在陕西孝义厅纸房沟打仗阵亡，经部议给云骑尉世职。同治六年四月二十日奉旨：依议。钦此。请以李仁之嫡长子李廷锡承袭。

一、蔡廷恩，温江县人，现年二十九岁。伊祖父蔡锡麟由文生于咸丰十一年九月十五日，因蓝逆窜入县属曾家林地方骂贼勒毙，经部议给云骑尉世职。于同治五年十一月二十八日奉旨：依议。钦此。嫡长子蔡明泰未袭病故，请以蔡锡麟之嫡长孙蔡廷恩承袭。

一、蓝玉泉，温江县人，现年二十四岁。伊父蓝敦义由外委于同治三年十一月初九日在湖北襄阳府属王家楼地方打仗阵亡，经部议给云骑尉世职。同治十一年七月初二日奉旨：依议。钦此。请以蓝敦义之嫡长子蓝玉泉承袭。

一、陈大文，温江县人，现年二十三岁。伊父陈藩由署云南镇吏目,于咸丰十年七月间逆匪攻陷城池,被戕殒命,经部议给云骑尉世职。同治七年八月二十日奉旨:依议。钦此。请以陈藩之嫡长子陈大文承袭。

一、徐安邦,双流县人,现年三十三岁。伊胞兄徐定邦由蓝翎马兵出师广西,于咸丰十年五月初十日在泾县属地方打仗阵亡,经部议给云骑尉世职。同治七年三月十四日奉旨:依议。钦此。因原立官徐定邦未娶无嗣,请以胞弟徐安邦承袭。

一、梁永枢,新都县人,现年二十岁。伊父梁用修由选用府经历县丞,于咸丰十年闰三月十五日在江南金陵城外雨花台地方打仗阵亡,经部议给云骑尉世职。咸丰十年十二月十三日奉旨:依议。钦此。请以梁用修之嫡长子梁永枢承袭。

一、杨其旃,绵州人,现年十二岁。伊胞伯杨通富由蓝翎把总出师安徽,于咸丰九年十二月二十四日在太湖县属小池驿地方打仗阵亡,经部议给云骑尉世职。伊父杨通裕承袭后未领敕书,旋即病故,无凭申缴。所遗世职请以杨通富之嫡亲胞侄已故云骑尉杨通裕之嫡长子杨其旃承袭。

一、马统驭,巴县人,现年十四岁。伊父马垂忠由重庆右营千总于同治五年八月二十一日在甘肃巩昌府城打仗阵亡,经部议给云骑尉世职。于同治九年四月二十三日奉旨:依议。钦此。请以马垂忠之嫡长子马统驭承袭。

一、马天富,巴县人,现年十九岁。伊曾祖父马彪由顺庆营千总出师达州,于嘉庆二年三月十一日在金峨寺打仗阵亡,经部议给云骑尉世职。伊祖及父先后承袭病故,所遗恩骑尉世职,请以马彪之嫡长曾孙马天富承袭。前于同治五年承袭时年未及岁,准食半俸。今年已及岁验看,请食全俸。

一、孟鸿年，中江县人，现年二十三岁。伊父孟钟瀛由署理甘肃陇西县知县，于同治五年八月二十日，因率团御贼，力竭捐躯，经部议给云骑尉世职。同治五年十一月二十八日奉旨：依议。钦此。请以孟钟瀛之嫡长子孟鸿年承袭。

一、马禄昭，万县人，现年二十九岁。伊父马定国由尽先副将于同治元年三月十八日在本省万县属红谷田地方与贼打仗，众寡不敌，力竭阵亡，经部议给骑都尉世职。同治元年十二月初五日奉旨：依议。钦此。请以马定国之嫡长子马禄昭承袭。年已及岁，俟接准部覆后，再行给咨赴部引见，恭候钦定。

一、黄开甲，广元县人，现年二十二岁。伊父黄元庆由甘肃候补典史，于同治二年二月在甘肃盐关镇打仗阵亡，经部议给云骑尉世职。同治二年九月十七日奉旨：依议。钦此。请以黄元庆之嫡长子黄开甲承袭。

一、马朝梁，奉节县人，现年二十一岁。伊父马胜奎由湖广即补副将出师江南，于同治元年六月初四日在宁国府与贼打仗阵亡，经部议给骑都尉世职。同治元年十月二十六日奉旨：依议。钦此。伊胞兄马朝裕承袭后，给咨赴部，在途病故，无嗣。所遗世职请以马胜奎之次子马朝梁承袭。年已及岁，俟接准部覆后，再行给咨赴部引见，恭候钦定。

一、屈登高，邛州人，现年十八岁。伊父屈中麟由恩骑尉出师安徽，于咸丰九年五月初四日在定远县地方打仗阵亡，经部议给云骑尉世职。前于同治五年承袭时年未及岁，准食半俸。今年已及岁验看，请食全俸。

一、杨德钊，永宁县人，现年二十五岁。嗣父杨福由永宁营外委管带兵勇，于同治三年二月初九日在本省叙永厅属后山堡地方打仗阵亡,经部议给云骑尉世职。同治九年六月初四日奉旨:依议。钦此。因原立官无子,请以胞侄嗣子杨德钊承袭。

一、杨胜远,秀山县人,现年十九岁。伊嗣父杨昌佑由尽先都司出师安徽,于咸丰十年正月初六日在太湖县属小池驿地方打仗阵亡,经部议给云骑尉世职。咸丰十年五月二十六日奉旨:依议。钦此。因原立官无子,请以嗣子杨胜远承袭。前于同治四年承袭时年未及岁,准食半俸。今年已及岁验看,请食全俸。

一、刘凤翔,马边厅人,现年二十一岁。伊父刘钊由提标中营外委出师江南,历保尽先都司,于咸丰十年八月十二日在宁国府与贼打仗阵亡,经部议给云骑尉世职。同治七年十月二十五日奉旨:依议。钦此。请以刘钊之嫡长子刘凤翔承袭。

一、罗定邦,松潘厅人,现年二十二岁。伊伯曾祖父罗胜龙由松潘中营外委出师金川,于乾隆三十九年九月二十九日攻打逊克尔宗喇嘛寺阵亡。钦奉特旨,赏给恩骑尉,世袭罔替。伊曾祖罗飞龙及祖罗铸先后承袭病故,罗廷喜承袭后阵亡,应得世职已以罗廷喜之嫡长子罗定国承袭。所遗恩骑尉世职,请以罗飞龙之嫡次曾孙即罗廷喜之嫡次子罗定邦承袭。所有罗廷喜原领敕书,遵照部咨粘贴印花,径送吏部核办。

一、何多福,会理州人,现年十九岁。伊嗣父何占鳌由永定营蓝翎战兵出师江南,于咸丰十年闰三月十五日在金陵上河街打仗阵亡,经部议给云骑尉世职。同治三年九月二十日奉旨:依议。钦此。因原立官未娶无子,请以嗣子何多福承袭。

(御批):览。[1]

---

[1]　中国第一历史档案馆藏:清单,档案编号:03-4757-074。

○五六　奏报川省同治十二
年四月雨水、粮价折

同治十二年五月二十八日（1873 年 6 月 22 日）

头品顶戴四川总督臣吴棠跪奏，为恭报四川省同治十二年四月份各属具报米粮价值及得雨情形，仰祈圣鉴事。

窃照同治十二年三月份通省粮价及得雨情形，前经臣恭折奏报在案。兹查同治十二年四月份成都等十二府，资州、绵州、忠州、酉阳州、眉州、邛州、泸州七直隶州，叙永、松潘、石砫三直隶厅，各属先后具报得雨自一、二次至六、七、八次不等。田水充盈，旱禾茂盛。其通省粮价俱与上月相同，据布政使王德固查明列单汇报前来。

臣覆核无异。理合恭折具奏，并分缮清单，恭呈御览，伏乞皇上圣鉴。谨奏。同治十二年五月二十八日。

同治十二年闰六月十三日，奉朱批：知道了。钦此。①

○五七　呈川省同治十二年四月粮价清单

同治十二年五月二十八日（1873 年 6 月 22 日）

谨将同治十二年四月份四川省所属地方各项米粮价值，开具清单，恭呈御览。

---

① 中国第一历史档案馆藏：军机录副，档案编号：03-4966-422；朱批奏折，档案编号：04-01-25-0513-056。

成都府属,价贵。中米每仓石价银二两九钱七分至三两九钱七分,与上月同。大麦每仓石价银一两八钱三分至二两,与上月同。小麦每仓石价银二两一钱三分至二两三钱,与上月同。黄豆每仓石价银一两六分至二两四钱六分,与上月同。荞子每仓石价银一两一钱六分至一两七钱,与上月同。

重庆府属,价贵。中米每仓石价银二两七钱七分至三两七钱七分,与上月同。大麦每仓石价银一两六钱二分至一两九钱七分,与上月同。小麦每仓石价银二两二钱八分至二两七钱,与上月同。黄豆每仓石价银二两七钱一分至二两九钱九分,与上月同。

保宁府属,价贵。中米每仓石价银二两五钱九分至三两二钱八分,与上月同。大麦每仓石价银一两八钱九分至二两一钱,与上月同。小麦每仓石价银二两八钱三分至三两五钱七分,与上月同。黄豆每仓石价银一两八钱三分至二两一钱三分,与上月同。

顺庆府属,价贵。中米每仓石价银三两三分至三两四钱二分,与上月同。大麦每仓石价银一两六钱一分至一两八钱,与上月同。小麦每仓石价银二两九分至二两一钱二分,与上月同。黄豆每仓石价银一两五钱五分至一两六钱七分,与上月同。

叙州府属,价贵。中米每仓石价银三两四分至三两三钱二分,与上月同。大麦每仓石价银一两六钱六分至二两二分,与上月同。小麦每仓石价银二两一钱三分至二两六钱三分,与上月同。黄豆每仓石价银一两一钱一分至一两五钱二分,与上月同。

夔州府属,价贵。中米每仓石价银二两八钱四分至三两一钱七分,与上月同。大麦每仓石价银一两七钱八分至二两四钱六分,与上月同。小麦每仓石价银二两九钱五分至三两三分,与上月同。黄豆每仓石价银二两一钱六分至二两二钱六分,与上月同。

　　龙安府属，价贵。中米每仓石价银二两五钱二分至三两二钱，与上月同。青稞每仓石价银一两五钱，与上月同。小麦每仓石价银一两七钱九分至二两一分，与上月同。黄豆每仓石价银一两八钱五分至一两九钱三分，与上月同。

　　宁远府属，价贵。中米每仓石价银二两八钱七分至三两一钱八分，与上月同。大麦每仓石价银一两四钱八分至一两六钱，与上月同。小麦每仓石价银一两五钱九分至二两二钱，与上月同。荞子每仓石价银一两四钱五分，与上月同。黄豆每仓石价银一两五钱六分至一两六钱三分，与上月同。

　　雅州府属，价中。中米每仓石价银二两七钱九分至二两八钱二分，与上月同。小麦每仓石价银二两二钱九分至二两六钱五分，与上月同。黄豆每仓石价银一两六钱七分至二两六分，与上月同。

　　嘉定府属，价贵。中米每仓石价银二两七钱六分至三两三钱四分，与上月同。小麦每仓石价银二两三钱六分至二两七钱三分，与上月同。黄豆每仓石价银一两四钱九分至二两五分，与上月同。

　　潼川府属，价贵。中米每仓石价银二两八钱七分至三两一钱三分，与上月同。大麦每仓石价银一两六钱五分至一两九钱三分，与上月同。小麦每仓石价银二两一钱四分至二两四钱九分，与上月同。黄豆每仓石价银一两七钱八分至二两一钱五分，与上月同。

　　绥定府属，价中。中米每仓石价银二两七钱四分至二两八钱六分，与上月同。大麦每仓石价银一两五钱七分至一两五钱八分，与上月同。小麦每仓石价银一两六钱二分至一两七钱三分，与上月同。黄豆每仓石价银一两四钱三分，与上月同。

　　眉州直隶州并属，价贵。中米每仓石价银二两七钱二分至三两，与上月同。

吴棠集

邛州直隶州并属，价贵。中米每仓石价银二两六钱二分至三两三分，与上月同。大麦每仓石价银一两九钱，与上月同。小麦每仓石价银二两五钱七分，与上月同。黄豆每仓石价银二两一钱至二两二钱四分，与上月同。

泸州直隶州并属，价贵。中米每仓石价银三两四分至三两五分，与上月同。

资州直隶州并属，价中。中米每仓石价银二两五钱四分至二两九钱四分，与上月同。

绵州直隶州并属，价贵。中米每仓石价银二两七钱一分至三两一分，与上月同。小麦每仓石价银二两三钱二分至二两四钱六分，与上月同。

茂州直隶州并属，价中。中米每仓石价银二两六钱一分，与上月同。小麦每仓石价银二两六钱八分，与上月同。青稞每仓石价银二两二钱，与上月同。荞子每仓石价银一两二钱三分至一两七钱三分，与上月同。

忠州直隶州并属，价贵。中米每仓石价银二两五钱六分至三两二钱二分，与上月同。大麦每仓石价银一两四钱六分至一两六钱，与上月同。小麦每仓石价银二两三钱至二两三钱九分，与上月同。黄豆每仓石价银一两二钱七分至一两三钱七分，与上月同。

酉阳直隶州并属，价贵。中米每仓石价银二两五钱七分至三两五分，与上月同。大麦每仓石价银二两二钱八分至二两六钱，与上月同。小麦每仓石价银二两六钱二分至二两七钱六分，与上月同。黄豆每仓石价银一两三钱九分至一两四钱四分，与上月同。

叙永直隶厅并属，价中。中米每仓石价银二两九钱七分，与上月同。小麦每仓石价银一两八钱一分，与上月同。荞子每仓石价银一两三钱二分,与上月同。黄豆每仓石价银一两六钱一分,与上月同。

松潘直隶厅,价中。青稞每仓石价银二两七钱六分,与上月同。荞子每仓石价银一两七钱四分,与上月同。

杂谷直隶厅,价中。青稞每仓石价银二两四钱,与上月同。荞子每仓石价银一两七钱九分,与上月同。

石砫直隶厅,价平。中米每仓石价银一两六钱,与上月同。大麦每仓石价银一两七钱三分,与上月同。小麦每仓石价银二两六分,与上月同。

打箭炉厅,价贵。青稞每仓石价银四两九钱,与上月同。油麦每仓石价银一两八钱一分,与上月同。

(御批):览。[1]

○五八　呈川省同治十二年四月得雨清单

同治十二年五月二十八日(1873年6月22日)

谨将同治十二年四月份四川省所属地方报到得雨情形,开具清单,恭呈御览。

成都附属:成都、华阳两县得雨五次,小春收获。简州得雨二次,秧苗栽插。崇庆州得雨二次,早稻栽插。汉州得雨二次,秧苗栽插。温江县得雨五次,堰水充足。郫县得雨三次,早秧栽插。崇宁县得雨二次,塘堰积水。新都县得雨三次,秧苗栽插。金堂县得雨二次,秧苗栽插。灌县得雨五次,小春收获。双流县得雨三次,

---

① 中国第一历史档案馆藏:清单,档案编号:03-4966-423。

早秧栽插。

重庆府属:江北厅得雨二次,早秧滋长。江津县得雨三次,早秧栽毕。长寿县得雨四次,堰塘积水。永川县得雨二次,禾苗栽种。荣昌县得雨三次,田水充足。合州得雨五次,小春收获。南川县得雨七次,晚秧滋长。铜梁县得雨三次,秧苗栽插。璧山县得雨二次,田水稍润。

夔州府属:奉节县得雨二次,早秧滋长。云阳县得雨二次,秧苗栽插。开县得雨二次,晚禾滋长。

龙安府属:江油县得雨二次,堰塘积水。平武县得雨三次,秧苗滋长。

绥定府属:达县得雨二次,田水充足。大竹县得雨三次,栽插秧苗。渠县得雨二次,早秧茂盛。城口厅得雨四次,早禾茂盛。

宁远府属:盐源县得雨二次,早禾滋长。越嶲厅得雨二次,秧苗栽插。

保宁府属:阆中县得雨二次,麦穗成熟。苍溪县得雨一次,早秧茂盛。南部县得雨二次,秧苗滋长。广元县得雨一次,早秧栽插。剑州得雨三次,稻粟播种。

顺庆府属:南充县得雨一次,早秧栽插。西充县得雨一次,田水充足。蓬州得雨三次,豆麦收毕。营山县得雨一次,晚秧栽毕。仪陇县得雨二次,豆麦收获。广安州得雨三次,早禾栽插。岳池县得雨三次,秧苗荣茂。邻水县得雨四次,秧苗栽插。

潼川府属:三台县得雨五次,杂粮收获。射洪县得雨三次,早秧栽插。盐亭县得雨一次,豆麦成熟。中江县得雨一次,早秧荣茂。蓬溪县得雨一次,早秧栽插。乐至县得雨二次,秧苗栽插。

雅州府属:雅安县得雨三次,田水充足。名山县得雨二次,秧苗荣茂。芦山县得雨三次，秧苗荣茂。天全州得雨五次，秧苗栽毕。

嘉定府属：乐山县得雨四次，秧苗茂盛。峨眉县得雨三次，早禾栽插。洪雅县得雨二次，秧苗滋长。犍为县得雨一次，晚秧滋长。荣县得雨三次，早禾栽插。威远县得雨三次，田禾茂盛。峨边厅得雨二次，田禾滋长。

叙州府属：富顺县得雨四次，秧苗荣茂。南溪县得雨七次，早秧滋长。隆昌县得雨一次，田水充盈。长宁县得雨一次，晚秧栽毕。兴文县得雨四次，禾苗畅茂。马边厅得雨二次，秧苗荣秀。

资州直隶州并属：资州得雨二次，田堰水足。仁寿县得雨一次，早禾茂盛。内江县得雨四次，早禾滋长。

绵州直隶州并属：绵州得雨二次，田水充足。安县得雨四次，禾苗栽插。梓潼县得雨一次，禾苗茂盛。罗江县得雨三次，堰水足用。

忠州直隶州并属：忠州得雨二次，早秧栽插。酆都县得雨二次，秧苗栽插。

酉阳直隶州并属：酉阳州得雨三次，田水充盈。黔江县得雨二次，田水足用。彭水县得雨一次，秧苗茂盛。

眉州直隶州并属：眉州得雨二次，秧苗渐长。丹棱县得雨八次，秧苗茂盛。

邛州直隶州并属：邛州得雨二次，秧苗荣茂。大邑县得雨二次，豆麦收获。

泸州直隶州并属：泸州得雨三次，秧苗滋长。江安县得雨一次，晚秧荣秀。合江县得雨七次，秧苗栽毕。纳溪县得雨六次，晚秧栽毕。

叙永直隶厅并属:叙永厅得雨二次,秧苗滋长。永宁县得雨二次,秧苗畅茂。

松潘直隶厅得雨二次,早秧滋长。

石砫直隶厅得雨五次,田水充足。

(御批):览。[①]

○五九　奏补崇化营等处都司等缺折

同治十二年五月二十八日(1873 年 6 月 22 日)

头品顶戴四川总督臣吴棠跪奏,为拣员请补都、守各缺,以资整顿,恭折仰祈圣鉴事。

窃照崇化营都司马开昌,军政参革遗缺,前准部咨,令照例拣选题补。川北左营守备许百禄在任病故,经臣恭疏题报开缺,声明扣留外补。又,接准部咨:前请升补阜和右营都司李文光尽先名次在后,与例不符等因。查崇化营都司,悬处夷疆,督练屯练,抚驭巡防,责任綦重。川北左营分驻保、宁,弹压巡防,均关紧要。臣于通省实缺都司及尽先名次在前各都、守内逐加遴选,非员缺紧要,即人地未宜。

惟查有尽先补用游击蔡廷超,年三十七岁,四川成都县人,由行伍出师广西,转战江西到等省,打仗著绩,洊升花翎守备。同治四年,攻克广东嘉应州城出力,奏保免补都司,以游击尽先补用。嗣追剿捻匪,在湖北永潍河等处地方打仗大获全胜并湖北肃清案内汇保,同治六年十一月初一日,奉上谕:游击蔡廷超着以游击留

---

①　中国第一历史档案馆藏:清单,档案编号:03-4966-424。

于四川,遇有游击缺出,先行补授,并赏给信勇巴图鲁名号。钦此。七年三月,咨遣回川收标,曾于八年八月二十九日取具履历清册咨部在案。嗣委操省标精兵,严整有法,委署绵州营都司。该员久历戎行,熟悉营伍,拟请升补崇化营都司。

又,查有会川营守备马占魁,年四十一岁,四川西昌县人,由行伍出师湖南,转战湖北、安徽、江南、江苏等省,打仗著绩,历保花翎都司,尽先补用,并加游击衔,咨撤回营,历署怀远等营千总、建左游击,由部题补会川营守备,于同治十一年十月十五日兵部带赴内阁,经钦派王大臣验放请旨,马占魁着准其补授,于十六日覆奏,奉旨:依议。钦此。承领札付,接准部覆:该员系宁远府西昌县人,题补是缺系属同府,应令拣选对调等因。查该员差操勤奋,拟请调补川北左营守备。所遗会川营守备员缺,驻扎会理,界连云南。现在该省回氛尚未全靖,非熟悉边防之员,不克胜任。查有尽先前补用守备建昌中营把总穆德沛,年二十三岁,四川松潘厅人,由行伍出师本省,攻剿越嶲、普雄、交脚等处夷巢,打仗著绩,历拔建中把总。同治十年四月,川、滇各军会剿回匪、攻克永北厅城案内汇保,以千总尽先拔补,并换五品衔花翎。嗣于汇保叠次剿匪出力弁兵绅团案内,同治十一年十二月十六日,内阁奉上谕:千总穆德沛着以守备留于四川,遇缺尽先前即补,并赏加都司衔。钦此。该员弓马娴习,拟请升补会川营守备。

至阜和右营都司一缺,分驻清溪县城,紧接夷疆,直连藏、卫,为川省西路边要总隘。若以未谙边防夷情之员骤膺斯任,深虑布置失宜,无以慎锁钥而资控驭,实未敢拘泥定章,迁就贻误。前经臣以尽先前补用都司城守左营千总李文光请补,准部咨覆,以尽先名次在该员之前者,尚有袁大顺等二员。现查袁大顺自行造呈履历,仅于咸丰七年克复江南溧水、句容县城案内奏保免补千总,以守备尽先补用,并未保有都司尽先,自不能越级请补。其余都司尽先名次在李文光之前者,臣亦详加遴选,询以边务夷情,均未阅历,实与此缺不甚相宜。惟李文光差操勤奋,并熟悉边防,实属可靠之员,且尽先前班次较尽先尤优,人地实在相需,例得声明奏请。

以上各员现无事故,蔡廷超由尽先游击借补都司,未逾三级,与李文光各距籍在五百里以外,穆德沛、马占魁均系隔府别营,与调补之例相符。合无仰恳天恩,俯准以蔡廷超借补崇化营都司,马占魁调补川北左营守备,穆德沛补授会川营守备,李文光升补阜和右营都司,实于边防、营务均有裨益。如蒙俞允,该员马占魁系对品相调,毋庸送部引见。其余各员,俟接准部覆,再行分别给咨北上。

臣为慎重边防、因地择人起见,是否有当,理合会同成都将军臣魁玉、提督臣胡中和,合词恭折具奏,伏乞皇上圣鉴训示。再,崇化营都司系题调缺,现查无合例堪调之员,是以拣员借补,合并陈明。谨奏。五月二十八日。

同治十二年闰六月十三日,奉朱批:兵部议奏。钦此。①

○六○　拿获巨盗审明定拟折

同治十二年五月二十八日(1873年6月22日)

头品顶戴四川总督臣吴棠跪奏,为拿获邻境大伙巨盗,拒伤县役并伤团丁身死,议明正法,恭折仰祈圣鉴事。

---

①　中国第一历史档案馆藏:军机录副,档案编号:03-4757-071。

　　窃据平武县知县屠天培禀：该县壤接陕、甘，兼通番地，匪徒易于出没，巡缉最关紧要。访闻甘肃著名巨盗周老四、李包振滥等，各纠党伙数十人，曾在甘省文县地方抢掠焚杀，并抢该县碧口税局银钱逃逸，移缉未获。兹该匪等于同治十年七月二十七日纠党潜入县属水晶堡地方，经巡役何顺、赵玉前往查捕，均被拒伤逃回，禀请验缉。即经该县移会营汛，调集团丁，亲督兵役，于十八日分路兜拿。乃该匪等辄敢开炮持械，拒伤差役、团丁多名。该丁役等奋不顾身，格毙唐七代亡等四名，擒获周老四等十名，夺获火炮、刀械、赃物多件。续于二十九日，缉获刘老么等四名，起同剩赃先后到案，分别验伤拨医。讵团丁蒲国忠伤重，于八月初二日身死，覆验具报。提讯该犯周老四等，供认上年曾在甘省文县地方结伙焚抢，得赃各散，今复在江油县聚众行劫刘定帼家，捆殴事主得赃，逃至该县，拒伤差团各情不讳。解经江油县提同先获之赵光五等五名，质讯相符。惟刘老么等五名供系被胁勉从，并未上盗拒捕，亦未在场，录供详报。该犯杨老么等先后在监、在保病故，委验属实，批府提审明确，禀经批饬将周老四、庞老五、王正前、张老么、萧老七、谢二六名，照章就地正法。周老四、庞老五、萧老七、谢二仍加枭示，刘老么等按拟详办去后。兹据该府县议拟，由按察使核议请奏前来。

　　臣覆加查核，缘周老四等十四名分隶梓潼、汉州、甘肃文县等州县，均不务正，曾在各营充勇斥革，在外游荡。刘老么等五名分隶彰明、平武等县，俱系帮工度日。周老四与在逃之李包振滥先在甘肃文县碧口一带地方乘回匪扰乱，各纠伙党数十人，焚杀抢掠，并抢税局银钱，记不清月日、次数，因兵役查拿严紧，逃避各散。

　　同治十年六月二十六日，周老四潜至江油县雁门坝地方，先后会遇素识已获之庞老五、王正前、张老么、萧老七、谢二、周春庭、杨老么、文小五、王老么、赵老五、贺老五、谢世伦、李华春、刘老么、唐老么、李大老么、江老么、安老五、格杀之唐七代亡、贾小老五、在逃之李包振滥、尹老五、张麻仔、岳老三、曾么大、贾大老么、李小老么、李么大王、独鸡养、华清、柯老么、梁么大、陈老么、郭二麻仔,各道贫难。周老四稔知刘定帼家富足,起意纠劫,得赃分用,众各允从。刘老么、唐老么、李大老么、江老么、安老五不允。周老四吓称,如不允从,定即殴死。刘老么等被逼勉从。即于是夜,周老四等分拿刀械、火枪、油捻。刘老么、唐老么、李大老么、江老么、安老五徒手,行至中途,畏惧逃避。周老四等一共三十人,齐抵事主刘定帼门首。周老四即令王老么、张老么、李华春、尹老五在外把风,周老四等毁门进内。事主刘重民等拢捕,李包振滥用刀背将刘彦憘殴伤,周春庭亦用刀戳伤李吉娃右臁肋,王正前等用麻绳将刘重民、刘彦憘、李吉娃两手捆缚,吓禁声张。刘定帼畏避。周老四等分赴各房,扭毁箱柜锁扣,劫得银钱、衣物,分携逃逸,并将刘重民拉至中途,无人追捕,始行释回。周老四等查点赃物俵分。

次早,撞遇刘老么等,告知行劫得赃、殴捆事主前情。周老四分给刘老么等钱十千文并麻布等物,以塞其口,嘱勿声张。刘老么等得赃各散。事主刘定帼报县,会勘验缉。周老四因知平武县水晶堡地方山僻,又通番地,邀同庞老五等前往暂避,纠人同赴甘肃,勾结回匪滋事。王正前、赵老五均未同行,李包振滥又于中途纠允李铁匠、李老么入伙背赃,沿路各将分得衣物卖与不知姓名人,得钱连分得银钱一并花用,逃至水晶堡地方。经平武县访闻,即经亲督兵役、团丁,分投兜拿。周老四辄敢起意纠同庞老五等开放火炮,仍持刀械拒捕。李铁匠、刘老么在场助势,拒伤差团。时因人多手杂，记不清何犯拒伤何人，当被差团格杀该匪唐七代亡、贾小老五、李铁匠、李老么四名身死，并生擒周老四等十名，夺获炮械、赃物。旋又续获刘老么等四名，起同剩赃，先后到案。分别验伤拨医。讵团丁蒲国忠伤重，至八月初二日身死，覆验讯详，将犯同赃移解江油县，传主认领，讯供通报。该犯杨老么等先后在监、在保病故，禀委验详，批府提犯，研讯明确，禀经批饬将周老四、庞老五、王正前、张老么、萧老七、谢二六犯，查照奏定章程，先行就地正法。周老四、庞老五、萧老七、谢二加拟枭示，仍照例拟办。兹据议详前来。

查律载：强盗已行但得财者，不分首从皆斩。又例载：强盗拒捕杀伤官兵之案，除同伙伤人该犯不在一处者仍照例拟罪外，其同在一处，虽被下手之人既在旁睹，即系同恶共济，即行斩决。又，强逼为盗，临时逃避，行劫后分与赃物以塞其口，数在一百两以下，照共谋为盗临时畏惧不行、事后分赃例减一等，杖一百、徒三年各等语。

此案周老四与李包振滥各纠党伙数十人，先在甘肃抢掠焚杀，因被兵役严拿各散，窜入江油县，复聚伙匪行劫刘定帼家得赃，捆殴事主，逃至平武县避匿，又图滋事，经该县亲督兵役团丁兜拿，辄敢放炮持械，拒伤差团多名，团丁蒲国忠受伤殒命，实属目无法纪，形同叛逆。赃经主认，正盗无疑。惟二罪相等，自应从一科断，按律问拟。周老四即周管事、庞老五、周春庭即周大耶、杨老么、文小五、王老么即王必才、王正前即王小鬼、张老么、谢世伦、李华春、萧老七、谢二、贺老五、赵老五、唐七代亡、贾小老五，均合依强盗已行得财者不分首从皆斩律，俱拟斩立决。周老四、庞老五、萧老七、谢二、周春庭、文小五、王老么、谢世伦、李华春、贺老五、唐七代亡、贾小五,均系两犯斩决,仍照例加拟枭示。

周老四、庞老五、王正前、张老么、萧老七、谢二,业已照章正法,分别枭首示众,以昭炯戒。周春庭、杨老么、文小五、王老么、谢世伦、李华春、贺老五、张老么,已在监先后病故。唐七代亡、贾小老五与听从持械拒捕之李铁匠、李老么,俱已格杀,均毋庸议。唐七代亡、贾小老五仍分别戮尸枭示。

刘老么、唐老么、李大老么、江老么、安老五等五名,均系强逼为盗、临时逃避、事后分赃数在一百两以下。周老四等拒捕伤人之时,该犯均未在场,自应按例问拟。刘老么即刘朝燕、唐老么、李大老么即李幅沅、江老么即江长发、安老五即安舜,均合依强逼为盗临时逃避,事后分与赃物以塞其口,数在一百两以下,照共谋为盗、临时畏惧不行、事后分赃例减一等,杖一百、徒三年例,拟各杖一百、徒三年。李大老么业已病故,应毋庸议。该犯刘老么等事犯到案虽在同治十一年正月初四日恩诏以前,惟系知情分赃,情节较重,应请毋庸查办,仍定地发配。周老四等在外为匪,原籍牌保无从觉察,不能禁约萧老七等为盗之牌保、父兄援免传责。差团傅忠顺等因盗犯周老四等放炮,持械拒捕,当经格杀唐七代亡等身死,律得勿论。买赃不知姓名人无从查究。刘重民等伤均平复,起赃给领,未起追赔。夺获炮械存库,案结饬毁。团丁蒲国忠捕盗出力伤亡,照例给银,饬传该故丁亲属具领。逸盗李包振滥等饬缉,获日另结。无干省释。

此案刘老么等五名并未上盗不计外,其上盗首伙三十人,已于疏防限内获犯十四名,格毙二名,获犯过半,兼获盗首。文武疏防,例免开参。至该县屠天培首先拿获著名巨盗首伙十六名之多,且当该县亲督兵役、团丁围捕,该匪辄敢恃众开炮,持械拒伤差役多人,并将团丁杀毙,实属形同叛逆,兼系邻省乘乱结党、焚杀抢掠、移缉有案之犯,与寻常缉捕不同。该县勤奋出力,不减战功,例应随案具保,合无仰恳天恩,俯准将蓝翎同知直隶州知州用四川平武县知县屠天培俟补同知直隶州知州后,以知府用,先换顶戴,免其送部引见,以示优奖而昭激劝之处,出自逾格鸿施。

除供招咨部外,合将拿获邻境巨盗多名讯明正法缘由,循例恭折具奏,伏乞皇上圣鉴训示,敕部核覆施行。谨奏。五月二十八日。

同治十二年闰六月十三日,奉朱批:该部议奏。钦此。①

○六一 奏报王梣春等员期满甄别片

同治十二年五月二十八日(1873 年 6 月 22 日)

再,查吏部奏定章程:道、府、丞、倅、州、县,无论何项劳绩保奏归入候补班者,以到省之日起,予限一年,令督抚详加察看,出具切实考语,奏明分别繁简补用等因。遵照在案。兹查有道员用候补班补用知府王梣春、补用同知颜佐才、候补班前先补用知州缪嘉誉、邱祖培、黄之骥等五员,均到省一年期满,据藩、臬两司造具该员等履历清册,详请甄别前来。

臣察看该员王梣春,有守有为,堪膺表率之任,请留川以繁缺知府补用;颜佐才年强才敏,请留川以繁缺同知补用;缪嘉誉吏事精明,邱祖培办公勤奋,均请留川以繁缺知府补用;黄之骥才识干练,请留川以繁缺知县补用。除履历送部外,理合附片具陈,伏乞

---

① 中国第一历史档案馆藏:军机录副,档案编号:03-4777-125。

圣鉴训示。谨奏。

同治十二年闰六月十三日,奉朱批:吏部知道。钦此。[①]

○六二　代奏薛焕终养事毕因病暂缓赴京片

同治十二年五月二十八日(1873年6月22日)

再,臣接据在籍头品顶戴候补京堂薛焕遣丁呈称:窃焕前在总理各国事务衙门行走,同治四年,因母病危笃,请假省亲,奏奉谕旨:着赏假三个月,回籍省亲。钦此。到籍后因母病剧增,具折陈请终养,由前署总督代递,奉上谕:着准其在籍终养,以遂孝思。钦此。嗣丁父忧,接丁母艰,庐墓守制,统扣至同治十一年八月初七日服满,将服满日期,呈请咨部在案。伏查告养人员事亲毕,例应回京供职。焕渥荷圣恩,本拟今春遵例北上,惟前于咸丰十年困守上海县城,左耳曾受炮震,以致重听。近年牵动右耳,俱有重听之病,兼以积年劳伤,耗损心气,遇事健忘。据医者云,心血过亏,必须培补静养,非调理数月所能奏效。现在赶紧医治,一俟病体稍愈,即当回京,断不敢稍涉稽延。谨陈请代奏等情前来。

臣查薛焕前于咸丰十年秋间困守上海县时,适臣任徐州道,同官苏省,稔其忠勇奋发,凌厉无前,强寇为之披靡,城围遂得速解,保全海口税厘岁进数百万,曾国藩、李鸿章东下各军饷糈,赖以饱腾,速平东南各省巨患,厥功甚伟。兹虽两耳重听,而精神强固,智诚坚卓,将来病痊,实堪起用。所有该员终养事毕、因病遽难赴

---

① 中国第一历史档案馆藏:军机录副,档案编号:03-4666-037;朱批奏片,档案编号:04-01-12-0516-062。此片具奏日期未确,兹据同批折件校正。

京缘由，理合据情附片代奏，伏乞圣鉴。谨奏。

同治十二年闰六月十三日，奉朱批：知道了。钦此。[①]

○六三　奏报沈芝林等调署知县片

同治十二年五月二十八日(1873 年 6 月 22 日)

再，署富顺县事中江县知县白赓棟，现经饬回中江本任。所遗富顺县缺兼管盐厂，弹压抚绥，均关紧要，查有成都县知县沈芝林，练达安详，堪以调署。所遗成都县缺系省会首邑，政务殷繁，查有三台县知县王宫午，明干勤敏，堪以调署。该员等正、署各任内并无经征钱粮未完展参及承缉盗劫已起四参案件，据两司会详前来。除分咨遵照外，理合附片陈明，伏乞圣鉴。谨奏。

同治十二年闰六月十三日，奉朱批：知道了。钦此。[②]

○六四　请旌安徽盱眙县民牛唐氏等节妇片

同治十二年五月二十八日(1873 年 6 月 22 日)

再，臣籍隶安徽盱眙县，兵燹之后，节烈之妇甚众，均经地方绅士随时禀报地方官照例请旌在案。其侨寓外省为臣所深悉者，咸丰十一年四月间，臣在徐州道任内，有盱眙民人牛良珍，携眷至徐。牛良珍旋赴山东从军，御敌阵亡。其妻牛唐氏，时年二十一岁，一

---

① 中国第一历史档案馆藏：军机录副，档案编号：03-4666-038。此片具奏日期未确，兹据同批折件校正。

② 中国第一历史档案馆藏：军机录副，档案编号：03-4666-039；朱批奏片，档案编号：04-01-12-0515-115。此片具奏日期未确，兹据同批折件校正。

闻凶耗,即时饮药自尽,当经臣备棺殓葬,暂寄木主于徐城节孝祠内。又有盱眙民人岳贵之妻岳刘氏,因岳贵充当乡练,于咸丰八年四月间,随臣在滁州剿贼阵亡。其时,岳刘氏年二十岁,励节冰霜,矢志守义,以事祖母,极尽孝道,并抚其两夫弟成立,业已守节一十六年,于同治十二年五月二十七日在臣署病殁。伏思牛唐氏痛夫死难,当时殉节,洵属义烈可风;岳刘氏虽年未五十,而守节已十六年,核与节妇身故,其守节已逾十年,果系孝义兼全、厄穷堪悯者俱准旌表之例相符。

合无仰恳天恩,准予旌奖,以慰幽魂。至牛唐氏、岳刘氏例得建坊,由臣捐廉寄送原籍造办。除咨安徽抚臣转行盱眙县查照办理外,理合附片陈明,伏乞圣鉴训示。谨奏。

同治十二年闰六月十三日,奉朱批:牛唐氏、岳刘氏俱着准其旌表,该部知道。钦此。①

○六五　请准守备吴廷斌暂缓引见片

同治十二年五月二十八日(1873年6月22日)

再,查升补普安右营守备吴廷斌,例应引见。惟该营悬处夷疆,为猓番巢穴,时虞蠢动。该守备吴廷斌胆识尚优,前经臣饬令先赴新任,弹压甚合机宜,夷众渐知畏服。现有久未向化夷支,亦诣营求抚,果能及时整顿,边地可期静谧,未便遽令交替。合无仰恳天恩,俯准该员暂缓引见,敕部先给署札,一俟夷务大定,再行照

---

① 中国第一历史档案馆藏:军机录副,档案编号:03-4676-138。此片具奏日期未确,兹据同批折件校正。

例给咨北上。是否有当,理合附片具陈,伏乞圣鉴训示。谨奏。

同治十二年闰六月十三日,奉朱批:着照所请,兵部知道。钦此。[①]

○六六　委员经解黔饷起程日期折

同治十二年六月二十四日(1873 年 7 月 18 日)

头品顶戴四川总督臣吴棠跪奏,为委员经解奉拨黔饷起程日期,恭折仰祈圣鉴事。

窃臣前准军机大臣字寄:同治十一年十一月十五日,奉上谕:前因贵州办理善后,需饷甚殷,谕令福建借拨银二十万两,解黔应用,即由四川等省筹款解银归还。着吴棠迅速拨银四万两,克期解交福建,以清款目等因。钦此。遵于是年十二月二十日,先凑银二万两,汇还闽省垫拨黔饷,奏明奉旨在案。现查川省甫经拨解大批京饷,并分解云南、新疆、甘肃、淮军各协饷,数甚繁剧,挪东拉西,异常支绌。第前项饷银,黔省待用甚殷,又不能不竭力设拨。前准福建抚臣函商,以川、闽相距过远,往返解运,未免耽延时日,不如由川径解黔中,较为便捷等语。自应查照办理,用期迅速。

兹臣督同藩司于厘金项下,筹拨银二万两,抵作协黔兵饷,饬委试用同知熊绍璜,会同福建催饷委员候补通判张洪之、贵州委员试用通判邹国相管解,定期于同治十二年六月十六日自成都起程,解赴贵州藩库缴纳。计前后两次共解过银四万两,已符奉拨之数,

---

① 中国第一历史档案馆藏:军机录副,档案编号:03-4757-070。此片具奏日期未确,兹据同批折件校正。

闽省毋庸代川再垫。除分咨外,理合恭折具陈,伏乞皇上圣鉴。谨奏。六月二十四日。

同治十二年闰六月初十日,奉朱批:知道了。钦此。[①]

○六七　续拨滇饷数目并委解起程日期折

同治十二年六月二十四日(1873年7月18日)

头品顶戴四川总督臣吴棠跪奏,为续拨滇饷委解起程日期,恭折仰祈圣鉴事。

窃照川省应协滇饷,自同治八年四月起至十二年二月止,先后解过三十七万两,均经奏报在案。兹准云贵督、抚臣咨,令将协滇饷内划扣银两交署鹤丽镇总兵杨玉科派员领解,并委员来川守提。伏思川省现值筹拨京饷及固本兵饷,又分解陕甘、新疆、贵州、淮军各饷,库储已悉索无遗。第滇省攻剿得手,连月扫穴擒渠,正宜乘此兵威,早平余孽。川省介在邻封,亟应不分畛域,竭力筹济,期竟全功。

现臣督饬藩司勉凑协滇兵饷银二万七千两,以一万七千两发交署鹤丽镇总兵杨玉科委员参将刘少烈等承领,其余一万两查照滇省来咨,以二千两划扣原任云贵督臣劳崇光未领养廉,兑交该故督家属承领,以八千两发交滇省来川催饷委员候补知县李承杰领解。该委员等均于五月二十六日自成都起程,解赴云南藩库交收,以济急需。除分咨外,理合恭折陈明,伏乞皇上圣鉴。谨奏。六月二十四日。

---

① 中国第一历史档案馆藏:军机录副,档案编号:03-4951-125;朱批奏折,档案编号:04-01-35-0975-006。

同治十二年闰六月初十日,奉朱批:知道了。钦此。[1]

○六八　报销川省节年抚恤赈粜银两折

同治十二年六月二十四日(1873年7月18日)

头品顶戴四川总督臣吴棠跪奏,为川省节年办理抚恤赈粜,动用银数,据实造册报销,恭折奏闻,仰祈圣鉴事。

窃查同治九年三月间,巴塘连日地震,兼被火灾,汉夷军民多有压毙,公私庐舍悉成灰烬,当经委员查勘,并选拨银两,分次赈恤。又,是年六月,川东沿河之合州、江北巴县等厅州县同遭水患,城乡房屋被淹,居民间有冲溺。又,十年八月,嘉陵、岷、涪各江同时泛涨,沿江州县复遭水灾,委员勘明,合州一处被灾较重。以上两次被水,均经先后奏报,拨款抚恤。又,十一年正月,川省米价骤昂,贫民乏食,动碾预买仓谷,在省垣城厢设厂施粥,并委员驰赴黔省暨成、华等州县及川东地方采买米石,运省减价平粜,以代赈济。其荒歉较重之定远、铜梁等二十六厅州县,亦分饬各地方官办理赈济。所有节年委勘拨款分办赈粜各情形,历经分案奏报,先后接准部咨,均令造册报销,遵即饬司委员逐案详查,核实造报去后。兹据藩司督同委员候补知府彭毓菜等,查明新收捐输、厘金及各官捐项暨收回省城平粜米价本案支扣余平共银三十一万三千四百五十五两零,开除九、十、十一、二等年各属赈钱、施粥、购米、平粜及一切杂支,共用银三十一万一千三百七十二两零,内除因省城平粜米价一十万六千四百十八两零及各官捐项银四千五百两未请议叙毋

---

① 中国第一历史档案馆藏:军机录副,档案编号:03-4837-069。

庸造销外,实共请销银二十万四百五十四两零,实在收回米价等银一十万八千五百一两零,均已缴还司库。由该委员等将应销各款详细核算,分别造册,送司核明,详请奏咨前来。

臣按册覆加查核,均系据实造报,并无浮冒。至十一年春夏,通省粮价极昂,近省一带,贫民购米维艰,嗷嗷待哺,不得不于施粥之外佐以平粜,借代赈济。而核计丁口尤繁,深虑日久难继,是以酌定大口仅粜放米五合,小口减半,以期源源接济,实与常年偶逢偏灾、办理平粜不同。维时市间米价较平时倍涨,如按照定例每石仅减价银数钱,其价尤昂,亿万贫民仍属无力购食,深虞流离失所,必须格外大加酌减,方能以粜代赈,俾得咸沾实惠,致与例定减粜价值不符。臣实为力拯灾黎、保全民命起见,惟有据实声请准销。其各官捐项为数无多,不致邀请奖叙。

此外,劝谕各属绅粮,捐资助赈,俟查明捐数与例相符,另请奖叙。所有节年办理抚恤赈粜动用奏拨银款、造册请销缘由,除册分咨外,理合恭折具奏,伏乞皇上圣鉴,敕部核销施行。再,酆都、奉节等处被水冲塌城垣、衙署、仓库,或筹款兴修,或劝捐补葺,应俟工竣勘报到日,另案办理,合并陈明。谨奏。六月二十四日。

同治十二年闰六月初十日,奉朱批:该部知道。钦此。①

○六九　请奖候补知府彭毓棻片

同治十二年六月二十四日(1873 年 7 月 18 日)

再,查同治十年,川省夏旱秋潦,至十一年春间,米价骤昂,省

---

① 中国第一历史档案馆藏:军机录副,档案编号:03-4666-029。

城内外及附省州县饥民甚众。维时候补知府彭毓棻署理成都府知府，经臣派委随同成绵道设厂施粥，悉心擘画，克日举办，每日赴厂食粥者，不下三万余人，贫民不致失所。嗣复派委该员随同盐茶道接办平粜，清查户口，筹运米石，逐日躬亲监放，饥黎实惠均沾，闾阎借以安堵，均奏明有案。此次核实造报，尤能详慎勾稽。据藩司王德固以该员彭毓棻办理赈粜始终其事，实系最为出力之员，随案呈请奏奖前来。未便没其微劳，合无仰恳天恩，先行敕部核给奖叙，以为尽心民事者劝，出自鸿慈。理合附片具陈，伏乞圣鉴。谨奏。

同治十二年闰六月初十日，奉朱批：着照所请，吏部知道。钦此。①

○七○　奏报同治十二年春季川省各营借补千、把折

同治十二年六月二十八日（1873 年 7 月 22 日）

头品顶戴四川总督臣吴棠跪奏，为借补千、把总弁缺，按照新章，恭折汇奏，仰祈圣鉴事。

窃查前准兵部咨：嗣后借补千、把总各弁缺，积至三月开单汇奏一次，以归简易等因。兹查同治十二年春季份川省各营借补千、把总共二员，分造年岁、履历清册，由提督臣胡中和咨请汇奏暨咨部给札前来。臣覆加查核，均与定章相符。除咨部外，理合恭折汇

---

①　中国第一历史档案馆藏：军机录副，档案编号：03-4666-021。此片具奏日期未确，兹据军机处随手登记档（档案编号：03-0210-2-1112-183）校正。

奏,并照缮清单,恭呈御览,伏乞皇上圣鉴训示。谨奏。同治十二年六月二十八日。

同治十二年七月初二日,奉朱批:该部知道。单并发。钦此。①

○七一 呈同治十二年春季川省各营借补千、把清单

同治十二年六月二十八日(1873年7月22日)

谨将川省同治十二年春季份借补千、把总应行给咨各弁,缮具清单,恭呈御览。

计开:一、阜和左营右哨头司把总何能升病故,所遗阜和左营把总弁缺,考验得阜和右营右哨头司外委周会龙,年力强壮,弓马娴熟,曾经出师著绩,奏保以千总尽先拔补,堪以借补阜和左营右哨头司把总。

一、永宁营右哨千总张占元降为把总,所遗永宁营千总弁缺,考验得永宁营右哨二司把总王隆裕,年力强壮,弓马优娴,曾经出师著绩,奏保以守备尽先补用,堪以借补永宁营右哨千总。其王隆裕所遗永宁营把总弁缺,即以降为把总之张占元降补。

(御批):览。②

---

① 中国第一历史档案馆藏:军机录副,档案编号:03-4661-091;朱批奏折,档案编号:04-01-16-0200-102。

② 中国第一历史档案馆藏:清单,档案编号:03-4666-090。

○七二　奏请拔取商学贡生折

同治十二年六月二十八日(1873 年 7 月 22 日)

头品顶戴四川总督臣吴棠、四川学政编修臣夏子镅跪奏，为请拔商学贡生，以育人才，恭折汇奏，仰祈圣鉴事。

窃臣夏子镅查咸丰八年九月十三日，准礼部札：议奏川省犍乐、富荣两局共征收过盐厘银六十九万两有奇，援照办理津贴加增学额成案，请于犍、乐两县合设商学定额，取进商籍文童四名、武童二名。富、荣两县合设商学定额，取进商籍文童四名、武童二名。遇拔贡之年，照县学之例考拔，奉旨允准在案。兹考试嘉定、叙州两府，查各该商籍自设学额以来，已历十六年之久，合计每学取进生员本有四十余名，除报捐及病故外，现在犍乐商学实有文生二十二名，富荣商学实有文生二十六名。因限于取进定额，人数不能过多，而诸生争自濯磨，文风均有可观，尤不乏敦品励节之士。若照各州县成例，须生员满百人，再行选拔，以每考取进四名计之，虽历年久远，终难足数，未免向隅。臣子镅考毕科试，据各该学教官公请，按照咸丰八年礼部奏定原案，分别考拔，当选得犍乐商学增生古尚贤一名，富荣商学增生李鸿猷一名，文行俱优，堪以拟拔。惟系初次举行，未敢擅便，咨行臣棠，先行会奏。

臣等覆查松潘厅学定额取进文生四名，历遇拔贡之年，均一律改拔在案。今犍乐、富荣两商学取进额数与松潘相等，多士望洋孔殷，未便稍行轩轾，且川省十数年来，凡援邻各军饷糈及奉拨京饷，半取资于盐厘，岁以数十万计。前既接部咨，两商学准各设拔额一名，自应及时考拔，用昭激劝，借资观感。

合无仰恳天恩,俯准自本年癸酉科为始,犍乐商学拔取一名,富荣商学拔取一名,以彰乐育人才之盛。如蒙俞允,臣等再行会同认真考核,用副圣主拔取真材至意。是否有当,谨合词恭折具奏,伏乞皇上圣鉴,敕部速予议覆施行。谨奏。同治十二年六月二十八日。

同治十二年七月初二日,奉朱批:礼部速议具奏。钦此。①

○七三　奏请将知州庆征等摘顶勒催折

同治十二年六月二十八日(1873年7月22日)

头品顶戴四川总督臣吴棠跪奏,为州县欠解地丁税契杂税银两延不解清,请旨摘顶勒催,恭折仰祈圣鉴事。

窃照州县经征地丁税契银两,关系正供,例应按年全完,不容丝毫蒂欠。查同治十一年份各属应解地丁税契等项银两,叠次催提,已据陆续解司完纳。惟有忠州、眉州、名山、青神、雅安、彭明、彭水、通江、洪雅各州县,欠解同治十一年份地丁、税契、杂项银两,经臣督饬藩司节次勒催,迄今尚未批解,实属玩泄。若不分别参追,何以儆玩愒而重正赋,据藩、臬两司详请奏参前来。

相应请旨将现署忠州直隶州事试用知府庆征、现任名山县知县杨锡荣、青神县知县王显扬、雅安县知县韩道原、前署彭明县事试用知州姚绍崇、现署彭水县事候补同知张超、前署通江县事降补府经历县丞黎亘熙、前任洪雅县知县降补府经历县丞张文奎,一并

---

① 中国第一历史档案馆藏:军机录副,档案编号:03-5004-122;朱批奏折,档案编号:04-01-38-0165-007。

摘去顶戴，同已故眉州知州宋恒山家属各名下，均勒限两月，严追完解。如依限解清，再行奏恳恩施。倘逾限不解，或解不足数，即予从严参办。

至叙永厅额征盐杂税银六千四百七十五两零，除已解司库银三千五百四十二两零，计前署该厅同知已故眉州知州宋恒山短征银二千九百三十三两零，实因滇、黔道路未靖，商贩稀少所致，与经征不力者有间。现在严饬宋恒山家属设法赔缴，另案办理。除咨部外，理合恭折具奏，并将各员欠解银数、衔名谨缮清单，恭呈御览，伏乞圣鉴训示。谨奏。同治十二年六月二十八日。

同治十二年七月初二日，奉朱批：着照所请，该部知道。单并发。钦此。[①]

○七四　呈同治十一年未完地丁 等项银两州县各员清单

同治十二年六月二十八日(1873年7月22日)

谨将同治十一年份未完地丁、税契、杂税银两各员，开具清单，恭呈御览。

忠州额征同治十一年份税契银六百四十二两九钱一分，除已解外，尚欠解银三百二十一两四钱五分五厘，系现署知州庆征应解之款，屡次催提，延不批解，应请旨将庆征摘去顶戴，勒限两月完解，逾限不完，从严参办。

---

① 中国第一历史档案馆藏：军机录副，档案编号：03-4860-067；朱批奏折，档案编号：04-01-35-0826-054。

眉州未解同治十一年份税契银一千四百二两三钱六分,系已故知州宋恒山征收,屡次催提,延不批解,应请在于该故员宋恒山家属名下,勒限两月完解,逾限不完,从严追办。

名山县未解同治十一年份地丁银二千七百八十六两五钱三分九厘、税契银二百三十四两四钱七分,系现任知县杨锡荣应解之款,屡次催提,延不批解,应请旨将杨锡荣摘去顶戴,勒限两月完解,逾限不完,从严参办。

青神县未解同治十一年份地丁银一千一百九十九两九钱五分七厘,系现任知县王显扬应解之款,屡次催提,延不批解,应请旨将王显扬摘去顶戴,勒限两月完解,逾限不完,从严参办。

雅安县额征同治十一年份杂税银四千六十两六钱六分三厘,除已解外,尚未解银三千四十五两四钱九分九厘,系现任知县韩道原应解之款,屡次催提,延不批解,应请旨将韩道原摘去顶戴,勒限两月完解,逾限不完,从严参办。

彰明县未解同治十一年份税契银四百二十九两七钱,系前署知县姚绍崇应解之款,屡次催提,延不批解,应请旨将姚绍棠摘去顶戴,勒限两月完解,逾限不完,从严参办。

彭水县未解同治十一年份税契银三百四十七两九钱四分,系现署知县张超应解之款,屡次催提,延不批解,应请旨将张超摘去顶戴,勒限两月完解,逾限不完,从严参办。

通江县额征同治十一年份税契银二百二十七两二钱五分,除已解外,尚欠解银一百五十三两八钱七分八厘,系前署知县降补府经历县丞黎亘熙征收,屡次催提,延不批解,应请旨将黎亘熙摘去顶戴,勒限两月完解,逾限不完,从严参办。

洪雅县欠解同治十一年份地丁银三百三十九两七钱五分二

厘,又税契银四百八两九钱三分,除已解外,尚欠解税契银一百三十七两五钱五分一厘,系前任知县降补府经历县丞张文奎征收,屡次催提,延不批解,应请旨将张文奎摘去顶戴,勒限两月完解,逾限不完,从严参办。

叙永厅同治十一年份额征盐杂税银六千四百七十五两五钱七分五厘五毫,除已解过银三千五百四十二两五分五厘五毫,计前署厅宋恒山短征银二千九百三十三两五钱一分九厘五毫。屡次催提,据报实因滇、黔道路未靖、商贩稀少所致,并非经征不力。现已饬令赔缴,另案办理。

(御批):览。①

○七五　奏报岗玉等署理知县员缺片

同治十二年六月二十八日(1873 年 7 月 22 日)

再,署新都县知县恒裕期满调省,遗缺地当冲要,查有因公在省之彭水县知县岗玉,老成安详,堪以调署。又,署筠连县知县程熙春期满遗缺,查有笔帖式禄昂,明干练达,堪以委署。该员岗玉等正、署各任内并无经征钱粮未完展参及承缉盗劫已起四参案件,据藩、臬两司会详前来。除分咨遵照外,理合附片陈明。伏乞圣鉴。谨奏。

同治十二年七月初二日,奉朱批:知道了。钦此。②

---

① 中国第一历史档案馆藏:清单,档案编号:03-4860-068。

② 中国第一历史档案馆藏:军机录副,档案编号:03-4666-089;朱批奏片,档案编号:04-01-12-0519-074。此片具奏日期未确,兹据军机处随手登记档(档案编号:03-0210-3-1112-205)校正。

○七六　奏报川省同治十二年夏熟收成分数折

同治十二年六月二十八日(1873 年 7 月 22 日)

头品顶戴四川总督臣吴棠跪奏,为恭报四川夏熟收成分数,仰祈圣鉴事。

窃照每年夏熟收成,例应约计分数,先行奏报。兹据各府厅州县将大小二麦收成分数,先报由藩司会禀前来。臣覆加查核,计通省各府厅州县内,成都、夔州、泸州二府一州,收成七分有余。雅州一府,收成七分。重庆、顺庆、叙州、龙安、宁远、嘉定、潼川、绥定、石砫、理番、眉州、绵州、忠州八府二厅三州,收成六分有余。邛州一州,收成六分。保宁、资州、酉阳一府二州,收成五分有余。叙永一厅、汶川一县,收成五分。统计通省夏熟收成实在六分有余。

至茂州一州,松潘、懋功、打箭炉三厅,向不出产夏粮。除照例造册题报外,所有夏熟收成分数,理合恭折奏闻,伏乞皇上圣鉴。谨奏。六月二十八日。

同治十二年七月初二日,奉朱批:知道了。钦此。①

○七七　请将故员刘恩长原参之案查销片

同治十二年六月二十八日(1873 年 7 月 22 日)

再,同治十年份税契银两,前于奏销时,因已故南部县知县刘

---

① 中国第一历史档案馆藏:军机录副,档案编号:03-4960-121。

恩长任内欠解银九百三十一两六钱二分，经臣奏明请旨勒令该故员家属完解在案。兹据布政使王德固、按察使英祥会详：该故员家属已将欠解税契银两如数解缴司库收储，尚知愧奋，详请具奏前来。合无仰恳天恩，俯准将前任南部县已故知县刘恩长原参勒追之案敕部查销，出自鸿慈。除咨部外，理合附片陈明，伏乞圣鉴训示。谨奏。

同治十二年七月初二日，奉朱批：吏部知道。钦此。①

○七八　奏报简州等处捐输军饷请予核奖片

同治十二年六月二十八日(1873 年 7 月 22 日)

再，川省前因频年筹办防剿，经费支绌。加以援黔、援滇、援陕，征军四出，欠饷浩繁，前办捐输，支用无存，经臣会同前任成都将军臣崇实，督同司道筹议，于同治十年另筹酌捐一次，借资接济，先将办理情形于同治九年八月二十六日奏报，奉旨允准在案。旋据简州、新都、新繁四十八厅州县士民陆续捐输银五十三万二千四百四十五两零，均已解司兑收，拨充军饷，统归军需项下汇案报销。查明各厅州县捐生足敷议叙并未广额者，计银八千九百四十二两，造具花名、履历、银数清册，由捐输厘金总局司道核明会详前来。

臣查册开请叙各项，核与筹饷及现行常例减成银数均属相符，合无仰恳天恩，敕部迅予核议给奖，用昭激劝，一俟接准部覆，即将

①　中国第一历史档案馆藏：军机录副，档案编号：03-4933-047；朱批奏片，档案编号：04-01-35-0827-017。此片具奏日期未确，兹据军机处随手登记档（档案编号：03-0210-3-1112-205）校正。

此项银数划除，不准请加学额、中额，以符定章。除将清册咨送部、监外，理合附片具奏，伏乞圣鉴训示。谨奏。

同治十二年七月初二日，奉朱批：户部核议具奏。钦此。①

○七九　奏报川省同治十二 年五月雨水、粮价折

同治十二年六月二十八日（1873年7月22日）

头品顶戴四川总督臣吴棠跪奏，为恭报四川省同治十二年五月份各属具报米粮价值及得雨情形，仰祈圣鉴事。

窃照同治十二年四月份通省粮价及得雨情形，前经臣恭折奏报在案。兹查同治十二年五月份成都等十二府，资州、绵州、忠州、酉阳州、眉州、邛州、泸州七直隶州，叙永、松潘、石砫三直隶厅，各属先后具报得雨自一二次至十余次不等。田水充盈，禾苗茂盛。其通省粮价俱与上月相同，据布政使王德固查明列单汇报前来。臣覆核无异。理合恭折具奏，并分缮清单，恭呈御览，伏乞皇上圣鉴。谨奏。同治十二年六月二十八日。

同治十二年七月初二日，奉朱批：知道了。钦此。②

---

① 中国第一历史档案馆藏：军机录副，档案编号：03-4924-081；朱批奏片，档案编号：04-01-01-0924-067。此片具奏日期未确，兹据军机处随手登记档（档案编号：03-0210-3-1112-205）校正。

② 中国第一历史档案馆藏：军机录副，档案编号：03-4966-445；朱批奏折，档案编号：04-01-25-0512-055。

○八○　呈川省同治十二年五月粮价清单

同治十二年六月二十八日(1873 年 7 月 22 日)

谨将同治十二年五月份四川省所属地方各项米粮价值开具清单，恭呈御览。

成都府属，价贵。中米每仓石价银二两九钱七分至三两九钱七分，与上月同。大麦每仓石价银一两八钱三分至二两，与上月同。小麦每仓石价银二两一钱三分至二两三钱，与上月同。黄豆每仓石价银一两六分至二两四钱六分，与上月同。荞子每仓石价银一两一钱六分至一两七钱，与上月同。

重庆府属，价贵。中米每仓石价银二两七钱七分至三两七钱七分，与上月同。大麦每仓石价银一两六钱二分至一两九钱七分，与上月同。小麦每仓石价银二两二钱八分至二两七钱，与上月同。黄豆每仓石价银二两七钱一分至二两九钱九分，与上月同。

保宁府属，价贵。中米每仓石价银二两五钱九分至三两二钱八分，与上月同。大麦每仓石价银一两八钱九分至二两一钱，与上月同。小麦每仓石价银二两八钱三分至三两五钱七分，与上月同。黄豆每仓石价银一两八钱三分至二两一钱三分，与上月同。

顺庆府属，价贵。中米每仓石价银三两三分至三两四钱二分，与上月同。大麦每仓石价银一两六钱一分至一两八钱，与上月同。小麦每仓石价银二两九分至二两一钱二分，与上月同。黄豆每仓石价银一两五钱五分至一两六钱七分，与上月同。

叙州府属，价贵。中米每仓石价银三两四分至三两三钱二分，与上月同。大麦每仓石价银一两六钱六分至二两二分。

小麦每仓石价银二两一钱三分至二两六钱三分，与上月同。黄豆每仓石价银一两一钱一分至一两五钱二分，与上月同。

夔州府属，价贵。中米每仓石价银二两八钱四分至三两一钱七分，与上月同。大麦每仓石价银一两七钱八分至二两四钱六分，与上月同。小麦每仓石价银二两九钱五分至三两三分，与上月同。黄豆每仓石价银二两一钱六分至二两二钱六分，与上月同。

龙安府属，价贵。中米每仓石价银二两五钱二分至三两二钱，与上月同。青稞每仓石价银一两五钱，与上月同。小麦每仓石价银一两七钱九分至二两一分，与上月同。黄豆每仓石价银一两八钱五分至一两九钱三分，与上月同。

宁远府属，价贵。中米每仓石价银二两八钱七分至三两一钱八分，与上月同。大麦每仓石价银一两四钱八分至一两六钱，与上月同。小麦每仓石价银一两五钱九分至二两二钱，与上月同。荞子每仓石价银一两四钱五分，与上月同。黄豆每仓石价银一两五钱六分至一两六钱三分，与上月同。

雅州府属，价中。中米每仓石价银二两七钱九分至二两八钱二分，与上月同。小麦每仓石价银二两二钱九分至二两六钱五分，与上月同。黄豆每仓石价银一两六钱七分至二两六分，与上月同。

嘉定府属，价贵。中米每仓石价银二两七钱六分至三两三钱四分，与上月同。小麦每仓石价银二两三钱六分至二两七钱三分，与上月同。黄豆每仓石价银一两四钱九分至二两五分，与上月同。

潼川府属，价贵。中米每仓石价银二两八钱七分至三两一钱三分，与上月同。大麦每仓石价银一两六钱五分至一两九钱三分，与上月同。小麦每仓石价银二两一钱四分至二两四钱九分，与上月同。黄豆每仓石价银一两七钱八分至二两一钱五分，与上月同。

　　绥定府属，价中。中米每仓石价银二两七钱四分至二两八钱六分，与上月同。大麦每仓石价银一两五钱七分至一两五钱八分，与上月同。小麦每仓石价银一两六钱二分至一两七钱三分，与上月同。黄豆每仓石价银一两四钱三分，与上月同。

　　眉州直隶州并属，价贵。中米每仓石价银二两七钱二分至三两，与上月同。

　　邛州直隶州并属，价贵。中米每仓石价银二两六钱二分至三两三分，与上月同。大麦每仓石价银一两九钱，与上月同。小麦每仓石价银二两五钱七分，与上月同。黄豆每仓石价银二两一钱至二两二钱四分，与上月同。

　　泸州直隶州并属，价贵。中米每仓石价银三两四分至三两五分，与上月同。

　　资州直隶州并属，价中。中米每仓石价银二两五钱四分至二两九钱四分，与上月同。

　　绵州直隶州并属，价贵。中米每仓石价银二两七钱一分至三两一分，与上月同。小麦每仓石价银二两三钱二分至二两四钱六分，与上月同。

　　茂州直隶州并属，价中。中米每仓石价银二两六钱一分，与上月同。小麦每仓石价银二两六钱八分，与上月同。青稞每仓石价银二两二钱，与上月同。荞子每仓石价银一两二钱三分至一两七钱三分，与上月同。

　　忠州直隶州并属，价贵。中米每仓石价银二两五钱六分至三两二钱二分，与上月同。大麦每仓石价银一两四钱六分至一两六钱，与上月同。小麦每仓石价银二两三分至二两三钱九分，与上月同。黄豆每仓石价银一两二钱七分至一两三钱七分，与上月同。

西阳直隶州并属,价贵。中米每仓石价银二两五钱七分至三两五分,与上月同。大麦每仓石价银二两二钱八分至二两六钱,与上月同。小麦每仓石价银二两六钱二分至二两七钱六分,与上月同。黄豆每仓石价银一两三钱九分至一两四钱四分,与上月同。

叙永直隶厅并属,价中。中米每仓石价银二两九钱七分,与上月同。小麦每仓石价银一两八钱一分,与上月同。荞子每仓石价银一两三钱二分,与上月同。黄豆每仓石价银一两六钱一分,与上月同。

松潘直隶厅,价中。青稞每仓石价银二两七钱六分,与上月同。荞子每仓石价银一两七钱四分,与上月同。

杂谷直隶厅,价中。青稞每仓石价银二两四钱,与上月同。荞子每仓石价银一两七钱九分,与上月同。

石砫直隶厅,价平。中米每仓石价银一两六钱,与上月同。大麦每仓石价银一两七钱三分,与上月同。小麦每仓石价银二两六分,与上月同。

打箭炉厅,价贵。青稞每仓石价银四两九钱,与上月同。油麦每仓石价银一两八钱一分,与上月同。

(御批):览。①

○八一　呈川省同治十二年五月得雨清单

同治十二年六月二十八日(1873 年 7 月 22 日)

谨将同治十二年五月份四川省所属地方报到得雨情形,开具

---

① 中国第一历史档案馆藏:清单,档案编号:03-4966-446。

清单，恭呈御览。

　　成都府属：成都、华阳两县得雨十四次，秧苗耔耪。简州得雨十一次，秧苗滋长。崇庆州得雨七次，秧苗茂盛。汉州得雨九次，禾苗滋长。温江县得雨八次，堰水充足。郫县得雨十一次，早秧耔耪。新都县得雨七次，堰水充足。灌县得雨七次，禾苗滋长。彭县得雨六次，田水充足。新津县得雨六次，秧苗滋长。什邡县得雨八次，早秧长发。

　　重庆府属：江北厅得雨八次，秧苗茂盛。江津县得雨七次，早秧茂盛。长寿县得雨五次，禾苗茂盛。永川县得雨七次，禾苗栽种。荣昌县得雨六次，田水充足。合州得雨四次，塘堰积水。南川县得雨六次，田水充盈。铜梁县得雨四次，秧苗滋长。大足县得雨六次，田水充足。

　　夔州府属：奉节县得雨三次，禾苗茂盛。万县得雨五次，田水充盈。大宁县得雨五次，早秧茂盛。

　　龙安府属：江油县得雨六次，塘堰积水。石泉县得雨四次，禾苗茂盛。平武县得雨三次，秧苗滋长。

　　绥定府属：达县得雨四次，田水充足。东乡县得雨五次，田水充足。渠县得雨三次，秧苗滋长。太平县得雨四次，堰水足用。

　　宁远府属：盐源县得雨三次，早秧茂盛。冕宁县得雨三次，禾苗茂盛。

　　保宁府属：阆中县得雨四次，地土滋润。南部县得雨一次，田水充足。广元县得雨二次，杂粮播种。昭化县得雨二次，秧苗栽插。剑州得雨五次，稻粟滋长。

　　顺庆府属：南充县得雨六次，田水充盈。西充县得雨二次，黄豆发生。营山县得雨二次，早秧含苞。仪陇县得雨三次，田堰水足。广安州得雨二次,禾苗滋长。岳池县得雨八次,沟渠皆盈。邻水县得雨二次,晚禾栽毕。

潼川府属:三台县得雨九次,禾苗茂盛。射洪县得雨三次,杂粮秀发。盐亭县得雨四次,田水充足。蓬溪县得雨三次,早禾茂盛。安县得雨七次,禾苗滋长。乐至县得雨八次,地土滋润。

雅州府属:雅安县得雨二次,秧苗茂盛。芦山县得雨三次,田水充足。天全州得雨三次,秧苗秀发。

嘉定府属:乐山县得雨四次,晚秧栽插。峨眉县得雨三次,早秧茂盛。洪雅县得雨三次,田水稍足。犍为县得雨二次,禾苗滋长。荣县得雨五次,黄豆滋长。威远县得雨八次,田水畅流。

叙州府属:南溪县得雨五次,地土滋润。富顺县得雨三次,堰水充盈。隆昌县得雨三次,堰水充盈。兴文县得雨六次,禾苗畅茂。

资州直隶州并属:资州得雨七次,田堰水足。仁寿县得雨三次,秧苗滋长。资阳县得雨四次,田水足用。井研县得雨四次,秧苗茂盛。内江县得雨六次,早禾滋长。

绵州直隶州并属:绵州得雨四次,堰水足用。安县得雨五次,田水充盈。梓潼县得雨三次,田水充足。

忠州直隶州属:酆都县得雨三次,田水充足。梁山县得雨三次,田水充足。

西阳州直隶州属:黔江县得雨三次,塘堰积水。秀山县得雨三次,田水充足。

眉州直隶州并属:眉州得雨十次,堰水畅流。彭山县得雨四次,禾苗畅茂。丹棱县得雨六次,秧苗满栽。

邛州直隶州并属:邛州得雨五次,早秧栽毕。大邑县得雨五次，田水充盈。

泸州直隶州并属：泸州得雨九次，禾苗茂盛。江安县得雨四次，地土滋润。合江县得雨十一次，堰水畅流。纳溪县得雨八次，晚秧栽毕。

叙永直隶厅得雨五次，地土滋润。

松潘直隶厅得雨四次，禾苗茂盛。

石砫直隶厅得雨三次，田水充足。

（御批）：览。①

○八二　借拨文职养廉银两片

同治十二年六月二十八日(1873年7月22日)

再，查川省司库年例应支杂款，为数甚巨，历由盐茶道征收盐茶耗羡银两，陆续解司支放。近年因滇、黔两省久被贼扰，民人骤难复业，盐茶边引口岸尚未疏通，而楚省盐岸自奏定川、淮分地以后，川盐销路顿窄，愈形壅滞，以至同治十一年盐茶羡截及带征历年积欠，仅据各属批解银一十一万六千三百三十六两零，核计司库例支各款，尚不敷银二万九千有奇，而应支之项，均系书吏、水手工食及故兵月米等项，断难缺缓，亟应设法筹款接济。兹据署藩司王德固详称：查司库正杂各款，已搜索无遗。惟文职养廉、截旷减成两项积有存数，拟请在于同治十一年份文职养廉截旷项下，借拨银四千六百两，再借拨文职养廉减成银一万两，共银一万四千六百两，一并入于十一年盐茶奏销案内新收项下，照数开支，核实造报

---

① 中国第一历史档案馆藏：清单，档案编号：03-4966-447。

等情前来。

臣查司所详系属通融接济要款、俾免缺乏起见,除饬催盐茶道将各属未完盐茶羡截银两勒限严催,征缴齐全,解交司库,分别归款支发并咨部外,理合附片陈明,伏乞圣鉴。谨奏。

同治十二年七月初二日,奉朱批:知道了。钦此。[①]

〇八三　续拨协黔饷银委解起程日期折

同治十二年闰六月十六日(1873 年 8 月 8 日)

头品顶戴四川总督臣吴棠跪奏,为续拨上年十月、十一月协黔饷银委解起程日期,恭折仰祈圣鉴事。

窃查协黔的饷,自同治九年闰十月十五日起截至十一年四月底止,先后共拨解过银一百零七万三千两。嗣于戡定苗疆之后,奏明减为月协银二万两,复接解上年五、六、七、八、九月份饷银十万两,又有续派助剿之武字两营月饷,及补还武字全军在川欠饷,均经专折驰报在案。臣维四川饷项,以捐输、厘金为大宗,此数年中普裁募勇,勤恤边氓,守量入为出之经,定因时制宜之用,先筹京饷,次赡防军,核司库之盈虚,权邻疆之缓急,随时把注,勉力支持,竭蹶下情,屡形奏牍,谅在圣明洞察之中。贵州抚臣曾璧光、提臣周达武,以饷需奇绌,一再渎陈。款巨限严,虽竭蜀民之财力,断难如愿以偿。而大局所关,悉心擘尽画,固未能以追呼之迫,致涉偏私,亦何敢因馈运之艰,稍存推诿。

---

① 中国第一历史档案馆藏:军机录副,档案编号:03-4633-046;朱批奏片,档案编号:04-01-35-0977-038。此片具奏日期未确,兹据军机处随手登记档(档案编号:03-0210-3-1112-205)校正。

　　兹督同藩司王德固，于各局解到厘金项下，拨出银二万两，并酌提富荣局盐厘银二万两，作为同治十一年十月、十一月份协饷，饬委候补同知张邦杰、试用县丞祝鹤年领解，定期于闰六月十四日自省起程，前赴贵州军营，交提督周达武查收，以助饱腾，而资凯撤。除分咨外，所有续拨上年十月、十一月协黔饷银委解起程缘由，理合恭折驰陈，伏乞皇上圣鉴。谨奏。同治十二年闰六月十六日。

　　（朱批）：知道了。①

　　同治十二年七月初三日，朱批：知道了。②

○八四　奏报川省同治十一年各
标、镇、协、营及驿站马匹折

同治十二年闰六月二十四日(1873 年 8 月 16 日)

　　头品顶戴四川总督臣吴棠跪奏，为查明同治十一年份各标、镇、协、营及各路驿站额设马匹均各膘壮足额，并无疲乏等弊，恭折具奏，仰祈圣鉴事。

　　窃查同治元年八月间钦奉上谕：京外各营、各直省驿站额设马匹，支应差操及接递公文，均关紧要，着该管大臣确切查核具奏。如查有缺额、疲乏等弊，即着从严参办等因。钦此。当经移行遵照办理在案。查川省各标、镇、协、营额设马三千四百六十七匹，东南西北四路驿站额马七百六十三匹，或支应差操，或接递公文，均关

---

　　①　中国第一历史档案馆藏：朱批奏折，档案编号：04-01-35-0975-015。又，吴棠等：《游蜀疏稿》，第 711—716 页。其尾记曰："同治十二年闰六月十六日，由驲具奏。兹于本年七月二十八日，准兵部火票递回原折。奉朱批：知道了。钦此。"

　　②　此朱批日期据军机处随手登记档(档案编号：03-0210-3-1112-206)校补。

紧要。际此邻省军务未平,尤宜力为整顿,以昭核实,节经严饬各标、镇、协、营及有驿州县督率兵丁、马夫人等,认真牧养,加意照料。遇有口老疲乏倒毙,随时买补足额,不准悬缺,亦不准暗借民马充数。前于同治十一年底,经委员分路查验各该镇、标、协、营及有驿州县,额设马匹,均各膘壮精良,驰骋稳捷,并无缺额及疲惫不堪情事,由委员具禀前来。

臣等覆加密查属实,除仍随时确查,如有缺额疲乏等弊,即从严参办,总期驿递、军务两无贻误,以仰副圣主训饬周详之意。除咨兵部外,谨会同成都将军臣魁玉、提督臣胡中和,合词恭折具奏,伏乞皇上圣鉴训示。谨奏。闰六月二十四日。

同治十二年七月二十九日,奉朱批:知道了。钦此。①

○八五　严饬夔关速解应缴参价银两片

同治十二年闰六月二十四日(1873 年 8 月 16 日)

再,查夔关应缴参价银两,经前督臣奏准,自咸丰八年起仍照向章每年二千四百两之数,由该关自行筹解。兹据藩司王德固详:前任夔州府知府文勋暨护理知府孟书城、接署知府福兆各任内,自同治八年正月初一日起至是年十二月底止,应摊缴参价银二千四百七十九两零,已如数解存司库,俟有便员赴京,即委解内务府交纳。其自咸丰十年起至十一年八月十二日止,该关未解参价银两,现在严催措解等情前来。除批饬藩司速解暨分咨外,理合附片陈

---

① 台北故宫博物院藏:军机及宫中档,文献编号:110938;中国第一历史档案馆藏:朱批奏折,档案编号:04-01-01-0918-057。

明,伏乞皇上圣鉴。谨奏。

同治十二年七月二十九日,奉朱批:知道了。钦此。[①]

○八六　知县杨锡荣已完税银请免议处片

同治十二年闰六月二十四日(1873年8月16日)

再,同治十二年奏销十一年份茶课税银案内,有名山县未完茶课税银一千一百十一两二钱六分,当将经征不力职名随案附参。兹据盐茶道傅庆贻详:催据名山县将欠解十一年茶课税银两如数全完,业经弹收存库等情前来。

臣查名山县欠解同治十一年茶课税银,既已全完,所有前参经征不力之名山县知县杨锡荣职名,合无仰恳天恩,敕部照例扣除,免其议处,出自鸿慈。除咨部外,理合附片陈明,伏乞圣鉴训示。谨奏。

同治十二年七月二十九日,奉朱批:着照所请,该部知道。钦此。[②]

○八七　奏报知县张龙甲期满甄别片

同治十二年闰六月二十四日(1873年8月16日)

再,查吏部奏定章程:州、县、丞、倅,无论何项劳绩保奏归入候

---

① 台北故宫博物院藏:军机及宫中档,文献编号:111626;中国第一历史档案馆藏:朱批奏片,档案编号:04-01-35-0391-020。

② 台北故宫博物院藏:军机及宫中档,文献编号:110940;中国第一历史档案馆藏:朱批奏片,档案编号:04-01-35-0562-053。

补班者,以到省之日起,予限一年,令督抚详加查看,出具切实考语,奏明分别繁简补用等因。遵照在案。兹查有候补班补用知县张龙甲,到省一年期满,据布政使王德固、按察使英祥造具该员履历清册,会详请奏前来。

臣查该员张龙甲,年壮才明,请留川以繁缺补用。除将该员履历清册咨部外,理合附片陈明,伏乞圣鉴。谨奏。

同治十二年七月二十九日,奉朱批:吏部知道。钦此。①

○八八　奏报道员维增期满甄别折

同治十二年闰六月二十四日(1873 年 8 月 16 日)

头品顶戴四川总督臣吴棠跪奏,为道员试用年满,循例甄别,恭折仰祈圣鉴事。

窃查捐纳道府签掣分发者,试用一年期满,例应察看出考,分别堪胜繁简,专折奏闻。兹查发川试用道维增,年二十五岁,系内务府正黄旗汉军锡发佐领下人,由监生于同治三年遵例报捐道员不论双单月归部选用,并免考试。五年,在甘捐局捐戴花翎。十年,加捐分发指省四川试用。是年十二月初十日,吏部带领引见,奉旨:着照例发往。钦此。领照起程,同治十一年六月初四日到省,扣至十二年六月初四日,试用一年期满,由藩、臬两司详请甄别前来。

臣察看该道维增,年力正富,人品稳慎,应请留川以简缺道员

---

① 台北故宫博物院藏:军机及宫中档,文献编号:110941;中国第一历史档案馆藏:朱批奏片,档案编号:04-01-12-0516-139。

补用。倘或始勤终怠，仍当随时核办，断不敢稍事姑容，致滋贻误。理合循例恭折具奏，伏乞皇上圣鉴。谨奏。闰六月二十四日。

同治十二年七月二十九日，奉朱批：知道了。钦此。[①]

○八九　奏报同治十一年地丁
并十二年新赋完欠折

同治十二年闰六月二十四日(1873 年 8 月 16 日)

头品顶戴四川总督臣吴棠跪奏，为恭报同治十一年份四川征收地丁并十二年新赋完欠各数，仰祈圣鉴事。

窃照每年钱粮完欠各数目，例应于奏销时查明奏报。兹查办理同治十一年奏销，据布政使王德固详称：十一年额征地丁钱粮、屯租等项，共银六十六万八千八百五十两零，随征加一五火耗银一十万六十四两零，共应征正、耗银七十六万八千九百一十五两零。实在上下两忙征完银七十一万一千二百九十六两零，续完银五万三千二百九十二两零。又，一切杂项课税等款共银三十二万二千六百五十三两零内，惟名山、青神、洪雅、眉州、忠州、通江、彰明、雅安、叙永等州厅县短征未完共银一万三千三百三十二两零，业经另案参办，余俱全完。又，额征米豆一万三千三十石七斗五升零，均于奏销前扫数全完，此外并无丝毫拖欠。至同治十二年份额征地丁钱粮、屯租等项，已据各属册报，共征过银三十六万九千一百七十三两零，未完银四十二万六千五百二十三两零等情，造册详请具奏前来。

---

① 台北故宫博物院藏：军机及宫中档，文献编号：110942；中国第一历史档案馆藏：朱批奏折，档案编号：04-01-12-0516-140。

臣查川省钱粮历系年清年款,同治十二年新赋,现在完将及半,其余未完银两,仍当督饬藩司严催各属赶紧征解,断不敢稍有延欠。除恭疏具题并将清册送部外,理合循例缮折奏闻,伏乞皇上圣鉴。谨奏。同治十二年闰六月二十四日。

同治十二年七月二十九日,奉朱批:户部知道。钦此。①

○九○　奏报川省同治十二年六月雨水、粮价折

同治十二年闰六月二十四日(1873 年 8 月 16 日)

头品顶戴四川总督臣吴棠跪奏,为恭报同治十二年六月份四川省所属地方报到米粮价值及得雨情形,仰祈圣鉴事。

窃照同治十二年五月份通省粮价及得雨情形,前经臣恭折奏报在案。兹查本年六月份成都、重庆、夔州、龙安、保宁、顺庆、潼川、雅州、嘉定、叙州等十府,资州、绵州、忠州、眉州、泸州五直隶州,叙永、石砫两直隶厅,各属先后具报得雨自三四次至十余次不等。内有成都、重庆、潼川、叙州、顺庆、资州、绵州所属之滨江各州县,阴雨连绵,江水泛涨,两岸民田庐舍多被冲淹,人口间有漂没。已飞饬该管道府督同地方官,查勘抚恤。其余各属田水充盈,早禾茂盛。其通省粮价俱与上月相同,据布政使王德固查明,列单汇报前来。

臣覆核无异。理合恭折具奏,并分缮清单,恭呈御览,伏乞皇上圣鉴。谨奏。闰六月二十四日。

---

① 台北故宫博物院藏:军机及宫中档,文献编号:110956;中国第一历史档案馆藏:朱批奏折,档案编号:04-01-35-0099-019。

同治十二年七月二十九日，奉朱批：知道了。钦此。[①]

○九一　呈川省同治十二年六月粮价清单

同治十二年闰六月二十四日（1873 年 8 月 16 日）

谨将同治十二年六月份四川省所属地方各项粮价值，开具清单，恭呈御览。

成都府属，价贵。中米每仓石价银二两九钱七分至三两九钱七分，与上月同。大麦每仓石价银一两八钱三分至二两，与上月同。小麦每仓石价银二两一钱三分至二两三钱，与上月同。黄豆每仓石价银一两六分至二两四钱六分，与上月同。荞子每仓石价银一两一钱六分至一两七钱，与上月同。

重庆府属，价贵。中米每仓石价银二两七钱七分至三两七钱七分，与上月同。大麦每仓石价银一两六钱二分至一两九钱七分，与上月同。小麦每仓石价银二两二钱八分至二两七钱，与上月同。黄豆每仓石价银二两七钱一分至二两九钱九分，与上月同。

保宁府属，价贵。中米每仓石价银二两五钱九分至三两二钱八分，与上月同。大麦每仓石价银一两八钱九分至二两一钱，与上月同。小麦每仓石价银二两八钱三分至三两五钱七分，与上月同。黄豆每仓石价银一两八钱三分至二两一钱三分，与上月同。

顺庆府属，价贵。中米每仓石价银三两三分至三两四钱二分，与上月同。大麦每仓石价银一两六钱一分至一两八钱，与上月同。

---

① 台北故宫博物院藏：军机及宫中档，文献编号：110957；中国第一历史档案馆藏：朱批奏折，档案编号：04-01-25-0512-056。

小麦每仓石价银二两九分至二两一钱二分，与上月同。黄豆每仓石价银一两五钱五分至一两六钱七分，与上月同。

叙州府属，价贵。中米每仓石价银三两四分至三两三钱二分，与上月同。大麦每仓石价银一两六钱六分至二两二分，与上月同。小麦每仓石价银二两一钱三分至二两六钱三分，与上月同。黄豆每仓石价银一两一钱一分至一两五钱二分，与上月同。

夔州府属，价贵。中米每仓石价银二两八钱四分至三两一钱七分，与上月同。大麦每仓石价银一两七钱八分至二两四钱六分，与上月同。小麦每仓石价银二两九钱五分至三两三钱，与上月同。黄豆每仓石价银二两一钱六分至二两二钱六分，与上月同。

龙安府属，价贵。中米每仓石价银二两五钱二分至三两二钱，与上月同。青稞每仓石价银一两五钱，与上月同。小麦每仓石价银一两七钱九分至二两一分，与上月同。黄豆每仓石价银一两八钱五分至一两九钱三分，与上月同。

宁远府属，价贵。中米每仓石价银二两八钱七分至三两一钱八分，与上月同。大麦每仓石价银一两四钱八分至一两六钱，与上月同。小麦每仓石价银一两五钱九分至二两二钱，与上月同。荞子每仓石价银一两四钱五分，与上月同。黄豆每仓石价银一两五钱六分至一两六钱三分，与上月同。

雅州府属，价中。中米每仓石价银二两七钱九分至二两八钱二分，与上月同。小麦每仓石价银二两二钱九分至二两六钱五分，与上月同。黄豆每仓石价银一两六钱七分至二两六分，与上月同。

嘉定府属，价贵。中米每仓石价银二两七钱六分至三两三钱四分，与上月同。小麦每仓石价银二两三钱六分至二两七钱三分，与上月同。黄豆每仓石价银一两四钱九分至二两五分，与上月同。

潼川府属，价贵。中米每仓石价银二两八钱七分至三两一钱三分，与上月同。大麦每仓石价银一两六钱五分至一两九钱三分，与上月同。小麦每仓石价银二两一钱四分至二两四钱九分，与上月同。黄豆每仓石价银一两七钱八分至二两一钱五分，与上月同。

绥定府属，价中。中米每仓石价银二两七钱四分至二两八钱六分，与上月同。大麦每仓石价银一两五钱七分至一两五钱八分，与上月同。小麦每仓石价银一两六钱二分至一两七钱三分，与上月同。黄豆每仓石价银一两四钱三分，与上月同。

眉州直隶州并属，价贵。中米每仓石价银二两七钱二分至三两，与上月同。

邛州直隶州并属，价贵。中米每仓石价银二两六钱二分至三两三分，与上月同。大麦每仓石价银一两九钱，与上月同。小麦每仓石价银二两五钱七分，与上月同。黄豆每仓石价银二两一钱至二两二钱四分，与上月同。

泸州直隶州并属，价贵。中米每仓石价银三两四分至三两五分，与上月同。

资州直隶州并属，价中。中米每仓石价银二两五钱四分至二两九钱四分，与上月同。

绵州直隶州并属，价贵。中米每仓石价银二两七钱一分至三两一分，与上月同。小麦每仓石价银二两三钱二分至二两四钱六分，与上月同。

茂州直隶州并属，价中。中米每仓石价银二两六钱一分，与上月同。小麦每仓石价银二两六钱八分，与上月同。青稞每仓石价银二两二钱，与上月同。荞子每仓石价银一两二钱三分至一两七钱三分，与上月同。

忠州直隶州并属，价贵。中米每仓石价银二两五钱六分至三两二钱二分，与上月同。大麦每仓石价银一两四钱六分至一两六钱，与上月同。小麦每仓石价银二两三钱至二两三钱九分，与上月同。黄豆每仓石价银一两二钱七分至一两三钱七分，与上月同。

酉阳直隶州并属，价贵。中米每仓石价银二两五钱七分至三两五分，与上月同。大麦每仓石价银二两二钱八分至二两六钱，与上月同。小麦每仓石价银二两六钱二分至二两七钱六分，与上月同。黄豆每仓石价银一两三钱九分至一两四钱四分，与上月同。

叙永直隶厅并属，价中。中米每仓石价银二两九钱七分，与上月同。小麦每仓石价银一两八钱一分，与上月同。荞子每仓石价银一两三钱二分，与上月同。黄豆每仓石价银一两六钱一分，与上月同。

松潘直隶厅，价中。青稞每仓石价银二两七钱六分，与上月同。荞子每仓石价银一两七钱四分，与上月同。

杂谷直隶厅，价中。青稞每仓石价银二两四钱，与上月同。荞子每仓石价银一两七钱九分，与上月同。

石砫直隶厅，价平。中米每仓石价银一两六钱，与上月同。大麦每仓石价银一两七钱三分，与上月同。小麦每仓石价银二两六分，与上月同。

打箭炉厅，价贵。青稞每仓石价银四两九钱，与上月同。油麦每仓石价银一两八钱一分，与上月同。

（御批）：览。[1]

---

① 台北故宫博物院藏：军机及宫中档，文献编号：110957-0-A。

○九二　呈川省同治十二年六月雨水清单

同治十二年闰六月二十四日（1873年8月16日）

谨将同治十二年六月份四川省所属地方报到得雨情形，缮具清单，恭呈御览。

成都府属：成都、华阳两县得雨十一次，沟浍皆盈。简州得雨六次，黄豆结实。崇庆州得雨三次，荞子收毕。汉州得雨七次，禾苗滋长。温江县得雨十次，禾苗滋长。新都县得雨十一次，田堰积水。彭县得雨四次，栽插已毕。什邡县得雨三次，堰水泛溢。

重庆府属：江北厅得雨五次，江水泛涨。长寿县得雨六次，黄豆结实。永川县得雨七次，禾苗茂盛。荣昌县得雨九次，禾苗怀新。合州得雨八次，江水泛涨。铜梁县得雨七次，秧苗滋长。璧山县得雨三次，秧苗滋长。大足县得雨七次，溪水盛涨。定远县得雨十一次，溪河泛涨。

夔州府属：万县得雨四次，早秧畅茂。

龙安府属：江油县得雨三次，早秧茂盛。石泉县得雨三次，秧苗畅茂。

保宁府属：阆中县得雨四次，地土透润。苍溪县得雨五次，田水充足。广元县得雨四次，田水充足。巴州得雨六次，田水充足。剑州得雨九次，稻粟滋长。

顺庆府属：南充县得雨十一次，田水充盈。西充县得雨五次，田水充盈。蓬州得雨八次，堰水浸溢。营山县得雨八次，秧苗未长。仪陇县得雨四次，田堰水足。岳池县得雨十一次，田水充足。广安州得雨六次，雨水过多。邻水县得雨十二次，秧苗未长。

　　潼川府属:三台县得雨五次,田堰积水。射洪县得雨三次,江水泛涨。盐亭县得雨七次,田水充足。蓬溪县得雨六次,江水泛涨。安岳县得雨七次,田水充盈。乐至县得雨八次,早稻含苞。

　　雅州府属:雅安县得雨五次,禾苗滋长。名山县得雨三次,田水充足。芦山县得雨三次,秧苗滋长。天全州得雨五次,秧苗滋长。

　　嘉定府属:乐山县得雨五次,堰水充足。峨眉县得雨三次,田水充足。洪雅县得雨四次,秧苗滋长。犍为县得雨四次,田水充足。荣县得雨三次,田水充盈。威远县得雨九次,晚稻被冲。

　　叙州府属:南溪县得雨十次,田水充足。富顺县得雨六次,河水泛涨。长宁县得雨三次,禾苗滋长。

　　资州直隶州并属:资州得雨十六次,河水泛涨。仁寿县得雨三次,秧苗茂盛。资阳县得雨七次,低田被淹。井研县得雨四次,秧苗茂盛。内江县得雨九次,河水泛涨。

　　绵州直隶州并属:绵州得雨三次,黄豆茂盛。安县得雨四次,河水泛涨。梓潼县得雨六次,晚禾含苞。罗江县得雨四次,秧苗茂盛。

　　忠州直隶州属:酆都县得雨三次,秧苗滋长。垫江县得雨五次,薅秧已毕。梁山县得雨四次,禾苗茂盛。

　　眉州直隶州并属:眉州得雨七次,堰水畅流。彭山县得雨六次,堰水畅流。丹棱县得雨五次,堰水充盈。

　　泸州直隶州并属:泸州得雨八次,晚禾茂盛。合江县得雨五次,田亩积水。纳溪县得雨八次,田水有余。

　　石砫直隶厅得雨三次,晚禾耘毕。

　　叙永直隶厅并属:叙永厅得雨八次,禾穗青葱。永宁县得雨三次,晚禾青葱。

(朱批):览。①

○九三　委解万年吉地工程银两起程日期折

同治十二年七月初六日(1873年8月28日)

头品顶戴四川总督臣吴棠跪奏,为委解万年吉地工程银两起程日期,恭折仰祈圣鉴事。

窃臣接准部咨:本年恭修普祥峪、菩陀峪万年吉地,奏明指拨川省盐厘、津贴银十万两,解交工程处应用等因。遵即督同司道赶紧设法腾挪,凑集津贴银五万两、盐厘银五万两,共银十万两,饬委巴县知县李玉宣领解,定期于本年七月十六日自成都起程。

前因秦、陇交界地方游勇溃匪出没靡常,驿站时通时阻,连年报解京饷,均未敢冒险径解,臣于十年正月间复奏请援案发商汇兑,奉旨敕部知照在案。所有此次工程银两,仍发交蔚泰厚等银号汇解,委员进京兑齐,解赴工程处交纳,用昭慎重,据藩司王德固、盐茶道傅庆贻会详前来。臣覆查无异。除分咨外,理合恭折具奏,伏乞皇上圣鉴。谨奏,七月初六日。

同治十二年八月初六日,奉朱批:知道了。钦此。②

---

① 台北故宫博物院藏:军机及宫中档,文献编号:110943。
② 台北故宫博物院藏:军机及宫中档,文献编号:111020;中国第一历史档案馆藏:朱批奏折,档案编号:04-01-37-0121-017。

○九四 起解同治十二年京饷
暨固本饷项起程日期折

同治十二年七月初六日(1873年8月28日)

　　头品顶戴四川总督臣吴棠跪奏,为川省委解同治十二年份京饷暨固本饷项起程日期,恭折仰祈圣鉴事。

　　窃查川省本年原拨京饷三十万两,续拨京饷十五万两,共银四十五万两。又,查固本饷项月解银五千两,前已解过银四十一万两,作为同治九年五月二十一日奉文之日起至十二年五月二十一日止八十二个月协济之项,先后奏报在案。伏思京饷为部库正供,固本亦京畿要款,川库虽甚支绌,仍应陆续筹解。兹臣督同司道凑集津贴银七万两、盐厘银四万两,共银十一万两,以七万两作为本年原拨京饷,计足三十万两之数,其余四万两作为本年续拨京饷。又催集货厘银二万两,作为同治十二年五月二十一日起至八月二十一日止连闰计四个月固本饷项,均饬委灌县知县柳宗芳领解,定期于本年七月二十五日自成都起程。

　　前因秦、陇交界地方游勇溃匪出没靡常,驿站时通时阻,京饷关系甚重,实难冒险径解。臣于十年正月间复奏请援案发商汇兑,奉旨敕部知照在案。所有此次饷项仍发交蔚泰厚等银号汇解,委员进京兑齐,解赴户部交纳,用昭慎重,据藩司王德固、臬司英祥、盐茶道傅庆贻会详前来。臣覆查无异。理合恭折具奏,伏乞皇上圣鉴。谨奏。同治十二年七月初六日。

（朱批）：户部知道。①

同治十二年八月初六日，奉旨：户部知道。②

○九五　奏报川、滇边界练匪经合力剿除折

同治十二年七月初六日（1873 年 8 月 28 日）

头品顶戴四川总督臣吴棠跪奏，为川、滇边界散练游匪勾结为患，迭经两省兵团合力剿除，现在地方静谧，恭折仰祈圣鉴事。

窃查川省叙州府属之高、珙、筠连等县地方，与滇之大关、镇雄等厅州接壤，时有散练游匪勾结为患。臣心切隐忧。同治八年，提督唐友耕援滇事竣，凯撤回川，即檄令统率所部振武军，扼要驻防，曾经附片奏明在案。数年以来，边圉尚称安堵。惟九年冬杪，巴夷勾串土匪出巢，立时击退。此外流亡之辈虽聚散靡常，尚不敢越疆肆扰。臣以根株未净，屡饬该管府县等，清查保甲，训练团丁，为安内攘外之计。

本年正、二月间，迭据叙州府知府宜成禀报：滇省大关厅属兴隆场、蒿枝坝等处，距川省高县所属之可久场、罗家场仅二三十里，现有匪徒诸紧尘即郭心斋，纠同散练，昼伏夜动，抢掠居民粮食、银钱，意图窥扰，已督饬各该县，整齐乡练，扼守边疆等情。当经咨令提督唐友耕，严督营官张占鳌等，拨队助防，相机进剿。旋据驰报：贼首郭心斋于正月二十六日，带匪数百人，勾结蒿枝坝贼首王三大页、板凳山贼首马二和尚，攻破滇民萧本愚山寨，分列三营，势甚猖獗。经振武军营哨将弁黄仕明、罗超、艾尔鸿、耿得胜等各率队伍，

---

①　中国第一历史档案馆藏：朱批奏折，档案编号：04-01-35-0975-030。

②　此奉旨日期据军机处随手登记档（档案编号：03-0210-3-1112-239）校补。

亦分三路并进,枪炮齐施。该匪力不能支,纷纷溃退。夺获劈山大炮二尊、红令旗一杆、白旗六杆,小枪、刀矛十余件。生擒贼匪多名,割获耳记二十余副,夺回萧子安幼女一名。当将萧姓山寨克复,交其领回。时方薄暮,细雨溟蒙,未便穷追,暂行择要屯扎。

二十八日黎明,激励勇丁,跟踪兜剿。贼势愈形穷蹙,逃入乐雁一带老林。昭通兵团迎头夹击,遂将贼首郭心斋拿获、验明,斩枭示众。仍一面责令振武军将弁,搜查余匪,一面札饬叙州府县,绥辑边氓去后。兹据提督唐友耕、知府宜成等先后驰报:六月十一、十二等日,川、滇边界长官司、郭家坟等处,突有土匪数百人,四出分扰,为首者系林学东即林宗遂。十五日,该匪窜入长宁县洪洞场、兴文县石碑口等处地方。十七日,唐友耕饬提督张占鳌,率同营官罗超、王万奎、耿得胜、张开吉等,带队驰至,与匪接仗,杀毙二十余人,生擒十余人,夺获枪炮、马匹多件。该匪向花滩桥一带败窜。

二十一日,张占鳌等会合长、珙两县兵团,紧蹑其后,直扑贼营。生擒首匪林宗遂一名、匪党三十余名,坠岩落涧者,不计其数。该匪愈败愈少,逃匿白岩铺、白皎坪深山密箐中。复由长宁县知县席树馨、珙县知县范懋遴派干役团丁,作为向导,分投搜捕,以绝祸萌各等情。伏念蜀地幅员辽阔,介在滇、黔、秦、陇之间,自军兴以来,援师四出,未敢稍分畛域,幸免愆尤。迨夫大憝①渐平,边防未靖。所患者不在逆氛之冲突,而在游匪之纵横。成都府知府朱潮前在叙州任内,筹练丁保甲事宜,久著成效,地方克保无虞。今川、滇接壤之区,屡闻寇警,均赖兵团勠力,悉数歼除。近得滇省来咨,前次土匪郭心斋聚众滋事一案,已由云贵督臣刘岳昭、云南抚臣岑

---

① "大憝",《游蜀疏稿》作"大憨"。

毓英专折奏报，仰蒙圣训周详，既示以弭盗之方，复许以赏功之请，凡在绅民将士，钦感难名。臣惟有督饬提督唐友耕、知府宜成等，实在巡防，尽心缉捕，以期消患未萌。并饬令唐友耕，将首匪林宗遂解交宜成，讯明正法。余匪身带重伤，即由唐友耕督同署筠连县知县程熙春，就地问供，立时处斩，以昭炯戒。

至历次剿匪出力员弁绅团，可否容臣补防剿滇省逆回案内，择尤汇奖，出自逾格鸿慈。所有川、滇边界散练游匪勾结为患，迭经两省兵团合力剿除，现在地方静谧缘由，理合恭折驰奏，伏乞皇上圣鉴训示。谨奏。同治十二年七月初六日。

同治十二年八月初六日，奉朱批：钦此。①

【案】此折于同治十二年八月初六日得允行。《清实录》：

又谕……吴棠奏，川、滇边界散练、游匪为患，迭经剿除各折片。……川省叙州府属地方，与滇之大关等处接壤，时有散练、游匪，勾结为患。本年春夏间，匪首郭心斋、林淙遂等纠众扰掠，经提督唐友耕等督兵剿捕，悉数歼除。所有川省历次剿匪出力员弁绅团，准由吴棠汇案择尤酌保，毋许冒滥。仍着吴棠、刘岳昭、岑毓英各饬防军，会同地方文武，实力巡防，搜捕余匪，以绝乱萌。将此由四百里各谕令知之。②

【案】已由云贵督臣刘岳昭、云南抚臣岑毓英专折奏报：同

---

① 台北故宫博物院藏：军机及宫中档，文献编号：111021；黄建明等整理：《清代皇帝御批彝事珍档》，第 1405 页，四川民族出版社，2000。又，吴棠等：《游蜀疏稿》，第 723—726 页。其尾记曰："同治十二年七月初六日，由驲具奏。兹于本年八月二十二日，奉朱批：另有旨。钦此。同日奉上谕：准由吴棠汇案择尤酌保，毋许冒滥。钦此。"
② 《穆宗毅皇帝实录（七）》，卷三百五十六，同治十二年八月，第 707—708 页。

治十二年四月十三日,云贵总督刘岳昭会同云南巡抚岑毓英
具折曰:

　　革职留任云贵总督臣刘岳昭、云南巡抚臣岑毓英跪奏,为
川、滇边界游练土匪纠众滋事,兵团剿办获胜情形,现在一律
肃清,恭折仰祈圣鉴事。窃据昭通镇李家福、署昭通府知府衍
谦禀称:据署大关同知华国清、署左营游击王铨义禀报,探获
盐井渡所属之仁富乡、兴龙场等处,现在外来游练勾结本地土
匪郭心斋,即朱井沉,自称大元帅,纠聚匪党千余名,势甚猖
獗,大有分窜之虞,飞禀前来。臣等查大关一带为迤东各属往
来要道,盐井渡厘金必由之路,乃滇省一线饷源。正值西路军
务得手之际,万一该匪蔓延,不特入川大道为之梗阻,亦且蹂
躏完善,全域攸关。飞饬昭通镇李家福、署昭通府知府衍谦,
调集兵团,约会川军,克期进剿去后。旋据李家福等禀称:该
镇等闻报,即派左营游击王铨义等督率兵团,星夜开拔,约会
川省筠连防军,两面夹攻,并派前营游击涂开科,挑带镇标劲
勇一千名,驰往接应。把总李玉美、团绅彭廷训率兵团驻扎盐
井渡,以扼该匪下窜之路。千总王定国、团绅陈有章率兵团由
分水涵一路,抄袭兴龙场股匪。都司施文质、府经历褚衍庆各
率兵团,分扼临江溪、宝龙场,以防该匪后路。王铨义驰抵底
坪坝,探知匪党已攻破蒿枝坝职员萧本愚寨堡,即约施文质、
褚衍庆等,由仁富乡西路前进。都司吴嗣华、军功王安邦带团
埋伏左近要道。王铨义于二月初二日,亲督队伍,直捣仁富乡
贼巢。大队甫抵后山,该匪遥见,即分股迎拒。兵团奋勇直
前,枪炮、刀矛更番迭进,阵毙红衣贼目四名、执旗贼三名。该
匪正惊溃间,适川军队伍分路而来,涂开科接应亦到。该匪腹

背受敌，鼠窜狼奔。吴嗣华等伏兵四起，立擒首匪朱井沉、从贼王金榜、王定川、马老么、曹松柏、林管事等多名，斩于军前。余匪被剿穷蹙，翻山越岭而逃。各营随分队沿山搜剿。次日，追至兴龙场，该匪遂由荷麻沟一带奔窜。把总张炳铨、冯顺等率队分击，复擒悍贼罗独手、刘大呵、陈洪兴、伍老久等多名，就地正法，零匪窜逸山洞。该处均系深山老林，大雾迷漫，兵团四路搜捕，先后毙匪四百余名，救出难民老小八十余名，分别遣散回籍。王铨义酌留兵勇驻扎仁富乡，以资镇压等情。臣等伏查昭通府属幅员辽阔，在与川境毗连，其地皆崇山密箐，最易藏奸。虽地方文武随时查拿，而路径纷歧，此拿彼窜，大为地方之患。除饬李家福、衍谦认真举办团练，编查保甲，搜捕山箐，以靖奸宄外，此次王铨义等约会川军剿办，数日之间，擒斩首要，全股肃清，办理尚属妥速。其在事出力文武员弁绅团，不无微劳足录，合无仰恳天恩，俯准附入兴义府城案内奖励之处，出自逾格鸿慈。所有川、滇边界游练土匪聚众滋事，兵团剿办获胜情形，谨合词缮折由驿驰奏，伏乞皇上圣鉴训示。谨奏。①

【附】此折旋得清廷批覆。《清实录》：

庚寅……谕军机大臣等：刘岳昭、岑毓英奏，官军攻克云州城池，剿办川、滇边界匪徒情形各一折。记名提督杨玉科等于克复顺宁后进攻云州，力战月余，先后毙贼甚多，旋于四月初二日攻破城池，逆酋悍贼，悉数歼除，剿办甚为出力。现在云州既克，军威愈振，腾越等处之贼，自必闻风胆落。着刘岳昭、岑毓英督饬李维述等，迅速攻剿，力图扫荡。一面饬杨玉

① 刘岳昭撰：《滇黔奏议》，第829—834页。

科统军继进，合力围攻，以期早日蒇事。其小猛统等处贼党，并着严饬官军一律剿除，毋任久踞。川、滇边界游练勾结土匪郭心斋，在仁富乡等处聚众滋事，经昭通兵团会同川省防军进剿，当将首匪捡获，并毙余党数百名，地方业已肃清，办理尚为迅速。惟川、滇连界地方崇山密箐，路径纷歧，贼党此拿彼窜，难保无漏网余匪，复行啸聚。着吴棠、刘岳昭、岑毓英饬令该地方文武，举办团练，编查保甲，随时认真缉捕，消患未萌，不可稍涉大意。此次在事出力文武员弁兵团，着准其附入兴义府城案内择尤保奏，毋许冒滥。将此由五百里各谕令知之。[①]

〇九六　奏报提督陈希祥赴峨边筹办招抚片

同治十二年七月初六日(1873年8月28日)

再，统领达字营川军提督陈希祥，前经臣于同治十一年八月间附片奏请给假，回籍葬亲，并将所部勇丁暂交副将田应豪代理在案。迭据该提督禀报：于十一年九月二十日，由广元县防次买舟东下，取道湖北宜昌、湖南澧州，十一月初一日，甫抵宝庆府新宁县原籍，赶将丧事办毕，于本年正月二十四日自籍起程，沿途阴雨耽延，至三月十二日，驰底广元，接统原部达字营川军各等情。

查建南边境猓夷，性多反复，自同治七年热水、交脚之捷，望风乞降，军威为之一振。近值峨边蛮匪故智复萌，当饬副将田应豪，带队驻防，以资震慑。适陈希祥假满回川，接统营务，复檄令前往峨边督办。据报内严戒备，外示羁縻，已将招抚事宜悉心擘画，渐

① 《穆宗毅皇帝实录(七)》，卷三百五十二，同治十二年五月，第656—657页。

有端倪。仍拟仿照宁远、越嶲原定章程，凡建碉筑堡，看路保哨，以及添设土司分管，责令头目上班数大端，均应次第举行，为一劳永逸之计。所有提督假满回川接统营务并饬令前赴峨边、筹办招抚缘由，理合附片陈明，伏乞圣鉴。谨奏。

同治十二年八月初六日，奉朱批：知道了。钦此。[①]

○九七　考选内帘人员办理文闱乡试片

同治十二年七月初六日(1873年8月28日)

再，查道光九年，礼部议覆御使牛鉴条奏各省乡试如实缺人员不敷考选内帘，准于即用分发人员中择其文理优长者，一体充当等因。历经遵照在案。本年癸酉科川省文闱乡试，所有堪调内帘实缺人员，或因久历簿书，稍涉荒疏；或因地方紧要，未便更易，今计所调实缺各员不敷考选十二房之额。随遵照部议，在于即用分发人员中择其文理优长者，与实缺人员一体选充，以重校阅。理合循例附片具奏，伏乞圣鉴。谨奏。

同治十二年八月二十七日，奉朱批：知道了。钦此。[②]

○九八　奏报酌拟武员月课章程折

同治十二年七月二十三日(1873年9月14日)

头品顶戴四川总督臣吴棠跪奏，为酌拟武员月课章程，试行有

---

① 台北故宫博物院藏：军机及宫中档，文献编号：111023。
② 台北故宫博物院藏：军机及宫中档，文献编号：111074。

效,以后即当仿照办理,恭折仰祈圣鉴事。

窃准兵部咨,内开:查江南月课归标员弁章程,曾经原任臣督曾国藩奏称,月课所费银两,较之概给俸银不及百分之一。所有各省归标员弁,自应令其仿照江南月课筹给赏银章程办理,于同治十一年十月十九日具奏,奉旨:依议。钦此。行文知照等因。当经臣一面咨会两江督臣,将原任督臣曾国藩所定月课归标学习武员章程,录送过川,一面檄饬中军副将,查造归标候补员弁衔名清册,呈候核办。臣详加参酌,量予变通。应以总兵、副将、参将、游击为一班,计收标九十六员。都司、守备、武进士为一班,计收标一百六十六员。千总、把总、外委、武举为一班,计收标二百八十九员。于查看春操之次,定期三月十六、七、八等日,在东较场及臣署箭道逐名考验,以马步箭为程式,方略仿书院课士之法,分列超、特、一三等。

除世职例支全俸、差员向有薪粮勿庸与考外,计取入月课副、参等二十九员,都、守等五十六员,千、把等八十三员。每名给予奖赏,自副、参考列超等给钱十六千文起,以次递降至千、把考列一等给钱四千文而止。其中箭四枝者,作为副课,遇有月课内题补委署之员,即行按班填补,核定榜示,将取入月课之副、参等移交提督,都、守等札委中军副、参将,千、把等札委五营游击。按月考课,随课升降。仍由臣分期调考,以别勤惰,而示劝惩。并饬据防剿局详报:自同治十二年三月份起,查照等第,分别给奖。每月约需钱一千三百数十千文,应请在于厘金项下动支。惟厘金向系解银,以银易钱,未免烦琐。该司道等会同核议,以钱一千八百文作市平银一两,申合库平,按月详明支给,统俟年终汇销等情。

伏查川省为用武之邦,素多良将。军兴十余稔,以功绩洊升者,尤不可胜数。臣久膺疆寄,营伍边材,尚为晓悉。每年开篆之始，必传齐归标候补武员，当场考验，视技能之优劣，定补署之先后。而员多缺少，位置殊难，亟思鼓舞振兴，以作其勇敢有为之气，即以戢其嚣凌不靖之风。今酌拟武员月课章程，试行有效，给奖款目亦大略相同，以后即当仿照办理。臣惟有会商提臣胡中和，督同中军副将等，申明纪律，讲习韬钤，务期费不虚糜，事有实济，以仰副皇上驭将绥边之至意。所有酌拟武员月课章程缘由，理合恭折具陈，伏乞皇上圣鉴。谨奏。同治十二年七月二十三日。

同治十二年八月二十七日，奉朱批：兵部知道。钦此。①

【案】原任督臣曾国藩所定月课归标学习武员章程：同治七年十一月初三日，大学士调任直隶总督曾国藩具陈酌拟武职借补章程，并附月课归标章程清单，曰：

大学士调任直隶总督一等侯臣曾国藩跪奏，为酌拟武职借补章程，恭折〈仰祈〉圣鉴事。窃准兵部咨：会议具奏，嗣后曾经军务省份绿营各缺，暂准奏请通融借补。提、镇准借至副参，副将准借至游击，以次递借，不得借至三级以下。其已经借补实缺之员，即以本衔在任候补，不得照借缺品级，再行升借他缺。至已经借补一缺，每项不准接续借补。年终开单奏明借补成数，统计至多不准过五成。如逾此数，仍于次年将序补人员补还。至长江水师各缺，亦应按此次定章，以三级为限。统俟十年后，再察情形，应否仍复旧例，奏明酌核办理等

---

① 台北故宫博物院藏：军机及宫中档，文献编号：111379；中国第一历史档案馆藏：朱批奏折，档案编号：04-01-01-0919-070。又，吴棠等：《游蜀疏稿》，第737—745页。其尾记曰："同治十二年七月二十三日，恭折具奏。兹于本年十月初六日，差弁赍回原折，奉朱批：知道了。钦此。"

因。于同治七年五月初三日钦奉谕旨:着照所议办理。钦此。
查部臣所议章程,斟酌时宜,仍不背乎古法,极为周妥,自应遵
照办理。惟与现在情形不能不再求变通者,约有数端:一在借
补官阶,部议不得逾三级。查军营出力人员,洊保崇阶者太
多,不得不推广借补,以为安插之计。拟请嗣后各项补缺,提、
镇借至副参、游止,副参、游借至都、守止,都、守借至千、把止。
如此明示限制,虽与部议稍有不符,而品级不甚悬殊,体制亦
无窒碍。惟千、把补缺,向归咨案。现以大衔借补,拟请改归
奏案,以示区别。其本班拟补千、把者,则仍归咨案办理。一
在借补人数,部议不得逾五成。查十余年来,各路军营搜拔人
才,稍有才略者,断不致沉沦末弁。循例应补之员,较之降格
借补之员,才具之优劣迥殊,人数之多寡亦异。即使借补人数
十居八九,亦不致令本班之人顿形觖望。惟部臣虑及借补太
多,易滋流弊,拟请嗣后各项补缺,借补者三缺得二,挨补者三
缺得一,借补则分考试、当差两班,择其技艺娴熟、差事勤奋
者,按班借补。挨补则分候补、应升两班,核其名次在前、历俸
较深者,按班挨补。如此明定班次,既可超拔人才,亦颇限以
资格,似与部议尚相吻合。一在借补后升转之途,部议只准照
本衔候补,自属简便良法。惟尚有未能限定者,如提、镇借补
参、游之后,本班额缺较少,断难冀幸简放,而著有功绩亦不能
不循例升转。以下递推,本班之难于得缺情形相同。嗣后借
补各官,如遇升转,拟请随时酌量,奏明请旨定夺,仍照部议以
十年为限,十年之后,应否仍复旧制,再行体察情形,奏明酌
办。臣所以鳃鳃过虑者,实因三江、两湖用兵太久,武职保举
大员太多,姑存借补小缺之途,以为安插闲将之地。臣今奉命

调任直隶,该省募勇无多,武职保举之员较少,本可不再置议。然东南、江楚等省遣撤将弁惶惶无所依归者,实不乏人。臣不敢以身离两江,遂不谋一安置之法。且处处可以收标,省省可以考试,技高者固可考补实缺,技劣者亦可稍沾薪粮,庶渐少游荡无归之员,亦足戢嚣凌不靖之气。谨将江南近年考试武职章程,录呈御览。至长江水师初次拟补各缺,尚未明定章程。即第二次、三次出缺酌补,亦尚难期画一。臣今议奏江苏外海水师,应俟部议允准,暨闽、粤等省水师次第议定后,再由部臣议一水师班次迁补章程,与陆军画分两途。而疆臣亦各参末议,庶为可久之道。所有酌拟武职借补章程,恭折具奏,伏乞皇太后、皇上圣鉴训示。谨奏。十一月初三日。同治七年十一月十七日,军机大臣奉旨:兵部知道。单并发。钦此。①

【附】清单曰:

谨将江南近年考试武职章程分别四条,恭呈御览。一、校阅弓箭、技艺。初定章时,每月于二十五日考核一次,试以射步箭、挽大弓、演鸟枪、习长矛、马上放枪五事。各员弁报名时,听其自行注明愿考何技。五事中以能试两技为合格,仅一技者,不准与考。届期由臣自行阅看,如一人不能遍阅,或咨提督,或札司道,随同阅看。嗣改为马箭、步箭、鸟枪三项,先马后步。本年五月,乃改为先射步箭,以中三矢为合式,予考马箭、鸟枪。若中箭不及三矢,免考马箭、鸟枪。届腊月封印以后,经前署督臣李鸿章定免考一次,仍照章酌给赏项,俾资

① 中国第一历史档案馆藏:军机录副,档案编号:03-4739-046;《曾文正公全集·奏稿》,光绪三年,传忠书局。

度岁,而示体恤。一、分定班次、额数。军营遣撤人员,官阶大小不一,同治四年二月初定考试章程,系列两班,游击以上者为一班,都司以下者为一班。丁卯年武闱乡试后,又有武生禀求附考,因再酌分班次,游击以上仍为一班,都、守、千、把、世职、武举另立一班,外委、武生又为一班,共分三班。其考取之额数,初定章时并未限定取数,数年来,报名者不下三百人。现定游击以上每二名取一名,都、守、千、把、世职、武举等项五名取二名,外委、武生两项三名取一名。武生一项,求收考者极多,上年十月收录三十余人后,旋即停止,不准预考。他省若行此法,则武生宜概不收考。一、酌给薪水、奖赏。初定章时,游击以上列为一榜,超等月给薪水钱十二千文,特等月给钱十千文,一等月给钱八千文。都司以下列为一榜,超等月给薪水钱八千文,特等月给钱六千文,一等月给钱四千文。嗣因营中哨弁及随辕当差人等有愿与考试者,该员弁等本有月支之薪水,略给奖赏。由司道等酌议,游击以上一班无薪水者,超等给洋钱十二元,特等八元,一等六元。都司以下至武举一班无薪水者,超等给洋钱八元,特等六元,一等四元。游击以上本有薪水者,如取超等一名,给奖赏银五两,二名以下,给银四两,特等给银三两,一等给银二两。都司以下至武举本有薪水者,超等第一名给奖赏银三两,二名以下给银二两,特等给银一两五钱,一等给银一两。其外委、武生一班无薪水者,超等给洋钱四元,特等三元,一等二元。有薪水者减半。此项月需经费,均由善后局筹款动放,统归外销,业经咨明户、兵二部有案。一、酌量补缺、委署。初定章程时,略仿书院月课之式,专为鼓励人才起见,本拟屡次前列者,即准尽先拔补。各员弁等人人奋兴，每日自赴校场，练习功课甚密。无如缺少人多，四、五两年，考班拔补者，甚属寥寥。六、七年间，始酌量拔补、委署。其中如陈胜辉，五次列超等第一，委署松江城守营游击。杨治三次超等第一，补京口左营都司。黄炳恒三次超等第一，补江阴营把总。谭新益两次超等第一，补安徽宿州营守备。马祺华两次超等第一，补淮安城守营守备。其余一次超等第一者，如鞠登棵署安庆协副将，颜连玉署泗州营都司，王步云补柘林营都司，刘传愈署江宁城守营都司，陈瑞麟补苏松镇中营千总，陈得顺补金山营千总。其列于超等二名以后者，如刘玉堂署洪湖营都司，刘青山署苇荡右营守备，刘得胜署镇江营把总，奎秀补吴淞营参将，向从龙补溧阳营都司，张鹏程补苏州营右军守备，王占鳌补提标右营把总，略足以示奖励，由是考班始有欣欣向荣之意。惟勇丁出身撤营投标者，尚多技艺出众之材，嗣后仍不得不随时遴选，或酌补，或委署，以慰将士之心。①

〇九九　拣员请补参将、守备等缺折

同治十二年七月二十三日（1873 年 9 月 14 日）

头品顶戴四川总督臣吴棠跪奏，为拣员请补参将、守备暨对调守备，以资治理，恭折具奏，仰祈圣鉴事。

窃照普安营参将一缺，前经臣以留川补用副将城守营游击王

---

① 中国第一历史档案馆藏：军机录副，档案编号：03-5002-092；《曾文正公全集·奏稿》，光绪三年，传忠书局。

虎臣借补,接准部覆,以该员未经保举尽先,行令另拣合例人员请补。又,酉阳营守备李玉春升补忠州营都司,经部核准。所遗各员缺,自应拣员请补。查普安营参将驻扎雷波,悬处夷疆,管辖普安左、右及安阜三营,为生熟各番出没之所。酉阳营守备驻扎酉阳州,近接湖北、湖南、贵州三省,操防巡缉,均关紧要,非才技优长、熟悉夷情风土之员,不足以资整顿。现准兵部奏定章程:武职题缺轮补班次,现用尽先补用二人,次用各项一人。又,副、参、游、都、守各项,遇有题补缺出,各计各缺,有预保省份,以九缺为一轮。无预保省份,以六缺为一轮,周而复始。其借补者,即在尽先班次之内各等语。

所有普安营参将、酉阳营守备二缺,均系接到新章后第一缺,轮应尽先人员拟补。兹查川省尽先参将、守备两项已经收标者,截至同治十一年冬底止共有一百二十三员。臣等逐名详加遴选,或未谙夷务,或现署要缺,或甫经告假,人地均不甚相宜。惟有尽先副将已保名列在前遇缺简放总兵定长,现年三十七岁,厢黄旗汉军祥安佐领下人,由三等轻骑都尉于咸丰十年闰三月十四日引见,奉旨:着发往四川,以游击补用。钦此。十月到川。嗣因攻克热水、交脚等处夷巢,并会合滇师攻克永北厅城著绩,迭保尽先副将,并加总兵衔。又以拿获会理州匪首普得狌出力保奏,同治十一年十二月十六日,内阁奉上谕:副将定长着遇有总兵缺出,开列在先,请旨简放。钦此。历署怀远营都司、绥靖、靖远各营游击。该员年壮才明,熟悉营务,拟请借补普安营参将。

又,查有尽先补用守备阜和协右营千总王瑞麟,现年四十一岁,平武县人,由行伍出师瞻对,暨在叙州、潼川攻剿滇匪著绩,历拔保安营千总。嗣以办理城防团练出力,经前任成都将军臣崇实、原任督臣骆秉章奏保，同治四年八月二十六日，内阁奉上谕：千总王瑞麟着以守备尽先补用。钦此。九年二月，调补阜和协右营千总，承领调札，历俸已逾九年。该员弓马娴熟，拟请补授酉阳营守备。

又，提标右营守备有巡缉省城内外、挑选精兵之责，事务繁剧，必须得人而理。查有叠溪右营守备干勋，年三十八岁，松潘厅人，同治三年六月，升补叠溪右营守备。四年三月，承领署札。该员历著战功，已保尽先游击，现署提标右营守备，办理裕如，拟请调补提标右营守备。所遗叠溪营守备缺，查提标右营守备于海晏，年三十八岁，马边厅人，同治十年五月，由部推补提标右营守备，是年十二月引见回川，拟请对调叠溪营守备。

该员等现在均无事故。定长籍隶京旗，由尽先副将保举开列在先简放总兵，今借补参将，未逾三级。王瑞麟本系俸满应升实缺千总，保举尽先守备，名次在前，与干勋等距籍各在五百里以外，核与部章相符，且人地实在相需，例应声明奏请。合无仰恳天恩，俯准以定长借补普安营参将、王瑞麟补授酉阳营守备、干勋调补提标右营守备、于海晏对调叠溪右营守备，实于边地营伍有裨。如蒙俞允，定长系拣发人员，于海晏曾经引见，毋庸送部。王瑞麟等俟接准部覆，再行照例给咨北上。

臣为慎重夷务、营伍起见，是否有当，理合会同成都将军臣魁玉、提督臣胡中和，合词恭折具奏，伏乞皇上圣鉴训示。谨奏。七月二十三日。

同治十二年八月十七日，奉朱批：兵部知道。钦此。①

---

① 台北故宫博物院藏：军机及宫中档，文献编号：111375；中国第一历史档案馆藏：朱批奏折，档案编号：04-01-16-0198-126。

一〇〇　代奏川东道姚觐元谢恩折

同治十二年七月二十三日(1873 年 9 月 14 日)

头品顶戴四川总督臣吴棠跪奏,为据情代奏,恭谢天恩事。

窃臣据川东道姚觐元禀称:奉准户部咨:同治十一年十月初一日,由户部具奏襄办大婚典礼,开单请奖一折。单开前任户部郎中升任四川川东道姚觐元,拟请赏加布政使衔。本日奉旨:依议。钦此。钦遵当即恭设香案,望阙叩头,祗谢天恩。

伏念姚觐元由户部郎中于捐铜局出力案内,奉旨专以道员用。同治十年十月初一日,奉上谕:四川川东道员缺着姚觐元补授。钦此。遵于十一年五月初九日到任,方愧涓埃未报,高厚难酬;复荷逾格鸿慈,加衔示奖。恭聆纶綍之颁,益切水渊之惧。惟有矢勤矢慎,于所属地方公事实力整顿,以期吏肃民安,仰报鸿施于万一。所有感激下忱,理合禀请代奏前来。臣为此缮折代奏,伏乞皇上圣鉴。谨奏。七月二十三日。

同治十二年八月二十七日,奉朱批:知道了。钦此。①

一〇一　奏报知县祝万寿自缢身死折

同治十二年七月二十三日(1873 年 9 月 14 日)

头品顶戴四川总督臣吴棠跪奏,为实任知县因虑防费难筹,旋

---

　　① 台北故宫博物院藏:军机及宫中档,文献编号:111380;中国第一历史档案馆藏:朱批奏折,档案编号:04-01-12-0516-177。

即患病昏迷，乘间自缢，提省讯明，恭折仰祈圣鉴事。

窃据龙安府知府施灿禀报：平武县知县祝万寿于同治六年正月间，因邻省贼氛未靖，防费难筹，日夜愁急，旋患怔忡病症，心神昏迷，至是年三月初一日夜，乘间自缢身死。经伊婿黄敦衍等惊觉，解救不愈，着人报知平武县典史朱映南，会同儒学、弁汛，看明申报到府，当即檄委江油县驰诣验讯。旋据黄敦衍等以祝万寿因病自缢，不忍尸身暴露，恳请免验等情。当经江油县知县毕衍燸查讯明确，祝万寿乘间自缢，实因患病昏迷所致。会同在城文武，饬令黄敦衍等将尸妥为棺殓，取具供结呈详，经前督臣骆秉章批司饬提来省，发委审办。旋据署布政使英祥、署按察使傅庆贻转据署成都府知府李德良等审拟具详，核恐案情尚有未确，批饬再行访查覆讯，以昭详慎。兹据成都府知府朱潮等以祝万寿委因病迷自尽，明察暗访，与原审供情无异，饬传黄敦衍等未到，已由平武县料理各事，搬柩回山东原籍等情，禀覆到臣。

覆加检看，缘祝万寿籍隶山东昌邑县人，由廪生于咸丰元年保举孝廉方正。八年，考取以知县即用。同治五年，选授平武县知县，十一月初十日到任。六年正月间，因甘省贼氛未靖，平武地处偏僻，办理边防，经费难筹，日夜愁急，并因公事冗繁，用心过度，旋即染患怔忡病症，一时又无良医。祝万寿知朱砂可以镇心，自行服食过多，以致痰迷，心神混乱，时言不愿服官，不愿活人。黄敦衍等时相劝慰，留心防守。讵祝万寿于三月初一日夜三更时，乘家属熟睡，自用绸带在房内床架上投缳殒命。黄敦衍等惊觉，解救不愈，查看桌上遗有书条一纸，上写"自己无德训民，难以见众人"十一字，系祝万寿亲笔。黄敦衍等着人报知典史朱映南，会同儒学、汛弁看明申报，委员诣验。黄敦衍等呈恳免验。查讯通详，批提来省审办。嗣据成都府审拟,由藩、臬两司会详。臣恐案情未确,批饬访查覆讯,兹据该府等禀覆前来。

臣覆核无异。此案实任平武县知县祝万寿在任自缢身死之处,业经讯明。复加访察,委因防费难筹,愁急患病,心神昏迷所致,并无别故。死由自处,与人无尤。尸棺已经该家属领搬回籍,均毋庸议。无干省释。除供招咨部外,理合将审理缘由恭折具奏,伏乞皇上圣鉴,敕部核覆施行。谨奏。七月二十三日。

同治十二年八月二十七日,奉朱批:该部知道。钦此。①

一〇二 奏报张寿荣等期满甄别片

同治十二年七月二十三日(1873 年 9 月 14 日)

再,查吏部奏定章程:道府州县论何项劳绩保奏归入候补班者,以到省之日起,予限一年,令督抚详加察看,出具切实考语,奏明分别繁简补用等因。兹查候补知州张寿荣、候补班前先补用知县李璠、尽先补用知县刘臣清、候补知县赵祥明,均到省一年期满,自应照章甄别,据布政使王德固、按察使英祥造具该员等履历清册,会详请奏前来。

臣查该员张寿荣,留心吏事,请留川以简缺知州补用;李璠年健才明,刘臣清年力正强,赵祥明年力正壮,均请留川以简缺知县补用。除将该员等履历清册咨部外,理合附片陈明,伏乞圣鉴训示。谨奏。

---

① 台北故宫博物院藏:军机及宫中档,文献编号:111381;中国第一历史档案馆藏:朱批奏折,档案编号:04-01-12-0516-144。

同治十二年八月二十七日，奉朱批：吏部知道。钦此。①

一〇三　请准李廷英暂缓引见片

同治十二年七月二十三日（1873 年 9 月 14 日）

再，查升补漳腊营守备李廷英，例应给咨引见。惟该守备现在省标当差，带操精兵，甚属得力，且届文武乡试之期，省城内外，士商云集。该员督率弁兵，昼夜梭巡，正值吃紧，未便遽易生手，合无仰恳天恩，俯准暂缓北上，敕部先给署札，一俟经手事竣，再行给咨送部。是否有当，理合附片具陈，伏乞圣鉴训示。谨奏。

同治十二年八月二十七日，奉朱批：着照所请，兵部知道。钦此。②

一〇四　查销试用知府庆征等摘顶之案片

同治十二年七月二十三日（1873 年 9 月 14 日）

再，同治十一年份税契银两，前于奏销时，因现署忠州知州庆征欠解税契银三百二十一两四钱五分五厘，前署彰明县知县姚绍崇欠解税银四百二十九两七钱，经臣奏明请旨将该员等摘去顶戴，勒限两个月完解在案。兹据布政使王德固、按察使英祥会详：该员等前欠银两已于参后如数解缴司库收储，尚知愧奋，详请具奏

---

　①　台北故宫博物院藏：军机及宫中档，文献编号：111376。此片具奏日期未确，兹据军机处随手登记档（档案编号：03-0210-3-1112-260）校正。

　②　台北故宫博物院藏：军机及宫中档，文献编号：111377。此片具奏日期未确，兹据军机处随手登记档（档案编号：03-0210-3-1112-260）校正。

前来。

合无仰恳天恩,俯准将现署直隶州事试用知府庆征、前署彰明县试用知州姚绍崇原参摘顶之案,敕部查销,出自鸿慈。除分咨外,理合附片陈明,伏乞圣鉴。谨奏。

同治十二年八月二十七日,朱批:着照所请,吏部知道。钦此。①

一〇五　奏报川省同治十二年闰六月雨水、粮价折

同治十二年七月二十三日(1873 年 9 月 14 日)

头品顶戴四川总督臣吴棠跪奏,为恭报同治十二年闰六月份各属报到米粮价值及得雨情形,仰祈圣鉴事。

窃照同治十二年六月份通省粮价及得雨情形,前经臣恭折奏报在案。兹查本年闰六月份成都、重庆、夔州、龙安、绥定、保宁、顺庆、潼川、雅州、嘉定、叙州等十一府,资州、绵州、忠州、眉州、邛州、泸州六直隶州,叙永一直隶厅,各属先后具报得雨自二三次至八九次不等。田水充盈,早稻成熟。其通省粮价俱与上月相同,据布政使王德固查明列单汇报前来。

臣覆核无异。理合分缮清单,恭呈御览,伏乞皇上圣鉴。谨奏。七月二十三日。

---

①　台北故宫博物院藏:军机及宫中档,文献编号:111378。此片具奏日期未确,兹据军机处随手登记档(档案编号:03-0210-3-1112-260)校正。

同治十二年八月二十七日，奉朱批：知道了。钦此。①

一〇六　呈川省同治十二年闰六月粮价清单

同治十二年七月二十三日(1873 年 9 月 14 日)

谨将同治十二年闰六月份四川省所属地方各项粮价，开具清单，恭呈御览。

成都府属，价贵。中米每仓石价银二两九钱七分至三两九钱七分，与上月同。大麦每仓石价银一两八钱三分至二两，与上月同。小麦每仓石价银二两一钱三分至二两三钱，与上月同。黄豆每仓石价银一两六分至二两四钱六分，与上月同。荞子每仓石价银一两一钱六分至一两七钱，与上月同。

重庆府属，价贵。中米每仓石价银二两七钱七分至三两七钱七分，与上月同。大麦每仓石价银一两六钱二分至一两九钱七分，与上月同。小麦每仓石价银二两六钱八分至二两七钱三分，与上月同。黄豆每仓石价银二两七钱二分至二两九钱九分，与上月同。

保宁府属，价贵。中米每仓石价银二两五钱九分至三两二钱八分，与上月同。大麦每仓石价银一两八钱九分至二两一钱，与上月同。小麦每仓石价银二两八钱三分至三两五钱七分，与上月同。黄豆每仓石价银一两八钱三分至二两一钱三分，与上月同。

顺庆府属，价贵。中米每仓石价银二两三分至三两四钱二分，与上月同。大麦每仓石价银一两六钱一分至一两八钱，与上月同。

---

① 台北故宫博物院藏：军机及宫中档，文献编号：111369；中国第一历史档案馆藏：朱批奏折，档案编号：04-01-25-0513-050。

小麦每仓石价银二两九分至二两一钱二分，与上月同。黄豆每仓石价银一两五钱五分至一两六钱七分，与上月同。

　叙州府属，价贵。中米每仓石价银三两四分至三两三钱二分，与上月同。大麦每仓石价银一两六钱六分至二两二分，与上月同。小麦每仓石价银二两一钱三分至二两六钱三分，与上月同。黄豆每仓石价银一两一钱一分至一两五钱二分，与上月同。

　夔州府属，价贵。中米每仓石价银二两八钱四分至三两一钱七分，与上月同。大麦每仓石价银一两七钱八分至二两四钱六分，与上月同。小麦每仓石价银二两九钱五分至三两三分，与上月同。黄豆每仓石价银二两一钱六分至二两二钱六分，与上月同。

　龙安府属，价贵。中米每仓石价银二两五钱三分至三两二钱，与上月同。青稞每仓石价银一两五钱，与上月同。小麦每仓石价银一两七钱九分至二两一钱八分，与上月同。黄豆每仓石价银一两八钱五分至一两九钱三分，与上月同。

　宁远府属，价贵。中米每仓石价银二两八钱七分至三两一钱八分，与上月同。大麦每仓石价银一两四钱八分至一两六钱，与上月同。小麦每仓石价银一两五钱九分至二两二钱，与上月同。荞子每仓石价银一两四钱五分，与上月同。黄豆每仓石价银一两五钱六分至一两六钱三分，与上月同。

　雅州府属，价中。中米每仓石价银二两七钱九分至二两八钱二分，与上月同。小麦每仓石价银二两二钱九分至二两六钱五分，与上月同。黄豆每仓石价银一两六钱七分至二两六分，与上月同。

　嘉定府属，价贵。中米每仓石价银二两七钱六分至三两三钱四分，与上月同。小麦每仓石价银二两三钱六分至二两七钱三分，与上月同。黄豆每仓石价银一两四钱九分至二两五分，与上月同。

潼川府属，价贵。中米每仓石价银二两八钱七分至三两一钱三分，与上月同。大麦每仓石价银一两六钱五分至一两九钱三分，与上月同。小麦每仓石价银二两一钱四分至二两四钱九分，与上月同。黄豆每仓石价银一两七钱八分至二两一钱五分，与上月同。

绥定府属，价中。中米每仓石价银二两七钱四分至二两八钱六分，与上月同。大麦每仓石价银一两五钱八分，与上月同。小麦每仓石价银一两六钱二分至一两七钱三分，与上月同。黄豆每仓石价银一两四钱三分，与上月同。

眉州直隶州属，价中。中米每仓石价银二两七钱二分至三两，与上月同。

邛州直隶州并属，价中。中米每仓石价银二两六钱二分至三两三分，与上月同。大麦每仓石价银一两九钱，与上月同。小麦每仓石价银二两五钱七分，与上月同。黄豆每仓石价银二两一钱至二两二钱四分，与上月同。

泸州直隶州并属，价贵。中米每仓石价银三两四分至三两五分，与上月同。

资州直隶州并属，价中。中米每仓石价银二两五钱四分至二两九钱四分，与上月同。

绵州直隶州并属，价贵。中米每仓石价银二两七钱一分至三两一分，与上月同。小麦每仓石价银二两三钱二分至二两四钱六分，与上月同。

茂州直隶州并属，价中。中米每仓石价银二两六钱一分，与上月同。小麦每仓石价银二两六钱八分，与上月同。青稞每仓石价银二两二钱，与上月同。荞子每仓石价银一两二钱三分至一两七钱三分，与上月同。

忠州直隶州并属,价贵。中米每仓石价银二两五钱六分至三两二钱二分,与上月同。大麦每仓石价银一两四钱六分至一两六钱,与上月同。小麦每仓石价银二两三分至二两三钱九分,与上月同。黄豆每仓石价银一两二钱七分至一两五钱七分,与上月同。

酉阳直隶州并属,价贵。中米每仓石价银二两五钱七分至三两五分,与上月同。大麦每仓石价银二两二钱八分至二两六钱,与上月同。小麦每仓石价银二两六钱二分至二两七钱六分,与上月同。黄豆每仓石价银一两三钱九分至一两四钱四分,与上月同。

叙永直隶厅并属,价中。中米每仓石价银二两九钱七分,与上月同。小麦每仓石价银一两八钱一分,与上月同。荞子每仓石价银一两三钱二分,与上月同。黄豆每仓石价银一两六钱一分,与上月同。

松潘直隶厅,价中。青稞每仓石价银二两六钱六分,与上月同。荞子每仓石价银一两七钱四分,与上月同。

杂谷直隶厅,价中。青稞每仓石价银二两四钱,与上月同。荞子每仓石价银一两七钱九分,与上月同。

石砫直隶厅,价平。中米每仓石价银一两六钱,与上月同。大麦每仓石价银一两七钱三分,与上月同。小麦每仓石价银二两六分,与上月同。黄豆每仓石价银一两八钱九分,与上月同。

打箭炉厅,价贵。青稞每仓石价银四两九钱,与上月同。油麦每仓石价银一两八钱一分,与上月同。

(朱批):览。[1]

---

① 台北故宫博物院藏:军机及宫中档,文献编号:111369-0-A。

一〇七　呈川省同治十二年闰六月得雨清单

同治十二年七月二十三日(1873 年 9 月 14 日)

谨将同治十二年闰六月份四川省所属地方报到得雨情形,开具清单,恭呈御览。

成都府属:成都、华阳两县得雨四次,稻谷扬花。简州得雨五次,稻谷收割。崇庆州得雨五次,早稻出穗。汉州得雨四次,堰水充足。温江县得雨四次,稻谷结实。郫县得雨三次,晚稻吐穗。新都县得雨五次,秧苗出穗。彭县得雨四次,秧苗茂盛。什邡县得雨四次,早禾渐熟。

重庆府属:江津县得雨四次,早稻收割。荣昌县得雨三次,五谷成熟。綦江县得雨一次,晚禾吐穗。合州得雨二次,秧苗结实。南川县得雨四次,早禾扬花。铜梁县得雨二次,禾苗结实。定远县得雨一次,稻谷成熟。

夔州府属:万县得雨一次,晚禾扬花。

龙安府属:江油县得雨四次,早稻扬花。

绥定府属:东乡县得雨一次,秧苗吐穗。

保宁府属:苍溪县得雨三次,田水充足。南部县得雨一次,地土滋润。广元县得雨三次,田水充足。昭化县得雨三次,秧苗含苞。巴州得雨四次,田水充足。剑州得雨五次,稻禾吐穗。

顺庆府属:南充县得雨二次,田水充足。西充县得雨一次,稻谷成熟。仪陇县得雨一次,田堰水足。广安州得雨一次,早稻结实。岳池县得雨二次,田水充足。邻水县得雨二次,田水充足。

潼川府属:三台县得雨五次,田堰积水。射洪县得雨四次,田堰积水。盐亭县得雨二次,稻谷扬花。中江县得雨二次,禾苗结实。蓬溪县得雨四次,田水充盈。安岳县得雨一次,禾稻结实。乐至县得雨一次,晚禾结实。

雅州府属:雅安县得雨二次,田水充足。名山县得雨二次,田水充盈。萧山县得雨四次,田水充足。天全州得雨三次,田水充足。

嘉定府属:乐山县得雨五次,堰水充盈。峨眉县得雨三次,田水充足。洪雅县得雨九次,田水充足。夹江县得雨二次,堰水充足。荣县得雨五次,田水充足。威远县得雨六次,晚稻结实。峨边厅得雨四次,稻谷畅茂。

叙州府属:南溪县得雨二次,田水充足。富顺县得雨五次,田水充足。隆昌县得雨二次,田水充足。兴文县得雨二次,田水充足。马边厅得雨三次,秧苗结实。

资州直隶州并属:资州得雨七次,秧苗结实。仁寿县得雨一次,棉花茂盛。资阳县得雨二次,禾苗结实。井研县得雨二次,秧苗结实。内江县得雨三次,早稻收割。

绵州直隶州并属:绵州得雨三次,秧苗结实。安县得雨四次,禾苗出穗。梓潼县得雨三次,早禾成熟。罗江县得雨一次,晚稻扬花。

忠州直隶州并属:酆都县得雨三次,早稻收割。梁山县得雨一次,秋粮成熟。

眉州直隶州并属:眉州得雨五次,田水充足。彭山县得雨六次,堰水畅流。丹棱县得雨七次,堰水充盈。

邛州直隶州并属:邛州得雨二次,堰水充足。大邑县得雨五次,堰水充盈。

泸州直隶州并属:江安县得雨一次,田水充足。合江县得雨三次,田亩积水。纳溪县得雨二次,田水不缺。

叙永直隶厅并属:叙永厅得雨一次,晚稻扬花。永宁县得雨二次,早稻黄熟。

(朱批):览。[1]

一〇八 拟将邻省协饷尽力匀拨折

同治十二年七月二十九日(1873年9月20日)

头品顶戴四川总督臣吴棠跪奏,为沥陈川省民力艰难,饷源支绌,通筹司库出入,拟将邻省协饷尽力匀拨,恭折具奏,仰祈圣鉴事。

窃臣承准军机大臣字寄:同治十二年闰六月初十日,奉上谕:曾璧光等请于四川所欠的饷,先拨银五十万两,无论何款,照数筹拨,务于一月内飞速解黔,以济眉急。同日奉上谕:积欠滇省新饷,无论何款,先行迅速筹拨一半,俟滇省各将领派弁持文到时,即行照数给发,以济要需。其余应解之项,务于年内扫数解清。应拨月饷,仍照常拨解各等因。钦此。伏思川省接壤滇、黔,频年分军越剿,办捐助饷,各以数百万计。现值两省办理善后,固应竭力拨济。惟川省进款日绌,各省协饷过繁,不能不通筹全局,量入为出,以免顾彼失此。谨为我皇上陈之。

查川省额征粮赋课税,每年原止银一百三十万两,以之拨供本省例支各款尚不敷用,向由各省每年协拨川省银二十万两,以补不足。军兴以来,各省协饷不至,川省筹办军需,并续添协邻饷项,不

---

① 台北故宫博物院藏:军机及宫中档,文献编号:111374。

得已始举办津贴捐输、盐货厘金,以资周转。无如征输已久,民生极形困惫,近又连年旱潦为灾,元气未复。本年入夏以来,大雨连旬,沿河田亩已报水淹,秋收成数,殊难悬揣,尚须体察情形,减缓捐输。至厘金一项,从前川盐济楚,抽收尚旺,近来淮纲早复,划留川省销岸不及上年三分之一,盐厘益形减色。货厘一款,又因川境僻处西陲,并非水陆通衢,素乏洋商巨贾往来,收数无多,约计现在一年所收津捐、厘金,较诸昔年短少数十万两,合之额征粮赋课税,统计不过三百七十万两。此本年通省进款之大概也。

而一年待拨之数,则有本省例之官兵俸饷、养廉、台费等项一百五十万两,援防楚军及川、黔各勇营旗标兵等项,约需一百二三十万两。户部奏拨京饷四十五万两。其按月应拨者,另有固本京饷五千两、淮军月饷三万两、滇饷三万两、黔饷二万两、甘饷二万两,景廉、金顺①两营月饷共四万两。又,提旧欠成禄月饷四万两。计有闰之年,又需银二百四十万五千两。此外,指提专饷则更有新疆、贵州共二十余万两。又,云南提拨铜本十九万两,连现在贵州催解欠饷五十万两,云南催一半欠饷,亦需五十余万两。以上统需银七百余万两。此本年奉拨各款之大概数目也。

今将收支大数两相比较,多寡悬绝。所有全年收款,除拨本省

---

① 金顺(1831—1886),字和甫,伊尔根觉罗氏,世居吉林,隶满洲镶蓝旗,图尔格齐巴图鲁。咸丰四年(1854),充领催。六年(1856),补吉林骁骑校。八年(1858),升吉林防御。十年(1860),授协领,加副都统衔。同治三年(1864),补镶黄旗汉军副都统。同年,调补西安左翼副都统。五年(1866),授宁夏副都统。同年,署宁夏将军。九年(1870),率军下金积堡,平宁夏。十年(1871),擢乌里雅苏台将军。十二年(1873),授正白旗汉军都统。十三年(1874),充帮办新疆军务大臣。光绪元年(1875),调乌鲁木齐都统。二年(1876),授伊犁将军,封云骑尉。十二年(1886),回京述职,病逝于途。赠太子太保,谥忠介。

例支及防军月饷岁需银二百七八十万两外，其可以供京外各项协饷者，实在不过一百万之数。伏思京饷暨固本兵饷，均非寻常款项可比，自当尽先筹解。至各省新旧协饷，均系奉旨饬催之件，又未便专顾一二省，而置他省于不顾。况川省地居边要，内抚羌、戎、番、猓，外接云、贵、陕、甘，为自来多事之地。近来库中随收随放，存款常不及十万两，甚有仅存数千两之时，万一岁逢偏荒，或边境夷疆偶有警报，储备毫无，何堪设想。若不据实陈明，不但川省拮据情形未能上达，致各省协饷愈拨愈多，更恐各省待拨情切，川省难筹兼顾，转滋贻误。

臣连日督同司道，通盘筹计，进款只此三百数十万，无从加派。拨款共有七百余万，半属虚悬，万不敢稍存隐饰。惟有据实仰恳天恩，俯念川省军兴十余年来，民力已竭，饷源日绌，凡有各省协饷，势难拘数定限，仍准尽力凑挪，陆续分解，庶几于酌盈剂虚之中，不致有顾彼失此之虑。此次云南催提积欠新饷一半，核需银五十万两，请由各将领派弁赴川支领，固属急需，而贵州事同一律，甘肃、新疆各军，荷戈待食，亦难刻缓。各处营目极繁，将领大小不一，设皆援照滇案，恳请派弁赴川支领，不但应接不暇，无力分济，而沿途州县支应饷差，纷繁愈甚，闾阎不堪其扰。臣前已咨明滇省督抚，仍由川中委解该省司库，照章支发，毋庸分拨各营将领赴川守催，用杜纷扰在案，兹据藩司王德固具详前来。除咨部外，理合恭折由驿具奏，伏乞皇上圣鉴训示。谨奏。年七月二十九日。

同治十二年八月十七日，奉朱批：知道了。钦此。①

---

① 台北故宫博物院藏：军机及宫中档，文献编号：111253；中国第一历史档案馆藏：朱批奏折，档案编号：04-01-03-0165-008。

一〇九　奏报筹拨淮军月饷片

同治十二年七月二十九日(1873年9月20日)

再,前承准军机大臣字寄:同治九年十月二十六日,奉上谕:李鸿章奏,淮军月饷,每月加拨四川三万两。此项月饷均系有着的款,岂可稍令短绌。着吴棠照原拨淮军额款,按月如数筹解,毋稍缺误等因。钦此。伏查淮军月饷银三万两,前经臣督同藩司十七次解过银六十万两,先后奏报在案。川省连年奉拨京外各饷,为数过繁,无非挪东补西,只有尽力匀拨,现于另折详细陈明。

查淮军留扎畿辅,并分防数省,大局攸关,不得不竭力筹计。兹臣督同藩司设法腾挪,凑集厘金银三万两,饬委候补通判陈顺义、补用按经历汪国科承领,定于七月二十九日自成都起程,解赴湖北粮台交收,拨供李鸿章所部淮军征防饷项。除分咨外,理合附片陈明,伏乞圣鉴。谨奏。

同治十二年八月十七日,奉朱批:知道了。钦此。①

一一〇　分拨甘肃月饷起程日期折

同治十二年七月二十九日(1873年9月20日)

头品顶戴四川总督臣吴棠跪奏,为分拨甘肃月饷起程日期,恭折仰祈圣鉴事。

窃查川省月协甘饷已解至同治十年十一月底止,均经奏报在

---

① 台北故宫博物院藏:军机及宫中档,文献编号:111254。

案。复准户部咨：袁保恒奏催四川月协甘饷及奉拨积欠专饷，无论如何为难，迅拨大批解交西征粮台查收支应等因。伏思川库入不敷出情形，现于奉旨催提滇、黔两省欠饷案内，据实缕陈。凡各省月饷仍尽力匀拨，以免顾彼失此。

值此甘军荷戈待食，望饷尤殷，臣督同藩司凑集厘金银三万两，作为十年十二月及十一年正月上半月协甘之饷，内应遵旨划扣凉、庄兵饷银一万两。惟准袁保恒咨：凉州副都统瑞云前在西征粮台借拨银五千两制造军械，请在川省协饷内划拨粮台归款，自应查照办理。兹将甘饷二万两并凉州划还西征粮台银五千两，饬委试用同知梁积楄、未入流吴积勋承领，一并解交袁保恒查收转解，定期于七月二十九日自成都起程，余存凉、庄兵饷五千两，发交凉、庄委员佐领存祥领汇回凉，以清款目。除分咨外，理合恭折陈明，伏乞皇上圣鉴。谨奏。七月二十九日。

同治十二年八月十七日，奉朱批：知道了。钦此。[1]

一一一　请将参将黄德耀革职片

同治十二年七月二十九日(1873 年 9 月 20 日)

再，松潘镇属之漳腊营悬处夷疆，群番环绕，全赖抚辑得宜。去年夏间，据松潘镇总兵李得太会同署松潘厅同知何远庆具禀：漳腊营参将黄德耀抵任未久，误听人言，妄拿无辜良番独哥他到营羁押，措置失当，不能弹压番众，经该镇、厅立提独哥他到松，讯明释放，番众遂帖然无事等情。臣访查属实，遂将黄德耀撤任，另委妥

---

[1]　台北故宫博物院藏：军机及宫中档，文献编号：111255。

员接署。嗣举行军政,臣会同成都将军臣魁玉、提督臣胡中和,秉公考察,该员黄德耀实系才力不及,难胜夷疆要缺之任,当即合词汇疏题参,接准部咨:议以降二级调用。该参员情愿进京引见,于本年闰六月十二日,照例给咨。

诓黄德耀延不起程,屡将卸署松潘厅同知何远庆寻衅滋闹,尤敢于衙参之日,将何远庆抓扭凶估,意图讹诈,经人劝散。似此形同无赖,断难期其造就,相应请旨将黄德耀革职,并追取原领咨文,勒令速回广东原籍,不准逗留滋事。谨会同提督臣胡中和,合词附片具陈,伏乞圣鉴训示。谨奏。

同治十二年八月十七日,奉朱批:黄德耀着即行革职。余依议。兵部知道。钦此。①

一一二　奏报川省同治十二
年七月雨水、粮价折

同治十二年八月二十五日(1873 年 10 月 16 日)

头品顶戴四川总督臣吴棠跪奏,为恭报四川省同治十二年七月份各属具报米粮价值及得雨情形,仰祈圣鉴事。

窃照同治十二年闰六月份通省粮价及得雨情形,前经臣恭折奏报在案。兹查本年七月份成都、重庆、夔州、龙安、绥定、保宁、顺庆、潼川、雅州、嘉定、叙州等十一府,资州、绵州、忠州、眉州、邛州、泸州六直隶州,石砫、叙永两直隶厅,各属先后具报得雨自二三次

---

① 台北故宫博物院藏:军机及宫中档,文献编号:111256。此奏片具奏日期未确,兹据军机处随手登记档(档案编号:03-0210-3-1112-250)校正。

至十数次不等。田水充盈，稻谷收割，间有潮损。其通省粮价俱与上月相同，据布政使王德固查明，列单汇报前来。

臣覆核无异。理合分缮清单，恭呈御览，伏乞皇上圣鉴。谨奏。八月二十五日。

同治十二年十月初五日，奉朱批：知道了。钦此。①

一一三　呈川省同治十二年七月粮价清单

同治十二年八月二十五日(1873 年 10 月 16 日)

谨将同治十二年七月份四川省所属地方各项粮价，开具清单，恭呈御览。

成都府属，价贵。中米每仓石价银二两九钱七分至三两九钱七分，与上月同。大麦每仓石价银一两八钱三分至二两，与上月同。小麦每仓石价银二两一钱三分至二两三钱，与上月同。黄豆每仓石价银一两六分至二两四钱六分，与上月同。荞子每仓石价银一两一钱六分至一两七钱，与上月同。

重庆府属，价贵。中米每仓石价银二两七钱七分至三两七钱七分，与上月同。大麦每仓石价银一两六钱二分至一两九钱七分，与上月同。小麦每仓石价银二两六钱八分至二两七钱三分，与上月同。黄豆每仓石价银二两七钱二分至二两九钱九分，与上月同。

保宁府属，价贵。中米每仓石价银二两五钱九分至三两二钱八分，与上月同。大麦每仓石价银一两八钱九分至二两一钱，与上

①　台北故宫博物院藏：军机及宫中档，文献编号：111899；中国第一历史档案馆藏：朱批奏折，档案编号：04-01-25-0513-051。

月同。小麦每仓石价银二两八钱三分至三两五钱七分，与上月同。黄豆每仓石价银一两八钱三分至二两一钱三分，与上月同。

顺庆府属，价贵。中米每仓石价银二两三分至三两四钱二分，与上月同。大麦每仓石价银一两六钱一分至一两八钱，与上月同。小麦每仓石价银二两九分至二两一钱二分，与上月同。黄豆每仓石价银一两五钱五分至一两六钱七分，与上月同。

叙州府属，价贵。中米每仓石价银三两四分至三两三钱二分，与上月同。大麦每仓石价银一两六钱六分至二两二分，与上月同。小麦每仓石价银二两一钱三分至二两六钱三分，与上月同。黄豆每仓石价银一两一钱一分至一两五钱二分，与上月同。

夔州府属，价贵。中米每仓石价银二两八钱四分至三两一钱七分，与上月同。大麦每仓石价银一两七钱八分至二两四钱六分，与上月同。小麦每仓石价银二两九钱五分至三两三分，与上月同。黄豆每仓石价银二两一钱六分至二两二钱六分，与上月同。

龙安府属，价贵。中米每仓石价银二两五钱三分至三两二钱，与上月同。青稞每仓石价银一两五钱，与上月同。小麦每仓石价银一两七钱九分至二两一钱八分，与上月同。黄豆每仓石价银一两八钱五分至一两九钱三分，与上月同。

宁远府属，价贵。中米每仓石价银二两八钱七分至三两一钱八分，与上月同。大麦每仓石价银一两四钱八分至一两六钱，与上月同。小麦每仓石价银一两五钱九分至二两二钱，与上月同。荞子每仓石价银一两四钱五分，与上月同。黄豆每仓石价银一两五钱六分至一两六钱三分，与上月同。

雅州府属，价中。中米每仓石价银二两七钱九分至二两八钱二分，与上月同。小麦每仓石价银二两二钱九分至二两六钱五分，与上月同。黄豆每仓石价银一两六钱七分至二两六分，与上月同。

嘉定府属，价贵。中米每仓石价银二两七钱六分至三两三钱四分，与上月同。小麦每仓石价银二两三钱六分至二两七钱三分，与上月同。黄豆每仓石价银一两四钱九分至二两五分，与上月同。

潼川府属，价贵。中米每仓石价银二两八钱七分至三两一钱三分，与上月同。大麦每仓石价银一两六钱五分至一两九钱三分，与上月同。小麦每仓石价银二两一钱四分至二两四钱九分，与上月同。黄豆每仓石价银一两七钱八分至二两一钱五分，与上月同。

绥定府属，价中。中米每仓石价银二两七钱四分至二两八钱六分，与上月同。大麦每仓石价银一两五钱八分，与上月同。小麦每仓石价银一两六钱二分至一两七钱三分，与上月同。黄豆每仓石价银一两四钱三分，与上月同。

眉州直隶州属，价中。中米每仓石价银二两七钱二分至三两，与上月同。

邛州直隶州并属，价中。中米每仓石价银二两六钱二分至三两三分，与上月同。大麦每仓石价银一两九钱，与上月同。小麦每仓石价银二两五钱七分，与上月同。黄豆每仓石价银二两一钱至二两二钱四分，与上月同。

泸州直隶州并属，价贵。中米每仓石价银三两四分至三两五分，与上月同。

资州直隶州并属，价中。中米每仓石价银二两五钱四分至二两九钱四分，与上月同。

绵州直隶州并属，价贵。中米每仓石价银二两七钱一分至三两一分，与上月同。小麦每仓石价银二两三钱二分至二两四钱六分，与上月同。

茂州直隶州并属，价中。中米每仓石价银二两六钱一分，与上月同。小麦每仓石价银二两六钱八分，与上月同。青稞每仓石价银二两二钱，与上月同。荞子每仓石价银一两二钱三分至一两七钱三分，与上月同。

忠州直隶州并属，价贵。中米每仓石价银二两五钱六分至三两二钱二分，与上月同。大麦每仓石价银一两四钱六分至一两六钱，与上月同。小麦每仓石价银二两三分至二两三钱九分，与上月同。黄豆每仓石价银一两二钱七分至一两五钱七分，与上月同。

酉阳直隶州并属，价贵。中米每仓石价银二两五钱七分至三两五分，与上月同。大麦每仓石价银二两二钱八分至二两六钱，与上月同。小麦每仓石价银二两六钱二分至二两七钱六分，与上月同。黄豆每仓石价银一两三钱九分至一两四钱四分，与上月同。

叙永直隶厅并属，价中。中米每仓石价银二两九钱七分，与上月同。小麦每仓石价银一两八钱一分，与上月同。荞子每仓石价银一两三钱二分，与上月同。黄豆每仓石价银一两六钱一分，与上月同。

松潘直隶厅，价中。青稞每仓石价银二两六钱六分，与上月同。荞子每仓石价银一两七钱四分，与上月同。

杂谷直隶厅，价中。青稞每仓石价银二两四钱，与上月同。荞子每仓石价银一两七钱九分，与上月同。

石砫直隶厅，价平。中米每仓石价银一两六钱，与上月同。大麦每仓石价银一两七钱三分，与上月同。小麦每仓石价银二两六分，与上月同。黄豆每仓石价银一两八钱九分，与上月同。

打箭炉厅，价贵。青稞每仓石价银四两九钱，与上月同。油麦每仓石价银一两八钱一分，与上月同。

（朱批）：览。①

一一四　呈川省同治十二年七月得雨清单

同治十二年八月二十五日（1873 年 10 月 16 日）

谨将同治十二年七月份四川省各属报到得雨情形，开具清单，恭呈御览。

成都府属：成都、华阳两县得雨十七次，田水冲积。简州得雨十一次，棉花采摘。崇庆州得雨十二次，河水泛溢。汉州得雨十次，稻谷收获。温江县得雨十二次，稻谷收获。郫县得雨十七次，田多积水。新都县得雨六次，早稻收获。彭县得雨四次，早稻收获。

重庆府属：江北厅得雨二次，稻已收获。巴县得雨一次，稻已收获。江津县得雨四次，稻已收获。长寿县得雨三次，稻已收获。永川县得雨四次，禾苗收获。荣昌县得雨四次，田水充足。綦江县得雨二次，稻谷收获。合州得雨三次，稻谷收毕。南川县得雨三次，田水充盈。铜梁县得雨三次，晚稻收获。璧山县得雨二次，稻谷收获。大足县得雨四次，稻已收获。定远县得雨三次，稻已收获。

夔州府属：云阳县得雨二次，晚稻收毕。万县得雨三次，早稻收毕。

龙安府属：江油县得雨十一次，晚禾收获。石泉县得雨三次，稻谷成熟。

绥定府属：达县得雨三次，早稻收获。东乡县得雨二次，早稻收获。新宁县得雨三次，早禾收获。

---

① 台北故宫博物院藏：军机及宫中档，文献编号：111899-0-A。

保宁府属:阆中县得雨五次,早稻收获。苍溪县得雨四次,田水充盈。南部县得雨三次,田水充足。广元县得雨七次,稻谷成熟。昭化县得雨八次,早稻已收。巴县得雨四次,田水充足。剑州得雨十二次,稻粟结实。

顺庆府属:南充县得雨二次,田稻成熟。西充县得雨三次,田水充足。蓬州得雨四次,堰水充足。营山县得雨二次,田丘翻犁。仪陇县得雨三次,田堰水足。广安州得雨二次,晚禾收获。邻水县得雨三次,早稻收获。

潼川府属:三台县得雨十次,田亩积水。射洪县得雨六次,河水泛涨。盐亭县得雨五次,黄豆成熟。蓬溪县得雨二次,田水充盈。安岳县得雨二次,田水充足。乐至县得雨六次,田水充盈。

雅州府属:雅安县得雨十一次,山溪泛溢。名山县得雨三次,田水充足。芦山县得雨三次,稻谷黄熟。

嘉定府属:乐山县得雨八次,堰水充足。峨眉县得雨四次,田水充足。洪雅县得雨五次,田水充足。犍为县得雨八次,井灶水淹。荣县得雨五次,田水充足。威远县得雨七次,田塘积水。峨边厅得雨三次,黄豆结实。

叙州府属:南溪县得雨六次,田水充足。富顺县得雨五次,田丘翻犁。长宁县得雨二次,田谷获毕。兴文县得雨六次,田水充足。

资州直隶州并属:资州得雨八次,河水泛涨。仁寿县得雨十二次,稻已收获。资阳县得雨八次,稻已收获。井研县得雨五次,雨水调匀。内江县得雨二次,稻已收获。

绵州直隶州并属:绵州得雨十一次,稻谷收获。安县得雨十二次,田水充盈。梓潼县得雨八次,晚禾登场。罗江县得雨六次,田塍积水。

忠州直隶州并属：丰都县得雨二次,晚禾收获。垫江县得雨三次,晚禾收获。

眉州直隶州并属：眉州得雨十次,河水泛溢。彭山县得雨十二次,河水泛溢。丹棱县得雨十三次,堰水泛涨。青神县得雨十一次,河水泛涨。

邛州直隶州得雨九次,堰水充盈。

泸州直隶州并属：泸州得雨八次,田亩翻犁。江安县得雨二次,田水充足。合江县得雨四次,田亩积水。纳溪县得雨七次,田水充足。

石砫直隶厅得雨二次,早稻收获。

叙永直隶厅并属：叙永厅得雨二次,田水充足。永宁厅得雨二次,田水充足。

(朱批)：览。①

一一五　秋审绞犯脱逸请将程熙春等议处折

同治十二年八月二十五日(1873 年 10 月 16 日)

头品顶戴四川总督臣吴棠跪奏,为秋审发回绞犯中途脱逃,文武员弁不慎,恭折特参,仰祈圣鉴事。

窃筠连县绞犯潘有菖,因与曾雷氏通奸,乏助拒绝,向曾雷氏索讨遗留布袜争角,将曾雷氏殴砍伤身死,审依先经和奸、后因别故拒绝将被奸之人杀死者,照斗杀律,拟绞监候具题,接准部覆,汇入本年秋审办理。经前署筠连县知县程熙春佥差长解差役张洪、

---

① 台北故宫博物院藏：军机及宫中档,文献编号：111899-0-B。

康泷并护解兵役,将该犯潘有蔷解至省城。经臣公同司道审录后,札饬华阳县验明肘锁,仍交解役张洪等,并由县移营拨兵管解押回在案。兹据署筠连县程熙春转据解役张洪等禀称:同治十二年五月二十二日,行抵高县,经该署县邵坤佥差朱藻、郑高,并移会汛弁刘家荣,拨兵饶定国、易成魁护解前进。

二十五日早,行抵筠连县属黄泥坳地方,该兵役等押同犯人在腰店吃饭。该犯潘有蔷称腹痛,护解差役郑高带往路旁坡上出恭,不期该犯潘有蔷滚岩逃逸,追拿无获。禀经该署县程熙春会营勘缉具报,并据该管府道揭由藩、臬两司会详请参,兼以叙州府属秋审人犯发回,向由宜宾县会差兵役转解,故无派委员管押等情,声明察核前来。

臣查该兵役张洪等押解秋审人犯,理宜小心看管,严密防范,以免疏虞。今该犯潘有蔷中途脱逃,实非寻常疏忽可比,难保无受贿松刑、违例雇替及兵役张洪等有徇纵情弊。除批该司行提兵役张洪等来省,发委成都府等研审究拟,再行具奏,并飞饬筠连县暨通饬各属县悬立重赏,严缉该犯潘有蔷,务获解究,一面咨明部院,在于秋审册内扣除外,相应请旨将佥差不慎之署筠连县知县程熙春、署高县知县邵坤、署高县汛督标中营把总刘家荣交部议处。至管辖各官职名,容俟查明,另行办理。合并声明。所有秋审绞犯脱逸缘由,理合先行恭折具奏,伏乞皇上圣鉴训示遵行。谨奏。八月二十五日。

同治十二年十月初五日,奉朱批:程熙春等均着交部议处。余依议。钦此。①

———————————

① 台北故宫博物院藏:军机及宫中档,文献编号:111916;中国第一历史档案馆藏:朱批奏折,档案编号:04-01-28-0021-025。

一一六　审明杨麻子图财害命按律定拟折

同治十二年八月二十五日(1873年10月16日)

头品顶戴四川总督臣吴棠跪奏,为图财谋杀一家三命重案,审明先行正法,恭折仰祈圣鉴事。

窃据华阳县详:客民杨麻子即杨西愦,谋杀杨道姑等一家三命一案,经臣以案情重大,批饬提府研审拟办。兹据成都府知府朱潮审明定拟,由按察使英祥勘解到臣。亲提研审,缘杨麻子即杨西愦,籍隶仁寿县,素不务正,在外游荡。杨道姑系杨麻子无服族祖姑,向在省城东门外观音堂出家。徐道姑系杨道姑之徒,牟道姑系杨道姑徒孙,同庙居住。杨麻子屡向杨道姑借钱不允。

同治十二年三月初一日傍晚,杨麻子路过观音堂门外,见徐道姑、牟道姑负钱与杨道姑进庙,杨麻子又向杨道姑借钱。杨道姑村斥杨麻子不应屡次估借,信口嫚骂。徐道姑、牟道姑亦斥杨麻子不务正业,将来定至行乞。杨麻子忆及贫苦无度,屡向杨道姑借钱不允,又被徐道姑等村斥,气忿莫遏,起意将杨道姑等一并致死,得钱使用。即向杨道姑声称,天晚不能行走,在庙借宿一夜。杨道姑不允,杨麻子再三央恳,杨道姑即令杨麻子在厨房歇宿。是夜五更时,杨麻子起身,顺携菜刀走至杨道姑等门首探听,里面人俱睡静,抬门进内,灯光下走至杨道姑床边,用菜刀砍伤杨道姑额颅近左、咽喉近左、额颏。杨道姑声喊救命,牟道姑与徐道姑先后惊起捕拿。杨麻子用刀砍伤牟道姑左额角、脑后倒地,复用刀砍伤徐道姑囟门、左额角、额颅近右、项颈近右、咽喉近右倒地,当各因伤殒命。杨麻子即将杨道姑等负回钱十千文背负,由正殿开门走出,被雇工谢道姑听得门响,起身出问。杨麻子未经理睬,谢道姑赶拢拦阻。杨麻子弃钱在地,用刀砍伤谢道姑项颈。谢道姑大声喊拿,杨麻子虑人听闻,忙开大门,带刀逃逸。谢道姑将钱捡回,查看杨道姑、徐道姑均被杨麻子砍伤致死,报县勘验,获犯讯详,批府提审。兹据成都府审明定拟,由臬司解勘前来。臣亲提研鞫,据供前情不讳。诘无同谋加功之人,亦无另犯不法别案及逃后行凶为匪与知情容留之人。案无遁饰。

查例载:杀一家非死罪三人者,凌迟处死,财产断付死者之家,妻、子流二千里。又例载:杀一家三命凶犯,申明后依律定罪,一面奏闻,一面恭请王命,先行正法各等语。此案杨麻子因向无服族姑借钱不允,被杨道姑与徒徐道姑、徒孙牟道姑村斥气忿,起意将杨道姑、徐道姑、牟道姑一并砍伤身死,得钱使用,实属凶残已极。查徐道姑系杨道姑之徒,牟道姑系徐道姑之徒,同庙居住,系属一家,自应按律问拟。杨麻子即杨西惯,合依杀一家非死罪三人凌迟处死律,拟凌迟处死。经臣审明后,照例恭请王命,饬令按察使英祥、督标中军副将文升,将该犯杨麻子即杨西惯绑赴市曹,凌迟处死,枭首示众,以昭炯戒。杨麻子讯无财产、妻、子,无凭断付缘坐。谢道姑伤已平复,无干省释。各尸棺分别饬埋,凶刀供弃免追。除供招咨部外,所有审明正法缘由,理合循例恭折具陈,伏乞皇上圣鉴,敕部核覆施行。谨奏。八月二十五日。

同治十二年十月初五日,奉朱批:刑部知道。钦此。[①]

---

① 台北故宫博物院藏:军机及宫中档,文献编号:111917;中国第一历史档案馆藏:朱批奏折,档案编号:04-01-26-0074-096。

一一七　续查阵亡绅团、殉难团
　　民、殉节妇女恳恩旌恤折

同治十二年八月二十五日(1873年10月16日)

头品顶戴四川总督臣吴棠跪奏，为续查川省剿贼阵亡绅团并殉难团民、殉节妇女，恳恩分别旌恤，以彰忠节，恭折仰祈圣鉴事。

窃查川省自军兴以来，所有历年各处防剿阵亡官绅、团练及殉难、殉节团民、妇女，诚恐日久湮没不彰，前经奏明在省城设立探访忠节总局，委员会督绅耆，探访汇办，先后二十次奏请旌恤在案。兹据总局司道查明乐山等县阵亡绅团并殉难、殉节团民、妇女共六十五名口，分别造具花名清册，详请具奏前来。

臣覆查册开阵亡绅团罗廷俊等四十五名、殉难团民胡顺喜等十三名、殉节妇女冯古氏等七口，或攻剿逆匪，力战捐躯；或被执不屈，抗贼遇害；或恐受侮辱，拼命全贞，均属深明大义，忠节凛然。合无仰恳天恩，敕部核议，分别旌恤，以慰忠魂而昭节烈。除将清册咨部外，是否有当，理合恭折具陈，伏乞皇上圣鉴训示。谨奏。八月二十五日。

同治十二年十月初五日，奉朱批：罗廷俊等均着交部分别旌恤。钦此。①

---

① 台北故宫博物院藏：军机及宫中档，文献编号：111918；中国第一历史档案馆藏：朱批奏折，档案编号：04-01-14-0075-116。

一一八 奏报川省文闱、翻译乡试完竣折

同治十二年八月二十五日（1873 年 10 月 16 日）

头品顶戴四川总督臣吴棠跪奏，为文闱三场完后，接办翻译乡试竣事，恭缴钦命题目，仰祈圣鉴事。

窃照本年四川省举行癸酉科文闱乡试，臣于八月初六日率同提调、监试，入闱监临，将所考各帘官择其文艺优长者，于实缺内派出石泉县知县杨桂芳、永宁县知县李泳平、璧山县知县江怀廷、汶川县知县屈秋泰。复于候选人员内派出试用同知何亮清、候补知县于腾、即用知县苏维垣、先用知县葛起鹏、大挑尽先前知县李吉寿、试用知县杜衍庆、郑廷清、王大森，共十二员，一并充当内帘。其余饬令分司外帘各事宜。十六日，三场完毕，接办翻译乡试。查成都驻防翻译乡试士子共三十四名，十七日，点名入场，由主考官交出钦命题目，臣即严密刊刻。十八日，颁发考试，十九日竣事。各士子谨守场规，查无弊窦，誊录朱卷，全数解送内帘。翻译试卷同题纸遵例专差依限解部办理。

臣于二十二日出闱，查照向例，饬令提调、监试各员在闱经理。除将各日期恭疏题报外，理合缮折具陈，并将钦命成都驻防翻译乡试题一道恭缴，伏乞皇上圣鉴。谨奏。八月二十五日。

同治十二年十月初五日，奉朱批：知道了。钦此。①

---

① 台北故宫博物院藏：军机及宫中档，文献编号：111922；中国第一历史档案馆藏：朱批奏折，档案编号：04-01-38-0165-017。

一一九　请将知县王显扬原参之案查销片

同治十二年八月二十五日(1873 年 10 月 16 日)

再,同治十一年份地丁银两,前于奏销时,因现署青神县知县王显扬欠解地丁银一千一百九十九两九钱五分七厘,经臣奏明请旨将该员摘去顶戴,勒限两个月完解在案。兹据布政使王德固、按察使英祥会详:该员王显扬欠解前项银两已于参后如数解缴司库收储,尚知愧奋,详请具奏前来。

合无仰恳天恩,俯准将青神县知县王显扬原参摘顶之案敕部查销,出自鸿慈。除分咨外,理合附片陈明,伏乞圣鉴训示。谨奏。

同治十二年十月初五日,奉朱批:着照所请,该部知道。钦此。①

一二〇　请将知县张超原参之案查销片

同治十二年八月二十五日(1873 年 10 月 16 日)

再,同治十一年份税契银两,前于奏销时,因现署彭水县知县张超欠解税契银三百四十七两九钱四分,经臣奏明请旨将该员等摘去顶戴,勒限两个月完解在案。兹据布政使王德固、按察使英祥会详:该员张超欠解前项银两已于参后如数解缴司库收储,尚知愧奋,详请具奏前来。

---

①　台北故宫博物院藏:军机及宫中档,文献编号:111919;中国第一历史档案馆藏:朱批奏片,档案编号:04-01-35-0826-062。

合无仰恳天恩,俯准将现署彭水县知县张超原参之案敕部查销,出自鸿慈。除咨部外,理合附片陈明,伏乞圣鉴训示。谨奏。

同治十二年十月初五日,奉朱批:着照所请,该部知道。[①]

一二一　奏报赵光燮等员期满甄别片

同治十二年八月二十五日(1873 年 10 月 16 日)

再,查吏部奏定章程,道府州县等官,无论何项劳绩保奏归入候补班者,以到省之日起,予限一年,令督抚详加察看,出具切实考语,奏明分别繁简补用等因。遵照在案。兹查尽先补用直隶州知州赵光燮、候补班前先补用知县白楣,均届一年期满,自应照章甄别,据布政使王德固、按察使英祥造具该员等履历清册,会详请奏前来。

臣查该员赵光燮,才具明敏,堪以简缺直隶州知州补用;白楣干练有为,堪以繁缺知县补用。除将该员等履历清册咨部外,理合附片陈明,伏乞圣鉴。谨奏。

同治十二年十月初五日,奉朱批:吏部知道。钦此。[②]

一二二　筹拨景廉军饷起程日期折

同治十二年九月初一日(1873 年 10 月 21 日)

头品顶戴四川总督臣吴棠跪奏,为筹拨景廉军饷起程日期,恭

---

　　① 台北故宫博物院藏:军机及宫中档,文献编号:111920;中国第一历史档案馆藏:朱批奏片,档案编号:04-01-35-0826-061。

　　② 台北故宫博物院藏:军机及宫中档,文献编号:111921;中国第一历史档案馆藏:朱批奏片,档案编号:04-01-12-0515-014。

折仰祈圣鉴事。

窃前承军机大臣字寄：同治十一年六月初一日，奉上谕：景廉现拟采买驼只及筹办军装等项，需款甚殷，着于各该省欠解新疆军饷及景廉协饷内，无论如何为难，各先行筹拨银六七万两，迅速解至察哈尔收存等因。钦此。复准部咨：议拨景廉月协专饷银八万两一案，四川于积欠原拨成禄月饷内，按月提解二万两等因。伏查景廉一军协饷，前经臣督同藩司筹拨银三万两，委试用知县糜献珍，解至察哈尔都统衙门收存转解。续据景廉派弁蒋安邦来川催提，复经挪凑银一万两，交该弁承领回营，均经分别奏报在案。兹景廉复委都司李荣华、千总夏正楷，先后至川催提。适值川省各属纷纷报水，沿河粮田多被冲淹，查勘抚恤，自顾不遑。加以云、贵、陕、甘、西藏及金顺、杨玉科各军催饷委员纷至沓来，守候日久，省库搜罗一空，竭蹶情形，莫可殚述。

惟景廉需饷孔迫，不能不设法接济，兹臣督同藩司王德固，于万难之中勉凑捐厘各项银一万两，发交来弁李荣华、夏正楷承领，定于八月二十二日自成都起程，趱运回营。除分咨外，所有拨解景廉一军协饷起程日期，理合恭折陈明，伏乞皇上圣鉴。谨奏。九月初一日。

同治十二年九月十八日，奉朱批：知道了。钦此。①

---

① 台北故宫博物院藏：军机及宫中档，文献编号：111606；中国第一历史档案馆藏：朱批奏折，档案编号：04-01-03-0165-004。

一二三 奏报王树汉期满循例甄别折

同治十二年九月初一日(1873 年 10 月 21 日)

头品顶戴四川总督臣吴棠跪奏，为知府试看年满，循例甄别，恭折仰祈圣鉴事。

窃照候补道府等官到省一年期满，例应查看出考，分别堪胜繁简，专折奏闻。兹查道衔候补班前先补用知府王树汉，年五十六岁，湖北沔阳州军籍附生，中式道光乙未恩科顺天举人，拣选知县。二十八年，部选河南伊阳县知县。咸丰三年九月，调补怀宁县知县。六年二月，在铜局捐输军饷，奉旨准以知府分发四川，分缺先补用。旋丁母艰，接丁父忧，服满起复。同治三年，由原省请咨赴部引见，领照来川，是年十二月二十五日到省。十一年七月十三日，奉上谕：曾璧光、周达武片奏，四川筹济饷需之司道等分别奖励等语。四川知府王树汉着归候补班，不论繁简，遇缺前先补用，并赏加道衔。钦此。兹届一年期满，据布政使王德固、按察使英祥详请甄别前来。

臣察看该员王树汉，年健才优，通晓吏事，堪以繁缺知府留川补用。倘或始勤终怠，仍当随时核办，不敢稍事姑容，致滋贻误。理合循例恭折具陈，伏乞皇上圣鉴。谨奏。九月初一日。

同治十二年九月十八日，奉朱批：吏部知道。钦此。①

---

① 台北故宫博物院藏：军机及宫中档，文献编号：111607；中国第一历史档案馆藏：朱批奏折，档案编号：04-01-12-0515-087。

一二四　奏报川省再办捐输军饷、协饷折

同治十二年九月初一日(1873 年 10 月 21 日)

头品顶戴四川总督臣吴棠跪奏，为川省军饷、协饷均已不续，请再援案接办备捐一次，以济要需，恭折仰祈圣鉴事。

窃查川省额征粮赋、课税，向不敷年例支款。军兴以来，度支日繁，库储悉索无遗，历办盐、货两项厘金，近年大行减色。又值水旱偏灾，津贴捐输亦不能如前踊跃。统计岁收丁粮、课税及津捐、厘金，不过三百数十万两，而一年待拨之款，则有本省例支官兵奉饷、养廉、台费等项一百五十万两。现留援防楚军与川、黔各勇旗、绿精兵口粮等项需一百二三十万两，又奉拨京饷四十五万两，固本军饷六万两，均属一年待拨必不可少之需。此外，尚有月协滇饷、黔饷、淮饷、甘饷、景廉、金顺两营军饷，均需量力筹拨，而各处又催提旧欠，委员接踵而至。以一省之财赋，供五六省之用，入不敷出，为数甚巨，以致前收津捐、厘金，均已随到随支，毫无存积。综计年内万不可缓之需，除有款可指外，约短一百余万两，而来年应需经费，尚不在内。若不通盘筹算，早为之计，临时设有贻误，关系匪轻。

臣督同在省司道公同会议，惟有按照历办成案，劝谕通省绅民仍接办备捐一次，以资周转。查川省地方，本年小春大稔。惟入夏后，连旬大雨，江流漫溢，滨河田亩多被淹浸，但系旋涨旋消，距河稍远之处，尚无大碍。现虽阴雨连绵，而秋稼多已登场，亦称中稔。体察舆情，尚可遵办。应请饬令各厅州县富户粮民，量力捐输，仍照历办章程，计粮数之多寡，定捐输之等差。如有中等之户，只能

捐银数两或数十两不敷议叙者,亦一律收缴,俾免阻其报效之忧。仍汇计银数,加广学额。至零星小户,一概免捐。总期于饷有济,于民无扰,据省局司道详请具奏前来。臣覆查近年本省防剿之师,虽多方撤减,各省指拨之款,仍逐岁请增,并催提积年欠饷,现在司、盐两库已搜罗一空,殊难做无米之炊。该司道所请系为筹备军饷起见,似应照办,以维大局。

第念军兴以来,劝办捐输早逾十稔,绅粮竭蹶,输将不能不量予体恤,况频年屡值偏灾,尤恐民力未逮。所有现办捐数已督饬藩司切实核减,并查明被水较重之区,再行分别递减。其边瘠州县,概予免捐,庶于筹饷之中仍寓恤民之意。至协济各省之款,为数过巨,惟有量入为出,尽力匀拨,以期兼顾。是否有当,理合恭折具陈,伏乞皇上圣鉴训示。谨奏。九月初一日。

同治十二年九月十八日,奉朱批:着照所请,户部知道。钦此。[1]

一二五　奏报筹解协滇饷银片

同治十二年九月初一日(1873 年 10 月 21 日)

再,川省应协滇饷,计自同治八年四月起至十二年五月止,共解过银三十九万七千两,均经奏报在案。兹续准云贵督抚臣来咨,该省官军克复云州后,进剿腾越厅小猛统等处贼巢,需饷甚繁,添员来川催提。伏思川省库储空匮,民力艰窘情形已于拨解新疆协

---

① 台北故宫博物院藏:军机及宫中档,文献编号:111608;中国第一历史档案馆藏:朱批奏折,档案编号:04-01-35-0696-015。

饷折内详细陈明。连日又据川东、川北各州县纷纷具禀：六月望后，阴雨连旬，岷、涪各江同时泛滥，滨江民田、庐舍冲破不少。现已飞驰该管道府督饬地方官，亲历查勘抚恤，虽果否成灾，尚难预计，而民情重困，倍切忧惶。此后捐厘等款，必更减色。各省新拨协款，纷至沓来，实有万难兼顾之势。

惟滇军所向克捷，悬釜待炊，不得不尽力筹济，俾竟全功。臣复督同藩司勉筹协滇兵饷二万两，发交滇省委员候补同知直隶州知州郑锡彤领解，定期于同治十二年六月十八日，自成都起程，驰赴云南藩库交收，以济急需。除分咨外，理合附片陈明，伏乞圣鉴。谨奏。

（朱批）：知道了。①

一二六　奏报抱病接办武闱片

同治十二年九月初一日（1873年10月21日）

再，臣前在清淮时，旧患湿疮，气血受亏，每举发时，辄形困惫，均随时奏明，请假调治，蒙恩赏假，钦遵在案。近年以来，时发时愈，从不敢轻渎宸聪。本年四月间，查松潘、建昌两镇营伍，旧患复发，山路崎岖，扶病往还，幸无贻误。回省后，适值阴雨连旬，江水泛涨，滨河州县多报偏灾，迭经分饬妥速抚辑，焦虑时深，旧疾仍未痊愈。旋即监临文闱，现在三场完竣，幸均安静。俟将地方公事赶紧料理，并接阅秋操后，行将主试武闱。臣自揣精力尚可，黾勉支持，断不肯稍耽安逸。惟武场考试马步箭及弓刀石技勇，为期较

长，近科川省应试人数较多于前，尤应详细校阅，以昭慎重。

除照章派委候补道尹国珍充当提调官、周廷揆充当监试官外，更查有臬司英祥，精明干练，通晓骑射，臣并派令随同监射，以资指臂之功。所有微臣旧疾未痊，不敢遽行请假，仍接办武闱情形，谨附片具陈，伏乞圣鉴。谨奏。

同治十二年九月十八日，奉朱批：知道了。钦此。①

一二七　汇奖历次剿匪出力员弁兵团折
同治十二年九月十九日（1873年11月8日）

四川成都将军臣魁玉、头品顶戴四川总督臣吴棠跪奏，为遵旨汇奖川军防剿滇省逆回，并附奖历次剿匪尤为出力员弁兵团，恭折仰祈圣鉴事。

窃臣等前于同治十二年二月间，由驲具奏川军防剿滇省逆回阅时最久，现在大理郡城攻克，军务渐平，恳恩汇奖出力弁员兵团以昭激劝一折，于三月初八日，准兵部火票递回原折，后开奉朱批：着准其择尤保奖，毋许冒滥。钦此。嗣因川、滇边界散练游匪勾结为患，迭经两省兵团合力剿除，复由臣吴棠据实奏陈，并声明历次剿匪出力员弁绅团，可否补防剿滇省逆回案内，择尤汇奖。于同治十二年八月二十二日，承准军机大臣字寄：八月初六日，奉上谕：所有川省历次剿匪尤为出力员弁绅团，准由吴棠汇案择尤酌保，毋许冒滥等因。钦此。仰见皇上有劳必录、无远弗周之至意，下怀钦佩

---

　　① 台北故宫博物院藏：军机及宫中档，文献编号：111609。此片具奏日期未确，兹据军机处随手登记档（档案编号：03-0210-3-1112-280）校正。

实深。节经臣等恭录,分别转行该将领、郡守等,钦遵查照各在案。

伏念滇省逆回倡乱十有八年,川省建南、叙南地方与之接壤者,千有余里,唇齿相依之势,岌岌可危。中间转饷出师,救灾捍患,均经臣吴棠随时奏报,久在圣明洞鉴之中。惟大理郡城地居奇险,为形胜之所必争,久攻不下。臣等心切忧之,以为此患未除,恐无以收廓清之效。而蜀之盐源、会理等州县逼近贼氛,正未可苟安无事也。是以密饬建昌镇总兵刘宝国、宁远府知府许培身等,内严戒备,外度机宜,与云南署鹤丽镇总兵杨玉科秣马厉兵,卧薪尝胆,誓灭此而朝食者,殆数稔于兹矣。今幸坚巢告拔,元恶成擒。顺宁、腾越诸城再战再捷,以次削平。洱苍之阶闼既清,巴蜀之藩篱亦固。而散练游匪混迹军营,与结交寇党者,遂有不克自存之势,游荡无归。叙州府属之高、珙、筠、长边界地方,土匪郭心斋、林宗遂等纠众滋事,迭经统领振武军提督唐友耕等,会同两省兵团,设法剿除,不致蔓延为害。此皆仰赖圣主德威远播,俾僻壤遐陬共有升平之庆。

臣等忝膺边寄,欣怍难名。遇缺先简提督建昌镇总兵刘宝国,久居专阃,懋著勋勤,屡蒙赏给勇号、封典。兹复绥边御寇,勠力同心,有志竟成,厥功甚伟。可否恳恩赏穿黄马褂,以示优异之处,出自逾格鸿慈。其余尤为出力弁员兵团,或越疆助战而协克城池,或保境联防而生擒逆要,阅时最久,人数逐增。经臣等往返驳查,再三核减,实未敢稍滋冒滥,致涉浮多。谨缮清单,恭呈御览,吁求皇上恩施立沛,以作士气而固民心。

除拟保千总以下循例造册咨部外,所有汇奖川军防剿滇省逆回,并附奖历次剿匪尤为出力员弁兵团缘由,谨合祠恭折具陈。伏祈皇上圣鉴训示。谨奏。九月十九日。

同治二年十月初五日,奉朱批:另有旨。钦此。^①

一二八　呈请奖历次剿匪出力员弁兵团清单

同治十二年九月十九日(1873年11月8日)

谨将汇奖川军防剿滇省逆回,并附奖历次剿匪尤为出力员弁兵团,缮列清单,恭呈御览。

计开:统领振武军前云南提督额埒莫克依巴图鲁唐友耕,督带忠字营提督衔简用总兵坚勇巴图鲁何行保。该提督等统兵剿贼,调度有方,均拟请旨交部从优议叙。

防剿滇省逆回尤为出力员弁兵团:花翎副将衔湖北尽先参将管带定边军左营营官靳胜正,花翎游击衔尽先守备管带定边军右营营官胡得成,花翎尽先游击萧鸣炳、邓衍秩,花翎尽先都司吴全礼、李春山,花翎尽先都司穆德沛。以上七员,越疆剿贼,克复城池。靳胜正请以副将仍留原省,无论题推缺出,尽先前即补。胡得成请免升都司以游击留于湖北,无论题推缺出,尽先前即补,并请赏加副将衔。萧鸣炳请以参将无论题推缺出,尽先前即补。邓衍秩请以参将留川,遇有题推缺出,尽先前即补。吴全礼等三员均请

---

①　台北故宫博物院藏:军机及宫中档,文献编号:111902。又,吴棠等:《游蜀疏稿》,第747—757页。其尾记曰:"同治十二年九月十九日,由驲具奏。兹于本年十月二十四日,准兵部火票递回原折,后开奉朱批:另有旨。钦此。同日,奉到同治十二年十月初五日内阁奉上谕:魁玉、吴棠奏,遵保川军防剿滇回并历次剿匪出力员弁开单请奖一折。逆回滋扰云南十有余年,四川防剿各军,或协克城池,或生擒要逆,现在全省肃清。其叙州府属边界土匪郭心斋等股,亦经设法剿除,在事各员弁著有微劳,自应量予奖励。记名提督建昌镇总兵刘宝旧,着赏穿黄马褂。单开之提督唐友耕、总兵何行保,均着交部从优议叙等因。钦此。"

以游击留川，遇有题推缺出，尽先前即补。

遇缺开列在先简放总兵定长，署会川营参将薛占超，署建标左营游击越巂营参将德绥。以上三员，分防边境，谋勇兼优。定长请赏加提督衔，薛占超请赏加总兵衔，德绥请赏加副将衔。

花翎留川尽先守备柳相治、包映桂、杨映桂、冒幹中、王兆炳，蓝翎尽先守备曹永临，尽先千总梁成栋。以上七员，勇往直前，阵擒要逆。柳相治等六员均请以都司留川，无论题推缺出，尽先前即补。梁成栋请以守备留于湖北，遇缺尽先前即补，并请赏戴花翎。

六品蓝翎尽先千总单松和、陶玉春、马复兴、单育和、杨得霖，尽先千总马中麟，六品蓝翎尽先把总姚绰、张荣魁、韩春选、马成举、李春华、穆德隆、何映瑃、易得胜、郭荣宗、杨映超，武举马三元，六品军功毛应辰、舒世元、李能敏、刘朝暹。以上二十一员名，亲冒矢石，拔帜先登。单松和等六员均请以守备留川，遇缺尽先前即补。姚绰等十五员均请以千总尽先拔补。姚绰等六员并请赏换五品花翎。何映瑃等四员并请赏加守备衔。马三元等五员并请赏戴五品蓝翎。

六品军功杨成栋、王沦、高启荣、陶远升、汤占魁、廖以福、吴全林、祁兆魁、杨映楗、马成骥、余之勋、雷之璠、包映槐、萧昶林、刘殿元、黄得魁、刘文运、陈国谞、杨再福、陈方玉、曾占魁、唐得胜、袁飞龙、袁朝清、王仕德、徐永林、李得林、张正辑、刘运通、边占胜、王超廷、杨炳忠、范洪发、李开科、袁玉升、朱启明、刘得胜、李得洪、徐尧臣、张聊芳、吴占彪、徐永祥、高焕文、何洪顺、曾占春、万盛甲、王占彪。以上四十七名，截剿窜匪，奋不顾身。均请以把总尽先拔补，并请赏戴蓝翎。

同知衔分发省份补用知县刘朝宗，知府衔安徽候补同知彭禄，候选通判黄乔年,六品蓝翎知县用候选府经历马晋锡。以上四员,协克坚城,谋勇素著。刘朝宗请免选本班,以同知直隶州分发省份,归候补班前遇缺尽先即补。彭禄请赏戴花翎。黄乔年请免选本班,以同知直隶州不论双单月遇缺前先选用。马晋锡请免选府经历,以知县不论双单月归部遇缺前先即选,并请赏加同知衔。

即选巡检施鸿钧,蓝翎即选巡检邓衍藩,候补从九品刘朝阳,从九品苏鎏元,俊秀刘朝恺、胡云鸐、胡鹏兰。以上七员名,攻坚夺垒,迭有斩擒。施鸿钧等四员均请以府经历县丞不论双单月归部,遇缺尽先前即选。刘朝恺等三名均请以从九品不论双单月归部,遇缺尽先前即选,并均请赏戴蓝翎。

木瑞安抚司项松朗札什,土舍项公秋齐典,头目偏错札什、噜藏千则、阿翁群增。以上土司等五名,督带土兵随同剿贼,项松朗札什请赏加宣慰司土职。项公秋齐典等四名均请赏戴四品蓝翎。

协领塔斯杭阿,尽先协领佐领札木丹,防御塔尔哈、本文炳、文熙,领催多斯欢,前锋庆升。以上七员,带兵剿贼,谋勇兼优。塔斯杭阿请以副都统记名简用,先换顶戴。札木丹请赏加副都统衔。塔尔哈、本文炳均请以佐领尽先补用,先换顶戴。文熙请赏戴花翎。多斯欢、庆升均请以骁骑尽先补用。

花翎副将衔补用游击何鉴,花翎补用游击松玉,升用参将尽先游击范承先,副将衔升用参将留川用游击谢思友,升用都司张忠祥,花翎都司衔尽先前守备浦廷贵,尽先守备杨三级、徐得功、滕成明,蓝翎留川补用千总徐兴。以上十员,克城杀贼,所向有功。何鉴、松玉均请以参将仍留四川尽先补用。范承先请免补游击,以参将尽先前补用,并请赏加副将衔。谢思友请以副将仍留四川尽先补用。张忠祥请免补都司,以游击留于两江督标,遇缺尽先补用。浦廷贵等四员均请免补守备，以都司遇缺尽先前补用。徐兴请免补千总，以守备仍留四川尽先前补用，并请赏加都司衔。

尽先参将轻车都尉向忠，升用参将留川补用游击费三春，贵州古州镇都司匡元斌，骑都尉周天桂，蓝翎尽先都司庆宁营守备马元珍，蓝翎都司衔尽先选用卫守备王廷砫，蓝翎都司衔尽先守备陈文炳，蓝翎尽先守备钟圻，尽先守备张祖纯。以上九员，练兵剿匪，果敢有为。向忠请赏戴花翎。费三春请赏加副将衔。匡元斌请开缺以游击留川尽先前补用。周天桂请以都司留于四川，尽先前补用。马元珍等四员均请赏换花翎。张祖纯请赏加都司衔。

蓝翎建昌镇中营千总杨鸣皋，五品蓝翎靖远营千总胡耀廷，五品蓝翎提标右营千总张志麟，五品蓝翎尽先千总提标左营把总刘炳坤，守备衔尽先千总喇应魁、李廷弼、嵇百年，尽先千总金殿鳌、沈经文，马边营千总江国安，五品蓝翎城守右营把总杨正超，尽先守备龚开明，提标中营把总王藩，尽先把总刘士杰，尽先外委杨光云，外委陶昆。以上十六员名，屡歼巨寇，骁勇冠军。杨鸣皋等九员均请以守备尽先前补用。江国安请以守备仍留四川，尽先前补用。杨正超请俟升补千总后，以守备尽先前补用。龚开明等五员均请赏戴蓝翎。

三品衔建昌道黄云鹄，奏调四川差委、分发省份候补班前先补用道魏邦庆，双月候选员外郎蒋善谟，不论双单月遇缺前先选用知州李希邺，四川候补班前先补用知县艾耀廷，试用知县周瀚。以上六员，克敌致果，规复城池。黄云鹄请赏加二品顶戴，并请赏戴花翎。魏邦庆请赏加按察使衔，并请赏换花翎。蒋善谟请免选本班，以知府留于四川，归候补班前先补用。李希邺请俟选缺后，以知府用。艾耀廷请俟补缺后，以同知用，先换顶戴，并请赏换花翎。周瀚请归候补班补用。

试用州判邹放,知县用试用县丞来祖鲲,蓝翎知县用候补县丞王豫之,候补县丞周兆庆,补用盐大使黄道荣,候补县丞茅樾,蓝翎候补从九品胜昌。以上七员,冲锋陷阵,协克坚城。邹放等五员均请免补本班,以知县留川,归候补班前先补用。茅樾请免补本班,以知县分发省份,归候补班前先补用。胜昌请免补本班,以主簿留川归候补班前遇缺尽先补用。

布政使衔试用道钟肇立,候选道前绥定府知府顾开第,盐运使衔补用道宁远府知府许培身,盐运使衔补用道尽先题奏知府彭毓菜,补用道候补班前先即补知府邓承彬,分发省份候补班前补用知府龚宝英,知府衔分发省份候补班前先补用同知直隶州知州邱广生,五品衔不论双单月候选知县李汝南,分发省份候补班前先补用知县周锡銮,举人灵明,候选州判叶宝昌,岁贡生尽先选用训导李维馥,文童袁敬廷。以上十二员名,折冲御侮,防剿兼资。钟肇立请无论何项道员缺,尽先前题奏。顾开第请赏加按察使衔。许培身、彭毓菜均请俟归道员后,赏加二品顶戴。邓承彬、龚宝英均请赏加盐运使衔。邱广生请赏给该员父母从四品封典,并将本身妻室封典貤封祖父母。李汝南请赏给该员父母从五品封典,并将本身妻室封典貤封祖父母。周锡銮请赏加同知衔。灵明请以知县不论双单月选用。叶宝昌请俟选缺后,以知县用。李维馥请归岁贡生本班,遇缺尽先前即选。袁敬廷请以从九品留川,归候补班遇缺前先补用。

举人李昌言、赵长庚,举人候选复设教谕姚墉。查该举人等自同治五年起至八年止,先后投效建南军营,随同剿贼,卓著战功。据报上年四月、十月、十二月,闻讣丁艰,请假回籍。惟立功在先,丁忧在后。现值边情大定，综核成劳，按照部定章程，例得邀奖。李昌言、赵长庚均请俟服阕后，以知县不论双单月选用。姚墉请俟服阕后，赏加内阁中书衔。

花翎总兵用留川补用副将白岐山，花翎留川尽先补用都司陈秉柯、陈士林，花翎尽先补用守备马荣武，蓝翎留川补用尽先守备刘绍成，蓝翎尽先千总费成志。以上六员，出奇制胜，力固藩篱。白岐山请免补副将，遇有总兵缺出，尽先题奏。陈秉柯、陈士林均请免补都司，以游击仍留四川，尽先补用。马荣武、刘绍成均免补守备，以都司留川，尽先补用。费成志请免补千总，以守备仍留四川，尽先补用。

候选郎中杨玉书，升用同知直隶州会理州知州杨昶，在任候升同知直隶州西昌县知县黄成采，同知衔四川候补知县俞圻、范文彬，西昌县教谕章继远。以上六员，督围剿匪，迭著勤劳。杨玉书请免选郎中，以知府归部选用。杨昶、黄成采均请俟补同知直隶州后，以知府用。俞圻、范文彬均请赏戴花翎。章继远请赏戴五品蓝翎。

试用道库大使张礼辛，双月选用从九品罗景星，盐大使衔朝烈、胡大炳，西昌县典史陈延泽，四川试用府经历胡家珍，候选从九品谢三锡、杨光耀，四川试用未入流陈元植、马兴祚。以上十员，带队随征，屡歼要逆。张礼辛请免补本班，以布库大使仍留四川，归候补班前补用。罗景星请免选本班，以县丞不论双单月，尽先即选。朝烈、胡大炳均请以盐大使遇缺即选。陈延泽请以府经历县丞，在任候补。胡家珍请仍以府经历归候补班，前先即补。谢三锡、杨光耀均请免选本班，以府经历县丞留川，归候补班，前先补用。陈元植、马兴祚均请仍以未入流归候补班，前先补用。

未入流衔章乃椿，廪生车朝桢、梁炳珪，附生宋华清，监生徐凤诏，俊秀孙桐、冯云锦。以上七名，冒险运粮，始终不懈。章乃椿请以未入流不论双单月，尽先选用。车朝桢、梁炳珪均请以训导不论双单月，尽先选用。宋华清、徐凤诏均请以巡检不论双单月，尽先即选。孙桐、冯云锦均请以从九品分发补用。

统领虎威宝军先简提督李有恒，提督衔记名总兵刘道宗，花翎尽先补用总兵晏忠发，花翎留川尽先即补参将李凤友，花翎尽先补用参将袁冠儒，蓝翎尽先补用游击陈洪升、邹春祺、彭发祥，花翎尽先题补都司朱殿昌，蓝翎留川补用都司袁玉胜，花翎尽先补用都司余腾龙，蓝翎尽先补用都司吴桂林，蓝翎都司衔尽先守备刘国政、游名扬。以上十四员，久历边疆，生擒首逆。李有恒请赏给该员三代一品封典。刘道宗请以提督记名，遇有提督、总兵缺出，开列在先，请旨简放。晏忠发请赏给该员祖父母二品封典。李凤友请免补参将，以副将仍留四川，尽先前补用。袁冠儒请免补参将，以副将尽先补用。陈洪升等三员均请赏换花翎。朱殿昌请免补都司，以游击尽先前补用。袁玉胜请免补都司，以游击仍留四川，尽先补用。余腾龙、吴桂林均请免补都司，以游击留于四川，尽先前补用。刘国政、游名扬均请免补守备，以都司尽先补用。

蓝翎尽先补用都司李连发、方荣升、刘洪贵、贺元林、吕玉发、王庆云，蓝翎尽先守备伍坤泰、刘得发、王朝清、邹隆源、张绥之、张和裕，蓝翎尽先千总聂秀芝、樊凤冈、刘道祥、袁贻燕、王朝槐，把总徐廷龙。以上十八员名，披坚执锐，深入逆巢。李连发等六员均请赏换花翎。伍坤泰等六员均请免补守备，以都司尽先补用。聂秀芝等五员均请免补千总，以守备尽先补用。徐廷龙请免补把总，以千总尽先补用，并请赏戴蓝翎。

候选主事文庚，花翎知府衔留川补用同知直隶州知州李岳恒，知府衔试用直隶州知州曹绍樾，同知直隶州用候选知县李光岳，同知衔四川候补知县缪庸，四川候补知县陈世彬，六品衔知县用四川候补府经历时守忠，知县用四川候补按经历王德润，六品顶戴知县用候选府经历县丞黄景汉，知县用候选府经历县丞余维岳，候选府经历刘良洪、吴璜、姜赞廷。以上十三员，攻城克敌，卓著战功。文庚请以直隶州知州分发省份，归候补班前，尽先补用。李岳恒请免补同知直隶州知州，以知府仍留原省，遇缺前先补用。曹绍樾请归候补班前，遇缺补用。李光岳请免选知县，以同知直隶州遇缺即选。缪庸、陈世彬均请俟补缺后，以直隶州知州仍留原省，归候补班前，尽先补用。时守忠请免补本班，以知县仍留原省，归候补班前补用，并请赏戴蓝翎。王德润请免补本班，以知县仍留原省，归候补班前，遇缺尽先补用，并请赏戴蓝翎。黄景汉请免选本班，以知县分发省份，归候补班前，遇缺尽先补用。余维岳等三员均请免选本班，以知县遇缺，前先选用。姜赞廷请免选本班，以按经历分发省份，归候补班前，遇缺尽先补用，俟补缺后，以知县用。

候选府经历县丞龚启明，候选县丞王树，府经历用候选从九品李建侯、林鼎臣，候选从九品伍春溁、李道涵、李纶珏、熊瑞、江国华、孙培之，文生易震恒、李承渤、张和秋、刘炳南。以上十四员名，截剿援贼，力挫凶锋。龚启明请选缺后，以知县用。王树请赏给六品蓝翎。李建侯请免选本班，以府经历尽先选用。林鼎臣请免选本班，以府经历分发省份，归候补班前，遇缺尽先补用。伍春溁请免选本班，以县丞分发省份，归候补班前，遇缺尽先补用。李道涵等五员均请俟选缺后，以府经历县丞用。易震恒、李承渤均请以县主簿不论双单月，遇缺即选。张和秋、刘炳南均请以从九品不论双单月,遇缺前先选用。

历次剿匪尤为出力员弁兵团:尽先游击叙马营都司王圻,游击衔花翎尽先都司陀浚安,花翎尽先都司峨边左营千总王孝,花翎尽先都司胡灿章、石文沛、王万奎,游击衔蓝翎尽先都司刘国斌,蓝翎尽先都司云骑尉唐秉璋,花翎尽先都司刘玉兴,江南督标尽先都司孙明泰,都司衔蓝翎守备艾尔鸿,都司衔蓝翎尽先守备庆宁营千总马文桢,蓝翎尽先守备郑星文、侯遇春、唐仕德,守备衔蓝翎尽先千总林春芳,蓝翎尽先千总杨仕清。以上十七员,擒斩要逆,力保岩疆。王圻请赏加参将衔。陀浚安等七员均请以游击留川,尽先前补用。刘玉兴请以游击留川。无论题推缺出,尽先前即补。孙明泰请仍归江南督标,遇有水陆都司缺出,尽先前即补。艾尔鸿请免升都司,以游击尽先补用。马文桢请以都司无论题推缺出,尽先前即补。郑文星等三员均请以都司尽先前补用。林春芳、杨仕清均请免升守备,以都司尽先补用。

五品蓝翎尽先千总李志国、王增荣、胡秀章,尽先千总王荣国、龚华、邓宗奎、罗金鳌,蓝翎尽先千总普安左营把总黄万兴。以上八名,攻坚历隘,踏毁贼巢,均请以守备尽先前补用。

蓝翎尽先把总行荣、雷立勋,绥宁右营把总曾海龙,蓝翎尽先把总邑梅营外委冶世泰,蓝翎尽先把总赵明训、窦均幸、联升、黄朝绂、高占鹤、王登云、王世洁、刘祖芳、唐玉龙、谭光华、史伟、周明山、黄宪武、吕春荣、章飞龙、杨国栋、何兆翼、卓胜春,尽先把总王朝英、龚知禄、蒋焕禄、李正荣、潘正升、窦金扬、李廷忠、胡士祥、李荣先、李春泉,八品监唐秉桓,五品蓝翎尽先把总袁廷楹,五品蓝翎尽先外委柏瑞淳,尽先外委黄开泰、胡仕元、王超运。以上三十八名,擒斩无算,奋不顾身。行荣等十七名均请以千总尽先拔补,并请赏加守备衔。吕春荣十六名均请以千总尽先拔补，并请赏戴蓝翎。袁廷楹请以千总尽先拔补，并请赏给该员父母五品封典。柏瑞淳等四名均请以把总尽先拔补，柏瑞淳并请赏加守备衔。黄开泰等三名并请赏戴蓝翎。

运同衔花翎选用同知直隶州知州刘萤光，不论双单月选用同知唐绍昌，蓝翎分发省份候补班前先用通判章振椿，四川候补州判费秉寅，蓝翎分发省份候补班前先用知县雷钧，分发省份候补班前先用府经历唐翼，蓝翎四川候补班前先用县丞龚寿渤，蓝翎四川候补本班尽先前补用县丞于启珏，遇缺先用典史前渠县典史沈秉钧。以上九员，每战必先，攻克圩寨。刘萤光请以同知直隶州分发省份，归候补班前先用。唐绍昌请仍以同知留川，归候补班前先补用。章振椿请以知州分发省份，归候补班前先用。费秉寅请以知县归候补班前先用。雷钧、唐翼均请赏给五品顶戴。龚寿渤、于启珏均请俟补缺后，以知县补用。沈秉钧请以县丞补用，并请赏戴蓝翎。

四川试用从九品蔡鹤书，蓝翎尽先前选用从九品阮奎，尽先选用从九品黄成仕、袁文忠，字识雷载铭、雷载鏻、万国清、章灏、雷镇、唐锡恩。以上十名，襄理文卷，勤奋有为。蔡鹤书请以县丞归候补班前先用。阮奎请以县丞选用。黄成仕、袁文忠均请以本班分发省份，归候补班前先用。雷载铭等六名均请以从九品不论双单月，尽先前选用。

花翎尽先参将何得胜，花翎留川尽先游击杨洪坤、朱辉龙，游击衔花翎都司宋寅，花翎留川尽先都司郭建祥，蓝翎尽先都司何朝良、王仕才、杨恒禄、王桂林，蓝翎尽先守备林得胜，尽先千总毛得胜、徐邦凤、何有香、朱有胜。以上十四员，率队前驱，阵擒要逆。

何得胜请免补参将,以副将归部尽先推补。杨洪坤、朱辉龙均请免补游击,以参将归部尽先推补,杨洪坤并请赏加副将衔。宋寅请仍以都司留川,尽先补用。郭建祥请免补都司,以游击仍留四川尽先补用。何朝良等四员均请免补都司,以游击归部尽先推补,并请赏换花翎。林得胜请免补守备,以都司尽先补用。毛得胜等四员均请赏戴蓝翎。

尽先参将川北中营守备赵连升,尽先参将川北左营把总杨茂林,参将衔尽先游击贾定邦,湖南蓝翎尽先补用游击陈茂林,尽先都司四川平番营千总刘占超,游击衔尽先补用都司谭炳忠,蓝翎尽先补用守备吕调鼎。以上七员,分防边隘,迭有斩擒。赵连升、杨茂林均请以参将留川,尽先补用。贾定邦请俟补缺后,以参将尽先升用。陈茂林请赏换花翎。刘占超请俟补都司后,以游击尽先升用。谭炳忠请仍以都司留于四川,尽先补用。吕调鼎请赏加都司衔。

二品衔永宁道廷祜,调补成都府知府前叙州府知府朱潮,叙州知府宜成,分发省份候补班前先补用道薛华垣。以上四员,督团御寇,调度有方。廷祜请赏加布政使衔。朱潮请开缺以道员留川,归候补班前先补用。宜成、薛华垣均请赏加盐运使衔。

署筠连县事尽先补用同知直隶州候补知县程熙春,署高县事同知衔尽先补用知县邵坤,同知衔庆符县知县孙定扬,同知衔长宁县知县席树馨,同知衔兴文县知县徐显清,同知衔署珙县事岳池县知县范懋,署宜宾县事候补同知沈械,高县典史吴东,捐升县丞候补典史陆炘,候选从九品吉勒明阿。以上十员,筹防筹剿,悉合机宜。程熙春请俟补同知直隶州后,以知府归候补班前先补用,并请赏戴花翎。邵坤请俟补缺后,以知州尽先升用,并请赏戴蓝翎。孙定扬等四员均请以知州在任候升。沈械请俟补缺后，以知府归候补班前先补用，先换顶戴。吴东请以府经历县丞在任候升，并请赏加布理问衔。陆炘请俟补县丞后，以知县用，并请赏加六品衔。吉勒明阿请以县丞归部选用，并请赏加六品衔。

拣选知县文尔炘，候选盐大使吴西成，候选教谕陈世辅，候选县丞徐国庆，指发湖北试用同知魏鸣皋，候选从九品邵泽民，岁贡生刘清忠，俊秀黄廷诏、童炳、吴乃焱。以上十员名，带练随征，克复圩寨。文尔炘请以知县不论双单月，遇缺前先选用，并请赏加同知衔。吴西成等三员均请俟选缺后，以知县遇缺前先补用，并均请赏加六品衔。魏鸣皋请赏加运同衔。邵泽民请以府经历县丞归部尽先选用。刘清忠请以训导不论双单月，遇缺前先选用。黄廷诏等三名均请以从九品不论双单月，归部尽先前选用。

升用知县候选训导周允森，岁贡生分发试用训导周国佐，岁贡生宋懋扬，廪生伍世芳，县丞衔吴培荣，候选盐知事张楫，盐大使衔张汝舟，候选从九品赵树心，监生庞作霖，从九品衔冯心诚。以上十员名，随办团练，剿匪有功。周允森请以知县不论双单月，归部选用。周国佐、宋懋扬均请仍以训导归岁贡生本班，前先选用。伍世芳请以训导不论双单月，分发试用。吴培荣请以县丞不论双单月，分发省份，尽先补用。张楫、张汝舟均请以盐大使归部选用。赵树心请仍以从九品不论双单月，分发省份，归候补班，前先补用。庞作霖请以从九品不论双单月，分发省份，尽先补用。冯心诚请作为监生，以从九品不论双单月，分发省份，尽先补用。

国子监学正衔候选训导易宝林，候选教谕严锡琪，候选从九品孙吉臣，俊秀薛增仁、吴祖希，蓝翎尽先千总曾树勋，署高县汛尽先把总刘家荣，把总王廷川，武生陈据亭，战兵薛辅朝。以上十员名，越疆堵剿,力扼贼踪。易宝林请以州学正归部,不论双单月尽先选用。严锡琪请赏加国子监学正衔。孙吉臣请免选本班,以盐大使归部尽先选用。薛增仁、吴祖希均请作为监生,以未入流归部,不论双单月尽先选用。曾树勋请以守备尽先补用,并请赏换花翎。刘家荣、王廷川均请以千总尽先拔补,并均请赏戴蓝翎。陈据亭、薛辅朝均请以把总尽先拔补,并均请赏给六品翎顶。

书识尽先选用府经历县丞寇安平,不论双单月选用从九品张学升、何修文、范万选,已满吏候选未入流刘资仪,监生李恭寅、朱清熙。该书识等随办文案,久著辛勤。寇安平请赏加六品衔。张学升、何修文请以府经历县丞不论双单月,尽先即选。范万选请免选本班,以府经历县丞分发省份,归候补班,前先补用。刘资仪请仍以未入流本班,不论双单月,遇缺前先即选。李恭寅请以州吏目,不论双单月即选,并请赏加州同衔。朱清熙请以从九品,不论双单月即选。

(朱批):览。①

【案】同治十二年十月初五日,以上折及清单得允行。《清实录》:

庚辰,谕内阁:以四川官军防剿云南逆回暨历次剿匪出力,赏总兵官刘宝国黄马褂,提督李有恒一品封典,参将向忠、同知彭禄等花翎,守备龚开明等蓝翎。余加衔、升叙有差。②

---

① 台北故宫博物院藏:军机及宫中档,文献编号:111902-2。
② 《穆宗毅皇帝实录(七)》,卷三百五十八,同治十二年十月,第736—737页。

一二九　奏报知县裘嗣锦等遗缺扣留外补片

同治十二年九月十九日(1873 年 11 月 8 日)

再，川省地界边陲，汉番错杂，民多浮寄，全在牧令尽心抚驭，使之各安生业。所有未能胜任各员，亟请随时甄别。兹查有盐源县知县裘嗣锦，年老多病，难膺民社，相应请旨以原品休致。梁山县知县沙藻生人尚勤饬，难胜繁剧，禀请撤回，俟有相当缺出，另行补用。所遗各缺，川省现有应补人员，均请扣留外补。臣与藩、臬两司面商，意见相同。理合附片具奏，伏乞圣鉴训示。谨奏。

同治十二年十月初五日，奉朱批：另有旨。钦此。①

【案】此片于是年十月初五日得允行。上谕档载曰：

同治十二年十月初五日，内阁奉上谕：吴棠奏，特参未能胜任各员等语。四川盐源县知县裘嗣锦年老多病，难膺民社，着以原品休致。梁山县知县沙藻生人尚谨饬，难胜繁剧，着撤任，俟有相当缺出，另行补用。余着照所议办理。该部知道。钦此。②

---

① 台北故宫博物院藏：军机及宫中档，文献编号：111905。此片具奏日期未确，兹据军机处随手登记档(档案编号：03-0210-4-1112-297)校正。

② 中国第一历史档案馆编：《咸丰同治两朝上谕档》，第 23 册，第 222 页；《穆宗毅皇帝实录(七)》，卷三百五十八，同治十二年十月，第 736 页。

一三〇 奏请提督胡中和暂缓陛见片

同治十二年九月十九日(1873 年 11 月 8 日)

再,四川提督臣胡中和上年由云南提督调补四川提督,均在军营奉旨简放。嗣因援剿甘肃,克复阶州,剿平马边教匪,暨先后防剿叙南滇、黔各匪,连年军务倥偬,未遑陈请陛见。兹滇省已报肃清,边防较松,自应遵例入觐。第现值举行癸酉科武闱,臣以汉员主考,例应咨请该提督公同考计。武场完竣,即届严冬,宵小易于窃发,陇、蜀交界地方仍时有游匪窥伺,营勇已多裁减,正须该提督整饬边腹各处营伍,认真防范巡缉,尚难骤易生手,相应奏明请旨,可否准其年内暂缓交卸,俟春初边防稳固,即由该提督陈请陛见,以符定制,出自圣裁。理合附片具奏,伏乞圣鉴训示。谨奏。

同治十二年十月初五日,奉朱批:着照所请。钦此。①

一三一 请将张世康等员另核请奖片

同治十二年九月十九日(1873 年 11 月 8 日)

再,准吏部咨,臣等奏保防剿秦、陇回逆及拿获会理州纠众滋事匪徒案内,核与章程不符应行驳正各员,奏奉谕旨:依议。钦此。行文知照。计单开:盐提举衔候选通判张世康、候选训导李芳,系

① 台北故宫博物院藏:军机及宫中档,文献编号:111906。此片具奏日期未确,兹据军机处随手登记档(档案编号:03-0210-4-1112-297)校正。

何项候选？四川候补府经历杨镜山、候补府经历县丞宋兆基，系何项候补？碍难办理，应令查明，俟覆奏到日，再行核办。尽先即选从九品马中良请留湖北，系指省名目，应令另核请奖各等因。当经转行查照去后。

兹据该将领等先后禀称：张世康系遵例报捐双月候选通判，仍请照原保，以通判不论双单月，尽先前选用，并请赏戴花翎。杨镜山系四川试用府经历，误写候补字样，恳请更正，仍照原保，归候补班，前先补用。李芳系灌县廪生，同治九年，经前学臣钟骏声考取岁贡生，咨部注册，以训导候选。前次拟保漏叙，仍请照原保，以岁贡生本班前，尽先补用。宋兆基系保举分发省份归候补班前先补用人员，拟请改奖免补本班，以知县分发省份，归候补班，前先补用，并请赏加同知衔。马中良拟请改奖以巡检分发省份，归候补班，前先补用，并请赏戴蓝翎各等情。臣等覆核无异。

又，查有奏调陕西差委候选知府张秉堃，前在巴县时，分任防剿，斩擒要逆多名。经臣吴棠于汇保团防出力案内，拟请以知府归候补班前，遇缺补用，并请赏加道衔，奉旨允准在案。嗣因陕西抚臣奏请留陕之案，经部臣议驳，并查明川省原保清单内，误作陕西候补府，应一并撤销，咨令另核请奖。正在查办间，适接陕西抚臣邵亨豫来咨，现已沥情覆奏，奉旨敕部核议覆准，应令该员张秉堃，补交三班分发指省银两，以知府留于陕西试用等因。臣等伏查知府张秉堃前在四川，当发、滇各逆交讧之际，练兵御寇，备著勋勤，刻既奉准留陕试用，可否仍照原保以知府归候补班前遇缺补用，并赏加道衔之处，出自逾格鸿慈。谨合词附片陈明，伏乞圣鉴，敕部议覆施行。谨奏。

同治十二年十月初五日,奉朱批:吏部议奏。钦此。①

一三二　请将多文开复并免缴捐复银两片

同治十二年九月十九日(1873年11月8日)

再,开复花翎按察使衔已革贵东道多文,前因办理黔省遵义教案九起,仍照原议归结,异常出力。经调任成都将军臣崇实会同贵州抚臣曾璧光保奏,请销去永不叙用,开复翎衔原官,并免缴捐复银两。奉旨:加恩着开复翎衔原官等因。钦此。嗣接吏部来咨:以所请销去永不叙用,并奉旨允准,应照永不叙用人员得有劳绩,开复翎衔。至开复原官之处,应请撤销,于同治十年二月二十四日,奏奉谕旨:依议。钦此。行文知照各在案。维时同治十年夏间,臣吴棠在兼署成都将军任内,该革员多文筹办黔案事竣,来川销差。接见之余,查其人气度雍容,谈言晓畅。及询以地方公事,复能规画周详,了若指掌。当经檄委前赴建南一带,会办边防。上年,滇军攻克大理郡城,该革员督率川军,互相策应,生擒逆要,协克坚城,洵属异常出力。

臣等伏查该革员前因田兴恕②被参案内,经前任云贵督臣劳

---

①　台北故宫博物院藏:军机及宫中档,文献编号:111908;中国第一历史档案馆藏:朱批奏折,档案编号:04-01-02-0515-087。又,吴棠等《游蜀疏稿》,第759—766页。其尾记曰:"同治十二年九月十九日,由驲附奏。兹于本年十月二十四日,准兵部火票递回原片,奉朱批:吏部议奏。钦此。"

②　田兴恕(1836—1877),湖南镇篁人,字忠普,行伍出身。咸丰五年(1855),以功拔补千总,赏花翎。六年(1856),加尚勇巴图鲁名号。历升都司、参将、副将。九年(1859),补贵州都匀协副将,署古州镇总兵,晋提督衔。同年,署贵州提督。十年(1860),授安义镇总兵官,督办贵州军务。是年,擢贵州提督,授钦差大臣。十一年(1861),兼署贵州巡抚。寻以杀死法国传教士褫职论罪。同治四年(1865),遣戍新疆,经左宗棠奏留秦州防营效力。同治十二年(1873),获释回籍。光绪三年(1877),卒于籍。

崇光、贵州抚臣张亮基奏参，永不叙用。旋经张亮基奏留黔省当差，并声叙该革员在黔垂二十年，官声甚好。访之绅士，佥称为有用之才。前次奏参只为折服远人起见，实则该革员别无昭著劣迹，辩之甚明。崇实、曾璧光亦谓其濯磨日久，练达安详，良非虚誉。且该革员始以赞襄洋务而致起怨尤，继因绥辑教民而卓著劳绩，功过已足相抵，章程稍有未符。兹复能越境遄征，克城杀贼，亟思自效，奋勉可嘉。

合无吁恳天恩，俯准将开复花翎按察使衔已革贵东道多文，销去永不叙用，开复原官，留川补用，并免缴捐复银两。川中民教杂处，易涉猜嫌。军事虽平，而游匪时虞窃发。臣等为边地需才起见，谨合词附片陈明，伏乞圣鉴训示。谨奏。

同治十二年九月十九日，奉朱批：吏部议奏。钦此。①

【案】此折清廷饬交吏部议奏。据光绪元年十月初二日，吴棠覆奏，恳将多文销去永不叙用，开复原官，留川补用片"同治十二年十月，复经臣等于援滇各军收复大理郡城案内在事出力，保请开复原官，留川补用。奉旨：交部议奏。核以未经销去永不叙用字样，致与章程不符，未蒙议准"②可断，此次具保未获允行。

【附】同治二年七月二十日，劳崇光会同张亮基参奏多文等情折，曰：

---

① 中国第一历史档案馆藏：朱批奏折，档案编号：04-01-12-0515-066。又，吴棠等：《游蜀疏稿》，第767—773页。其尾记曰："同治十二年九月十九日，由驲附奏。兹于本年十月二十四日，准兵部火票递回原片，奉朱批：吏部议奏。钦此。"

② 中国第一历史档案馆藏：军机录副，档案编号：03-5771-038.

云贵总督臣劳崇光、署贵州巡抚臣张亮基跪奏,为特参庸劣不职之员,请旨即行革职,以肃吏治,恭折奏祈圣鉴事。窃黔省军兴十载,地方残破,满目疮痍,小民颠沛困穷,不堪言状。今欲图补救之术,军务固亟需整顿,尤当于吏治加意讲求。若不将庸劣之员严加澄汰,无以挽回积习。臣张亮基到任后,当经查明补用道鲁经芳等十三员,恭折奏参在案。臣劳崇光奉命来黔,查办事件,旋奉旨补授云贵总督,于接见各员时,留心察看,并访其官声,考其行事。复查有按察使衔贵东道多文,才识昏庸,性情乖谬,习气太重,能谄能骄,前在署贵阳府任内,声名狼藉。道衔补用知府缪焕章,投效军营,办理文案,捏叙战功,屡次滥膺保举,轻狂浮诞,无知妄作。补用知府黄绍赟,心术不正,专意钻营,无心公事。前在署贵筑县任内,军民皆啧有烦言。卸署黎平府事补用同知直隶州知州袁鸿基,嗜好太重,俾昼作夜,不能振作。开复知县续保同知直隶州知州彭澜,巧诈性成,惯走声气,并无实在劳绩,滥膺优奖,众心不服。捐升通判陈光铦,抽厘苛扰,不惬舆情。补用知县王桢,操守不谨,声名平常。补用知县朱德昌,贪鄙见小,被控有案。以上各员,臣劳崇光博采舆论,实系尤为恶劣之员。复密商臣张亮基,访查无异。相应据实奏参,请旨将该员多文、缪焕章、黄绍赟、袁鸿基、彭澜、陈光铦、王桢、朱德昌,一并即行革职,以肃官方。臣等仍不时留心访查,如此外尚有庸劣之员,仍随时据实参劾,不敢姑容。至上年奉旨查办各案,窃查明另折奏参。除饬司查明该员等经手钱粮有无亏短分别核办外,谨合词恭折,附驿具奏,伏乞皇太后、皇上圣鉴训示。再,贵东道系苗疆题调要缺,容臣等另行拣员请补。合并声明。谨奏。七月二十日。同治二年八月二十三日，军机大臣奉旨：钦此。①

【附】此折于同治二年八月二十三日获准，将多文等革职。《清实录》：

又谕：劳崇光等奏，请将庸劣不职各员革职一折。贵州按察使衔贵东道多文，昏庸乖谬，能谄能骄，前署贵阳府任内，声名狼藉。道衔补用知府缪焕章，办理军营文案，捏叙战功，屡次滥膺保举，轻浮妄作。补用知府黄绍赟，心术不正，专意钻营，前署贵筑县任内，军民啧有烦言。补用同知直隶州知州袁鸿基，嗜好太重，不能振作。保升同知直隶州知州彭澜，巧诈性成，惯走声气，滥膺优奖，众心不服。捐升通判陈光铦，抽厘苛扰，不惬舆情。补用知县王桢，操守不谨，声名平常。补用知县朱德昌，贪鄙见小，被控有案。以上各员，均着即行革职。其多文一员，尚有应行查办案件，仍着劳崇光、张亮基饬令归案，听候查办。②

【附】同治七年二月十三日，黔抚张亮基奏请多文等襄办黔省教案片：

再，黔省教民事件，前经臣奏明专委候补道蔡兴槐办理在案。本年五月间，据该员禀称：接到家信，得悉原籍湖北被兵，父母为贼冲散，请假赴楚省亲。臣已批准给假，并以教民与汉民牵涉各案，亟须遴员接办，非精明干练而兼为主教所欣佩者，不能胜任。当即饬令署藩司曾璧光、臬司葆亨偕赴天主堂，面询主教胡缚理、司铎任国柱，令其酌举所知。该主教等面称，请

---

① 台北故宫博物院藏：军机及宫中档，文献编号：090731。
② 《穆宗毅皇帝实录（二）》，卷七十七，同治二年八月下，第564—565页。

派已革按察使衔前贵东道多文、已革知府衔补用同知直隶州知州汪维翰先行试办。该署司等随即据情详请檄委。臣查汪维翰本系奏明留营效力之员,惟多文前于四年冬间,经臣奏恳效力当差,奉旨着不准行,理应懔遵,何敢任意差遣。第臣悉心访查,该主教等近年采听舆论,颇知多文从前被参,皆为田兴恕所累,而田兴恕之与教民为难,多文实未赞助。该主教等心中不无悔悟。汪维翰办事勤能,则又为该主教等素所喜悦,是以欲令该二员试办教案。若不允其所请,另行委员接手,不特事多扞格,且恐因此另启猜嫌,辗转筹画,只可从权札委。半年以来,该革员等任怨任劳,实心经理,已将教民要案连结数起,办理均臻妥协,与主教等亦称浃洽。兹据主教胡缚理以多文、汪维翰奉委后,首将青严、毕节二处每年积案次第办结,现在赶办兴义、贵定各案,亦有端倪。似此办事认真,不致如前积压,实属中外悦服,应请奏明从优奖叙,俾期奋勉而示鼓励等情,照会前来。可否仰恳天恩,俯准主教胡缚理所请,即将已革花翎按察使衔前贵东道多文与留营效力之已革蓝翎知府衔补用同知直隶州知州汪维翰,一并赏还原衔顶翎,以示怀柔而昭优奖之处,出自圣裁。谨附片具奏,伏乞圣鉴训示。谨奏。①

【附】此片亦未获允行:

辛卯……署贵州巡抚张亮基奏,请将办理教案之已革知府多文等奖励。得旨:多文于田兴恕案内革职永不叙用,前据张亮基奏请留该革员办理筹饷带练等事,不准干预教民事件,

---

① 中国第一历史档案馆、福建师范大学历史系编:《清末教案》,第1册,第602—603页。

当因该革员前案情节较重，未经允准，何得显违谕旨，仍令干预教务？所奏前后矛盾。汪维翰亦系革职永不叙用之员，张亮基辄以委办教民案件为词，为该革员等渎请，实属乖谬。且督抚办理教务，系属地方公事，何得先向主教面商，成何政体？所称经理教案、中外悦服等语，显有钻营请托情弊，所请着不准行。多文、汪维翰并着勒回旗籍，不准仍留黔省。①

【附】同治九年十二月间，贵州巡抚曾璧光密保多文曰：

再，已革贵东道多文，经成都将军臣崇实奏委来黔，会办遵义等处教案，悉心开导，筹画详明，使教士悦服，乃〔仍〕照原议归结，出具结状照会，以杜翻异，辑睦中外，实属异常出力。查该革员因田兴恕案内为前署抚臣张亮基奏参革职，永不叙用。张亮基曾两次奏明，暂事参革，借以折服远人，实即田兴恕之与教民为难，多文并未赞助，即后此教士胡缚理代请优奖，该员亦并不知其事，委无钻营情弊。臣到省数年，采之官评舆论，均称该革员人素正派，办事实心，竟予沦废，殊为可惜。此次结案微〈劳〉，容臣与崇实随案请奖。谨附片密陈，伏乞圣鉴。谨奏。同治十年正月初五日，军机大臣奉旨：钦此。②

【附】同治十年正月初五日，曾璧光褒奖多文之奏亦未获允准。《清实录》：

曾璧光……又另片密陈已革道员多文结案微劳等语。多文系永不叙用之员，且经教士胡缚理代请优奖，其为钻营教士以图进身，显而易见，实属卑鄙无耻，着不准其保奖。将此由

---

① 《穆宗毅皇帝实录(六)》，卷二百二十四，同治七年二月上，第65—66页。
② 台北故宫博物院藏：军机及宫中档，文献编号：105521。

六百里谕知曾璧光,并传谕周达武知之。①

【案】调任成都将军臣崇实会同贵州抚臣曾璧光保奏……并免缴捐复银两:同治十年正月,前任成都将军崇实会同贵州巡抚曾璧光以多文会办贵州教案异常出力请旨开复原官原衔,曰:

再,已革花翎按察使衔贵东道多文,经原任云贵督臣劳崇光、前署贵州巡抚张亮基以昏庸乖谬等词,奏参革职。复于田兴恕被参各款案内,奏参永不叙用。已革蓝翎知府衔补用同知直隶州王维翰,经劳崇光以该革员前署永宁州任内拿解州役金忠迟延,奏参革职,永不叙用。旋经张亮基于攻克大定等城案内汇保,并声明已将金忠缉获,奏奉谕旨,开复永不叙用处分,留营效力,由部核准。已革试用知县刘登瀛,经劳崇光、张亮基于随时甄别案内,以举动粗鄙,奏参革职。该革员等奉委办理遵义等处教案,开导教士,措置得宜,王维翰、刘登瀛随同司道议结奏案九起,条分缕细,无枉无纵。驰赴遵义,料理设堂行教,清查被抢各案,秉公核办,力杜争端。逮教士任国柱以未经出结为词,各案皆至中翻。多文奉委来黔,坚执条约,与任国柱往复辩论,尽释猜嫌,使接办之教士李万美等心悦诚服。仍照原议,与司道委员等共立合同、议单,出具结状,永敦和好,照会销案,密运潜移,藏事妥速,维持大局,销患未形。上尉宸廑,绥辑中外,实非寻常劳绩可比。查该革员等被参原案,并无实犯赃私,亦非大计六法。因黔省教案初起,劳崇光、张亮基从重参劾,意在折服远人,曾经张亮基迭次奏陈

_____

① 《穆宗毅皇帝实录(七)》,卷三百二,同治十年正月上,第6页。

在案。该革员等此次办结九案，既异常出力，且沉沦日久，争自濯磨，疏达安详，均经堪任使。合无仰恳天恩，俯准将多文销去永不叙用，与王维翰、刘登瀛均开复翎衔、原官。多文归部选用，王维翰、刘登瀛仍留黔省补用，并各免缴捐复银两，出自逾格鸿慈。谨合词附片具奏，伏乞圣鉴训示。谨奏。同治十年正月二十三日，军机大臣奉旨：前因多文钻营求保，未允曾璧光所奏，列入保案。兹览崇实等所奏，多文办理结案异常出力，加恩着开复翎衔原官。王维翰、刘登瀛着开复翎衔原官，仍留贵州补用，并免缴捐复银两。该部知道。钦此。①

【案】田兴恕被参案：关于田兴恕被参案，或参其目不知书，不达政体；或参其拥兵玩寇，纵吏殃民；或参其意气骄盈，行为乖谬，滥杀无辜教民，以致酿成教务巨案，中外震动。《清实录》载曰：

又谕……再，前有人奏，田兴恕目不知书，不达政体。其前后左右皆谀谄面谀之人，凭借权势，请托公行。该提督趾高气扬，毫无顾忌。其奏报胜仗，种种不符等语。田兴恕骁勇善战，自属可取，若如所参听信左右之人，颠倒是非，不辨贤否，岂复堪膺节钺重任。如果目不知书，则奏牍一切假手于人，尤难保无弊窦。骆秉章于田兴恕之为人自属深悉，是否因骤居高位，肆无忌惮；其奏报军情，有无不实，该督谅亦必有闻见，均着秉公查奏，毋稍徇隐。②

【附】同治元年正月十八日，四川总督骆秉章具折曰：

---

① 台北故宫博物院藏：军机及宫中档，文献编号：105825。
② 《穆宗毅皇帝实录（一）》，卷十二，咸丰十一年十二月上，第305页。

　　督办四川军务头品顶戴四川总督臣骆秉章跪奏，为遵旨查明，据实覆奏，仰祈圣鉴事。窃臣于咸丰十一年十二月二十九日，准兵部火票递到议政王军机大臣字寄：咸丰十一年十二月十八日，奉上谕：前因田兴恕督办贵州军务，所有贵州兼署巡抚恐难兼顾等因。钦此。并准抄录原折前来。查臣前奉谕旨，饬查田兴恕被参各情，业经据实覆奏在案。兹复钦奉前因，谨就原折所参各节，逐一查询，据称田兴恕自授为钦差大臣，志得意满，日吸洋药，荒淫无度，不以剿贼为事。并信任劣员，刻意厘捐。如所保钱登选、冷超儒，均为市侩小人。谢葆龄以跛足残疾冒称打仗受伤，张心培以劣幕专事，揽权纳贿，为所欲为。赵国澍以团练为名，肆行残扰。该五员毫无战功，均皆保至监司大员，总由田兴恕年少志满，目不识丁，故劣幕奸商得售钻营之术，各款均属实在情形。而臣近接探报，清镇县团首何山斗因在黔省逼捐未遂，田兴恕执而戮之。该处百姓积愤已深，遂将厘金局委员戕毙。现闻聚众数万，竖贵州十三府总团旗号，声称要围省城，杀赵国澍方休。田兴恕现委前署韩超驰往办理等语。臣查田兴恕办捐抽厘，自为筹备军饷起见。而委员肆其苛虐，百姓蓄其怨恨，所取诸民者，又未必归于实用，未有殄除寇盗、保卫地方之功。并闻比在省城拆毁民房，大兴土木，起造钦差大臣府第。当军饷支绌、贼踪扰攘之际，尚图营建第宅，朘削膏脂，则亦实无以诚服人心，无怪乎群情之怨愤不平矣。谕旨：如果黔省军务不遇土苗等匪，能得贤能巡抚，将地方整顿等因。钦此。窃查黔省苗、教各匪，尚非悍党，比岁扰乱日久，民力凋残，即各乱民亦几于无可掳掠。诚得贤明巡抚，抚循善良，兼委勇敢提臣，扫除凶丑，计其势尚易收功。而田兴恕既已敛怨于民，若非痛加裁抑，责令讨贼自赎，亦似无以平服该省士民之心。将来督臣潘铎办理云贵军务，若非朝廷善为处置，俾有驭将职权，亦虑无以卒收讨贼之效。伏祈圣明裁酌。至于都匀、思南、石阡各府贼氛密布，臣已恭录谕旨，咨行该提臣迅速统兵出省，早图收复，并剀切劝谕，冀其及早悔悟，力图补救。所有遵旨查明缘由，谨据实附驿覆奏，伏祈圣鉴训示。谨奏。正月十八日。同治元年正月二十六日，议政王军机大臣奉旨：钦此。[1]

【附】骆秉章此折于同治元年正月二十六日得允行。《清实录》：

又谕：骆秉章奏，遵查田兴恕年少意满，目不识丁，故劣幕奸商得售钻营之术。所办捐厘系为筹备军饷，而委员肆其苛虐，百姓蓄为怨恨。其所取于民者，又未必能归实用，并闻比在省城拆毁民房，大兴土木，起造钦差大臣府第。若非痛加裁抑，无以平服该省士民之心。将来督臣潘铎办理云贵军务，必得使有驭将之权，方可以收讨贼之效等语。现在都匀、思南、石阡各府贼氛密布，虽由该督咨令田兴恕迅速统兵出省，早图收复，并剀切劝谕，未知能否及时悔悟，力图补救。该提督自被人参劾，曾经叠次寄谕，严加训诫，傥知警省，或能改过自新。潘铎道出川中，与骆秉章会晤，着即将黔省军务妥为面商，应作如何办理之处，迅速奏闻。其探闻清镇县团首何山斗，因在黔省勒捐被戮，该处百姓积愤，将厘金局委员戕毙，聚众数万，竖贵州十三府总团旗号，声称要围省城，杀赵国澍方休一节,事关官激民怨,恐致滋生事端,韩超现已有旨,令署贵州巡抚,业经寄谕妥为办理。仍着骆秉章随时侦察,如有可兼顾之处,毋令激成事端,方为妥善。将此由六百里谕令知之。①

【附】《清实录》:

又谕:前据巡抚毛鸿宾、御史华祝三先后奏,贵州提督田兴恕奏报不实,纵寇殃民等情。当经降旨交骆秉章秉公查奏。嗣据该督奏称,田兴恕自接任钦差大臣、署理巡抚印务后,意气骄盈,行为乖谬,被参各款,定非无因等语。田兴恕从前由湖南转战入黔,历著战功,其过人之才,良可爱惜,是以仅令其缴回钦差大臣关防,毋庸署理巡抚,仍以提督剿办贵州苗、教各匪。被参各情,悉置不问,原冀保全始终,使知悛改。该提督如果感激殊恩,自应奋勉图功,力赎前愆,方不负训诲成全之意。乃自上年十二月间,谕令带兵出省,迄今半载有余,而铜仁、石阡等府,匪踪遍地,竟未派兵攻剿。该提督安驻省垣,养尊处优,不复亲历行间,并不遵谕旨,杀害外国传教并内地民人多命,虐及无辜,如此任性乖张,总由田兴恕恃恩骄恣,年少志满,不可不严行惩创。田兴恕着先行交部议处,即着驰赴四川,交骆秉章差遣,仍一面听候骆秉章会同崇实等秉公查办。②

又谕:据总理各国事务衙门奏称,接据法国照会,内称贵州提督田兴恕,起意凌辱教人。去年,屡次带兵攻击贵阳等处天主堂,并派团务道赵畏三等往青岩等处,攻坏学堂,将该处习教张如洋等并不审问,即行处斩。何冠英与田兴恕有致府县公

---

① 《穆宗毅皇帝实录(一)》,卷十七,同治元年正月下,第483页。
② 《穆宗毅皇帝实录(一)》,卷三十五,同治元年七月下,第938—939页。

信，内云驱逐教人，并借故处之以法。本年正月间，开州夹沙龙地方，因逼胁教人共祭龙灯，知州戴鹿芝将传教人文乃耳及中国人吴贞相等拿去，用极刑处死，仍派团首搜寻奉教之人，拿获严办。现署巡抚韩超，又不将和约张贴，知府多文、知州戴鹿芝语言悖妄，骇人听闻。请饬骆秉章等，派员密查各等语。天主教弛禁，本系不得已之举。第目前军务孔殷，督抚大吏自当通筹利害，不仅为泄愤一时之举。况人命至重，即使传习天主教，而其人并未犯法，亦何得不加审问，遽行斩决？田兴恕本属武夫，或不能无卤莽之处，而戴鹿芝素称循吏，何亦忽有是举？韩超不将和约张贴，何冠英有驱逐天主教人之信，是否均有其事？多文等口出狂悖之语，是否系法国传教人及中国之习教者捏造激怒之词，抑或实系不知检点，信口而道，着骆秉章、劳崇光分派满汉慎密妥靠大员，前往贵州访查确实，即行覆奏。西人喜胜好争，外仗信义，设所查或有不实，必至增多口舌，务饬派往之员，详细据实查明，秉公声覆，断不可一字含混，稍涉偏袒。田兴恕为专阃大员，赵畏三等亦系道府，即使实有其事，朝廷亦必持平办理，断不肯稍徇外国之情，有损国体。该督等其各妥为查办，毋许迟误。西人既住京师，全在外省权宜办理，调停妥洽。若各该省大吏不体此意，一时之忿，频起大波，西人岂肯干休，亦惟有向京师饶舌，转致办理为难。即如此次总理各国事务衙门向哥士耆往返辩论，几至决裂，而哥士耆狡诈百出，总欲将田兴恕、戴鹿芝等逮治其罪。若使田兴恕接到劳崇光代哥士耆函商时，即设法斟酌妥办，何至酿成不了之局？至田兴恕、何冠英公函，何以入西人之手？是否该省胥吏人等有在其教中者，为之录送？嗣后遇有关涉此等事件之书札文移，宜一体秘密防闲,毋稍疏略。原折并照会、申陈各一件,信函三件,均着钞给阅看。将此由六百里密谕知之。①

【附】至审办田兴恕被参各款及赴川延迟、滥杀教民之案,清廷饬令云贵总督劳崇光会同贵州巡抚张亮基,逐款查核,确切审明,据实覆奏。同治三年八月二十五日审结具奏审办已革贵州提督田兴恕被参各款及赴川迟延杀害教民一案,②于同治三年九月二十四日批覆由总理衙门妥议具奏。同治三年十月十四日,总理衙门王大臣奕䜣等具奏"妥议密行奏闻遵议劳崇光等奏结田兴恕案由"。③同日,得允行。《清实录》:

辛巳,谕议政王军机大臣等:前因劳崇光、张亮基奏,将已革提督田兴恕等审明,分别定拟,当谕令总理各国事务衙门议奏。兹据该衙门奏称,此案上年与柏尔德密辩论时,该使臣曾言将田兴恕监禁后照中国例办理,给予照会,以便寄回本国,即可办结。嗣因此事迁延时日太多,难免该使不借口翻悔前议,因先与面晤,重申上年之议,并酌给一函,告知遇恩减等办法。乃该使于办法虽无异词,而覆信内仍有必须告知本国,俟覆到再行知照办理等词。揣其用意,该国素崇奉天主教,此案从宽议结,恐各教士退有后言,故不得不借本国一言,以杜教士之口。惟中国距该国甚远,往返总需数月,恐劳崇光等暨崇实等未悉此间办理情形,因先各寄一函,告知原委。请饬崇实、骆秉章仍将田兴恕妥为看管等语。此案办理总以结实为主,自应照该衙门所请,稍宽时日,以免后来别生枝节。惟田

---

① 《穆宗毅皇帝实录(一)》,卷二十九,同治元年五月下,第782—783页。
② 台北故宫博物院藏:军机及宫中档,文献编号:099390。
③ 台北故宫博物院藏:军机及宫中档,文献编号:099851。

兴恕现在秀山,该处距镇筸甚近,贼氛未净,崇实、骆秉章远在成都,有鞭长莫及之势。计法国覆到,至速亦在三四个月以外,恐田兴恕因日久案悬莫结,自怀疑惧,设滋他故,则传教人等浮言又起,恐致波折横生,柏尔德密亦将借口翻悔。着崇实、骆秉章酌量情形,如秀山可以无虞,即仍将田兴恕在该处羁禁。若秀山相距较远,防范难周,即着设法将田兴恕解省,妥为安置。一俟该国覆信到时,即可照中国遇赦减等之例办理。该将军、督抚等务当悉心筹画,计出万全,毋得稍有疏虞。总理各国事务衙门折一件,并给法国使臣信一件,均着钞给阅看。将此由五百里各密谕知之。[①]

一三三 续拨协黔饷银委解日期折

同治十二年九月十九日(1873年11月8日)

头品顶戴四川总督臣吴棠跪奏,为续拨上年十二月份、本年正月份协黔饷银委解起程日期,恭折仰祈圣鉴事。

窃查协黔的饷,自同治九年闰十月十五日起截至十一年四月底止,先后共拨解过银一百零七万三千两。嗣于戡定苗疆之后,奏明减为月协银二万两,复接解上年五月起至十一月止饷银十四万两,均经专折驰报在案。伏念黔省协饷,前经贵州抚臣曾璧光等奏请,先拨银五十万两,务于一月内飞速解黔,以济眉急。维时滇省督抚亦有请将积欠新饷先行筹拨一半之奏,计又需银五十万两。臣不得已沥陈川省民力艰难、饷源支绌情形,奏奉朱

---

① 《穆宗毅皇帝实录(三)》,卷一百十八,同治三年十月中,第609—610页。

批:知道了。钦此。并准户部咨:据浙江巡抚奏陈速筹云贵协饷一折,钦奉朱批:即着咨行云南督抚,毋庸派员守提等因。四川事同一律。恭录咨行,钦遵查照。仰见圣明洞瞩无遗,部臣权衡悉当,凛遵之下,敬佩难名。先是应协滇省饷需,甫经报解,署鹤丽镇总兵杨玉科派弁持文,接踵而至,当即婉言峻拒,允以续筹,自行委员批解。而黔省协饷,自闰夏拨过,至今已将三月,屡有文移催索。其望济之情,迫于滇省。即以臣前请通筹匀拨,亦当有后先缓急之分,何敢因具奏在前,稍存推诿。

兹督同藩司王德固,于左支右绌之中,为挹彼注兹之计,库款现存无几,不敷动支,即在川东道库厘金项下,酌提银四万两,作为同治十一年十二月份、十二年正月份协黔饷银,饬委大挑知县徐树锦、试用通判谈廷桢,协同管解,定期于同治十二年九月二十日,自省起程,解赴贵州提督周达武军营交收,以资接济。所有续拨上年十二月份、本年正月份协黔饷银缘由,除分咨外,理合恭折驰陈,伏乞皇上圣鉴。谨奏。九月十九日。

同治十二年十月初五日,奉朱批:知道了。钦此。①

一三四 奏为交部从优议叙谢恩折

同治十二年九月二十八日(1873年11月17日)

头品顶戴四川总督臣吴棠跪奏,为恭谢天恩,仰祈圣鉴事。

窃臣准云贵督、抚臣咨:同治十二年闰六月初十日,内阁奉上

---

① 台北故宫博物院藏:军机及宫中档,文献编号:111907。又,吴棠等《游蜀疏稿》,第775—781页。其尾记曰:"同治十二年九月十九日,由驲附奏。兹于本年十月二十四日,准兵部火票递回原片,奉朱批:知道了。钦此。"

谕：刘岳昭、岑毓英片奏，请将各省筹解饷银、军火各督、抚、藩司奖励等语。四川总督吴棠，着交部从优议叙等因。钦此。臣跪诵之余，莫名惶悚。当即恭设香案，望阙叩头谢恩。

伏念臣才疏治赋，术短理财，际蜀患之初平，值滇氛之尚炽。越疆列队，激将士以同仇；助饷赡军，赖绅民之好义。兹者滇池波静，六诏欢腾，铙吹声宣，三巴远播，钦宸谟之广运，愧臣职之未修。乃荷纶音下贲，甄叙优加，闻命自天，感惭无地。现在滇中办理善后，需饷犹殷，惟有勉筹接济，共期早即治安，以仰副圣主眷念边陲之至意。所有微臣感激下忱，理合恭折叩谢天恩，伏乞皇上圣鉴。谨奏。九月二十八日。

同治十二年十一月初三日，奉朱批：知道了。钦此。[①]

【案】刘岳昭、岑毓英片奏，请将……等语：同治十二年六月初九日，云贵总督刘岳昭会同云南巡抚岑毓英奏请奖叙协饷省份督抚等员曰：

再，滇省军兴年久，粮饷奇穷，兵民交困，仰荷皇恩轸念边陲，谕饬各省按月筹拨协饷，钦感莫名。查同治七年，省围吃紧，臣岳昭带果后各营由黔入滇，攻剿寻甸贼匪，所需饷银、军火皆由四川供支。臣毓英带兵援省解围，并克复各城，尤赖四川督臣吴棠、前任成都将军崇实，督饬藩司拨解饷银、火药，借济急需，复派各军越境助剿，省围解后仍筹饷源源接济。大学士两广督臣瑞麟，前因滇省围久不解，悯臣等苦战支离，于协

---

① 台北故宫博物院藏：军机及宫中档，文献编号：112301；中国第一历史档案馆藏：朱批奏折，档案编号：04-01-12-0515-072。

滇饷银宽筹拨解,并派匠役带开花洋炮、开花火箭来滇相助,由是设局仿照制造,资以克捷;节次由滇委员赴粤,采办军装,招募粤勇,皆能不分畛域,料量妥速。其江西、江苏、浙江、湖南、湖北协滇军饷,或按月匀解,或酌量筹拨,皆克济要需。臣等伏念该督抚臣等公忠体国,谊笃恤邻,实能宏济时艰,顾持大局,滇省幸收肃清之效,深赖协助之功。合无仰恳天恩,特加奖叙,以示优异。至各省藩司可否并请酌予奖叙之处,出自逾格鸿慈。谨合词附片具陈,伏乞圣鉴训示。谨奏。同治十二年闰六月初十日,奉朱批:另有旨。钦此。①

一三五　奏报川省同治十二年八月雨水、粮价折

同治十二年九月三十日(1873 年 11 月 19 日)

头品顶戴四川总督臣吴棠跪奏,为恭报四川省同治十二年八月份各属具报米粮价值及得雨情形,仰祈圣鉴事。

窃照同治十二年七月份通省米粮价值及得雨情形,前经臣恭折奏报在案。兹查本年八月份成都、重庆、夔州、龙安、绥定、保宁、顺庆、潼川、雅州、嘉定、叙州等十一府,资州、绵州、忠州、眉州、邛州、泸州等六直隶州,石砫、叙永两直隶厅,各属先后具报得雨自二三次至八九次不等。田水充足,豆麦播种。其通省粮价惟中米、黄豆较上月减二分,余俱与上月相同,据布政使王德固查明列单汇报前来。

臣覆核无异。理合分缮清单,恭呈御览,伏乞皇上圣鉴。谨奏。九月三十日。

---

① 中国第一历史档案馆藏:军机录副,档案编号:03-4837-071。

同治十二年十一月初三日,奉朱批:知道了。钦此。[①]

一三六　呈川省同治十二年八月粮价清单

同治十二年九月三十日(1873 年 11 月 19 日)

谨将同治十二年八月份四川省所属地方各项粮价,开具清单,恭呈御览。

成都府属,价贵。中米每仓石价银二两九钱五分至三两九钱五分,较上月减二分。大麦每仓石价银一两八钱三分至二两,与上月同。小麦每仓石价银二两一钱三分至二两三钱,与上月同。黄豆每仓石价银一两四分至二两四钱四分,较上月减二分。荞子每仓石价银一两一钱六分至一两七钱,与上月同。

重庆府属,价贵。中米每仓石价银二两七钱五分至三两七钱五分,较上月减二分。大麦每仓石价银一两六钱二分至一两九钱七分,与上月同。小麦每仓石价银二两六钱八分至二两七钱三分,与上月同。黄豆每仓石价银二两七钱至二两九钱七分,较上月减二分。

保宁府属,价贵。中米每仓石价银二两五钱七分至三两二钱六分,较上月减二分。大麦每仓石价银一两八钱九分至二两一钱,与上月同。小麦每仓石价银二两八钱三分至三两五钱七分,与上月同。黄豆每仓石价银一两八钱一分至二两一钱一分,较上月减二分。

顺庆府属,价贵。中米每仓石价银二两一分至三两四钱,较上月减二分。大麦每仓石价银一两六钱一分至一两八钱,与上月同。

---

① 台北故宫博物院藏:军机及宫中档,文献编号:112292;中国第一历史档案馆藏:朱批奏折,档案编号:04-01-25-0513-049。

小麦每仓石价银二两九分至二两一钱二分，与上月同。黄豆每仓石价银一两五钱五分至一两六钱七分，与上月同。

叙州府属，价贵。中米每仓石价银三两二分至三两三钱，较上月减二分。大麦每仓石价银一两六钱六分至二两二分，与上月同。小麦每仓石价银二两一钱三分至二两六钱三分，与上月同。黄豆每仓石价银一两一钱一分至一两五钱二分，与上月同。

夔州府属，价贵。中米每仓石价银二两八钱二分至三两一钱五分，较上月减二分。大麦每仓石价银一两七钱八分至二两四钱六分，与上月同。小麦每仓石价银二两九钱五分至三两三分，与上月同。黄豆每仓石价银二两一钱四分至二两二钱四分，较上月减二分。

龙安府属，价贵。中米每仓石价银二两五钱一分至三两一钱八分，较上月减二分。青稞每仓石价银一两五钱，与上月同。小麦每仓石价银一两七钱九分至二两一钱八分，与上月同。黄豆每仓石价银一两八钱五分至一两九钱三分，与上月同。

宁远府属，价贵。中米每仓石价银二两八钱五分至三两一钱六分，较上月减二分。大麦每仓石价银一两四钱八分至一两六钱，与上月同。小麦每仓石价银一两五钱九分至二两二钱，与上月同。荞子每仓石价银一两四钱五分，与上月同。黄豆每仓石价银一两五钱六分至一两六钱三分，与上月同。

雅州府属，价中。中米每仓石价银二两七钱七分至二两八钱，较上月减二分。小麦每仓石价银二两二钱九分至二两六钱五分，与上月同。黄豆每仓石价银一两六钱五分至二两四分，较上月减二分。

嘉定府属，价贵。中米每仓石价银二两七钱四分至三两三钱二分，较上月减二分。小麦每仓石价银二两三钱六分至二两七钱三分，与上月同。黄豆每仓石价银一两四钱七分至二两三分，较上月减二分。

潼川府属，价贵。中米每仓石价银二两八钱五分至三两一钱一分，较上月减二分。大麦每仓石价银一两六钱五分至一两九钱三分，与上月同。小麦每仓石价银二两一钱四分至二两四钱九分，与上月同。黄豆每仓石价银一两七钱六分至二两一钱三分，较上月减二分。

绥定府属，价中。中米每仓石价银二两七钱二分至二两八钱四分，较上月减二分。大麦每仓石价银一两五钱八分，与上月同。小麦每仓石价银一两六钱二分至一两七钱三分，与上月同。黄豆每仓石价银一两四钱三分，与上月同。

眉州直隶州属，价中。中米每仓石价银二两七钱至二两九钱八分，较上月减二分。

邛州直隶州并属，价贵。中米每仓石价银二两六钱至三两一分，较上月减二分。大麦每仓石价银一两九钱，与上月同。小麦每仓石价银二两五钱七分，与上月同。黄豆每仓石价银二两八分至二两二钱二分，较上月减二分。

泸州直隶州并属，价贵。中米每仓石价银三两二分至三两三分，较上月减二分。

资州直隶州并属，价中。中米每仓石价银二两五钱二分至二两九钱二分，较上月减二分。

绵州直隶州并属，价中。中米每仓石价银二两六钱九分至二两九钱九分，较上月减二分。小麦每仓石价银二两三钱二分至二两四钱六分，与上月同。

　　茂州直隶州并属,价中。中米每仓石价银二两五钱九分,较上月减二分。小麦每仓石价银二两六钱八分,与上月同。青稞每仓石价银二两二钱,与上月同。荞子每仓石价银一两二钱三分至一两七钱三分,与上月同。

　　忠州直隶州并属,价贵。中米每仓石价银二两五钱四分至三两二钱,较上月减二分。大麦每仓石价银一两四钱六分至一两六钱,与上月同。小麦每仓石价银二两三分至二两三钱九分,与上月同。黄豆每仓石价银一两二钱七分至一两五钱七分,与上月同。

　　酉阳直隶州并属,价贵。中米每仓石价银二两五钱五分至三两三分,较上月减二分。大麦每仓石价银二两二钱八分至二两六钱,与上月同。小麦每仓石价银二两六钱二分至二两七钱六分,与上月同。黄豆每仓石价银一两三钱九分至一两四钱四分,与上月同。

　　叙永直隶厅并属,价中。中米每仓石价银二两九钱五分,较上月减二分。小麦每仓石价银一两八钱一分,与上月同。荞子每仓石价银一两三钱二分,与上月同。黄豆每仓石价银一两六钱一分,与上月同。

　　松潘直隶厅,价中。青稞每仓石价银二两六钱六分,与上月同。荞子每仓石价银一两七钱四分,与上月同。

　　杂谷直隶厅,价中。青稞每仓石价银二两四钱,与上月同。荞子每仓石价银一两七钱九分,与上月同。

　　石砫直隶厅,价平。中米每仓石价银一两六钱,与上月同。大麦每仓石价银一两七钱三分,与上月同。小麦每仓石价银二两六分,与上月同。黄豆每仓石价银一两八钱九分,与上月同。

　　打箭炉厅,价贵。青稞每仓石价银四两九钱,与上月同。油麦每仓石价银一两八钱一分,与上月同。

（朱批）：览。①

一三七　呈川省同治十二年八月得雨清单

同治十二年九月三十日(1873 年 11 月 19 日)

谨将同治十二年八月份四川省各属地方报到得雨情形,开具清单,恭呈御览。

成都府属:成都、华阳两县得雨五次,稻谷收毕。简州得雨五次,棉花采摘。崇庆州得雨四次,晚稻收获。汉州得雨二次,堰水充足。温江县得雨三次,稻谷收毕。郫县得雨五次,田亩翻犁。新都县得雨四次,葫豆播种。彭县得雨五次,晚稻收获。什邡得雨五次,晚稻收毕。

重庆府属:江北厅得雨四次,田堰积水。巴县得雨二次,稻已收获。江津县得雨三次,田水充盈。长寿县得雨三次,田水充足。永川县得雨四次,田亩蓄水。荣昌县得雨三次,堰水充盈。綦江县得雨四次,田水充足。合州得雨二次,堰塘积水。南川县得雨二次,田水蓄积。铜梁县得雨三次,田水充盈。璧山县得雨五次,堰水充盈。大足县得雨四次,田水充足。定远县得雨五次,田塘积水。

夔州府属:云阳县得雨二次,田水蓄积。万县得雨三次,晚稻收毕。

龙安府属:江油县得雨五次,小春播种。石泉县得雨四次,堰水充盈。

绥定府属:达县得雨四次,晚禾收获。东乡县得雨二次,晚禾

---

① 台北故宫博物院藏:军机及宫中档,文献编号:112292-0-A。

收毕。新宁县得雨三次,晚禾收毕。

　　保宁府属:阆中县得雨五次,田水充盈。苍溪县得雨六次,稻谷登场。南部县得雨六次,地土滋润。广元县得雨六次,稻谷收获。昭化县得雨五次,杂粮收获。巴县得雨四次,晚稻收毕。通江县得雨七次,黄豆结实。南江县得雨五次,小麦播种。剑州得雨六次,现在翻犁。

　　顺庆府属:南充县得雨八次,田水充盈。西充县得雨九次,田亩蓄水。营山县得雨四次,禾苗收获。仪陇县得雨六次,田堰积水。广安州得雨四次,早稻收获。岳池县得雨七次,田亩翻犁。邻水县得雨八次,田水充足。

　　潼川府属:三台县得雨五次,禾苗收毕。射洪县得雨五次,小春播种。盐亭县得雨五次,稻谷登场。中江县得雨五次,田水充盈。遂宁县得雨四次,杂粮播种。蓬溪县得雨六次,黄豆结实。安岳县得雨四次,早稻收获。乐至县得雨六次,田亩翻犁。

　　雅州府属:雅安县得雨四次,小春播种。芦山县得雨四次,田亩蓄水。天泉州得雨三次,黄豆结实。

　　嘉定府属:乐山县得雨六次,田水充足。峨眉县得雨五次,晚稻收获。洪雅县得雨六次,田水充盈。犍为县得雨七次,晚谷收毕。荣县得雨四次,田水充足。威远县得雨七次,田塘水足。

　　叙州府属:宜宾县得雨六次,早稻登场。南溪县得雨四次,田水充足。富顺县得雨六次,晚禾收毕。隆昌县得雨四次,田堰积水。庆符县得雨六次,山地滋润。长宁县得雨四次,地土滋润。兴文县得雨四次,农民翻犁。马边厅得雨四次,稻谷收获。

　　资州直隶州并属:资州得雨五次,田水充足。仁寿县得雨一次,棉花收捡。资阳县得雨五次,田水充足。井研县得雨三次,堰水充盈。内江县得雨五次，雨水调匀。

绵州直隶州并属：绵州得雨八次，雨水调匀。德阳县得雨二次，田水充足。安县得雨六次，雨水调匀。梓潼县得雨七次，禾苗收毕。罗江县得雨三次，雨水调匀。

忠州直隶州属：丰都县得雨二次，晚禾收毕。垫江县得雨四次，田水充足。

眉州直隶州并属：眉州得雨六次，堰水畅流。彭山县得雨六次，田水充足。丹棱县得雨六次，堰水充盈。青神县得雨五次，晚稻收毕。

邛州直隶州并属：邛州得雨六次，田水充足。大邑县得雨六次，稻谷收毕。蒲江县得雨七次，田水充足。

泸州直隶州并属：泸州得雨七次，田塘积水。江安县得雨五次，田畴翻犁。合江县得雨六次，农民翻犁。纳溪县得雨六次，田堰积水。

叙永直隶厅属：叙永厅得雨六次，稻谷登场。永宁厅得雨六次，稻谷登场。

石砫直隶厅得雨三次，雨水调匀。

（朱批）：览。①

一三八 　奏报同治十二年秋季合操省标官兵折

同治十二年九月三十日(1873 年 11 月 19 日)

头品顶戴四川总督臣吴棠、成都将军臣魁玉、四川提督臣胡中

---

① 　台北故宫博物院藏：军机及宫中档，文献编号：112292-0-B.

和跪奏,为合操省标官兵技艺情形,恭折仰祈圣鉴事。

窃照成都省标官兵向于每年春秋二季合操一次,以申纪律。兹届秋操之期,臣等于九月十九日调集军、督、提、城十营官弁兵丁,齐赴较场考校。各兵排演新旧各阵式,步伐整齐。施放连环枪炮,声响联贯。长矛藤牌各技,亦俱进退便捷。复按照各营官兵饷册,逐名考核弓箭枪炮,其马步箭中靶,统计九成有余,弓用六七力不等。各兵演放抬枪、鸟枪,中靶亦有八成。爰择其技艺娴熟者,当场分别奖赏、记拔。间有生疏者,亦即勒限练习,分别劝惩。伏思川省为西陲重地,省标为各营表率,现在滇、黔军务虽报肃清,而甘肃回孽未靖,边关犹虞伏莽,加以羌、猓错杂,防边防夷,均关紧要,武备尤应认真。

臣等严谕各将备等督率弁兵,仍按日轮流操演,勤加训练,务使各兵技艺日益精进,咸成劲旅,不得以秋操已过稍行懈弛,以期仰副圣主整饬戎行、绥靖边陲之至意。所有秋季合操省标官兵技艺情形,谨合词恭折具奏,伏乞皇上圣鉴。谨奏。九月三十日。

同治十二年十一月初三日,奉朱批:知道了。钦此。①

一三九　奏报川省同治十二
年秋禾收成分数折

同治十二年九月三十日(1873 年 11 月 19 日)

头品顶戴四川总督臣吴棠跪奏,为恭报同治十二年四川秋禾

---

① 　台北故宫博物院藏:军机及宫中档,文献编号:112985;中国第一历史档案馆藏:朱批奏折,档案编号:04-01-18-0047-012。

收成分数,仰祈圣鉴事。

窃照每年秋禾收成分数例应奏报,兹查各属俱已次第收获,据藩司王德固查明汇禀前来。臣覆加查核,川省十二府、五厅、八直隶州计收成七分有余者,成都、雅州、泸州二府一州。七分者,夔州、嘉定、石砫二府一厅。六分有余者,重庆、叙州、宁远、绥定、邛州、忠州、酉阳四府三州。六分者,顺庆、理番一府一厅。五分有余者,潼川、眉州、资州、绵州、茂州、叙永、松潘一府四州二厅。五分者,龙安、懋功一府一厅。四分有余者,保宁一府。合计通省秋禾收成六分有余。

现在粮价尚不甚昂,民情亦属安贴,堪以仰慰圣怀。除循例具题外,理合恭折奏闻,伏乞皇上圣鉴。谨奏。九月三十日。

同治十二年十一月初三日,奉朱批:知道了。钦此。①

一四〇　奏报知县吴春烺贫病自尽折

同治十二年九月三十日(1873 年 11 月 19 日)

头品顶戴四川总督臣吴棠跪奏,为知县贫病愁急自尽,讯明议结,恭折仰祈圣鉴事。

窃据叙州府知府宜成禀称:署南溪县知县吴春烺因旧患怔忡增剧,告病后医治未愈,又虑回省家累无资,愁急莫释,于同治十二年正月二十七日乘间自缢身死。其子吴谷祥惊觉,解救不及,报知典史鲁祺,会同儒学、汛弁看明,申报到府。正委验间,即据吴谷祥

① 台北故宫博物院藏:军机及宫中档,文献编号:112296;中国第一历史档案馆藏:朱批奏折,档案编号:04-01-23-0191-010。

以伊父委因贫病愁急,自缢殒命,不忍尸身暴露,恳请免验等情到臣。当经批饬接署县刘朝升查讯明确,吴春烺实因贫病愁急,乘间自缢身死,并无别故,会同在城文武,饬令吴谷祥将尸身妥为棺殓,取具供结,申府核明,转由布政使王德固、按察使英祥会详请奏前来。

臣覆加核看,缘吴春烺籍隶浙江钱塘县,由副榜就教选授严州府桐庐县教谕,捐输军饷,议叙县丞,分发福建补用。嗣又加捐知县,指发四川试用。旧有怔忡病症,多年未发。同治十一年九月,委署南溪县篆务,十月二十五日到任。因缺分清苦,时虑赔累,并因办理公事过于劳心,以致旧患怔忡复发。嗣因力疾从公,病益增剧。其眷属均在省寓,止有一子吴谷祥随任,另房居住。屡次延医与父调治,终未就痊。

十二年正月二十三日,吴春烺具禀告病,原期迅速就痊,照旧供职,讵意于发禀后,医治未愈,又虑回省家累无资,终朝愁急。吴谷祥及随从家丁多方劝慰,吴春烺未能释然。二十七日寅、卯之间,吴谷祥因与家丁连日防范,一时困倦,各自睡熟。不期吴春烺潜在上房内,自用绸带系于窗柱横枋上,投缳殒命。吴谷祥起身惊见,喊同家丁解救不及,报知典史鲁祺,会同儒学、汛弁,看明报府,并据吴谷祥恳请免验,由该管府转禀到臣。当即批饬接署县刘朝升讯明,取具供结,申报核明,转由藩、臬两司会详请奏前来。

臣覆核无异。此案署南溪县知县吴春烺自缢殒命,业经讯明,委因贫病愁急所致,并无别故,系属死由自取,与人无尤。尸棺已经吴谷祥搬回埋葬,应毋庸议。无干省释。除供册咨部外,理合将讯明议结缘由恭折具奏,伏乞皇上圣鉴,敕部核覆施行。谨奏。九月三十日。

同治十二年十一月初三日，奉朱批：该部知道。钦此。①

一四一　委任宋仕辉等员署理府州片

同治十二年九月三十日(1873 年 11 月 19 日)

再，署保宁府知府张桐年满遗缺，应即委员接署。查该府管辖二州七县，界连关陕，现值陇回未靖，游勇奸匪时虞旁窜，外防内抚，均关紧要。查有试用知府宋仕辉，精明安详，上年曾经署理此缺，堪以委署。又，剑州知州余文焕调省，遗缺系川北通衢，差务繁重，查有永宁县知县李泳平，实心任事，堪以委署。又，新津县知县杨昌锦撤省遗缺，查有新补邻水县知县邓履中，朴诚安详，堪以委署。该员等正、署各任内并无经征钱粮未完展参及承缉盗劫已起四参案件，据藩、臬两司会详前来。除分咨遵照外，理合附片陈明，伏乞圣鉴。谨奏。

同治十二年十一月初三日，奉朱批：知道了。钦此。②

一四二　请准车重轮暂缓引见片

同治十二年九月三十日(1873 年 11 月 19 日)

再，查借补川北右营都司车重轮，例应给咨引见，惟该都司现随振武全军驻扎叙南之筠连、高、珙等县。该处为川、滇要隘，时有散勇溃匪出没窥伺，该员熟悉边事，布置防守，悉合机宜，未便更易

---

① 台北故宫博物院藏：军机及宫中档，文献编号：112297；中国第一历史档案馆藏：朱批奏折，档案编号：04-01-12-0515-073。

② 台北故宫博物院藏：军机及宫中档，文献编号：112298。

生手,合无仰恳天恩,俯准暂缓北上,敕部先给署札,一俟边防裁撤,再行给咨送部,由统领振武全军前任云南提督唐有耕咨请具奏前来。理合附片陈明,伏乞圣鉴训示。谨奏。

同治十二年十一月初三日,奉朱批:着照所请,兵部知道。钦此。[①]

一四三　讯结已革游击甄树德折

同治十二年九月三十日(1873年11月19日)

头品顶戴四川总督臣吴棠跪奏,为游击规避藏差,捏禀该管提、镇并重左游击谋缺勒捐,参革提讯,于取结后病故,比例拟结,恭折仰祈圣鉴事。

窃臣前因驻防前藏游击王虎臣五年班满,会同提臣胡中和拣委卸任重庆中营游击甄树德前往接替。甄树德托故规避,并捏禀重庆左营游击琦明谋调伊缺,牵诬该管提、镇借公勒捐,希图挟制,经臣奏奉谕旨:甄树德着先行革职严讯,照例惩办等因。钦此。遵提该革弁甄树德到省,并移行提臣胡中和、重庆镇联昌,将被讦各款明白查覆,一并发司核讯去后。兹据藩司王德固、臬司英祥督同重庆府知府朱潮等,审明拟结,具详请奏前来。臣覆加核看,缘甄树德籍隶湖北襄阳县,由行伍从征湖南、湖北、广西、河南、安徽等省,打仗出力,历保游击,并加捷勇巴图鲁勇号,旋补重庆中营游击。

同治八年,甄树德因与守备王建照互讦撤任。九年五月间,前

---

①　台北故宫博物院藏:军机及宫中档,文献编号:112299。

驻藏防游击王虎臣五年班满，照例更换，经臣会同提督臣胡中和，拣派重庆左营游击琦明前往接替，嗣查琦明曾派防藏属江卡汛多年，应免重派。且经重庆镇、川东道以琦明人地相宜，禀请留任，随改派甄树德，前往更代。甄树德到省后，即禀请给假回渝安置眷属，迨假限届满，复因母病卧床，乏人侍奉，不愿前往，即捏称伤疾举发，禀请改派。经臣严加驳饬，勒催起程。甄树德因置办行装需费，向署重庆中营游击胡尚瀛借支本营公柜银三百两，又向川东道锡佩借支银五百两，正欲料理起程，适值母病重危，向琦明告借医药用费未得，焦急万分，复误听人言，谓此次委派藏差系琦明谋调伊缺所致，以致疑忿莫释，肝火上炎，渐次痰迷，遂撷拾空言，央过路算命不知姓名人，列款缮禀，到臣衙门投递。

臣按款详查，均属子虚，当经奏明请旨将甄树德革职提省，并移行提臣胡中和、重庆镇联昌，将被讦各款查覆，一并发司，督同成都府等核讯。维时甄树德已由痰迷转成疯病，当经拨医调治痊愈。甄树德即以所禀不实，悔恳宽宥等情。臣恐该革弁有装捏避就情弊，随饬司督府逐款核讯。

如所禀提臣胡中和于该革弁由黔回川时，派缴骆公祠修费银三千两，三次缴过一千五百两，收条存据一节。查提臣覆称：该革弁系同治六年十月十六日，由黔来川禀到。其时，前督臣骆秉章尚在任内，伊因剿办盐源县滇匪并未在省，从何派捐？该革弁所称缴过银两，系何人兑收，何人书给收条，均未指实。其为凭空虚捏，已属显然。讯据甄树德供称，伊因病中糊涂，随意捏说，实无其事。

又如所禀重庆镇联昌索送节寿规礼一节。查联昌覆称：各营将弁向无节寿规礼之说，亦无该革弁索送之事。该革弁所谓规礼，究竟是银是钱，数目若干，均未指明，显系捏砌。讯据甄树德供称，并未送过镇属规礼,亦无谢帖、簿据可凭,实是一时牵诬。

又如所禀联昌令巡捕张文安、温存厚,商令该革弁按营各给家丁史大空粮,并嘱函致夔、绥两协一节。查联昌所带家丁,向系自给口粮,从无违例补粮之事。现有各营查覆公文可凭,实无补给史大空粮之事。讯据甄树德供称,伊系随意捏砌,委无其事。

又如所禀琦明借公抑勒该革弁冤赔公项银四百二十五两,系前署重庆镇德茂提用,粮房余姓等过交一节。查联昌覆称:甄树德于同治五年,因公挪用公款银四百二十五两。六年,调办援黔军务交卸,后任查出具禀。经德茂勒追,该革弁如数填还,并非德茂提用。余姓及刘万清等亦未过交。讯据甄树德供称,伊因德茂勒追公款,疑系琦明播弄。又见后任令粮房余姓等解过镇属俸薪、马干银两,心疑提用公款,随意添入琦明,并无抑勒,德茂亦无提用银两之事。

又如所禀琦明暗唆王建照,捏词诬禀,并联昌劝将中营本缺与琦明对调一节。查联昌覆称:同治八年九月,中营马兵邓桂安殴伤把总胥廷魁一案,邓桂安潜逃。甄树德疑系该管守备王建照指使袒护,王建照亦疑甄树德冒粮停饷,互相禀讦,经伊禀请将甄树德、王建照,一并撤任查办。嗣后查明,均出怀疑,取具各结,将王建照停委三年完案,毫无偏倚。其重中游击由省另委都司胡尚瀛接署,与琦明毫无干涉。惟甄树德欲求回任,伊以权操自上,非可私相授受之语告之,并无商劝对调之事。讯据甄树德供称,伊以求联昌饬伊回任,未邀许允,疑系为琦明图缺,其实联昌并未向伊商劝等供。

又如所禀联昌令巡捕张文安嘱伊代索盐店规礼,伊未允行,及琦明送联昌礼物不少一节。牵引不干己之事,悉属无据空言。讯据甄树德供称,俱系一时痰迷,随意捏砌,并非有心诬告,只求宽宥等语。再三究诘，矢口不移。正拟办间，据成都府具禀：甄树德在保患病，医治不愈，于十一年十月二十四日夜病故等情。经臣檄委华阳县验明，甄树德委系因病身死，店保人等亦讯无凌虐情弊，照例取结，由府转司拟详前来。

臣覆核无异。此案已革游击甄树德于撤任后奉派赴藏换防，并不即时前往，并因误听人言，辄挟私忿，撮拾空言，砌词禀讦，虽系一时痰迷所致，并于未讯之先，据实具悔，究属谬妄，应请比依曾经考核被劾人员怀挟私忿，撮拾奏告，不问虚实，立案不行，将奏之人革职例，拟以革职。前已奏奉谕旨，将该弁先行革职，今既在保病故，应与讯无凌虐人等均毋庸议。代做禀词之人不知姓名，请免查究。案内牵控之官弁兵丁均系平空被诬，请免置议。甄树德所借川东道并本营公柜银两，现已查明，除扣还外，尚欠银七十六两四钱零九厘，已饬甄树德家属甄幹臣如数归还，以清借款。除供册咨部备查外，理合将审明拟结缘由，恭折具陈，伏乞皇上圣鉴训示。谨奏。九月三十日。

同治十二年十一月初三日，奉朱批：该部知道。钦此。①

一四四　请将知县桂衢亨撤任折

同治十二年十月初五日(1873年11月24日)

成都将军臣魁玉、头品顶戴四川总督臣吴棠跪奏，为教士被殴致毙，凶犯已获，请旨将该管知县摘顶撤任，以肃功令，恭折仰祈圣

---

① 台北故宫博物院藏：军机及宫中档，文献编号：112300；中国第一历史档案馆藏：朱批奏折，档案编号：04-01-16-0198-043至04-01-16-0198-049。

鉴事。

　　窃照本年七月二十六日,据川东道姚觐元禀称:法国主教范若瑟密遣教士张紫兰,潜赴黔江县地方,私买民房,遽招司铎余克林、教士戴明卿,前往建堂传教。奈黔邑地偏民瘠,素无习教之人,众议沸腾,恐致激而生变。经该道迭饬绅董往晤,范若瑟匿不见面,一味支吾。似此情形,显有构衅之意。臣等当即会函,致覆川东道,以天主教劝人为善,听民自便,中国不能禁民之不习教,外国亦不能强民之必从教。令其婉属范若瑟,将教士张紫兰等撤回,暂缓建堂,徐图传教。并饬署酉阳州知州罗亨奎,督同^①黔江县知县桂衢亨,妥为弹压,毋使黔民为首祸之人,以消边患去后。旋据川东道、酉阳州转据黔江县知县桂衢亨驰报:七月十四日,天将曙时,突有县民百余人,在司铎余克林等所寓居永顺店房门首,适值该司铎等出外遇见,即将司铎余克林、教士戴明卿抓住凶殴。该县闻信,亲往谕禁,不意人多势众,将该司铎等扭至城外河边殴毙。迨该县赶到,已纷纷解散,立将殴打至城外河边正凶陈宗发、谢裁缝等六名拿获,余犯仍饬差严缉。幸张紫兰一人,乘间躲入县署得免。当将司铎余克林等尸身暂为妥殡。

　　至此案实系在店外殴打,并未进店。该司铎等衣物、银钱丝毫未动,所置房屋亦未拆毁等情。复经臣等批饬署酉阳州知州罗亨奎,督同黔江县知县桂衢亨,照例相验,填格通详,亲提获犯陈宗发、谢裁缝等,秉公研讯,究出下手正凶,禀候察办。并由川东道遴委熟谙教案、边情之卸署彭山县事同知张超,前往查勘情形,会筹妥办。嗣据川东道续禀:范若瑟于事后连番进谒,语言均极和平。

---

　　①　督同,《清末教案》作"督向",显误,兹据《游蜀疏稿》校正。

迨令局绅往返晤商，则又情形迥异，并以此案由该县桂衢亨相验，必有弊窦，哓聒不休。该道与之辩论再三，固执莫解，已就近饬委涪州知州濮文升，带同刑仵，迅赴黔江，会同前委之同知张超，提集人证，如法覆验。并据司铎常保禄、梁乐益等呈控前来。

臣等伏查黔江县距省二千余里，距川东道驻扎之重庆府亦千里而遥，逼近苗疆，民风质朴。兼以山高滩险，驿站不通，文报往还，动辄经旬匝月。方川东道具报教士张紫兰潜赴黔江之日，已在教士被殴致毙数日之后。今核该司铎常保禄等所递呈词，以主谋归之县令，以协谋归之绅粮，无非张大其词，择肥而噬。此主教范若瑟历办重庆、酉阳旧案，遇事要求，已成惯技。臣等惟有督同川东道姚觐元，设法维持，悉心补救。应俟覆验通详，至日究出正凶，按律拟抵，方足以惩边氓之失，而服教士之心。

知县桂衢亨既未能先事预防，又不克随机应变，酿成巨案，咎无可辞。且司铎余克林，查系洋人，情节较重，自未便因凶犯已获，免予开参，相应请旨将黔江县知县桂衢亨摘顶撤任，以为办理不善者戒。除将详细情形随时函致总理衙门外，所有教士被殴致毙、凶犯已获缘由，谨合祠恭折具陈，伏乞皇上圣鉴训示。谨奏。同治十二年十月初五日。

同治十二年十月二十三日，奉朱批：另有旨。① 钦此。②

---

① “另有旨”，据军机处随手登记档(档案编号：03-0210-4-1112-315)校补。

② 台北故宫博物院藏：军机及宫中档，文献编号：112123；台北中研院近代史所编：《教务教案档》，第三辑，第二册，第 1052 页。又，吴棠等：《游蜀疏稿》，第 783—796 页。其尾记曰："同治十二年十月初五日，由驲具奏。兹于本年十一月初八日，准兵部火票递回原折，内开奉朱批：另有旨。钦此。"

【案】此折于十年十月二十三日获批覆。廷寄曰：

军机大臣字寄：成都将军魁、四川总督吴：同治十二年十月二十三日，奉上谕：前据总理各国事务衙门奏，川省黔江县民人殴毙法国司铎、教士，请饬查办，当谕令魁玉等，将此案详细实情先行具奏，并将案内正凶及从犯严缉务获，讯明惩办。兹据魁玉等奏称，法国主教范若瑟遣教士张紫兰，潜赴黔江县，私买民房，建堂传教。该县民人将司铎余克林、教士戴明卿殴毙，与总理各国事务衙门前奏情形大略相同。现已拿获正凶陈淙发等六名，饬令酉阳州知州罗亨奎等，提犯研究下手正凶，禀候查办，余犯仍饬严缉，并饬涪州知州濮文升，前赴黔江，会同复行相验等语。此案究竟因何起衅？该将军等并未叙明。如谓买房建堂，以致民教不和，滋生事端，该地方官事前岂毫无见闻？已获之陈淙发等六名，是否实系下手正凶？亦应确切根究，不得迁就了事。桂衢亨办理不善，咎无可辞。着即行摘去顶戴撤任，仍着魁玉、吴棠，懔遵前旨，将起衅实情迅速查明具奏，并严究下手正凶，跟缉帮殴从犯，讯明分别惩办，毋得一味拖延，任令该地方官含糊了事，并将现在办理情形，随时咨明总理各国事务衙门，毋稍延缓。将此由五百里各谕令知之。钦此。遵旨寄信前来。①

---

① 中国第一历史档案馆编：《咸丰同治两朝上谕档》，第23册，第235—236页；《穆宗毅皇帝实录（七）》，卷三百五十八，同治十二年十月，第741页。

一四五　奏报蹇闿试用年满甄别折

同治十二年十月初五日(1873年11月24日)

头品顶戴四川总督臣吴棠跪奏，为道员试看年满，循例甄别，恭折仰祈圣鉴事。

窃照候补道府等官到省一年期满，例应察看出考，分别堪胜繁简，专折奏闻。兹查布政使衔遇缺题奏道蹇闿，年四十三岁，贵州遵义县廪生，于剿办桐梓县余匪案内保举训导，改捐县丞，分发四川。因剿办遵义匪徒，并在黔剿办绥匪，收复修文等城出力，历保知县，以同知直隶州归候补班前补用，并戴花翎。复因克复叠溪营城，奏准补缺后，以知府用，旋补忠州直隶州知州。同治四年闰五月，丁嫡母艰，奏留办理番务，因松潘肃清案内出力保奏，奉上谕：着俟服阕补知府后，以道员仍留四川补用。钦此。是年，接丁生母艰，奏派赴黔防剿，在营起复。因克复湄潭县城保奏，七年三月初五日，奉上谕：着免补知府，以道员留川即补。钦此。旋以擒获匪首、肃清桤木园贼巢出力，保加盐运使衔。八年，由营请假回籍，旋丁父忧。十年十二月，经湖广督臣李鸿章会同贵州抚臣曾璧光委办本籍教案团务，剿平巨匪，保加布政使衔。十一年三月服阕，因督剿仁桐余匪，交部从优议叙。八月，由籍到川，请咨赴部。十二年二月二十日引见，奉旨：照例用。钦此。是月，领照起程，于四月二十一日到省。查该员保举道员，按照部章，应以同治七年三月初五日奉旨后第五日行文之日起，扣至是年四月二十作为到省日期，试看早经年满，兹据布政使王德固、按察使英祥详请甄别前来。

臣察看该员寒畯,心细才长,谙练吏治,堪膺监司之任,应请留川以繁缺道员补用。倘或始勤终怠,仍当随时核办,断不敢稍事姑容,致滋贻误。理合循例恭折具奏,伏乞皇上圣鉴。谨奏。十月初五日。

同治十二年十月二十三日,奉朱批:吏部知道。钦此。①

一四六 请以蒋继荣等借补都司等缺折

同治十二年十月初五日(1873年11月24日)

头品顶戴四川总督臣吴棠跪奏,为拣员请补都司、守备,以资治理,恭折具奏,仰祈圣鉴事。

窃照安阜营都司张宇辉告病开缺,平番营守备杨步青因案参革,各遗缺声请扣留外补,现已接准部覆。又,会川营守备缺前经臣以留川尽先前即补守备建昌中营把总穆德沛升补,接准部咨,以该员尽先名次在后,驳令另拣合例人员请补。查安阜营都司驻扎黄螂,平番营守备驻扎平番城,均悬处夷疆,群番环绕。会川营守备驻扎会理州,界连云南,虽回氛已报肃清,而溃匪散勇时虞出没,抚辑边防,均关紧要,非才技优长、谙练地方形势、风土之员,不足以资整顿。查兵部奏定新章:武职题缺轮补班次,先用尽先二人,次用各项一人。又,副、参、游、都、守各项,遇有题补缺出,各计各缺,有预保省份,以九缺为一轮;无预保省份,以六缺为一轮,周而复始。其借补者,即在尽先班次之内,如

---

① 台北故宫博物院藏:军机及宫中档,文献编号:112124;中国第一历史档案馆藏:朱批奏折,档案编号:04-01-12-0515-170。

轮用预保时无合例应掣之人，以拣发人员题补。如预保、拣发两项俱无，即以应升应补人员题补。又，章程内载：嗣后遇有题调缺出，先尽现任人员调补。如实无合例堪以拣调者，即以应升人员升补各等语。所有安阜营都司系接到新章后第一缺，轮应尽先人员题补。

臣现于川省尽先都司内逐加遴选，人地均不相宜。惟查有尽先前补用游击蒋继荣，年三十四岁，江南徐州府沛县人，由军功剿办山东捻匪，暨在福建委带水师炮船出力，保奏尽先守备，并戴花翎。同治七年，奏调留川差遣。八年，以克复鲁甸厅城在事出力，保准以都司尽先前补用。又因防剿秦、陇回匪并剿办贵州上游股匪出力保奏，同治十一年五月十二日，内阁奉上谕：着免补都司，以游击留于四川尽先前补用。钦此。现委管操省标精兵。该员心地朴实，营伍素娴，拟请借补安阜营都司。

至守备一班，自接到新章后，曾出有酉阳营守备一缺，已以尽先守备王瑞麟奏补在案。现出平番营守备系第二缺，仍应尽先人员到班。现查川省尽先守备内，实乏熟悉夷情之员。惟查有尽先前守备城守右营千总张世杰，年四十九岁，四川奉节县人，由行伍出师广东西秀，暨在叙州、青神、峨眉一带剿匪著绩，历拔城守右营千总，承领札副，保戴花翎。同治六年，俸满考验留任，复以迭次剿匪出力，汇案奏保，同治十一年十二月十六日，内阁奉上谕：千总张世杰着以守备尽先前补用。钦此。计历俸已满十二年。该员差操勤奋，拟请补授平番营守备。

至会川营守备系第三缺，轮用各项守备。川省预保、拣发两班，现俱无人，应以应升、应补人员请补。查有候补守备督标中营云骑尉李宗才，年四十六岁，成都县人，因伊祖李占魁由泸州营千总出师达州阵亡,承袭云骑尉世职。咸丰六年十二月初九日,学习期满。七年闰五月初六日,经兵部带领引见,奉旨:李宗才着发回原省,照例用。钦此。在营已及二十余载。该员弓马娴习,拟请补授会川营守备。

又,抚边营守备车重轮现准部覆,准其借补川北右营都司。所遗抚边营守备缺系调缺,驻扎底木达,有抚绥番众、训练兵屯之责,必须熟悉屯务操防之员,方克胜任。现于通省各标镇协营实缺守备内详加察看,非现居要缺,即人地未宜,实无合例堪调之员。查有都司衔尽先前补用守备庆宁营千总马文桢,年四十四岁,灌县人,由行伍出师瞻对、贵州,打仗著绩,咸丰七年三月,拔补马边右营千总,承领札副。同治六年,俸满考验留任。八年正月,调补庆宁营千总。嗣于援黔川军克复鲁甸厅城案内出力,请保都司,经部奏改以守备尽先前补用,并加都司衔。同治九年九月初六日奏,奉旨:依议。钦此。计例俸已满十二年。该员年力强盛,拟请升补抚边营守备。

以上各员,或熟悉夷情屯务,或谙练营伍边防。蒋继荣籍隶江南,由尽先前游击借补都司,未逾三级。张世杰、马文桢均由实缺千总保准尽先前守备,较尽先班次为优,自应遵旨归于尽先人员之前补用。马文桢又系俸满应升千总,例得请升。该员等距籍各在五百里以外,俱系隔府别营,核与部章相符,且人地实在相需,例应声明奏请。

合无仰恳天恩,俯准以蒋继荣借补安阜营都司,张世杰补授平番营守备,李宗才补授会川营守备,马文桢升补抚边营守备,实与边地营伍有裨。如蒙俞允,李宗才系由云骑尉学习期满,曾经引见,毋庸送部。余俟接准部覆,再行照例办理。臣为慎重夷务营伍起见,是否有当,理合会同成都将军臣魁玉、提督臣胡中和,合词恭折具奏,伏乞皇上圣鉴训示。谨奏。十月初五日。

同治十二年十月二十三日,奉朱批:兵部知道。钦此。①

一四七　委解京饷暨固本饷项起程日期折

同治十二年十月初五日(1873年11月24日)

头品顶戴四川总督臣吴棠跪奏,为川省委解同治十二年份京饷暨固本饷项起程日期,恭折仰祈圣鉴事。

窃查川省本年原拨京饷银三十万两,前已扫数解清。其添拨京饷银十五万两,亦解过银四万两,尚欠银十一万两。又,固本饷项月解银五千两,前共解过银四十三万两,作为同治五年九月二十一日奉文之日起至十二年八月二十一日止,连闰计八十六个月协济之项,先后奏报在案。伏思京饷为部库正供,固本亦京畿要款,川省虽拨解邻饷过繁,库藏屡匮,仍应权衡轻重,先将京饷竭力凑齐,及早清款,不敢稍缓。兹臣督同司道催集津贴银七万两、盐厘银四万两,共银十一万两,以清本年续拨京饷。又凑集货款二万两,作为同至十二年八月二十一日起至十二月二十一日止四个月固本协饷,均饬委峨边厅通判杨铭领解,定期于本年十一月初五日自成都起程。

前因秦、陇交界地方游勇溃匪出没靡常,驿站时通时阻,京饷关系甚重,实难冒险径解。臣于十年正月间复奏请援案发商汇兑,

① 台北故宫博物院藏:军机及宫中档,文献编号:112125;中国第一历史档案馆藏:朱批奏折,档案编号:04-01-16-0198-094。

奉旨敕部知照在案。所有此次饷项仍发交蔚泰厚等银号汇解,委员至京兑齐,解赴户部交纳,用昭慎重,据藩司王德固、臬司英祥、盐茶道傅庆贻会详前来。臣覆查无异。所有同治十二年份两次奉拨京饷及月拨固本饷项均已扫数起解缘由,理合恭折具陈。伏乞皇上圣鉴。谨奏。十月初五日。

同治十二年十月二十三日,奉朱批:户部知道。钦此。①

一四八　奏报川省同治十二
年九月雨水、粮价折

同治十二年十月二十九日(1873 年 12 月 18 日)

头品顶戴四川总督臣吴棠跪奏,为恭报四川省同治十二年九月份各属具报米粮价值及得雨情形,仰祈圣鉴事。

窃照同治十二年八月份通省米粮价值及得雨情形,前经臣恭折奏报在案。兹查本年九月份成都、重庆、夔州、龙安、绥定、保宁、顺庆、潼川、雅州、嘉定、叙州等十一府,资州、绵州、忠州、眉州、邛州、泸州等六直隶州,石砫、叙永两直隶厅,各属先后具报得雨四五次不等。田水充足,小春萌芽。其通省粮价惟成都、重庆、保宁、顺庆、叙州、夔州、龙安、宁远、雅州、潼川十府,邛州、绵州、忠州三直隶州,叙永一直隶厅,暨打箭炉厅,中米、黄豆、青稞较上月减二、三分,余俱与上月相同。据布政使王德固查明,列单汇报前来。

---

① 台北故宫博物院藏:军机及宫中档,文献编号:112126;中国第一历史档案馆藏:朱批奏折,档案编号:04-01-35-0975-060。

臣覆核无异。理合分缮清单，恭呈御览，伏乞皇上圣鉴。谨奏。同治十二年十月二十九日。

同治十二年十二月初五日，奉朱批：知道了。钦此。[1]

一四九　呈川省同治十二年九月粮价清单

同治十二年十月二十九日(1873年12月18日)

谨将同治十二年九月份四川省所属地方各项粮价，开具清单，恭呈御览。

成都府属，价贵。中米每仓石价银二两九钱五分至三两九钱三分，较上月减二分。大麦每仓石价银一两八钱三分至二两，与上月同。小麦每仓石价银二两一钱三分至二两三钱，与上月同。黄豆每仓石价银一两四分至二两四钱四分，与上月同。荞子每仓石价银一两一钱六分至一两七钱，与上月同。

重庆府属，价贵。中米每仓石价银二两七钱五分至三两七钱三分，较上月减二分。大麦每仓石价银一两六钱二分至一两九钱七分，与上月同。小麦每仓石价银二两六钱八分至二两七钱三分，与上月同。黄豆每仓石价银二两七钱至二两九钱七分，与上月同。

保宁府属，价贵。中米每仓石价银二两五钱七分至三两二钱三分，较上月减三分。大麦每仓石价银一两八钱九分至二两一钱，与上月同。小麦每仓石价银二两八钱三分至三两五钱七

① 台北故宫博物院藏：军机及宫中档，文献编号：112758；中国第一历史档案馆藏：朱批奏折，档案编号：04-01-25-0513-048。

分,与上月同。黄豆每仓石价银一两八钱一分至二两一钱一分,与上月同。

顺庆府属,价贵。中米每仓石价银二两一分至三两四钱,与上月同。大麦每仓石价银一两六钱一分至一两八钱,与上月同。小麦每仓石价银二两九分至二两一钱二分,与上月同。黄豆每仓石价银一两五钱五分至一两六钱五分,较上月减二分。

叙州府属,价贵。中米每仓石价银三两二分至三两二钱七分,较上月减三分。大麦每仓石价银一两六钱六分至二两二分,与上月同。小麦每仓石价银二两一钱三分至二两六钱三分,与上月同。黄豆每仓石价银一两一钱一分至一两五钱二分,与上月同。

夔州府属,价贵。中米每仓石价银二两八钱二分至三两一钱三分,较上月减二分。大麦每仓石价银一两七钱八分至二两四钱六分,与上月同。小麦每仓石价银二两九钱五分至三两三分,与上月同。黄豆每仓石价银二两一钱四分至二两二钱四分,与上月同。

龙安府属,价贵。中米每仓石价银二两五钱一分至三两一钱六分,较上月减二分。青稞每仓石价银一两五钱,与上月同。小麦每仓石价银一两七钱九分至二两一钱八分,与上月同。黄豆每仓石价银一两八钱五分至一两九钱三分,与上月同。

宁远府属,价贵。中米每仓石价银二两八钱五分至三两一钱三分,较上月减三分。大麦每仓石价银一两四钱八分至一两六钱,与上月同。小麦每仓石价银一两五钱九分至二两二钱,与上月同。荞子每仓石价银一两四钱五分,与上月同。黄豆每仓石价银一两五钱六分至一两六钱三分,与上月同。

雅州府属,价中。中米每仓石价银二两七钱七分至二两七钱八分，较上月减二分。小麦每仓石价银二两二钱九分至二两六钱五分，与上月同。黄豆每仓石价银一两六钱五分至二两四分，与上月同。

嘉定府属，价贵。中米每仓石价银二两七钱四分至三两三钱二分，与上月同。小麦每仓石价银二两三钱六分至二两七钱三分，与上月同。黄豆每仓石价银一两四钱七分至二两三分，与上月同。

潼川府属，价贵。中米每仓石价银二两八钱五分至三两八分，较上月减三分。大麦每仓石价银一两六钱五分至一两九钱三分，与上月同。小麦每仓石价银二两一钱四分至二两四钱九分，与上月同。黄豆每仓石价银一两七钱六分至二两一钱三分，与上月同。

绥定府属，价中。中米每仓石价银二两七钱二分至二两八钱四分，与上月同。大麦每仓石价银一两五钱八分，与上月同。小麦每仓石价银一两六钱二分至一两七钱三分，与上月同。黄豆每仓石价银一两四钱三分，与上月同。

眉州直隶州属，价中。中米每仓石价银二两七钱至二两九钱八分，与上月同。

邛州直隶州并属，价贵。中米每仓石价银二两六钱至三两，较上月减一分。大麦每仓石价银一两九钱，与上月同。小麦每仓石价银二两五钱七分，与上月同。黄豆每仓石价银二两八分至二两二钱二分，与上月同。

泸州直隶州并属，价贵。中米每仓石价银三两二分至三两三分，与上月同。

资州直隶州并属，价中。中米每仓石价银二两五钱二分至二两九钱二分,与上月同。

绵州直隶州并属,价中。中米每仓石价银二两六钱九分至二两九钱七分,较上月减二分。小麦每仓石价银二两三钱二分至二两四钱六分,与上月同。

茂州直隶州并属,价中。中米每仓石价银二两五钱九分,与上月同。小麦每仓石价银二两六钱八分,与上月同。青稞每仓石价银二两二钱,与上月同。荞子每仓石价银一两二钱三分至一两七钱三分,与上月同。

忠州直隶州并属,价贵。中米每仓石价银二两五钱四分至三两一钱八分,较上月减二分。大麦每仓石价银一两四钱六分至一两六钱,与上月同。小麦每仓石价银二两三分至二两三钱九分,与上月同。黄豆每仓石价银一两二钱七分至一两五钱七分,与上月同。

酉阳直隶州并属,价贵。中米每仓石价银二两五钱五分至三两三分,与上月同。大麦每仓石价银二两二钱八分至二两六钱,与上月同。小麦每仓石价银二两六钱二分至二两七钱六分,与上月同。黄豆每仓石价银一两三钱九分至一两四钱四分,与上月同。

叙永直隶厅并属,价中。中米每仓石价银二两九钱三分,较上月减二分。小麦每仓石价银一两八钱一分,与上月同。荞子每仓石价银一两三钱二分,与上月同。黄豆每仓石价银一两六钱一分,与上月同。

松潘直隶厅,价中。青稞每仓石价银二两六钱六分,与上月同。荞子每仓石价银一两七钱四分,与上月同。

杂谷直隶厅,价中。青稞每仓石价银二两四钱,与上月同。荞子每仓石价银一两七钱九分，与上月同。

石砫直隶厅，价平。中米每仓石价银一两六钱，与上月同。大麦每仓石价银一两七钱三分，与上月同。小麦每仓石价银二两六分，与上月同。黄豆每仓石价银一两八钱九分，与上月同。

打箭炉厅，价贵。青稞每仓石价银四两八钱八分，较上月减二分。油麦每仓石价银一两八钱一分，与上月同。

（朱批）：览。①

一五〇　奏报川省同治十二年九月得雨清单

同治十二年十月二十九日（1873年12月18日）

谨将同治十二年九月份四川省各属地方报到得雨情形，开具清单，恭呈御览。

成都府属：华阳两县得雨五次，插种小春。简州得雨两次，小麦滋生。崇庆州得雨四次，葫豆插播。汉州得雨三次，堰水充足。温江县得雨三次，小春滋长。郫县得雨二次，堰水充足。新都县得雨五次，葫豆播种。金堂县得雨一次，小麦滋生。彭县得雨五次，塘水充足。什邡县得雨二次，小春播种。

重庆府属：江北厅得雨四次，田水充足。巴县得雨二次，堰田积水。江津县得雨四次，田水充盈。长寿县得雨三次，堰塘积水。永川县得雨三次，小春播种。荣昌县得雨五次，田亩蓄水。綦江县得雨三次，堰塘积水。合州得雨二次，田水充盈。南川县得雨二次，小春播种。铜梁县得雨五次，田亩蓄水。璧山县得雨三次，田水充盈。

---

① 台北故宫博物院藏：军机及宫中档，文献编号：112758-0-A。

大足县得雨四次,田水充足。定远县得雨五次,田亩蓄水。

夔州府属:万县得雨三次,小春播种。

龙安府属:江油县得雨二次,塘堰积水。石泉县得雨五次,塘水充盈。

绥定府属:达县得雨三次,小春播种。东乡县得雨二次,田水蓄积。新宁县得雨四次,小春播种。

保宁府属:阆中县得雨三次,地土滋润。苍溪县得雨四次,田间蓄水。南部县得雨三次,小麦播种。广元县得雨四次,豆麦滋生。昭化县得雨三次,田间蓄水。巴州得雨四次,小春渐长。通江县得雨二次,豆麦播种。南江县得雨二次,地土滋润。剑州得雨三次,二麦滋长。

顺庆府属:南充县得雨四次,田水充盈。西充县得雨二次,小春萌芽。蓬州得雨三次,田土翻犁。营山县得雨二次,豆麦滋生。仪陇县得雨四次,田塘积水。广安州得雨三次,冬粮茂盛。岳池县得雨五次,田水充足。邻水县得雨三次,山粮播种。

潼州府属:三台县得雨五次,田塘积水。射洪县得雨三次,农民播种。盐亭县得雨三次,二麦滋长。中江县得雨三次,冬水收足。遂宁县得雨三次,地土润泽。蓬溪县得雨二次,田亩蓄水。安岳县得雨三次,小春播种。乐至县得雨四次,田塘积水。

雅州府属:雅安县得雨三次,冬粮渐茂。天全州得雨三次,农民翻犁。

嘉定府属:乐山县得雨四次,小春发生。峨眉县得雨三次,豆麦渐茂。洪雅县得雨四次,田水盈满。荣县得雨四次,小春种毕。威远县得雨五次,田塘充足。峨边厅得雨三次,小春播种。

叙州府属:南溪县得雨三次,田土翻犁。富顺县得雨四次,冬水收足。隆昌县得雨二次，小春萌芽。

资州直隶州并属：资州得雨二次，堰水充盈。仁寿县得雨三次，播种小春。资阳县得雨三次，田水充足。井研县得雨二次，堰水充盈。内江县得雨三次，小春播种。

绵州直隶州并属：绵州得雨二次，二麦滋生。德阳县得雨三次，田水充足。安县得雨四次，雨水调均。梓潼县得雨一次，小麦播种。罗江县得雨二次，堰水充盈。

忠州直隶州属：酆都县得雨四次，雨水调匀。垫江县得雨三次，田水充盈。梁山县得雨四次，雨水调匀。

眉州直隶州并属：眉州得雨四次，田水不缺。彭山县得雨三次，二麦发生。丹棱县得雨五次，堰水充盈。青神县得雨二次，田间水足。

邛州直隶州并属：邛州得雨三次，小春甫种。浦江县得雨二次，豆麦滋长。大邑县得雨三次，农民翻犁。

泸州直隶州并属：泸州得雨四次，堰水畅流。江安县得雨三次，小春发生。合江县得雨四次，田间积水。纳溪县得雨三次，小春种毕。

石砫直隶厅得雨二次，雨水调匀。

叙永直隶厅并属：叙永厅得雨四次，田亩翻犁。永宁县得雨四次，冬粮荣茂。

（朱批）：览。①

---

① 台北故宫博物院藏：军机及宫中档，文献编号：112761。

一五一 审明都司杨步青殴毙民人一案折

同治十二年十月二十九日(1873年12月18日)

头品顶戴四川总督臣吴棠跪奏,为职官殴毙民人,于取结后在监病故,按例拟结,恭折仰祈圣鉴事。

窃据茂州知州张祺详报:平番营守备调署茂州营都司杨步青殴踢伤民人黄森,越日身死,验讯供情不符等情。并据松潘镇总兵揭报提督咨参到臣,当将杨步青撤任,批司行提人证来省,发委成都府等审办。旋因杨步青恃官狡展,抗不承认,经臣会同成都将军臣魁玉、提督臣胡中和附片奏请革职提审。兹于同治十二年五月二十五日奉到朱批:着照所请,该部知道。钦此。钦遵复经转行去后。兹据按察使英祥转据成都府朱潮等讯明:已革守备杨步青委因在途被民人黄森碰撞口角,将黄森殴踢伤,越日身死。该革弁取供后,旋即在监病故,验讯取结拟详到。

臣覆加查核,缘杨步青籍隶茂州,与黄森素识无嫌。杨步青由行伍历保守备,补授平番营守备,调署茂州营都司。同治十一年六月二十七日,州城二仙庵演戏酬神。上午,杨步青带同兵丁坤应泰、蒋国栋,前往弹压。下午,便衣转回,坤应泰等落后。杨步青在前行走,适黄森对面趋过,致手腕将杨步青碰伤。杨步青斥其瞎眼,黄森不服分辩。杨步青用拳殴伤其左臂膊、左右额角。黄森出言顶撞,杨步青抓住黄森发辫,揿按地上,用脚踢伤其脊背、近左右腰眼。黄森起身扯住杨步青衣襟,碰头拼命。杨步青一时情急,用脚连向吓踢,适伤其肾囊、小腹近左倒地。张应幅拢劝无及。坤应泰等赶至,同向黄森询悉情由。张应幅往告黄森之叔黄纪云,看明挟回,医治不愈,至七月初四日,黄森因伤殒命。报县验讯,杨步青虑恐被参问罪,将兵丁蓝文海妄报为殴毙黄森正凶。茂州知州张祺提讯,供情不符,据实通详,并据松潘镇总兵揭报提督,咨参到臣,当将杨步青撤任,批司行提人证来省,发委成都府等审办。嗣因杨步青恃官狡展,抗不承认,复经奏参革审。兹据成都府等提犯集证研鞫,据供前情不讳。诘非有心致死,亦无起衅别故。众供金同,案无遁饰。正拟办间,讵该革弁原带伤寒病症进监,医治不愈,至同治十二年六月十三日早,因病身死。禀经委员验明,杨步青委系病故。研讯禁卒人等,并无凌虐情弊,取结拟详到院。

查律载:斗殴杀人者,不问手足、他物、金刃,并绞监候等语。此案已革守备杨步青因在途被黄森手腕碰撞,向斥争角,将其殴踢伤,越日身死,自应按律问拟。杨步青除捏报蓝文海为正凶轻罪不议外,合依斗殴杀人者不问手足、他物、金刃并绞律,拟绞监候,业已病故,应毋庸议。张应幅劝阻不及,应与讯无凌虐之禁卒,均免置议。无干省释。布鞋供弃免追,各尸棺分别饬埋。除供招咨部外,理合将审明拟结缘由恭折具奏,伏乞皇上圣鉴,敕部核覆施行。谨奏。十月二十九日。

同治十二年十二月初五,奉朱批:刑部知道。钦此。①

一五二 奏报笔帖式禄昂期满甄别折

同治十二年十月二十九日(1873 年 12 月 18 日)

头品顶戴四川总督臣吴棠跪奏,为笔帖式六年期满,循例出

---

① 台北故宫博物院藏:军机及宫中档,文献编号:112763;中国第一历史档案馆藏:朱批奏折,档案编号:04-01-26-0074-085。

考,恭折具奏,仰祈圣鉴事。

　　窃照定例:督抚衙门笔帖式六年期满,如有才具优长,堪膺地方之选者,出具考语,奏请送部引见,候旨录用等语。兹查四川总督衙门笔帖式禄昂,年四十二岁,系镶黄旗蒙古明宽佐领下人,由算学生考中誊录,议叙作为理藩院学习笔帖式。咸丰十年,补授实缺。同治三年、六年两次京察一等,均奉旨:准其一等加一级。钦此。六年三月,经理藩院拣选四川总督衙门蒙古笔帖式,请钦派王大臣验放,四川总督衙门蒙古笔帖式员缺,着拟正补授。三月十六日覆奏,奉旨:依议。钦此。六年十二月初三日到任,连闰扣至同治十二年九月初三日,六年期满,例应更换。

　　除员缺咨部另行拣员请补外,臣查该员禄昂,年强才敏,堪膺地方之选,理合循例出具考语,可否吁恳天恩,俯准留川以知县改补,俟新拣之员到川后,再行送部引见,恭候钦定。理合恭折具奏,伏乞皇上圣鉴训示。谨奏。十月二十九日。

　　同治十二年十二月初五日,奉朱批:着照所请,吏部知道。钦此。①

一五三　副将马献图请免射箭片

同治十二年十月二十九日(1873年12月18日)

　　再,总兵衔留川补用副将马献图,年四十岁,湖北麻城县人,上年由四川重庆左营兵丁出师广西,转战湖北、江南、安徽、广东

---

　　① 台北故宫博物院藏:军机及宫中档,文献编号:112764;中国第一历史档案馆藏:朱批奏折,档案编号:04-01-12-0515-133。

等省,迭著战功,洊保今职,冲锋陷阵,奋不顾身,左手及右足屡受刀矛各伤,右臂受抬枪子伤尤重,骨碎筋损,医治难愈,不能挽弓运重。兹因回川呈请归标,经臣当堂验明属实,合无仰恳天恩,俯念该副将打仗奋勇,筋骨受伤难愈,将来送部引见时,免其射箭,以示体恤,出自鸿慈。理合附片具陈,伏乞圣鉴训示。谨奏。

同治十二年十二月初五日,奉朱批:着照所请,兵部知道。钦此。①

一五四　奏报承袭世职照章汇案办理折

同治十二年十月二十九日(1873年12月18日)

头品顶戴四川总督臣吴棠跪奏,为川省承袭世职,照章汇案办理,恭折仰祈圣鉴事。

窃查前准部咨:钦奉上谕:嗣后阵亡、殉难各员子孙承袭世职,均着各该厅州县将应袭职名迅速查明,径行具报督抚,予限半年汇案具奏一次等因。钦此。历经遵办在案。兹查同治十二年三月起至八月底止,陆续据成都各厅州县先后详请承袭世职,并将前经请袭年未及岁之员呈请验看,造具各故员履历事实,暨应袭各员三代宗图、年貌、族邻供结前来。经臣先后验看属实,并将册结、宗图汇总,专咨报部查核。其有并无籍可稽者,请俟咨查覆到,另行办理。

---

① 台北故宫博物院藏:军机及宫中档,文献编号:112765。此片具奏日期未确,兹据军机处随手登记档(档案编号:03-0210-4-1112-355)校正。

所有自同治十二年三月起至八月底止川省各属请袭世职,遵照奏定章程,谨缮清单,恭呈御览,伏乞皇上圣鉴,敕部议覆施行。谨奏。十月二十九日。

同治十二年十二月初五日,奉朱批:兵部议奏,单并发。钦此。①

一五五　呈同治十二年三月至
八月请袭世职各案清单

同治十二年十月二十九日（1873 年 12 月 18 日）

谨将同治十二年三月起至八月底止川省请袭世职各案,缮具清单,恭呈御览。

一、杨正栋,成都县人,现年三十岁。伊父杨永清由城守左营尽先守备于咸丰九年十月二十八日在江南省浦口地方阵亡,经部议给云骑尉世职。同治八年十一月二十二日奉旨:依议。钦此。请以杨永清之嫡长子杨正栋承袭。

一、徐光敬,成都县人,现年二十一岁。伊父徐文魁由军标右营蓝翎战兵于咸丰六年二月初八日在贵州蛇冲地方阵亡,经部议给云骑尉世职。同治九年十二月初十日,奉旨:依议。钦此。请以徐文魁之嫡长子徐光敬承袭。

一、尹长惠,成都县人,现年二十四岁。伊父尹文凤由叠溪营外委于咸丰六年五月十九日在江宁城外阵亡,经部议给云骑尉世职。同治十一年十二月十六日奉旨:依议。钦此。嫡长子尹长于

_____

① 台北故宫博物院藏:军机及宫中档,文献编号:112766;中国第一历史档案馆藏:朱批奏折,档案编号:04-01-12-0515-131。

病故无嗣，请以尹文凤之嫡次子尹长惠承袭。

一、周鸿恩，成都县人，现年二十八岁。伊父周占雄由军标左营蓝翎战兵于咸丰九年七月二十八日在安徽婺源县地方阵亡，经部议给云骑尉世职。同治七年三月十四日奉旨：依议。钦此。请以周占雄之嫡长子周鸿恩承袭。

一、赵之垣，成都县人，现年十八岁。伊曾祖赵成龙由城守右营守备于嘉庆三年四月二十五日在本省青岗坪地方阵亡，经部议给云骑尉世职。伊祖父赵继长、父赵德安均承袭后病故，所遗恩骑尉世职，前于同治五年请以赵成龙之嫡长曾孙赵之垣承袭。维时年未及岁，准食半俸。今年已及岁验看，请食全俸。

一、袁德顺，华阳县人，现年三十岁。伊高祖袁国连由永宁营都司于乾隆三十七年五月二十五日出师金川阵亡，奉旨给予恩骑尉世职。伊曾祖及祖父先后承袭病故，所遗世职，前于道光二十七年请以袁国连之五世孙袁德顺承袭，维时年未及岁，准食半俸。今年已及岁验看，请食全俸。

一、伍国华，华阳县人，现年二十四岁。伊父伍安邦由建昌左营游击于咸丰十年闰三月二十九日在江南丹阳县属宝塔湾地方阵亡，经部议给云骑尉世职。同治十一年十二月初十日奉旨：依议。钦此。请以伍安邦之嫡长子伍国华承袭。

一、周汝春，华阳县人，现年二十四岁。伊父周廷刚由捐纳候补千总于咸丰十一年五月十八日在本省崇庆州汪家碾地方阵亡，经部议给云骑尉世职。咸丰十一年十二月七日奉旨：依议。钦此。请以周廷刚之嫡长子周汝春承袭。

一、毛静清，华阳县人，现年二十岁。伊父毛福昌由陕西定边县典史于同治八年十二月二十日在定边县御贼阵亡，经部议给云骑尉世职。同治九年五月二十五日奉旨：依议。钦此。请以毛福昌之嫡长子毛静清承袭。

一、谢廷宣，灌县人，现年十八岁。伊父谢光二由花翎尽先守备于同治元年四月二十八日在本省八角寨地方阵亡，经部议给云骑尉世职。同治九年闰十月十三日奉旨：依议。钦此。请以谢光二之嫡长子谢廷宣承袭。

一、张恩，太平县人，现年十八岁。伊高祖张吉由川北右营把总于乾隆三十四年二月初三日在金川木果木阵亡，经部议给恩骑尉世职。曾祖及祖父先后承袭病故，所遗世职请以张吉之五世孙张恩承袭。至张继祖承袭后未领敕书，无从申缴。

一、张天元，马边厅人，现年二十六岁。伊父张学成由平安营五品蓝翎马兵于咸丰十一年五月二十四日在本省犍为县属清溪场地方阵亡，经部议给云骑尉世职。同治七年十一月十九日奉旨：依议。钦此。请以张学成之嫡长子张天元承袭。

一、李光昶，屏山县人，现年十八岁。伊胞兄李光明由蓝翎尽先把总于咸丰八年二月二十八日在江苏镇江府杜桥地方阵亡，经部议给云骑尉世职。咸丰八年十二月十四日奉旨：依议。钦此。李光明阵亡无嗣，胞弟李光昶前于同治四年承袭，时年未及岁，准食半俸。今年已及岁验看，请食全俸。

一、王士玉，彭县人，现年十九岁。伊胞伯王荣茂由军功于咸丰九年十二月二十三日在安徽小池驿地方阵亡，经部议给云骑尉世职。咸丰十年五月二十六日奉旨：依议。钦此。王荣茂未娶无嗣。胞弟王荣芳承袭后病故，请以王荣茂之胞侄即王荣芳之嫡长子王士玉承袭，并将王荣芳原领敕书遵照部咨粘贴印花，径送吏部核办。

一、黄耀龙，新都县人，现年六岁。伊祖父黄朝贵由记名外委于咸丰八年四月十六日在云南宣威州属可渡河地方阵亡，经部议给云骑尉世职。伊父黄廷瑞承袭后病故，所遗世职请以黄朝贵之嫡长孙黄耀龙承袭。至黄廷瑞承袭后未领敕书，无从申缴。

一、张洪云，温江县人，现年十八岁。伊伯父张桂容由尽先把总于咸丰九年十二月二十三日在安徽潜山县属地灵港地方阵亡，经部议给云骑尉世职。咸丰十年五月二十六日奉旨：依议。钦此。张桂容阵亡无嗣，以胞弟张桂林承袭后，亦在甘肃阵亡，所遗云骑尉世职，请以张桂容之胞侄即张桂林之嫡长子张洪云承袭。至张桂林承袭后未领敕书，无从申缴。

一、蓝廷辅，资阳县人，现年二十二岁。伊嗣父蓝定远由巫山营外委于咸丰五年八月初一日在湖北汉川县濠子沟地方阵亡，经部议给云骑尉世职。蓝定远阵亡无子，其嗣子蓝廷辅前于咸丰八年承袭时，年未及岁，准食半俸。今年已及岁验看，请食全俸。

一、邱澎黼，郫县人，现年十三岁。伊祖父邱自然由廪生于咸丰十一年四月初六日在本省彭县属石洞堰地方阵亡，经部议给云骑尉世职。同治六年三月十七日奉旨：依议。钦此。伊父邱绍响承袭后病故，未领敕书，无从申缴。所遗世职请以邱自然之嫡长孙邱澎黼承袭。

一、刘宣，松潘厅人，现年二十一岁。伊父刘玉春由松潘左营把总于咸丰五年正月初七日在汉阳属沙口地方阵亡，经部议给云骑尉世职。伊大胞兄刘植残废无嗣，次胞兄刘禄承袭后又殉难无嗣。所遗世职请以刘玉春之嫡三子刘宣承袭。至刘禄承袭后未领敕书，无从申缴。

一、柳熙和，松潘厅人，现年二十三岁。伊曾祖柳城锦由平番营外委于乾隆五十七年七月初三日在怕郎古地方阵亡,经部议给云骑尉世职。伊伯祖及祖父先后承袭病故,嫡曾孙柳长青目疾成残无嗣,嫡次孙柳长新承袭后病故,所遗恩骑尉世职,请以柳成锦之嫡次曾孙即柳长新之嫡长子柳熙和承袭。所有柳长新原领敕书,因松潘厅城失守遗失,无从申缴。

一、富印,松潘厅人,现年二十四岁。伊父富恩源由恩骑尉世职于咸丰十一年七月初七日在松潘东门外阵亡,经部议给云骑尉世职。于同治八年四月初七日奉旨:依议。钦此。请以富恩源之嫡长子富印承袭。

一、杨朝选,彭县人,现年二十三岁。伊父杨定国由邑梅营守兵补用把总于咸丰十年正月三十日在湖南邵阳县尹坡地方阵亡,经部议给云骑尉世职。咸丰十年六月二十六日奉旨:依议。钦此。请以杨定国之嫡长子杨朝选承袭。

一、冉筠,酉阳州人,现年二十五岁。伊父冉崇寿由重庆左营额外尽先外委于咸丰二年九月十九日在湖南长沙府牛头洲地方阵亡,经部议给云骑尉世职。同治七年三月十四日奉旨:依议。钦此。请以冉崇寿之嫡长子冉筠承袭。

一、沙均,西昌县人,现年十八岁。伊父沙成金由五品蓝翎尽先千总于同治八年七月初二日在云南省宁州簸溪地方阵亡,经部议给云骑尉世职。同治八年十二月二十日奉旨:依议。钦此。请以沙成金之嫡长子沙均承袭。

(朱批):览。①

① 台北故宫博物院藏:军机及宫中档,文献编号:112766-0-A。

一五六　知县钱棠拿获邻省会匪请予奖励折

同治十二年十月二十九日(1873 年 12 月 18 日)

头品顶戴四川总督臣吴棠跪奏,为知县拿获邻省会匪,遵章具保,恭折仰祈圣鉴事。

窃准吏部咨:考功司案呈以臣具奏酉阳州禀报秀山县拿获会匪向阳帽顶一案,首先拿获邻省罪应斩决匪犯三名,应叙职名系署秀山县事候补知州钱棠,相应开送等因。同治十一年正月二十四日,奉旨:该部议奏。钦此。钦遵片取刑部审拟供招到部。查此案首先拿获邻境罪应斩决匪犯向阳帽顶等三名之署秀山县知县,核与准保指定应升官阶、免其送部引见章程相符,应令四川总督照章专折保奏,到日再行办理,于同治十一年九月初二日具奏,奉旨:依议。钦此。相应知照等因到臣。

遵查前署秀山县事候补知州钱棠,现年四十七岁,江苏苏州府元和县人,由监生保叙从九品,指发四川,咸丰元年到省,历署中江、南充等县典史、南充县主簿。六年,遵筹饷事例,捐升知县,五月初七日引见,奉旨:着照例发往。钦此。七月十七日到省。十月,委署黔江县知县,七年十二月交卸,任内先后拿获石砫厅谋逆匪犯、彭水县服制斩犯。八年六月,丁父忧,经前督臣有凤奏留,帮办叙州府守城防剿军务,解围后回省。十年十月,服阕起复。同治三年,委署蓬州知州,四年交卸。五年四月,丁继母忧,七年七月,服阕起复。贵州捐输军饷案内,加捐同知升衔。九年,委署秀山县事。十年三月初八日,在贵州松桃厅属滥泥沟地方首先拿获会匪向阳帽顶、徐恺择、杨和山三名,解交酉阳州讯办。十二年五月,经贵州抚臣曾璧光、提臣周达武于遵保川省筹解军饷并防剿黔边出力人员案内奏保,该员钱棠俟补缺后,以直隶州用。所有拿获向阳帽顶,本系湖南会匪,乃因从新放会未成,辄与在逃之李老五私造旗印,捏撰伪札,妄图勾结匪党,约期入川滋事为乱。迨经官兵围拿,复敢喝同伙匪徐恼择等拒捕伤人,实属凶逆昭著,业已就地正法,奏明在案。惟该员钱棠于署任内不分畛域,首获邻省叛匪三名,洵属缉捕勤能,异常出力,未便没其微劳,兹据藩、臬两司详请具保前来。

臣覆核无异。合无仰恳天恩,准将直隶州用候补知州钱棠,俟补直隶州知州后,以知府用,免其送部引见,以昭激劝,出自逾格鸿施。理合循章专折具保,伏乞皇上圣鉴训示遵行。谨奏。十月二十九日。

同治十二年十二月初五日,奉朱批:吏部议奏。钦此。①

一五七　奏报官军剿抚峨边蛮匪地方静谧折

同治十二年十一月十一日(1873 年 12 月 30 日)

成都将军臣魁玉、头品顶戴四川总督臣吴棠跪奏,为峨边厅境蛮匪滋事,经官军剿抚兼施,次第出降,现在地方静谧,恭折仰祈圣鉴事。

窃臣吴棠于本年七月间曾将提督陈希祥假满回川,接统营务,并饬令前赴峨边筹办招抚缘由附片奏明在案。先是臣吴棠于上年九月,查阅川东营伍行次,接据署峨边通判于腾禀报:蛮匪渐形蠢动,边地戒严。即经批饬该厅营等添募土练六百名,并会商臣魁玉,飞调驻扎越巂之总兵李忠恕,抽拨勇丁一营,驰往助防会办。旋据该厅营等禀称:梯子岩汛把总萧逢春、军功李嘉荣带兵巡哨,

① 台北故宫博物院藏:军机及宫中档,文献编号:112767。

猝遇蛮匪四百余人，因众寡不敌，力竭阵亡。兵丁八名、勇丁二十名，亦同时遇害。边氛渐炽，兵力尚单，恐不足以资控驭等情。复经一面批令总兵李忠恕，续募川军五百名，一面檄调代统达字营副将田应豪，督率中、左、后三营楚勇，由省垣遄发，指授机宜，总期慑以声威，使之就抚。

讵料该蛮匪自梯子岩戕毙弁兵之后，凶焰愈张，纠合梁山大股约数千人，分途出扰，一聚华林坪，一聚牛心山，意图袭取官军，并自择其狡悍者，潜伏隘口，阻截援兵，迭经副将田应豪督同通判张世康等，率队先驱。总兵李忠恕、署参将霍名升会同署通判于腾等，督师续进，且搜且剿。数月之间，凡大小十余仗，计先后阵斩悍目六人、蛮匪二百余人，生擒红衣悍目二人，夺获刀矛、牌弩、毡衣二百余件。我军阵亡把总姜金安、廖洪顺二名、勇丁十三名。直至本年春杪，该蛮匪力不能支，始遁匿于深山穷谷之中。官军得以占其沃壤，扼其要冲，并纵令前擒悍目一人回巢，持谕招安，再三开导，乃先遣哈什三家、别挖家二支来营乞降。胆巴、白魁等二支，亦接踵而至。此剿办蛮匪之实在情形也。

适提督陈希祥假满回川，接统营务。臣吴棠会商臣魁玉，以猓民反复靡常，相持既久，深虑师疲饷匮，变故滋多，当即饬令酌带所部楚勇千余人，亲赴峨边督办。节据驰报：因抚局将成，未便遽加挞伐，预示进兵之期，而密遣已降各支，互相钩致，复有扎家、哈呐、雅札七支纳款来归。于是峨边所属十三支猓民之众，仅余冒扭、蛮爪二支恃险怀疑，尚难诚服。提督陈希祥察看地形，以石门槛为猓民出入必由之道，遂统率全军，移扎于此，层层筑垒，步步为营。该猓民咸怀畏惧，冒扭一支亦愿捆献凶酋革都诣营，听候发落，即由陈希祥讯明正法，以快人心。与蛮爪一支，均交黑骨酋目，照例上班当差。约期于八月初六日，大会十三支猓民，于热水地方，刑牲歃盟，誓不复叛。并选得雅札酋目使租，人尚朴诚，素能服众，更名杨诚忠，令充总千户。其余各支择其忠实可靠者，令充副千百户。设立夷兵夷约，统由防剿局支给口食、银两，以及建碉修堡、通商保哨各事宜，次第兴举。仍留副将田应豪，督带楚勇一营，会合土练，暂资弹压。提督陈希祥率队回顾北防。此招抚猓民之实在情形也。

臣等伏念四川边地，猓民支蕃族众，专工劫夺，鲜知生计之谋，全在地方文武等抚驭得宜，俾不至公然叛乱。此昔人所为首重羁縻也。此次蛮匪滋事，募练征兵，剿抚兼施，计阅一年之久，卒能次第出降，地方静谧。该将领弁兵等于瘴烟蛮雨之天、积雪坚冰之地，长驱深入，艰险备尝。所有异常出力将弁，合无吁恳天恩，先行鼓励，记名提督达春巴图鲁陈希祥，拟请旨交部，从优议叙。花翎补用副将壮勇巴图鲁田应豪，拟请记名，以总兵遇缺简放，并请赏换清字巴图鲁勇号。署峨边营参将广元营游击勃勇巴图鲁霍名升，拟请以参将尽先补用，并赏加副将衔。花翎都司李极光，拟请免补都司，以游击尽先补用，并请赏加勇号。花翎守备曾仕璋，拟请免补守备，以都司留川，尽先补用，并赏加游击衔。千总杨朝清，拟请免补千总，以守备尽先补用，并赏加都司衔。花翎候选通判张世康，拟请免补通判，以直隶州知州留川，归候补班补用，并赏给该员父母五品封典。阵亡之把总萧逢春、姜金安、廖洪顺，拟请敕部从优议叙。

其余在事出力员弁，可否容臣等查明，择尤并案汇奖，出自逾格鸿慈。谨将峨边厅境蛮匪滋事，经官军剿抚兼施，次第出降，现在地方静谧缘由，合词恭折驰陈，伏乞皇上圣鉴训示。谨奏。同治十二年十一月十一日。

同治十二年十一月二十九日，奉朱批：钦此。^①

【案】同治十二年十一月二十九日，此折得允行：

同治十二年十一月二十九日，内阁奉上谕：魁玉、吴棠奏，蛮匪滋事，官军剿抚兼施，地方现已静谧，请将出力、阵亡各员弁分别奖恤一折。上年九月间，四川峨边厅境蛮匪蠢动，经魁玉等派兵剿捕，先后歼毙多名，并将匪首拿获正法，蛮众畏惧投诚，地方现已一律安静。在事各员尚属著有微劳，自应量予奖励。提督陈希祥着交部从优议叙。副将田应豪着记名以总兵遇缺简放，并赏换绷僧额巴图鲁名号。游击霍名升着以参将尽先补用，并赏加副将衔。都司李极光着免补都司，以游击尽先补用，并赏给壮勇巴图鲁名号。守备曾仕璋着免补守备，以都司留于四川，尽先补用，并赏加游击衔。千总杨朝清着免补千总，以守备尽先补用，并赏加都司衔。通判张世康着免补通判，以直隶州知州留于四川，归候补班补用，并赏给该员父母五品封典。阵亡之把总萧逢春、姜金安、廖洪顺，均着交部从优议叙。其余出力员弁，着魁玉等择尤汇案请奖，毋许冒

---

① 台北故宫博物院藏：军机及宫中档，文献编号：112726；黄建明等整理：《清代皇帝御批彝事珍档》，第1414页。又，吴棠等《游蜀疏稿》，第803—819页。其尾记曰："同治十二年十一月十一日，由驲具奏。兹于本年十二月十五日，准兵部火票递回原折，奉朱批：另有旨。钦此。同日，又准军机大臣字寄：成都将军魁、四川总督吴：同治十二年十一月二十九日，奉上谕：魁玉、吴棠奏，蛮匪滋事，官军剿抚兼施，地方现在已静谧一折。四川峨边厅境蛮匪蠢动，经魁玉等派兵剿捕，歼擒悍目数人。该蛮众穷蹙畏惧，先后投诚。该将军、总督择其朴诚可靠之人，令充千百户，设立夷兵夷约，并将建碉修堡等事宜，次第举行，办理尚为妥协。所有出力阵亡员弁，本日已明降谕旨，照所请奖恤矣。惟猓民支蕃族众，全在地方官抚驭得宜。魁玉、吴棠务当督饬所属，将善后各事妥为筹办，并随时抚循防范，以杜乱萌，勿稍大意。将此由四百里各谕令知之。钦此。遵旨寄信前来。"

滥。钦此。①

一五八　酌裁楚勇、黔勇改募川勇片

同治十二年十一月十一日（1873年12月30日）

再，准户部咨：据臣吴棠奏，川省勇丁陆续裁撤已逾三万人，截止同治十年底止，存勇不足二万人，内有厅勇、土练三千人。此次又裁减达字、裕字等营勇丁二千人等语。务将先后裁勇数目注明营份，详晰造报。其已经裁撤之武字、副前等营兵勇一千名，应将裁撤日期先行咨报备查等因。伏查厅勇、土练三千人内，系越嶲厅四营、峨边厅二营，曾经前署督臣崇实奏报在案。其裁减达字、裕字等营勇丁二千人内，系达字营一千名、裕字营五百名、酉阳州勇丁五百名，均系找欠裁遣。至武字、副前等营兵勇一千名，本年正月自黔回川，驻扎叙永厅境，续又调赴彭水县一带，现在并未裁撤。

惟川库万分支绌，楚、黔勇饷每营每月需银二千余两，较诸川勇加增一倍。在当日援邻剿贼，楚勇尤为得力之师，而今日御寇备边，川勇亦足资绿营之助。现值滇、黔军务依次肃清，秦、陇边防亦臻静谧，复将律武营楚勇一千名、振武军楚勇一千名、新字营黔勇一千名找发欠饷，陆续遣散，计又裁撤楚、黔勇三千名。而边境地方尚需留营镇守。川东之酉阳州，界连三省，民教杂处，照旧补募川勇一营。叙州府属之马边、雷波两厅，近接凉山，

---

① 中国第一历史档案馆编：《咸丰同治两朝上谕档》，第23册，第282页；《穆宗毅皇帝实录（七）》，卷三百五十九，同治十二年十一月，第764页。

时有蛮匪出没，又各募川勇一营，分扎要隘，以期周密，计共添募川勇一千五百名。除将各营起止日期查照部咨另行分年造报外，所有酌裁楚勇、黔勇改募川勇缘由，理合附片陈明，伏乞圣鉴。谨奏。

同治十二年十一月二十九日，奉朱批：知道了。钦此。①

一五九　奏报提督唐友耕呈请陛见片

同治十二年十一月十一日（1873年12月30日）

再，据统领振武军前云南提督唐友耕咨呈：窃友耕以愚鲁武夫，自咸丰九年投效戎行，带勇剿办各匪，经前将军臣崇实、前督臣骆秉章迭次保荐，洊升重庆镇总兵。同治二年，粤逆石达开全股荡平，仰荷天恩，补授云南提督。旋于同治四年十二月，丁生母忧，呈请开缺终制，七年三月服阕，又经前兼署督臣崇实以川北边防吃重，奏留带勇。臣吴棠莅任后，复檄派督师援滇，剿办昭通回匪，克复鲁甸厅城，凯撤回川，驻扎叙南边境。数岁以来，查拿川、滇交界游匪，累战皆捷，幸免愆尤。现值滇、黔军务肃清，肃州亦克，天威远震，寰海澄清，友耕屡沐殊施，擢膺专阃，未获趋叩阙廷，依恋下忱，与时俱积，恳请代奏赴京陛见，并将所部振武军勇丁，遣撤归农，俾得料理北上，稍伸犬马之诚等情。臣查提督唐友耕，知兵任战，骁勇冠军。系曾任实缺提督、丁忧服阕之员，例应入都陛见。

---

① 中国第一历史档案馆藏：朱批奏折，档案编号：04-01-03-0010-008；台北故宫博物院藏：军机及宫中档，文献编号：112734。又，吴棠等《游蜀疏稿》，第797—802页。其尾记曰："同治十二年十一月十一日，由驿附奏。兹于本年十二月十五日，准兵部火票递回原片，奉朱批：知道了。钦此。"

其原部振武一军,现当冬令,叙南与云南接壤地方,时有游匪出没,且川军万分支绌,欠饷较多,一时亦无力找此巨款。拟令该营营官记名提督张占鳌,暂行代统,以专责成。除给咨外,理合附片陈明,伏乞皇上圣鉴。谨奏。

同治十二年十一月二十九日,奉朱批:知道了。钦此。[①]

【案】友耕以愚鲁武夫……洊升重庆镇总兵:同治元年七月二十三日,清廷任命唐友耕为四川重庆镇总兵,唐友耕即于是年八月二十八日具折谢恩曰:

新授四川重庆镇总兵奴才唐友耕跪奏,为叩谢天恩,仰祈圣鉴事。窃奴才承准四川督臣骆秉章行知:接准兵部火票,递到同治元年七月十七日内阁奉上谕:四川重庆镇总兵员缺,着唐友耕补授。钦此。钦遵行知前来。奴才在于重庆府江津县行营,捧读之下,当即恭设香案,望阙叩头谢恩讫。伏思奴才一介庸愚,毫无知识,戎行效力,屡荷隆恩,重镇旋膺,益深自惕。当兹发逆未靖,奴才带兵追剿,一切均皆禀请督臣骆秉章,指授机〈宜〉,得有遵循。惟有益加黾勉,迅扫妖氛,以期仰报高厚鸿慈于万一。所有奴才感激下忱,理合恭折叩谢天恩,吁请陛见,伏乞皇上圣鉴训示。谨奏。再,奴才现在带兵进剿,尚未接印。其扎营江津处所相近渝城,是以借用重庆镇总兵关防,理合声明。八月二十八日。同治元年九月二十日,军

---

① 中国第一历史档案馆藏:朱批奏折,档案编号:04-01-16-0199-120;台北故宫博物院藏:军机及宫中档,文献编号:112728。又,吴棠等:《游蜀疏稿》,第821—825页。其尾记曰:"同治十二年十一月十一日,由驲附奏。兹于本年十二月十五日,准兵部火票递回原片,奉朱批:知道了。钦此。"

机大臣奉旨：知道了。钦此。①

【案】同治二年……补授云南提督：同治二年十二月十六日，清廷以云南提督福陞谬妄糊涂，将其革职，饬令唐友耕补授云南提督。《清实录》：

戊子……又谕：云南提督福陞谬妄糊涂，本日已明降谕旨，将其革职，并授唐友耕为云南提督矣。滇省全局糜烂，将来筹办进剿机宜，非借川省兵力，无从措手。唐友耕在川带兵向称得力，本日将其简放，正以该员近在川省，可与骆秉章、贾洪诏等筹商进取之方，为后来规复云南地步，着骆秉章于接奉此旨后，即传知该员，令其驰赴昭通驻扎，会商贾洪诏，将滇省进兵事宜豫筹布置。其昭通练头李芝顺，现在聚众滋事，并即设法弹压解散。唐友耕旧隶骆秉章麾下，该督尤当饬令奋勉图功，以副委任，一切剿办机宜，亦即详为指示。该提督现在驻扎何处，并着骆秉章迅速拣员接替，以重防务。将此由五百里谕令知之。②

【附】同治三年三月十二日，新授云南提督唐友耕具折谢恩曰：

新授云南提督奴才唐友耕跪奏，为恭折叩谢天恩事。窃奴才于同治三年正月二十五日，在南川营次准四川督臣骆秉章咨：同治二年十二月十六日，内阁奉上谕：云南提督着唐友耕补授。钦此。奴才当即恭设香案，望阙叩头谢恩讫。伏念奴才滇南下愚，添列戎行，自隶督臣骆秉章部下，数载以来，驰

① 中国第一历史档案馆藏：军机录副，档案编号：03-4707-074。
② 《穆宗毅皇帝实录（二）》，卷八十八，同治二年十二月中，第858—859页。

驱战阵,时思力图报称。念自偏裨,屡蒙朝廷拔擢,洊至方镇,抚躬循省,未报涓埃,乃荷殊恩,畀以云南提督重任,自维愚钝,益切悚惶。伏念提督有管辖全省营务之责,云南为奴才桑梓之地,自汉、回构衅以来,反侧未安,几于通省糜烂。奴才仰邀异数,倘稍有陨越,即深负特简之恩。既惧弗胜,愈思自奋。一俟黔南军务接替有人,交卸重庆镇篆,即先赴成都省城,谒见四川督臣骆秉章,兼与云南抚臣贾洪诏筹商滇事。此后,凡遇应办之件,固不敢稍存畏难之心,亦万不敢偏执一己之见。惟有虚衷商办,竭尽驽骀,以冀仰报鸿慈于万一。所有奴才感激下忱,理合具折叩谢天恩,伏乞皇上圣鉴训示。谨奏。三月十二日。同治三年四月十五日,军机大臣奉旨:知道了。钦此。①

【案】同治四年十二月……呈请开缺终制:同治四年十二月,唐友耕闻讣丁母艰,呈请成都将军崇实、四川总督骆秉章据情代奏曰:

暂行兼署四川总督成都将军臣崇实、督办四川军务头品顶戴四川总督臣骆秉章跪奏,为据情代奏,仰祈圣鉴事。窃臣等据云南提督唐友耕呈称:同治四年十二月十八日,在江津行营闻讣,亲母龚氏于本月十五日在成都省寓病故。伏念唐友耕自幼失怙,全赖母氏鞠养。咸丰年间,因滇回滋事,随母流离川省,嗣以效力戎行,屡蒙天恩,洊升云南提督。方愧未报涓埃,又以四川边防吃紧,带勇防堵,历年身在行间,未遑探母,遽闻讣信,痛不欲生。军务关系匪轻,倘有贻误,更恐有负

---

① 台北故宫博物院藏:军机及宫中档,文献编号:096381。

朝廷高厚之恩，应请拣员接统振武全军，并恳据情代奏，开缺守制，俾犬马下情，稍报劬劳于万一等因。臣等查唐友耕系属亲子，例应丁艰。现值江津、合江等处边界，均有黔匪窥伺，防堵未便稍松，业经札饬该营参将唐大有，暂行管带振武各营，以便唐友耕奔丧回省。惟该提督系邻省专阃大员，应否准其开缺守制，伏候命下饬遵。所有云南提臣唐友耕现丁母忧，呈请据情代奏缘由，谨合词恭折由驿具奏，伏乞皇太后、皇上圣鉴。谨奏。正月初八日。同治五年正月二十三日，军机大臣奉旨：钦此。①

【附】同治五年三月二十五日，成都将军崇实会同四川总督骆秉章，复具陈提督唐友耕补请终制，曰：

暂行兼署四川总督成都将军臣崇实、督办四川军务头品顶戴四川总督臣骆秉章跪奏，为据情代奏，仰祈圣鉴事。窃臣等据云南提督唐友耕呈称：同治五年二月十二日，钦奉上谕：云南提督唐友耕历年效力戎行，战功卓著。现在该员在川闻讣丁亲母忧，呈请开缺守制，情词恳切，本应俯如所请。惟刻下云南军务未平，该员系专阃大员，久历行间，深资得力。古人墨经从戎，亦移孝作忠之义，唐友耕着毋庸开缺，改为署理云南提督，即行赴任，勉图报效。一俟军务稍平，再行回籍，补行守制，以遂孝思。钦此。跪聆之下，感激涕零。伏念唐友耕一介武夫，仰荷天恩，自应力图报效，曷敢乌鸟私情，再三渎请。惟唐友耕自幼失怙，母子相依，流离困苦。入营以来，又复历年身在军中，未遑定省。方冀滇寇殄平，乞假孝亲，不意

---

① 中国第一历史档案馆藏：军机录副，档案编号：03-4720-023。

遽遭母丧,现因茔兆未卜,哀痛之忱,迫难自已。如再勉赴戎行,诚恐瘠毁之躯稍有贻误,转致仰负九重矜念至意,用敢呈请再疏,代恳圣恩,准令开缺守制,俾苦块余息,少报效劳。一俟服阕,即当求赏差事,借效驰驱等情。伏查唐友耕力求终制,情词恳切,不敢壅于上闻,谨据情合词代奏,伏乞皇太后、皇上圣鉴。谨奏。三月二十五日。同治五年四月初十日,军机大臣奉旨:钦此。①

【附】崇实、骆秉章又于四月初七日附片密陈唐友耕即赴云南,署理提督篆务,于云南大局利少害多,恳请允准其开缺终制,以遂其愿,曰:

再,臣等窃维马如龙现署云南提督,驻扎省城,虽经云贵督臣劳崇光多方驾驭,如闻唐友耕即赴提督本任,马如龙不免复怀疑忌,且唐友耕籍隶云南,一旦督兵入境,滇省散练势将纷纷投营,不独粮饷难筹,并恐汉、回形迹未尽销融,不但与马如龙势不相能,且恐与督臣劳崇光意见稍有参差,办理尚涉两歧,于滇省大局转觉无益。唐友耕年力正强,俟服阕之后,倘蒙朝廷录用,正可力图报效。合无仰恳天恩,准其开缺终制,既以广圣朝锡类之深仁,即以示始终成全之至意,且于云南军务亦不致有碍。臣等愚昧之见,是否有当,谨合词附片密陈,伏乞圣鉴。谨奏。②

【案】七年三月服阕……奏留带勇:同治七年闰四月二十四日,兼署川督成都将军崇实附片曰:

① 中国第一历史档案馆藏:军机录副,档案编号:03-4622-034。
② 中国第一历史档案馆藏:军机录副,档案编号:03-4622-035。

再，前云南提督唐友耕丁忧服阙，例应陛见。本年三月，滇省军务吃紧，业经臣奏留该提督在川练勇，以备缓急，尚未奉到批示。嗣因甘回大股蔓延陕西，势极猖獗。前有记名提督李辉武所部六营，力扼宝鸡，而徽、文、两当处处与汉南接壤，万一绕出我军之后，则褒、沔诸军未免受敌。前已迭奉谕旨，饬即添派数营，驻防大安，以固川北门户。臣遂令唐友耕招募劲勇三千二百人，督带员弁，赶紧训练，驰赴秦、蜀边界之阳平关，扼要严防，以为各军援应。惟援兵四出，凯撤需时，加以本省防剿所需，筹饷殊不容易。当此国计艰难之际，此间竭蹶情形，实有不忍以琐琐者更烦圣虑。臣但当竭尽心力，以图稍酬高厚于万一耳。理合附片陈明，伏乞圣鉴。谨奏。同治七年五月十六日，军机大臣奉旨：知道了。钦此。①

一六〇　请以奎林等借补副将等缺折

同治十二年十一月十一日(1873年12月30日)

头品顶戴四川总督臣吴棠跪奏，为拣员请补副将、游击，以资治理，恭折仰祈圣鉴事。

窃臣接准兵部咨：对调四川马边营协副将穆克登布，现仍调还湖北黄州协副将。本任所遗马边协副将员缺系题调之缺，行令拣员请补。又，漳腊营参将黄德耀调降遗缺，由部奏请以尽先参将建昌中营游击邓全胜拟补。所遗建中游击员缺，均应拣员请补。查兵部章程内载：嗣后遇有题调缺出，先尽现任及应升人员调补。如

---

① 中国第一历史档案馆藏：军机录副，档案编号：03-4774-041。

应调应升无人，准将拣发人员酌量请补。又，副、参、游、都、守各项，遇有题补缺出，各计各缺，有预保省份，以九缺为一轮。无预保省份，以六缺为一轮，周而复始。其借补者，即在尽先班次之内各等语。

所有马边协副将系题调要缺，驻扎马边厅，统辖五营，悬处夷疆，为生熟各番出没之所。现在各支夷众虽次第就抚，而番性靡常，时虞反复，抚驭弹压，责任綦重。臣等现于通省现任副将及应升人员内逐加遴选，非现居要地，即人地未宜，实无堪以升调之员。惟查有拣发副将奎林，年五十九岁，镶白旗满洲裕光佐领下人，由拣发四川副将补授阜和协副将。咸丰六年，丁艰回京，九年三月服阕，十年闰三月十四日引见，奉旨：着发往四川，以副将用。钦此。是年六月到川。同治元年，因稽查城垣始终不懈，保戴花翎。历署督提西标左营游击、松潘镇总兵、军标中军、夔州、懋功各协副将。今岁春操考验，箭中全红，精力甚健。该员老成历练，熟悉夷情，拟请补授马边协副将。

至建昌中营游击员缺，系接到新章后第一次出缺，轮应尽先人员拟补。第该营驻扎宁远，界接滇疆，猓番错处，非晓悉边防夷情之员，不克胜任。兹于尽先游击内逐员察看，人地均不相宜。惟查有尽先副将坐补建昌中营游击张克慎，年五十二岁，四川阆中县武生。咸丰元年，投效广西军营，打仗著绩，迭次保荐，补授四川峨边左营守备。六年，部推龙安营都司。旋在江南大营升补建昌中营游击，克复溧水等县案内，保升参将。十年十二月，于镇江三次解围案内奏准以副将尽先补用。同治元年，以伤病举发，请开缺回籍调治。三年，病愈，调赴甘肃剿办回匪，保守省城出力，保加总兵衔。旋经原任四川督臣骆秉章奏请，俟原缺出时，先准坐补，再给咨引见。同治五年六月十一日，军机大臣奉旨：着照所请。钦此。该员久历戎行，弓马娴熟，拟请借补建昌中营游击。

以上各员，均无事故。奎林籍隶京旗，张克慎距籍五百里以外，保有尽先副将，今借补游击，未逾三级，且本应坐补原缺，奉旨允准在案，与例亦属相符。合无仰恳天恩，俯准以奎林补授马边营副将，张克慎借补建昌中营游击，实与边地营务有裨。如蒙俞允，奎林系拣发人员，毋庸送部引见。张克慎俟接到部覆，再行给咨北上。臣为慎重夷务、营伍起见，是否有当，理合会同成都将军臣魁玉、提督臣胡中和，合词恭折具陈，伏乞皇上圣鉴训示。谨奏。十一月十一日。

同治十二年十一月二十九日，奉朱批：兵部议奏。钦此。[1]

一六一　奏报川省同治十二年举办武闱乡试折

同治十二年十一月十一日(1873 年 12 月 30 日)

头品顶戴四川总督臣吴棠跪奏，为考试武闱事竣，恭折仰祈圣鉴事。

窃照本年川省举行癸酉科武闱乡试，臣率同监射、提调、监试等官，于九月二十五日起，将应试各武生马步箭及弓刀石技勇先行逐一考较完毕，于十一月初五日入闱，令各武生默写武经一段，如额取中，于初六日放榜。除题名录另行恭疏具题外，理合恭折具陈，伏乞皇上圣鉴。谨奏。十一月十一日。

---

① 台北故宫博物院藏：军机及宫中档，文献编号：112727；中国第一历史档案馆藏：朱批奏折，档案编号：04-01-16-0198-108。

同治十二年十一月二十九日,奉朱批:知道了。钦此。①

【案】吴棠序曰:

皇上御极之十二年,岁在癸酉,举行文武正科乡试。臣监临文闱毕,典司武闱试事。爰进四川学政臣夏子镢,取录通省武生、武监生暨驻防八旗委前锋、马甲等共五千四百六十四名,循例移会四川提督臣胡中和监射,以四川候补道臣尹国珍为提调官,以四川候补道臣周廷揆为监试官,并由臣具奏请委四川按察使臣英祥,随同校阅。先试马步箭地球,次试步箭弓刀石,循按定章,逐加遴选,密记双单字号,挑入内场,默写武经,合之外场弓马。各技勇严别去留,审定甲乙如额,并恩广及加额名数,取中民籍朱成麟等七十九名,旗籍长续、景庆二名。谨缮试录,进呈御览。臣例得扬言简端。窃维习射,所以明伦揆文,不废奋武,是以弧矢之利,载在《易经》;狝狩之期,详于《周礼》。由汉、唐迄元明,或官骑射,或举技能,或以弓马试人材,或用策论觇谋略。设科虽异,选士则同。川省井络钟灵,坤维列险,书传庸蜀誓师则步伐止齐,歌听巴渝用命而后先鼓舞。奇杰数称于前史,将才尤盛于熙朝。我皇上恩泽宏敷,德威远布,任专阃外,令肃军中,靖豕突于苗疆,七旬来格;息狼氛于蛮徼,六诏澄清。固已烽燧无惊,版图式辟,凡期门佽飞之队,材官技击之俦,靡不谊洽投醪,欢增挟纩。然而折冲于临事,胥由作养于平时。际此三载之宾兴,爰合两川,而

---

① 台北故宫博物院藏:军机及宫中档,文献编号:112729;中国第一历史档案馆藏:朱批奏折,档案编号:04-01-01-0920-094。

大比尤宜慎加甄择,用效驰驱。臣恭领疆圻,未娴射御,昔记先庚之岁,曾豫鉴衡;兹逢熟酉之年,又司简阅。当夫广场角逐,比耦联翩;纵辔争先,栖皮命中。既校华林之射,旋修矍相之仪。激仆姑而迅若星流,弯繁弱而圆同月满。逞握拳之力,刀不停挥;夸运肘之奇,石原可转。赳赳集中达之侣,英英符连茹之占。材恐珠遗,人防竽滥。虽拔十得五,未足空冀野之群;而挟一擂三,皆克备干城之选。揭晓后,率同武举,叩谢天恩,勉以有勇知方,进以敦诗说礼,庶几衣袽知戒,袍泽可同。策膺扬燮伐之勋,播皇威于薄海;效虎拜旬宣之力,佐圣治于当阳。是则臣区区报国之忱,所厚望于多士者也。维时官斯士者,某官臣某某,例得备书。①

一六二 奏报校阅武闱考试片

同治十二年十一月十一日(1873年12月30日)

再,臣前因旧患癣疮未愈,校阅武试,为时较长,奏明派令臬司随同监射。计自开考以来,臣以抡才巨典,不敢自耽安逸,每日力疾亲阅,以昭慎重。现在武闱事竣,旧疾尚未全愈,仍赶紧调治,冀得就痊。所有一切公事谨当勉力照常办理,不敢陈请假期,恐烦圣厪。谨附片具陈,伏乞圣鉴。谨奏。

同治十二年十一月二十九日,奉朱批:知道了。钦此。②

---

① 吴棠:《望三益斋存稿·谢恩折子》。

② 台北故宫博物院藏:军机及宫中档,文献编号:112730。此片具奏日期未确,兹据军机处随手登记档(档案编号:03-0210-4-1112-350)校正。

一六三　分拨甘肃月饷起程日期折

同治十二年十一月十一日（1873 年 12 月 30 日）

　　头品顶戴四川总督臣吴棠跪奏，为分拨甘肃月饷起程日期，恭折仰祈圣鉴事。

　　窃照川省月协甘饷已解至同治十一年正月上半月止，均经奏报在案。复准户部咨：袁保恒催四川月协甘饷及奉拨积欠专饷，无论如何为难，迅拨大批，解交西征粮台查收支发等因。并由袁保恒两次委员催提。伏查川省每年奉拨京畿、云贵、新疆、台藏、甘肃各饷，为数过巨。虽筹解不遗余力，而分计新旧积欠，各有数十百万之多。本省援邻征防勇粮，亦复积欠累累。前因甫将续拨京饷十一万扫数起解，并附解固本饷项。现又分拨淮军月饷，库藏屡空，解款未集，殊难周转。惟甘军已攻克肃州，办理善后，望饷孔殷，不得不勉力接济。

　　臣督同藩司设法腾挪，凑集厘金银三万两，作为十一年下半月及二月份协甘之饷，内应遵旨划扣凉、庄兵饷银一万两，发交凉州委员佐领存祥承领，汇解回凉。余银二万两，饬委试用知县秦承恩，会同来员县丞唐之聪管解，定于十一月初五日自成都起程，解交西征粮台查收拨用。除分咨外，理合恭折陈明，伏乞皇上圣鉴。谨奏。十一月十一日。

　　同治十二年十一月二十九日，奉朱批：知道了。钦此。[①]

---

　　① 台北故宫博物院藏：军机及宫中档，文献编号：112731；中国第一历史档案馆藏：朱批奏折，档案编号：04-01-01-0920-071。

一六四　委任熊汝梅等署理知县片

同治十二年十一月十一日(1873年12月30日)

再,署奉节县知县吕辉期满,遗缺系夔州府附郭首邑,水陆交冲。现值修理府城,工繁事剧。查有江油县知县熊汝梅,才具谙练,办事认真,堪以委署。所遗江油县知县缺,查新选奉节县知县常春,心地明朗,堪以委署。该员等正、署各任内并无经征钱粮未完展参及承缉盗劫已起四参案件,据藩臬两司会详前来。除分咨遵照外,理合附片陈明。伏乞圣鉴。谨奏。

同治十二年十一月二十九日,奉朱批:知道了。钦此。①

一六五　请将文生卢映彤照例议恤片

同治十二年十一月十一日(1873年12月30日)

再,查有雅安县文生卢映彤,前于咸丰十年带团助剿滇匪,屡获胜仗。嗣以奋勇冲阵,受伤倒地,骂不绝口,顿时被戕。贼积恨甚深,支解其尸,情形惨烈。据该生家属呈请奏恤。臣访查属实,除饬雅安县造具该生卢映彤履历清册详请咨部外,相应请旨敕部一并议恤,以慰忠魂。理合附片具奏,伏乞圣鉴训示。谨奏。

同治十二年十一月二十九日,奉朱批:卢映彤着交部议恤。

---

① 台北故宫博物院藏:军机及宫中档,文献编号:112732。此片具奏日期未确,兹据军机处随手登记档(档案编号:03-0210-4-1112-350)校正。

钦此。①

一六六　奏报委解淮军协饷起程日期片

同治十二年十一月十一日(1873年12月30日)

再,臣前准军机大臣字寄:同治九年十月二十六日,奉上谕:李鸿章奏,淮军月饷,每月加拨四川银三万两。此项月饷均系有着的款,岂可稍令短绌。着吴棠照原拨淮军额款,按月如数筹解,无稍缺误等因。钦此。伏查淮军月饷银三万两,前经臣督同藩司十八次解过银六十三万两,先后奏报在案。川省介乎滇、黔、秦、陇之交,十数年来,增兵筹饷,库储早已搜刮无遗。近岁旱潦相继,民力拮据,捐、厘两款俱形减色,供支各省协饷及善后之需,暨筹还本省积欠勇粮,日不暇给,殊难兼顾。惟淮军留扎畿辅,并分防数省,大局攸关,不得不竭力筹济。

兹臣督同藩司设法腾挪,凑集厘金银三万两,饬委试用同知康吉哩、候补知州姚绍崇承领,定期于十月二十九日自成都起程,解赴湖北粮台交收,拨供李鸿章所部淮军征防饷项。除分咨外,理合附片陈明,伏乞圣鉴。谨奏。

同治十二年十一月二十九日,奉朱批:知道了。钦此。②

---

① 台北故宫博物院藏:军机及宫中档,文献编号:112733。此片具奏日期未确,兹据军机处随手登记档(档案编号:03-0210-4-1112-350)校正。

② 台北故宫博物院藏:军机及宫中档,文献编号:112735。此片具奏日期未确,兹据军机处随手登记档(档案编号:03-0210-4-1112-350)校正。

一六七　奏报原告未获现就人证讯明定拟折

同治十二年十一月十一日(1873年12月30日)

　　头品顶戴四川总督臣吴棠跪奏，为京控原告在逃未获，现就到人证讯明定拟，恭折仰祈圣鉴事。窃臣于同治十年七月十三日准军机大臣字寄：同治十年六月二十四日，奉上谕：步军统领衙门奏，已满徒犯李山寿遣伊侄李鸿钧赴京，在惇亲王前拦舆呈诉，解送该衙门研究。据称李山寿前在四川，经遂宁县知县卢光吉保举带队，借垫军粮银八万两。嗣经卢光吉将兵勇遣散，所垫银两分厘未给。卢光吉串通首府杨重雅等，受贿冒功，勒派捐输，侵蚀银两。迨经四川总督批饬核算，杨重雅暗使卢光吉遗物逃走，反诬李山寿拦抢遗物。复被虐刑逼认，问拟徒罪，并将伊弟李鸿培诱去致死等语。所控各情是否属实，着吴棠将此案严密访查，彻底根究，务得确情，以成信谳，不得稍涉回护。抱告李鸿钧，已令该部照例解往备质矣。原呈着抄给阅看，将此谕令知之。钦此。遵旨寄信，连原呈抄送，并准兵部将抱告李鸿钧咨解到川。

　　臣遵即严密访查，一面委员前往守提人卷，查得被告刘世策、王知纶，均无其人。余金门患病，不能动履。唐松樵、魏荣、张林、马喜、陈玉俱已病故。唐贵、李二不知去向。原告李山受即李山寿，早已逃逸。将被告田卧云等并案卷提省，发委成都府朱潮等审办去后。兹据讯明定拟，由布政使王德固、按察使英祥，具详请奏前来。

　　臣提集人卷，复加核讯无异。缘李鸿钧籍隶秀山县，早年随同伊叔李山受即李山寿迁居遂宁县地方，撑船营生。咸丰十年九月，李山受认识之千总丁文安奉营官吴毓光委带勇丁二百余名回川东遣散,经过遂宁,适李山受船只装货东下。丁文安与勇丁就便搭船起行,沿途陆续遣散。行至合州,尚有勇丁一百余名未散。李山受因闻滇匪将入遂宁县境,商允丁文安将未散勇丁交其管带,作为练勇,并变卖船只、货物,支发口粮,于是年十二月由铜梁、永川、璧山、定远等县,取道折回遂宁,正遇滇匪围攻县城,李山受随同官军进剿,于十一年二月将贼追击出境,夺获、轰毙逆首谢大得尸身及旗帜、器械多件。维时县城设有防御、济急、军饷三局,卢光吉派绅粮田卧云、邱光太、唐松樵、唐彰福、林福畅、余金门,收支经费。当以李山寿虽未奉文募勇,其随同解围,究有微劳,饬局赏给银三百两,将勇遣散,保举以把总补用,并未许给借垫银两。嗣李山寿复在潼川府城出力,经知府阮祜汇案由前署督臣崇实保举以守备尽先补用,均有行知。卢光吉旋将防剿练勇所有盐菜口粮造册请销。

同治四年,经防剿总局准销银一万六千五百四十九两零,又有卢光吉提用咸丰十年份地丁津贴、田房税契、两广军饷、本省军饷及九、十两年截旷廪饩,共银一万四千八百六十三两零,亦尽数报销,由藩司划抵清款。又有卢光吉垫支银一千六百八十五两零,亦准造报。惟该县防剿滇匪,为日已久,需费浩繁,尚有用过银三万四千零三十六两零系卢光吉挪自当商、铺户、绅民,事竣未准报销,无从弥补。经商绅公议,愿作民捐,照章议叙。已经卢光吉禀奉防剿总局批准,归入团防案内,给奖汇报。

又,卢光吉办防时,支发守城贫民口食,动碾社仓仓斗谷一万四千七百五十余石,亦经绅粮公议,随粮上纳,弥补足数。咸丰十一年正月,遂宁县老池沱地方团首唐炳亭即唐永禄,奉卢光吉委带团练救援。其时,李山寿带练赴县,彼此会遇。李山寿向唐炳亭借用军火、器械多件，并称其练勇力单，央允唐炳亭拨给团丁十余名。嗣李山寿在事出力，卢光吉赏给银两，遣散练勇。李山寿当给团丁钱三十千文。该团丁等嫌少不服，在李山寿家滋闹。唐炳亭闻知，当往弹压息事，并向李山寿讨还军械。李山寿尚欲至潼川府效力，未曾应允，彼此口角。李山寿因此挟嫌，旋以唐炳亭统众抄掳等情赴县捏控。卢光吉准理诣勘，并无其事。因人证未集，未曾讯结。同治二年八月，李山寿赴县呈催。卢光吉集证讯明，断令李山寿退还军械完案。

又，同治三年，遂宁县监生向国澍等因局士唐彰福等收支公款，及卢光吉挪借绅商银两，款项纷繁，疑有侵冒情弊，控经前督臣骆秉章批饬潼川府提讯，唐彰福等俱赴府投质，而原告向国澍等匿不赴案。经阮祜照原告两月不到之例详销，并将被告释回。是年七月，卢光吉奉调闱差进省，寓帘官公所。李山寿来省，求卢光吉将其送营收标。卢光吉因碍于关防，遣家丁唐溃即唐贵谢绝。十月初间，卢光吉差竣回任，遗有行李、什物、骡只，令唐贵随后押送。十二日早，唐贵用骡只驮运各物并盘费钱文起程。李山寿途中撞遇，询知卢光吉公旋，即斥唐贵不应阻遏卢光吉不与见面，拢向抓扭。李鸿钧路过瞥见，拢前劝阻。李山寿乘势将骡只、钱物一并夺去逃逸。唐贵报县差缉，李山寿将骡只、衣物变卖，连钱花用。四年八月初四日，在遂宁县地方将李山寿拿获解省，由成都府督同委员等讯明追缴，照例革职，拟流详咨，并将李山寿羁禁成都县监，听候部覆。其妻李张氏架捏卢光吉欠伊夫垫借勇粮银一万余两，控经前督臣骆秉章批饬成都府等提讯，李山寿缴验字据，系伊自己捏写，量予掌责完案。

七年二月，接准部覆：照三流道里表，将李山寿酌发宜宾县安置,于四月二十七日递解到配,照例折责,交典史取保管束。讵李山受在八月初六日,在配脱逃,差缉未获,当将保户责革,专管职名咨参在案。十年五月间,李鸿钧随人贸易进京。李山寿适与撞遇,称伊抢卢光吉财物办罪,系前臬司杨重雅审转,心怀忿恨,即以卢光吉贿逼前臬司杨重雅与各委员受赃,并卢光吉诱拐伊子李鸿培致死各重情,并将平素有嫌之唐永禄、李福等,一并牵告,且称伊添劲勇五千,连解铜梁、定远、永川、璧山四县城围,迭战有功;卢光吉借名勒派捐输银二十万串,同绅粮吞蚀,累伊垫借军粮银八万余两、钱三千余串,抄失家资四千余金;并诈称前督臣骆秉章赏伊银钱,由流改徒,业已投满等情。编造清单,砌列款目,以伊妻李张氏出名,做就呈词,并告知李鸿钧到京后,即在惇亲王舆前投递。经步军统领衙门讯供,奏奉谕旨交审,将抱告李鸿钧咨解到川。臣委提人卷来省,发委成都府等讯办去后。兹据讯明将李山受即李山寿,照流犯逃逸妄控例,拟获日发极边充军。李鸿钧拟杖援免,由藩、臬两司具详请奏前来。

臣提集人卷,复加核讯无异。惟访查从前李山受带勇剿贼,时逾两月,所向有功,是以前督臣迭予保奖。至勇丁口粮,自始至终俱系李山受自备。该县卢光吉于此起军务用银至六万七千有零,而赏给李山受银两仅只三百。是李山受所垫勇粮数已不少,至事定后,究竟卢光吉曾否许给李山受垫借银两,及李山寿因何拦夺卢光吉财物,并卢光吉与局绅田卧云等有无侵蚀捐输、冒功行贿各情事,现因李山受在逃,无从质实。除将人证暂行释放,一面通饬各属查拿李山受,务获解省,复集人证,确讯究办,并将全案供卷分咨外,理合就现到人证讯明定拟,恭折具奏,伏乞皇上圣鉴训示遵行。谨奏。十一月十一日。

同治十二年十一月二十九日，奉朱批：览奏，已悉。此案本年九月间，复经李山寿来京具控，已有旨令该督查办，并将原告解往备质。着俟解到后，再将所控各情，确切讯明具奏。钦此。①

一六八　奏报川省同治十二年十月粮价、雨水折

同治十二年十一月二十七日(1874年1月15日)

头品顶戴四川总督臣吴棠跪奏，为恭报四川省同治十二年十月份各属具报米粮价值及得雨情形，仰祈圣鉴事。

窃照同治十二年九月份通省米粮价值及得雨情形，前经臣恭折奏报在案。兹查本年十月份成都、重庆、夔州、龙安、绥定、保宁、顺庆、潼川、雅州、嘉定、叙州等十一府，资州、绵州、忠州、眉州、邛州、泸州六直隶州，石砫、叙永两直隶厅，各属先后具报得雨两三四次不等。田水充盈，小春滋长。其通省粮价，俱与上月相同，据布政使王德固查明列单汇报前来。

臣覆核无异。理合分缮清单，恭呈御览。伏乞皇上圣鉴。谨奏。十一月二十七日。

同治十二年十二月二十日，奉朱批：知道了。钦此。②

---

① 台北故宫博物院藏：军机及宫中档，文献编号：112736；中国第一历史档案馆藏：朱批奏折档案编号：04-01-01-0921-016。

② 台北故宫博物院藏：军机及宫中档，文献编号：113081；中国第一历史档案馆藏：朱批奏折，档案编号：04-01-25-0513-053。

一六九　呈川省同治十二年十月粮价清单

同治十二年十一月二十七日(1874 年 1 月 15 日)

谨将同治十二年十月份四川省所属地方各项粮价,开具清单,恭呈御览。

成都府属,价贵。中米每仓石价银二两九钱五分至三两九钱三分,与上月同。大麦每仓石价银一两八钱三分至二两,与上月同。小麦每仓石价银二两一钱三分至二两三钱,与上月同。黄豆每仓石价银一两四分至二两四钱四分,与上月同。荞子每仓石价银一两一钱六分至一两七钱,与上月同。

重庆府属,价贵。中米每仓石价银二两七钱五分至三两七钱三分,与上月同。大麦每仓石价银一两六钱二分至一两九钱七分,与上月同。小麦每仓石价银二两六钱八分至二两七钱三分,与上月同。黄豆每仓石价银二两七钱至二两九钱七分,与上月同。

保宁府属,价贵。中米每仓石价银二两五钱七分至三两二钱三分,与上月同。大麦每仓石价银一两八钱九分至二两一钱,与上月同。小麦每仓石价银二两八钱三分至三两五钱七分,与上月同。黄豆每仓石价银一两八钱一分至二两一钱一分,与上月同。

顺庆府属,价贵。中米每仓石价银二两一分至三两四钱,与上月同。大麦每仓石价银一两六钱一分至一两八钱,与上月同。小麦每仓石价银二两九分至二两一钱二分,与上月同。黄豆每仓石价银一两五钱五分至一两六钱五分,与上月同。

叙州府属,价贵。中米每仓石价银三两二分至三两二钱七分,与上月同。大麦每仓石价银一两六钱六分至二两二分,与上月同。

小麦每仓石价银二两一钱三分至二两六钱三分，与上月同。黄豆每仓石价银一两一钱一分至一两五钱二分，与上月同。

夔州府属，价贵。中米每仓石价银二两八钱二分至三两一钱三分，与上月同。大麦每仓石价银一两七钱八分至二两四钱六分，与上月同。小麦每仓石价银二两九钱五分至三两三分，与上月同。黄豆每仓石价银二两一钱四分至二两二钱四分，与上月同。

龙安府属，价贵。中米每仓石价银二两五钱一分至三两一钱六分，与上月同。青稞每仓石价银一两五钱，与上月同。小麦每仓石价银一两七钱九分至二两一钱八分，与上月同。黄豆每仓石价银一两八钱五分至一两九钱三分，与上月同。

宁远府属，价贵。中米每仓石价银二两八钱五分至三两一钱三分，与上月同。大麦每仓石价银一两四钱八分至一两六钱，与上月同。小麦每仓石价银一两五钱九分至二两二钱，与上月同。荞子每仓石价银一两四钱五分，与上月同。黄豆每仓石价银一两五钱六分至一两六钱三分，与上月同。

雅州府属，价中。中米每仓石价银二两七钱七分至二两七钱八分，与上月同。小麦每仓石价银二两二钱九分至二两六钱五分，与上月同。黄豆每仓石价银一两六钱五分至二两四分，与上月同。

嘉定府属，价贵。中米每仓石价银二两七钱四分至三两三钱二分，与上月同。小麦每仓石价银二两三钱六分至二两七钱三分，与上月同。黄豆每仓石价银一两四钱七分至二两三分，与上月同。

潼川府属，价贵。中米每仓石价银二两八钱五分至三两八分，与上月同。大麦每仓石价银一两六钱五分至一两九钱三分，与上月同。小麦每仓石价银二两一钱四分至二两四钱九分，与上月同。黄豆每仓石价银一两七钱六分至二两一钱三分，与上月同。

绥定府属,价中。中米每仓石价银二两七钱二分至二两八钱四分,与上月同。大麦每仓石价银一两五钱八分,与上月同。小麦每仓石价银一两六钱二分至一两七钱三分,与上月同。黄豆每仓石价银一两四钱三分,与上月同。

眉州直隶州属,价中。中米每仓石价银二两七钱至二两九钱八分,与上月同。

邛州直隶州并属,价贵。中米每仓石价银二两六钱至三两,较上月减一分。大麦每仓石价银一两九钱,与上月同。小麦每仓石价银二两五钱七分,与上月同。黄豆每仓石价银二两八分至二两二钱二分,与上月同。

泸州直隶州并属,价贵。中米每仓石价银三两二分至三两三分,与上月同。

资州直隶州并属,价中。中米每仓石价银二两五钱二分至二两九钱二分,与上月同。

绵州直隶州并属,价中。中米每仓石价银二两六钱九分至二两九钱七分,与上月同。小麦每仓石价银二两三钱二分至二两四钱六分,与上月同。

茂州直隶州并属,价中。中米每仓石价银二两五钱九分,与上月同。小麦每仓石价银二两六钱八分,与上月同。青稞每仓石价银二两二钱,与上月同。荞子每仓石价银一两二钱三分至一两七钱三分,与上月同。

忠州直隶州并属,价贵。中米每仓石价银二两五钱四分至三两一钱八分,与上月同。大麦每仓石价银一两四钱六分至一两六钱,与上月同。小麦每仓石价银二两三分至二两三钱九分,与上月同。黄豆每仓石价银一两二钱七分至一两五钱七分,与上月同。

西阳直隶州并属,价贵。中米每仓石价银二两五钱五分至三两三分,与上月同。大麦每仓石价银二两二钱八分至二两六钱,与上月同。小麦每仓石价银二两六钱二分至二两七钱六分,与上月同。黄豆每仓石价银一两三钱九分至一两四钱四分,与上月同。

叙永直隶厅并属,价中。中米每仓石价银二两九钱三分,较上月减二分。小麦每仓石价银一两八钱一分,与上月同。荞子每仓石价银一两三钱二分,与上月同。黄豆每仓石价银一两六钱一分,与上月同。

松潘直隶厅,价中。青稞每仓石价银二两六钱六分,与上月同。荞子每仓石价银一两七钱四分,与上月同。

杂谷直隶厅,价中。青稞每仓石价银二两四钱,与上月同。荞子每仓石价银一两七钱九分,与上月同。

石砫直隶厅,价平。中米每仓石价银一两六钱,与上月同。大麦每仓石价银一两七钱三分,与上月同。小麦每仓石价银二两六分,与上月同。黄豆每仓石价银一两八钱九分,与上月同。

打箭炉厅,价贵。青稞每仓石价银四两八钱八分,与上月同。油麦每仓石价银一两八钱一分,与上月同。

(朱批):览。[①]

一七〇 呈川省同治十二年十月雨水清单

同治十二年十一月二十七日(1874年1月15日)

谨将同治十二年十月份四川省各属地方报到雨水情形,开具

---

① 台北故宫博物院藏:军机及宫中档,文献编号:113081-0-A。

清单,恭呈御览。

成都府属:成都、华阳两县得雨一次,播种小麦。简州得雨二次,红花滋生。崇庆州得雨三次,菜籽播种。汉州得雨四次,堰水充足。温江县得雨一次,田水充盈。郫县得雨一次,小麦滋生。新都县得雨一次,葫豆滋生。金堂县得雨一次,小春播种。彭县得雨二次,塘水充足。什邡县得雨一次,小春播种。

重庆府属:江北厅得雨三次,山田积水。巴县得雨二次,小春滋长。江津县得雨三次,田水充足。长寿县得雨二次,小春滋长。永川县得雨一次,塘水充足。荣昌县得雨一次,田亩积水。綦江县得雨二次,塘堰积水。合州得雨一次,小春滋长。南川县得雨二次,小春滋长。铜梁县得雨一次,田亩积水。璧山县得雨二次,田水充足。大足县得雨一次,小春播种。定远县得雨二次,田亩积水。

夔州府属:万县得雨二次,小春播种。

龙安府属:江油县得雨一次,二麦滋长。石泉县得雨二次,塘水充足。

绥定府属:达县得雨二次,小春滋长。东乡县得雨二次,堰水蓄积。新宁县得雨三次,小春滋生。

保宁府属:阆中县得雨三次,地土滋润。苍溪县得雨二次,豆麦滋长。南部县得雨二次,小春荣茂。广元县得雨二次,冬粮滋长。昭化县得雨二次,小春播种。巴州得雨三次,田水不缺。通江县得雨二次,豆麦萌芽。南江县得雨二次,山粮滋长。剑州得雨三次,田堰积水。

顺庆府属:南充县得雨三次,田水充盈。西充县得雨二次,豆麦滋生。蓬州得雨三次,堰水充足。营山县得雨三次,豆麦滋长。仪陇县得雨三次,豆麦播种。广安州得雨四次,田水充足。岳池县得雨三次，小春茂盛。邻水县得雨三次，二麦荣茂。

潼川府属：三台县得雨二次，二麦畅茂。射洪县得雨二次，地土滋润。盐亭县得雨三次，豆麦荣茂。中江县得雨二次，小春畅茂。遂宁县得雨二次，田塘积水。遂溪县得雨二次，山地润泽。

雅州府属：雅安县得雨二次，豆苗滋长。名山县得雨三次，田水充盈。荥经县得雨二次，小春发秀。芦山县得雨四次，田水充盈。

嘉定府属：乐山县得雨二次，二麦茂盛。峨眉县得雨二次，土地滋润。洪雅县得雨二次，豆麦滋长。夹江县得雨三次，小春萌芽。犍为县得雨三次，小春萌芽。荣县得雨二次，豆麦滋长。威远县得雨二次，田堰积水。峨边厅得雨三次，冬粮滋长。

叙州府属：宜宾县得雨二次，小春播种。南溪县得雨二次，地土滋润。富顺县得雨三次，冬粮滋长。隆昌县得雨二次，田水不缺。长宁县得雨一次，小春播种。

资州直隶州并属：资州得雨一次，小春滋长。仁寿县得雨一次，田水充足。资阳县得雨一次，小春种毕。井研县得雨一次，小春滋长。内江县得雨一次，小春种毕。

绵州直隶州并属：绵州得雨二次，二麦滋长。德阳县得雨三次，田水充盈。安县得雨一次，雨水调匀。罗江县得雨二次，塘水充足。

忠州直隶州并属：忠州得雨一次，田水充盈。酆都县得雨二次，雨水调匀。梁山县得雨三次，雨水调匀。

眉州直隶州并属：眉州得雨二次，田亩积水。彭山县得雨三次，田水充足。丹棱县得雨三次，田堰积水。青神县得雨二次，堰水蓄积。

邛州直隶州并属：邛州得雨二次，雨水调匀。大邑县得雨二次，小春种毕。蒲江县得雨二次，地土滋润。

泸州直隶州并属:泸州得雨三次,小春畅茂。江安县得雨二次,田水不缺。合江县得雨三次,田亩积水。纳溪县得雨二次,小春畅茂。

石砫直隶厅得雨一次,雨水调匀。

叙永直隶厅并属:叙永厅得雨三次,小春播种。永宁县得雨三次,小春荣茂。

(朱批):览。①

一七一　查明川省同治十二年未中老生恭请恩施折

同治十二年十一月二十七日(1874年1月15日)

头品顶戴四川总督臣吴棠跪奏,为查明乡试未中老生,恭折仰祈圣鉴事。

窃照乡试未中年老诸生,例准查明年岁具奏。本年四川省举行癸酉科乡试,所有应试年老诸生,如年未八十及前蒙钦赐副榜现年未届九十之各生均扣除外,查有邛州附生寇良弼等三十三名,俱各三场完竣,未经中式。调阅原卷,文理均尚明顺,经学政核对入学籍册,年岁相符,据布政使王德固开单详请具奏前来。

臣查寇良弼等幸际熙时,欣逢盛世,清毡励志,俱深蛾术之功;皓首穷经,更夺鹏程之路。现耄年而勤学,犹锁院以观光。洵为盛世祥征,实本作人雅化,已符年例,宜沐恩荣。除造册咨送礼部外,

---

① 台北故宫博物院藏:军机及宫中档,文献编号:113093。

理合缮具清单,恭呈御览,伏乞皇上圣鉴,敕部核覆施行。谨奏。十一月二十七日。

同治十二年十二月二十日,奉朱批:礼部议奏,单并发。钦此。①

一七二　呈川省癸酉科乡试未中老生清单

同治十二年十一月二十七日(1874年1月15日)

谨将四川省癸酉科乡试未中年老诸生姓名、年岁,缮具清单,恭呈预览。

邛州附生寇良弼,现年九十三岁。

绵竹县附生古桂荣,现年九十二岁。

崇庆州副榜文治,现年九十一岁。

双流县附生袁廷楷,现年九十岁。

崇庆州附生戴锡光,现年八十七岁。

汉州附生欧阳焕章,现年八十七岁。

西充县附生庞昌运,现年八十七岁。

眉州附生袁及第,现年八十六岁。

成都县附生江宗海,现年八十五岁。

龙安府附生魏焕然,现年八十五岁。

简州附生颜见田,现年八十四岁。

金堂县附生罗中兴,现年八十三岁。

---

① 台北故宫博物院藏:军机及宫中档,文献编号:113090;中国第一历史档案馆藏:朱批奏折,档案编号:04-01-38-0165-029。

洪雅县附生袁炳盛,现年八十四岁。

岳池县附生李子岱,现年八十三岁。

大邑县附生姜来滨,现年八十三岁。

泸州附生汪映星,现年八十三岁。

荣昌县附生吴敬熙,现年八十二岁。

岳池县附生韩大湖,现年八十二岁。

富顺县附生邹荣先,现年八十二岁。

嘉定府附生杨春高,现年八十二岁。

富顺县附生张太铨,现年八十二岁。

夹江县附生张临南,现年八十二岁。

泸州附生陈玉森,现年八十二岁。

广安州附生许炳林,现年八十一岁。

犍为县附生何烈,现年八十一岁。

中江县附生许福源,现年八十一岁。

中江县附生袁朝聘,现年八十一岁。

安岳县附生汤来苏,现年八十一岁。

大竹县附生杨月桂,现年八十一岁。

垫江县附生萧伟卿,现年八十一岁。

荣昌县附生何一书,现年八十岁。

富顺县附生李其蓴,现年八十岁。

三台县附生李德增,现年八十岁。

(朱批):览。①

---

① 台北故宫博物院藏:军机及宫中档,文献编号:113090-0-A。

一七三　奏报拣补游击、守备各缺折

同治十二年十一月二十七日（1874 年 1 月 15 日）

头品顶戴四川总督臣吴棠跪奏，为按照补章拣调游击、守备，恭折仰祈圣鉴事。

窃臣准兵部咨：同治十二年七月二十八日，内阁奉上谕：兵部奏，武职应行回避人员，申明旧章，请饬拣调一折。游击、都司距籍在五百里以内，守备系补本府本营之缺，即于本省合例人员调补，用符定例等因。钦此。通行遵办。兹查有黎雅营游击马沛，籍隶成都县，距籍在五百里以内。提标左营守备萧怀青，籍隶成都县；普安营守备王登华，籍隶马边厅。所部均系同府之缺，自应按照例章饬令回避，拣员调补。

臣于通省合例人员内逐加遴选，所有黎雅营游击马沛，拟与籍隶广东省之巴州营游击蒋明标对调。又，提标左营守备萧怀青，拟与籍隶叙州府属马边厅之漳腊营守备李廷英对调。又，普安左营守备王登华，拟与籍隶酉阳州属黔江县之绥定营守备晁成贵对调，均属合例，相应奏明请旨。如蒙俞允准其调补，应分饬各赴调任，以重职守。至该员等均系实缺人员，其年岁、履历前经奏咨有案，请免重叙。理合会同成都将军臣魁玉、提督臣胡中和，合词恭折具奏，伏乞皇上圣鉴训示。谨奏。十一月二十七日。

同治十二年十二月二十日，奉朱批：兵部议奏。钦此。①

---

① 台北故宫博物院藏：军机及宫中档，文献编号：113091。

【案】兵部奏……请饬拣调一折:同治十二年七月二十八日,大学士单懋谦等具折曰:

大学士管理兵部事务臣单懋谦等谨奏,为再行申明旧章,以示限制,恭折仰祈圣鉴事。窃臣部前于同治九年二月初一日奏明,腹地军务已就肃清,各路军营凡有实缺人员既经凯撤,自应回任。查副将系武职大员,游、都、守有管辖地方之责,若以例应回避之员仍从权饬回原补本任,不特不成体制,且恐潜滋弊端,请除军务尚未完竣之陕西、甘肃、云南、贵州各省俟凯撤后另议外,其军务业经肃清各省,暨广西边境虽未全清而附省已属大定,所有从前请补陆路副将、参将籍隶本省人员,应令有总督兼辖之两江、湖广、两广、闽浙各总督,即于兼辖之隔省人员内拣员调补。其有总督而无兼辖之直隶、四川及无总督之山东、山西、河南各省,拟即比照水师游击豫保参将与邻省调掣之例,直隶与山东、山西与河南、四川与湖北,由该督抚互相咨商,会同拣调。至水师副将如有例应回避者,除闽、浙二省均有额缺即令该督拣选互相对调外,其山东系无总督省份,江南、广东虽总督有兼辖省份,惟所辖之省均无水师副将之缺,亦拟比照前例,山东与浙江、江南与广东、广东与福建,会商拣调。至水师参将、游击、都司、守备、陆路守备系本府本营,陆路游击、都司距籍在五百里以内,即于本省合例人员内拣员对调。至收标各员除游击以下未经奏留他省例应在本省候补外,其副将、参将两项,如曾经奏留本省者,仍准收标,遇差委时准该督抚一体酌量委署;若请补实缺,即拣隔省人员对调。至臣部题补之员如有应行回避之处,亦即于本内声明,由该督抚照章办理等因。奉旨:依议。钦此。钦遵通行各直省督抚在案。查陕西、云南、贵州等省,现在军务已就肃清,自应比照前章,将籍隶本省副将、参将由各该总督于兼辖省份拣员对调。其游击、都司距籍在五百里以内、守备系本府本营,即于本省合例人员内拣员互相对调,以示限制而昭慎重。再,查军务肃清各省,自臣部前定章程后,间有未经拣调者,应由臣部一并将应行回避各员再行开单,通行各该督抚,迅即照章拣调,毋再延缓。各该督抚如查此外仍有应行回避之员,亦即拣员调补,以符定制。所有臣部拟请申明旧章缘由,理合恭折具奏,伏乞训示遵行。谨奏请旨。同治十二年七月二十八日。大学士管理兵部事务臣单懋谦(假),兵部尚书臣英桂,尚书臣沈桂芬,太子少保左侍郎臣胡瑞兰(学差),署左侍郎臣殷兆镛(假),右侍郎臣宝珣(差),署右侍郎臣桂清,右侍郎臣夏同善(学差),署右侍郎臣童华(搜检)。①

【案】内阁奉上谕……用符定例等因:此谕旨上谕档载曰:

同治十二年七月二十八日,内阁奉上谕:兵部奏,武职应行回避人员,申明旧章,请饬拣调一折。武职各员均有管辖地方之责,从前各省请补各缺,多有例应回避之员,自应分别调补,以符定制而杜弊端。前据兵部于同治九年二月间奏明,所有军务业经肃清各省陆路副将、参将、水师副将籍隶本省人员,水师参将、游击、都司、守备、陆路守备系补本府本营之缺,

---

① 台北故宫博物院藏:军机及宫中档,文献编号:110930。

陆路游击、都司距籍在五百里以内,均令各该督抚分别拣调。现在陕西、云南、贵州军务已就肃清,自应一律办理,着该督等即行查明,将籍隶本省之副将、参将于兼辖省份拣员对调。其游击、都司距籍在五百里以内,守备系补本府本营之缺,即于本省合例人员内调补,用符定例。至各省实缺提、镇尚未陛见之员,并着具折陈请,以次来京陛见。该部知道。钦此。①

一七四 请查销知县杨锡荣处分片

同治十二年十一月二十七日(1874 年 1 月 15 日)

再,同治十一年份地丁、税契银两,前于奏销时,因现任名山县知县杨锡荣欠解地丁银二千七百八十六两五钱三分九厘、税契银二百三十四两四钱七分,经臣奏明请旨将该员摘取顶戴,限两月完解在案。兹据布政使王德固、按察使英祥会详:该员杨锡荣欠解前项银两已于参后如数解缴司库收储,尚知愧奋,详请具奏前来。

合无仰恳天恩,俯准将名山县知县杨锡荣原参摘顶之案敕部查销,出自鸿慈。除咨部外,理合附片陈明,伏乞圣鉴训示。谨奏。

同治十二年十二月二十日,奉朱批:着照所请,吏部知道。钦此。②

---

① 中国第一历史档案馆编:《咸丰同治两朝上谕档》,第 23 册,第 171 页;《穆宗毅皇帝实录(七)》,卷三百五十五,同治十二年七月,第 699—700 页。
② 台北故宫博物院藏:军机及宫中档,文献编号:113092。此片具奏日期未确,兹据军机处随手登记档(档案编号:03-0210-4-1112-370)校正。

一七五　奏报同治十二年秋季借补千总片

同治十二年十一月二十七日（1874 年 1 月 15 日）

再,查前准兵部咨:嗣后借补千、把各弁缺,积至三月汇奏一次,以归简易等因。兹查同治十二年秋季份川省各营仅借补峨边左营千总吴致中一员,造具年岁、履历清册,由提督臣胡中和咨请汇奏暨咨部给札前来。臣覆加查核,与定章相符。除册咨部外,理合附片陈奏,伏乞圣鉴。再,本年夏季份川省各营并未借补千、把总弁缺。合并声明。谨奏。

同治十二年十二月二十日,奉朱批:知道了。钦此。①

一七六　许培身等调署知府等缺片

同治十二年十一月二十七日（1874 年 1 月 15 日）

再,臣现准吏部咨:同治十二年十月初六日,内阁奉上谕:四川成都府知府员缺紧要,着该督于通省知府内拣员调补,所遗员缺着王福保补授。钦此。钦遵转行在案。惟成都府员缺拣调尚需时日,应先委员接署,以专责成。查该府政务殷繁,时有发审案件,非精明干练之员,不克胜任。查有宁远府知府许培身,通达政体,干练有为,堪以调署。所遗宁远府知府缺,壤接滇南,汉夷杂处,巡防抚辑,均关紧要。查有打箭炉同知沈宝昌,才具明干,抚辑得宜,堪以委署。其打箭炉同知缺,查有泸州直隶州知州刘钟璟,明白练

---

① 台北故宫博物院藏:军机及宫中档,文献编号:113093。

达,办事结实,堪以委署。所遗泸州直隶州知州缺,查有候补知府彭毓棻,精明干练,有守有为,堪以委署。该员等正、署各任内并无经征钱粮未完及盗劫已起四参案件,据藩、臬两司会详前来。除批饬遵照外,理合附片陈明,伏乞圣鉴。谨奏。

同治十二年十二月二十日,奉朱批:知道了。钦此。①

一七七 奏明被水各属来春毋庸接济折

同治十二年十二月初三日（1874年1月20日）

头品顶戴四川总督臣吴棠跪奏,为查明川省本年被水各厅州县业经分别抚恤,秋收尚稔,民皆安业,来春毋庸接济,恭折仰祈圣鉴事。

窃臣钦奉寄谕:以各省被灾地方,来春如有应行接济之处,查明覆奏,候旨施恩等因。钦此。仰见圣主轸念民瘼、有加无已至意,遵即分饬查办去后。兹据藩、臬两司会详:查川省本年夏雨连旬,江水泛溢,滨河田亩,时报淹浸,当即派委妥员分驰前往,会同各地方官,详细确勘,各处河水均系旋涨旋消,内有新津、资阳、江北厅、合州、巴县、营山、石泉等处被水较重,即查明难民户口确数,就地拨发公款,或酌拨社济仓谷,核实赈恤。潼川、绵州所属沿河地土亦被水冲,雅州所属之清溪县,山水涨发,居民间有荡析,俱飞饬该管各州县,劝谕未经被水之殷实绅粮,捐凑钱米,各分各乡,合力助赈。沙淤田地,一律挑挖,补种杂粮。坍塌城堤,筹款修葺,以工代赈,贫民糊口有资,已各复旧业。臣复饬司道详查各属被水轻

① 台北故宫博物院藏:军机及宫中档,文献编号:113094。

重情况,将来年应办捐输切实核减,或量予全免,以示体恤。此外,距河稍远地方俱未成灾。综计通省秋收,实在六分有余,堪称中稔。粮价尚平,民食不缺。现在各属小春滋生,市有余粮,舆情安帖,来春似可毋庸接济等情前来。

臣覆加访查无异。除仍谆饬各地方官,随时体恤民艰,加意抚绥,毋任一夫失所外,理合恭折覆陈,伏乞皇上圣鉴训示。谨奏。十二月初三日。

同治十二年十二月二十二日,奉朱批:知道了。钦此。①

一七八　筹解协滇兵饷起程日期片

同治十二年十二月初三日(1874年1月20日)

再,川省应协滇饷,计自同治八年四月二十九日起至十二年闰六月止,共解过银四十一万七千两,均经奏报在案。兹续准云贵督、抚臣来咨,现在该省军务肃清,分拨各营欠饷、功伤恤奖,需用浩繁,委员来川催提。伏思川省自军兴以来,支用浩繁,司、道两库早已搜索一空,频年又值偏灾,民力竭蹶。今岁夏雨连旬,田禾不无损伤,秋收仅称中稔,征解弥形减色。京外各饷均需酌量匀拨,挪东补西,实属万分拮据。惟滇省现办善后事宜,需饷孔殷,不得不设法腾挪,俾资应用。

臣复督饬藩司勉凑协滇兵饷二万两,发交滇省催饷委员候补知县王戬谷承领,定期于同治十二年十一月二十六日自成都起程,

---

① 台北故宫博物院藏:军机及宫中档,文献编号:113180;中国第一历史档案馆藏:朱批奏折,档案编号:04-01-23-0191-024。

解赴云南藩库交收,以济急需。除分咨外,理合附片陈明,伏乞圣鉴。谨奏。

同治十二年十二月二十二日,奉朱批:知道了。钦此。①

一七九　续查川省剿贼阵亡兵弁请恤折

同治十二年十二月初三日(1874年1月20日)

头品顶戴四川总督臣吴棠跪奏,为续查川省剿贼阵亡兵弁,恳恩敕部分别议恤,以彰忠节,恭折仰祈圣鉴事。

窃查川省自军兴以来,历年办理防剿,所有阵亡弁兵,先后奏请议恤在案。兹续据峨边营参将霍名升查明阵亡弁兵履历、姓名、事迹,移由防剿局司道核明,汇造清册,详请奏恤前来。臣查册开阵亡弁兵共十一员名,内除把总萧逢春一名,已于另折请恤,其余李家荣等十名均系临阵捐躯,殊堪悯恻。

合无仰恳天恩,敕部准予分别议恤,以慰忠魂而励士气,出自鸿慈。除册咨部外,理合恭折具奏,伏乞皇上圣鉴。谨奏。十二月初三日。

同治十二年十二月二十二日,奉朱批:均着交部分别议恤。钦此。②

---

① 台北故宫博物院藏:军机及宫中档,文献编号:113181;中国第一历史档案馆藏:朱批奏片,档案编号:04-01-35-0975-075。

② 台北故宫博物院藏:军机及宫中档,文献编号:113182;中国第一历史档案馆藏:朱批奏折,档案编号:04-01-16-0198-031。

一八〇　请准同治十三年续办按粮津贴折

同治十二年十二月初三日（1874 年 1 月 20 日）

头品顶戴四川总督臣吴棠跪奏，为川省京、协各饷需用甚巨，请援照成案，于同治十三年续办按粮津贴，以资接济，恭折仰祈圣鉴事。

窃照川省因需饷浩繁，乏款接济，自咸丰年间起办理按粮津贴，每条粮一两，津贴银一两，随粮交纳，拨供京外要饷，历经奏奉谕旨允准在案。兹据藩司王德固详称：本年自开征起，截至九月底止，共收津贴银四十万二千四百一两零，又续收历年未完津贴银十九万四千五百五十二两零，统共收银五十九万六千九百五十四两零，除分解原拨京饷银十五万两，又续拨京饷银十万两，又奉拨万年吉地工程银五万两，又奉拨本省癸酉年旗、绿各营兵饷银十五万两，又拨贵州癸酉年兵饷银六万两，共计五十一万两，均系京外正供，其余拨供防剿经费，为数无几。至所收捐输、厘金各项，历经奏拨云贵、甘肃、新疆、淮军、台藏各饷暨本省防边援邻勇粮，均系随到随发，毫无存剩。本年综计收支各数，仍属入不敷出，而来年奉拨京外各饷势必不能停解，若不预为筹备，深恐贻误要需。

臣督同藩司悉心商酌，拟请同治十三年份再行劝办按粮津贴，每条粮一两，仍津贴库平库色银一两，于来年开征时，如数交纳，并由司刊刷告示，遍贴晓谕。除各厅州县捐输、夫马两项暂准减成收支及各处坍塌城工仍应劝捐修理外，其余一切杂派经费，概行禁革，永不许私立名色，添派丝毫。如有不遵，一经访闻，或被告发，即行撤参究办。所有地处边瘠之汶川、梓潼、广元、昭化、剑州、芦山、青神、松潘、茂州、峨边、屏山、马边、雷波、越嶲、盐源、石泉、綦江、理番、石硅、天全、筠连、兴文、高县、叙永、永宁、荥经、大宁等二十七厅州县，俱照旧章免征。其沿河被水各州县秋收稍歉者，仍应查明，酌量减收，以示体恤。至征收事宜及局中所需薪水、鞘匣、运费，均查照向章办理，不得额外苛派；仍俟收解齐全，综计银数多寡，吁恳天恩，加广学额，用昭激劝等情前来。

臣查此项按粮津贴，有关京外要饷。值此库款万分支绌，不得不借资民力，以免贻误，应请援案照办。一俟京外用款复旧，即请奏行停止，并不永以为例。所有同治十三年份仍请续办按粮津贴缘由，是否有当，理合恭折具陈，伏乞皇上圣鉴训示。谨奏。十二月初三日。

同治十二年十二月二十二日，奉朱批：着照所请，户部知道。钦此。①

一八一　续拨协黔饷银委解起程日期折

同治十二年十二月初三日（1874 年 1 月 20 日）

头品顶戴四川总督臣吴棠跪奏，为续拨本年二、三月份协黔饷银委解起程日期，恭折仰祈圣鉴事。

窃查协黔的饷，自同治九年闰十月十五日起截至十一年四月底止，先后共拨解过银一百零七万三千两。嗣于戡定苗疆之后奏明减为月协银二万两，复接解自上年五月起至本年正月止，共计饷

---

① 台北故宫博物院藏：军机及宫中档，文献编号：113183；中国第一历史档案馆藏：朱批奏折，档案编号：04-01-35-0975-076。

银十八万两,均经专折驰报在案。伏念川省协拨京外各款,悉取资于民力之输将,旧欠未清,新捐又办,已不胜其竭蹶之情。臣莅任五年,务在轻徭薄赋,休息边氓,因入少出多,司库动形支绌,是以本省戍边士卒,截止岁除,积欠饷银至十五六个月之多。而应协黔省饷需业经报解至本年正月底止,虽有征勇、防军之别,初无此疆彼界之分,盖大局所关,岂容膜视。苟有裨于邻事,期共济夫时艰也。

兹复督同藩司王德固,于万无可筹之中,多方挪措,凑集银四万两,作为同治十二年二、三两个月协黔饷项,内应扣除贵州抚臣曾璧光咨调四川尽先副将马宗骏赴黔差委支过行装银三百两,实解银三万九千七百两,饬委候补知县周开甲、分缺间用府经历谢霖川管解,定期于十一月二十九日自省起程,解赴贵州提督周达武军营交收,以为度岁犒师之用,据藩司王德固具详前来。所有续拨本年二、三月份协黔饷银委解起程缘由,除分咨外,理合恭折具陈,伏乞皇上圣鉴。谨奏。十二月初三日。

同治十二年十二月二十二日,奉朱批:知道了。钦此。[1]

一八二　请准曾绍霖开缺留鄂差委片

同治十二年十二月初三日(1874年1月20日)

再,臣接准湖广督臣李瀚章咨:该省统带水师新中营记名总兵调补四川永宁营参将曾绍霖,系湖南宁乡县人,在鄂管带水师炮

---

① 台北故宫博物院藏:军机及宫中档,文献编号:113186;中国第一历史档案馆藏:朱批奏折,档案编号:04-01-35-0975-077;吴棠等《游蜀疏稿》第827—832页。

船。同治元年,补授湖北德安营参将,于全楚肃清及克复应城等县案内奏奉谕旨:赏加固勇巴图鲁勇号,并交军机处记名,遇有总兵缺出,请旨简放。钦此。十年,因四川提标中军参将马晋铭例应回避本省,奏准与该员对调。十一年,复调补四川永宁营参将。该员因父母年逾八旬,乏人奉养,未能离鄂远赴四川调任,禀由李瀚章查明咨川,奏请开缺前来。

臣查该员曾绍霖,前由湖北德安营参将与四川提标中军参将马晋铭对调,嗣调补四川永宁营参将,现经湖广督臣查明,该员亲老不能赴任,自难悬缺久待,相应奏明请旨准其开缺,留鄂差委。所遗永宁营参将缺系推缺,川省现有应补人员,并请扣留外补。理合会同提督臣胡中和,合词附片具陈。伏乞圣鉴,敕部施行。谨奏。

同治十二年十二月二十二日,奉朱批:着照所请,兵部知道。钦此。①

一八三　奏报于德楷等员期满甄别片

同治十二年十二月初三日(1874年1月20日)

再,查吏部奏定章程:同、通、州、县,无论何项劳绩保奏归入候补班者,以到省之日起,予限一年,令督抚详加查看,出具切实考语,奏明分别繁简补用等因。遵照在案。兹查补用同知于德楷、候补班尽先前即补知县张惟一,均到省一年期满,据布政使王德固、按察使英祥造具该员等履历清册,详请甄别前来。

---

① 台北故宫博物院藏:军机及宫中档,文献编号:113184。

臣查该员于德楷，年富才明，堪以繁缺同知留川补用；张惟一年强才敏，堪以繁缺知县留川补用。除将该员等履历清册咨部外，理合附片具陈，伏乞圣鉴。谨奏。

同治十二年十二月二十二日，奉朱批：吏部知道。①

一八四 拨解新疆月饷起程日期折

同治十二年十二月十八日(1874年2月4日)

头品顶戴四川总督臣吴棠跪奏，为拨解新疆月饷起程日期，恭折仰祈圣鉴事。

窃查川省应协新疆月饷，前已解至同治八年五月止，历经奏报在案。兹准前乌里雅苏台将军金顺咨：每月协拨该营军饷一万两等因。臣查金顺奉命接统成禄一军，则川省奉拨成禄月饷自当改解金顺收用，毋庸分作两款。兹值川库拮据异常，前月甫拨云南、甘肃等省军饷，业已搜罗一空，时届年终，各属解款愈少。即本省例支绿营兵饷，尚无款支放，莫名焦灼。

第金顺出关在迩，盼饷尤殷，不能不于万难腾挪之中，勉凑捐输银二万两，饬发该营催饷委员李滋森、江起龙、王季寅承领，定于十二年十二月初十日自成都起程，解赴金顺军营交收，以济急需，由藩司具详前来。除分咨外，理合恭折陈明。伏乞皇上圣鉴。谨奏。十二年十二月十八日。

同治十三年正月初六日，奉朱批：知道了。钦此。②

---

① 台北故宫博物院藏：军机及宫中档，文献编号：113185。
② 台北故宫博物院藏：军机及宫中档，文献编号：113359；中国第一历史档案馆藏：朱批奏折，档案编号：04-01-01-0920-130。

一八五　续拨甘肃欠饷起程日期折

同治十二年十二月十八日(1874年2月4日)

头品顶戴四川总督臣吴棠跪奏,为续拨甘肃欠饷起程日期,恭折仰祈圣鉴事。

窃照同治十二年九月初二日,准办理西征粮台袁保恒咨:奉旨在于四川积欠甘饷内,酌提银五万两,当于十一月初五日凑拨银三万两,委员秦承恩等解赴西征粮台暨分汇凉州副都统衙门交收。综计甘省协饷已解至同治十一年二月底止。复准袁保恒咨:以十一年份催提积欠甘饷八万两,未经报解等因。臣查十一年十一月间,据藩司拨解银三万两,委员陈元植等领解。本年二月间,又拨银三万两,委员黄应高等领解。五月间,又拨银三万两,委员丁盛荣等领解。以上共解过银九万两,均系积欠甘饷,已逾催提八万两之数。所有起解日期,均经奏明在案。是去年催提积欠之八万两业已解清。惟本年催提积欠甘饷五万两,仅解过三万两,实因年拨京饷、滇饷、黔饷以及直隶练饷、新疆月饷、淮军月饷、台藏各饷,为数过多,库储屡匮,民力日疲,致难周转,只有尽力匀拨,以期面面兼顾。兹值甘省办理善后,需项孔殷,不得不勉力接济。

臣督同藩司设法腾挪,复凑集厘金银二万两,作为同治十一年三月份协甘饷需,以足本年催提五万两之数,内应遵旨划扣凉、庄兵饷银五千两,发交凉州委员佐领承祥承领,汇解回凉。余银一万五千两,饬委试用通判陈庆源,会同催饷委员从九品王植怀管解,定期于十二月初四日自成都起程,解交西征粮台查收拨用。除分咨外，理合恭折陈明，伏乞皇上圣鉴。谨奏。十二年十二月十八日。

同治十三年正月初六日，奉朱批：知道了。钦此。①

一八六　设立清厘收支局综核收支送部片

同治十二年十二月十八日（1874年2月4日）

再，前准户部咨：川省征收按量津贴及各项捐输，每年收支总数应饬赶紧造册送部。至抽收厘金，饬将试办抽厘之日起至同治十一年止，某年抽收百货厘金若干，药厘、盐厘若干，某年因某项动支若干，实存若干，开具简明清单，报部备查。自十二年正月起，抽收货厘、盐厘、药厘及动支各数，半年报部一次各等因。

伏查川省年收津贴、捐输，向于奏请奖叙及加广学额各案内开报总数。其津捐、厘金支数亦于报解京饷、协饷及奏报防剿经费各案内分起叙明，均系实用。惟因军务倥偬，历未造送收支细数总册，其厘金收数亦因试办之初，贼踪飘忽，各处局卡停改靡常，继又通省裁撤分卡，并设总卡，开局既非同时，年收又无定额，头绪甚繁。且以上各项，每值军务吃紧、催饷孔急之际，省库不能周转，各处统兵大员迫不及待，或札省外州县径提到营，或于事前借支，徐图划抵，历年既久，案牍纷纭，并非汇集一处，骤难指定何款作为何项之用。历任司道，频年筹剿筹防，未遑调卷核对。兹值各处军务肃清，亟应按照年份以次清厘。

---

① 台北故宫博物院藏：军机及宫中档，文献编号：113360；中国第一历史档案馆藏：朱批奏折，档案编号：04-01-01-0920-126。

臣与司道会商,遴委精细之员,设立清厘收支专局,先行调齐各属收支案卷,赶紧将历年出入公项,分年分款,逐细勾稽清厘,一俟办有就绪,即照章分造册单,送部查核;并查有候补道钟肇立,心细才明,不辞劳瘁,饬委常川赴局,综核历年收支文册,督率委员详细查对,以昭慎重而免错漏。是否有当,理合附片陈明,伏乞圣鉴。谨奏。

同治十三年正月初六日,奉朱批:户部知道。钦此。[1]

一八七 筹解景廉军营协饷起程日期片

同治十二年十二月十八日(1874年2月4日)

再,川省奉拨景廉军营协饷,前已三次解过银五万两,均经奏报在案。兹复准景廉咨催,并委员守提,适川省分拨金顺、左宗棠、岑毓英各军月饷,司、盐两库已悉索无遗。时届封篆,各州县解款愈少,本省防军勇粮积欠累累,尚无从设措,实有万难兼顾之势。惟景廉进规乌城,盼饷正殷,亦不能不腾挪接济。

臣督饬藩司勉凑厘金银一万两,檄发催饷千总夏正楷承领,定期于本年十二月二十二日自成都起程,解回景廉军营交收。除分咨外,理合附片陈明,伏乞圣鉴。谨奏。

同治十三年正月初六日,奉朱批:知道了。钦此。[2]

---

[1] 台北故宫博物院藏:军机及宫中档,文献编号:113361;中国第一历史档案馆藏:朱批奏片,档案编号:04-01-38-0976-004。此片具奏日期未确,兹据同批折件校正。

[2] 台北故宫博物院藏:军机及宫中档,文献编号:113362;中国第一历史档案馆藏:朱批奏片,档案编号:04-01-35-0976-054。此片具奏日期未确,兹据同批折件校正。

一八八 奏报川省同治十二年征 收地丁比较上三年完欠折

同治十二年十二月二十六日(1874年2月12日)

头品顶戴四川总督臣吴棠跪奏，为查明同治十二年四川省征收地丁钱粮，比较上三年完欠数目，恭折仰祈圣鉴事。

窃照前准部咨：嗣后各省征收钱粮，统于年底截数，次年二月造报春拨之时，即将新旧赋项下各额征若干，蠲缓若干，已完未完若干，比较上三年或多或少，另行开单奏报等因。历经遵办在案。兹届造报春拨之时，据藩司王德固查明开单，详细具报前来。

臣查四川省经征地丁钱粮，向系年清年款，所有同治十二年份新赋，上下两忙共完银六十三万五千七百七十六两零，尚未完银六千三百六十五两零，计欠数不及一分。比较上三年征收尾欠数目，不相上下。除严饬藩司分催各属将未完银两务于奏销前催征全完，另行题报外，谨缮三年比较清单，恭呈御览，伏乞皇上圣鉴。谨奏。同治十三年十二月二十六日。

同治十三年二月初四日，奉朱批：户部知道。单并发。钦此。①

---

① 台北故宫博物院藏：军机及宫中档，文献编号：113726；中国第一历史档案馆藏：朱批奏折，档案编号：04-01-35-0900-012。

一八九　呈川省同治十二年征收地丁比较上三年完欠数目清单

同治十二年十二月二十六日(1874年2月12日)

谨将同治十二年四川省征收地丁银两比较上三年完欠数目，缮具清单，恭呈预览。

一、同治九年份额征旧管地丁钱粮、屯租、折色、秋粮、黄蜡折价、草籽折征，正、闰共银六十九万二千一百四十一两七钱九分四厘六毫，上忙征完银三十三万七千一百五十五两九钱七分一毫五丝，下忙征完银三十万五千九百九十八两二钱九厘，奏销前征完银四万八千九百八十七两六钱一分五厘四毫五丝，已据批解到司，入于同治十年秋拨册内报拨在案。统计全完。

一、同治十年份额征旧管地丁钱粮、屯租、折色、秋粮、黄蜡折价、草籽折征，共银六十六万八千八百五十两五钱一分二厘，上忙征完银三十四万二千四十五两一钱四厘一毫，下忙征完银二十八万五千二百一十五两八钱一分一厘三毫，奏销前征完银四万一千五百八十九两五钱九分六厘六毫，入于同治十一年秋拨册内报拨在案。统计全完。

一、同治十一年份额征旧管地丁钱粮、屯租、折色、秋粮、黄蜡折价、草籽折征，共银六十六万八千八百五十两五钱一分二厘，上忙征完银二十七万七千一百七十六两五钱三分一厘九毫，下忙征完银三十四万一千四百八十三两六厘八毫，奏销前征完银四万六千二百四两四钱七分七厘三毫。其名山、青神等县未完银三千九百八十六两四钱九分六厘，已据批解到司，入于同治十二年春拨册内报拨在案。统计全完。

一、同治十二年份额征旧管地丁钱粮、屯租、折色、秋粮、黄蜡折价、草籽折征，正、闰共银六十九万两千一百四十一两七钱九分四厘六毫，上忙征完银三十二万一千六百七十九两四钱三厘四毫一丝三忽二微，下忙征完银三十一万四千九十七两三分三厘九毫八丝六忽八微，尚未完银五万六千三百六十五两三钱五分七厘二毫，定于奏销前催收全完。

（朱批）：览。①

一九〇　奏报同治十二年应征新赋完欠数目折

同治十二年十二月二十六日（1874年2月12日）

头品顶戴四川总督臣吴棠跪奏，为查明同治十二年份川省应征新赋完欠数目，恭折奏闻，仰祈圣鉴事。

窃照新赋完欠实数例应按年奏报，兹据藩司王德固详：同治十二年份川省额征地丁、条粮、屯租、折色等项，正、闰共银六十九万二千一百四十一两零，上忙征过银三十二万一千六百七十九两零，业经分别留支批解，造册呈报在案。今下忙完银三十一万四千九十七两零，内除留支各项外，实在解到司库银二十四万九千六百七十八两零，尚未完银五万六千三百六十五两零。又，应征火耗银一十万三千五百五十五两零，上忙征过银四万七千四百七十四两零，已经分别留支批解册报。今下忙完银四万三千九百七十四两零，

① 台北故宫博物院藏：军机及宫中档，文献编号：113726-0-A。

内除扣支各官养廉外,实在解到司库银一万一千九十六两零,尚未完银一万二千八十七两零等情,具详请奏前来。

臣查同治十二年份川省应征额赋,已完九分有余,比较同治十一年底收数不相上下。现在督饬该司王德固将未完银两实力催提,务在奏销以前扫数全完,以期年清年款。除咨户部查照外,理合循例恭折具陈,伏乞皇上圣鉴。谨奏。十二年十二月二十六日。

同治十三年二月初四日,奉朱批:户部知道。钦此。①

一九一　密陈川省同治十二年各属考语折

同治十二年十二月二十六日(1874年2月12日)

头品顶戴四川总督臣吴棠跪奏,为察看司、道、各府,密陈考语,恭折仰祈圣鉴事。

窃照向例,藩司、道、府各员,每届年底应由督抚出考,开单密陈。伏思朝廷设官分职,首重得人。川省边氛甫靖,筹办一切事宜,必须为守兼优之员,方足以资整饬。臣渥荷天恩,畀以边疆重寄,惟以整躬率属、勤求吏治为怀。所有在省司道并省外府道各员品行识略,或于因公接见时面加咨询,或于详禀事件中觇其才器。复博采舆论,密访官常,均已得其梗概。

兹届年底,谨将臣见闻所及,分别出具切实考语,另缮清单,密陈御览。臣仍当随时认真察看,如有改行易辙之员,即据实分别参劾,不敢稍有徇隐,以仰副圣主整肃官方之至意。理合恭折具奏,

① 台北故宫博物院藏:军机及宫中档,文献编号:113725;中国第一历史档案馆藏:朱批奏折,档案编号:04-01-35-0090-013。

伏乞皇上圣鉴。谨奏。十二年十二月二十六日。

同治十三年二月初四日，奉朱批：知道了。单、片留中。钦此。[1]

一九二　请以张祖云借补永宁营参将折

同治十二年十二月二十六日（1874 年 2 月 12 日）

头品顶戴四川总督臣吴棠跪奏，为拣员借补参将，以资治理，恭折仰祈圣鉴事。

窃照永宁营参将曾绍霖，因亲老不能赴任，经臣奏请开缺，并声明扣留外补在案。查永宁参将虽系部推之缺，惟所辖汛地紧接滇、黔两省，为川南屏障。现在云、贵军务初平，散勇逸匪，时虞窜越，防范最为紧要，亟应拣员请补。查兵部章程内载：各省推补缺出，专用尽先人员。又，绿营各缺必须借补者，副将准借至游击，以次递推，不得借至三级以下各等语。兹臣于通省尽先参将内逐加遴选，人地均不甚相宜。

惟查有留川尽先副将张祖云，年四十岁，湖南麻阳县人，由行伍在江苏、安徽等省剿办发、捻各匪著绩，历保游击，赏加达勇巴图鲁名号。复因擒获捻首何中元，保准以参将尽先补用，旋加总兵衔。六年，调闽差遣。七年，奏调来川，管操省标精兵。八年，奏请留川，俟有相当缺出，按班请补。是年十二月初三日，军机大臣奉旨：着照所请，兵部知道。钦此。该员前于同治初年带勇在江苏赣榆县沙河地方防堵捻匪，拿获罪应斩决人犯刘光平一名，由营讯明

① 台北故宫博物院藏：军机及宫中档，文献编号：113745；中国第一历史档案馆藏：朱批奏折，档案编号：04-01-12-0515-050。

正法。被刘光义京控案内,经江苏抚臣奏覆部议降三级调用,于同治八年二月初五日奉旨在案。嗣以防剿秦、陇回匪并剿办贵州上游股匪出力保奏,同治十一年五月十二日,内阁奉上谕:张祖云着开复降三级调用处分,免缴捐复银两,仍以副将留于川省补用。钦此。历署提标永宁营参将,办理裕如,现仍管操精兵。

该员久历戎行,有胆有识,以之借补永宁营参将,实堪胜任。距籍在五百里以外,别无违碍事故,且由尽先副将借补,未逾三级,核与定章相符。惟该员开复留川后,例应送部引见,因管操十营精兵,堪资得力,尚未给咨送部,与例稍有未合。第人地实在相需,例应声明奏请。合无仰恳天恩,俯准以尽先副将张祖云借补永宁营参将,实于边疆营伍有裨。如蒙俞允,俟接准部覆,再行给咨赴部引见。臣为边缺需人起见,是否有当,理合会同提督臣胡中和,合词恭折具陈,伏乞皇上圣鉴训示。谨奏。十二年十二月二十六日。

同治十三年二月初四日,奉朱批:兵部议奏。钦此。①

一九三　奏报会哨川、陕、楚三省边界片

同治十二年十二月二十六日(1874年2月12日)

再,查川、陕、楚三省交界地方,向定章程于每年十月间,提、镇分年巡哨。本年秋间,经臣饬委川北镇循例会哨去后。兹据川北镇总兵杨复东禀报:于十月初一日行抵川、陕交界之渔渡坝,与陕西派出之定远营游击陈全凯见面会哨。又于十月二十五日行至

---

　　① 台北故宫博物院藏:军机及宫中档,文献编号:113739;中国第一历史档案馆藏:朱批奏折,档案编号:04-01-16-0198-096。

川、楚交界之火峰界岭，适湖北宜昌镇总兵黄中元亦抵界所会哨。该镇等查看交界处所及往返经过地方，均属安谧，民情亦甚安堵，并无外来匪徒滋扰等情前来。

臣查三省交界边境现在虽均安静，而甘肃回逆初平，难保无散勇逸匪越境窥伺，防范未可稍懈，仍严饬各镇、协、营会同地方文员，随时侦探巡查，实力防守，务期有匪必获，以仰副圣主绥靖边圉之至意。所有三省会哨情形，理合附片具陈，伏乞圣鉴。谨奏。

同治十三年二月初四日，奉朱批：知道了。钦此。①

一九四　奏报各属无私铸、行使小钱片

同治十二年十二月二十六日（1874 年 2 月 12 日）

再，查禁私钱，例应年底具奏。兹查同治十二年份，据成都县拿获私铸已成人犯一起，又据温江县拿获私铸已成人犯一起，均已经先后提省审明，照例拟罪，分别咨部在案。臣查川省幅员辽阔，诚恐尚有不法奸徒在于偏僻荒山，违禁私铸。叠经檄司严饬各属，责令实力查拿，务期有犯必获，以肃圜法。现值年终，据藩司王德固转准各道咨，此外各府厅州县陆续出具境内并无私铸及行使小钱印结，详送前来。除饬认真防拿外，理合循例附片陈明，伏乞圣鉴。谨奏。

（朱批）：知道了。②

---

①　台北故宫博物院藏：军机及宫中档，文献编号：113740；中国第一历史档案馆藏：朱批奏片，档案编号：04-01-03-0061-012。

②　中国第一历史档案馆藏：朱批奏片，档案编号：04-01-35-1372-108。

一九五　奏报甄别千总不及分数折

同治十二年十二月二十六日（1874 年 2 月 12 日）

头品顶戴四川总督臣吴棠跪奏，为甄别千总不及分数，循例恭折奏祈圣鉴事。

窃照定例：千总等官年底甄别，汇咨报部，其甄别不及百之二三者，如该省果无衰庸恋缺应行甄别之处，该督抚等即将无可参劾缘由声明具奏等因。历经遵照办理在案。查四川省各标营额设千总一百十四员，每年例应参劾三员。同治十二年份，查有维州左营千总马良，前经调省考验，马步全空，降补把总。靖远营千总任佑，因查阅营伍，察看人地不宜，撤回内地另补。计劾参千总二员。此外各标营千总，除现留军营未经回省不计外，其在营各弁经提臣胡中和与臣陆续调省考验，实无衰庸恋缺之员，自未便拘于定额，率行充数，致有屈抑。

仍随时留心查察，如有才庸技劣之员，即行分别勒休参革，以肃营伍，断不敢拘泥甄别年限，稍有姑容。除咨明兵部外，所有同治十二年甄别千总不及分数缘由，理合循例具奏，伏祈皇上圣鉴。谨奏。十二年十二月二十六日。

同治十三年二月初四日，奉朱批：兵部知道。钦此。[1]

---

① 台北故宫博物院藏：军机及宫中档，文献编号：113741；中国第一历史档案馆藏：朱批奏折，档案编号：04-01-16-0198-029。

一九六　奏报朱庭桂等员期满甄别片

同治十二年十二月二十六日(1874年2月12日)

再,查吏部奏定章程:州、县、丞、倅,无论何项劳绩保奏归入候补班者,以到省之日起,予限一年,令督抚详加察看,出具切实考语,奏明分别繁简补用等因。遵照在案。兹查候补班尽先补用直隶州知州朱庭桂、候补班前先补用知县嵇志文,均到省一年期满,据布政使王德固、按察使英祥造具该员履历清册,详请甄别前来。

臣查该员朱庭桂,年强才裕,堪以繁缺直隶州留川补用;嵇志文年壮才明,堪以简缺知县留川补用。除将该员等履历清册咨部外,理合附片陈明,伏乞圣鉴。谨奏。

同治十三年二月初四日,奉朱批:吏部知道。钦此。①

一九七　奏报周锡龄捐输甘军米脚价请奖片

同治十二年十二月二十六日(1874年2月12日)

再,查川省司道暨各府、厅、州、县上年捐输援甘军米脚价,经臣及前督臣崇实五次开单,奏恳恩施,救部核议给奖,声明尚有请叙未定各员,俟催齐另办,奉旨允准在案。兹查候补知府周锡龄,前署宁远府任内捐输援甘军米脚价银二千两,均已交存司

---

① 台北故宫博物院藏:军机及宫中档,文献编号:113737;中国第一历史档案馆藏:朱批奏片,档案编号:04-01-12-0515-055。

库,尚属情殷报效。据该员禀请移奖亲子周宗稿,由副贡生议叙员外郎,双月选用;胞侄周庠、周伸、周笃由俊秀议叙监生;堂侄周恭由俊秀议叙从九品衔,声明应补交监生四成实银,并捐免保举银两,自行赴部交纳等情。造具三代连贯履历,由防剿局司道核明,所请各项议叙与援甘米捐章程均属有盈无绌,造册详请具奏前来。

臣覆查无异。合无仰恳天恩,敕部核议奖叙,以昭激劝,出自鸿慈。其未经请叙及前经部议与例不符各员,俟催齐到日,核明另办。除将送到清册分咨部、监外,所有川省官员捐输甘军米脚价第六次请奖缘由,理合附片陈明,伏乞圣鉴训示。谨奏。

同治十三年二月初四日,奉朱批:户部核议具奏。钦此。①

一九八　委任庄定械等署理知县等缺片

同治十二年十二月二十六日(1874年2月12日)

再,署彭水县知县鸣谦禀报丁忧,遗缺界接黔疆,治理不易,查有丹棱县知县庄定械,才具开展,堪以调署。所遗丹棱县缺,查有卸署南川县事通江县知县文龙,任事朴实,堪以委署。又,署崇庆州知州李承保年满遗缺,查有调充文闱内帘之璧山县知县江怀廷,识卓政勤,堪以委署。该员等正、署各任内并无经征钱粮未完展参及承缉盗劫已起四参案件,据藩、臬两司会详前来。除批饬遵照外,理合附片陈明,伏乞圣鉴。谨奏。

---

① 台北故宫博物院藏:军机及宫中档,文献编号:113738;中国第一历史档案馆藏:朱批奏片,档案编号:04-01-12-0515-108。

同治十三年二月初四日，奉朱批：知道了。钦此。①

一九九　奏请查销知县姜凤仪等处分片

同治十二年十二月二十六日（1874年2月12日）

再，查川省办理九、十两年盐茶课税银两奏销案内，有彭水、富顺两县及湖北省之咸丰、来凤两县各欠解九、十两年盐课税银两，又有荥经县欠解十年份茶课税银两，均未全完，当将经征不力各职名随案附参。兹据盐茶道傅庆贻详：查明彭水、富顺及湖北省之咸丰、来凤各县已将欠解同治九、十年盐课税银两扫数全完，荥经县亦将欠解同治十年份茶课税银两扫数全完，均已弹收存库等情前来。

臣查彭水、富顺及咸丰、来凤四县所欠同治九、十两年盐课税，荥经县欠解同治十年份茶课税，现俱一体全完，所有原参接征不力之署彭水县知县姜凤仪、钱彰、张超，富顺县知县张焕祚，署富顺县知县吴鼎立、白赓棣，署荥经县知县吴以诗、王麟飞，原参、复参、督催、接催各官暨盐茶道傅庆贻各职名，合无仰恳天恩，敕部一并查销，免其议处，出自鸿慈。理合附片陈明，伏乞圣鉴。谨奏。

同治十三年二月初四日，奉朱批：着照所请，吏部知道。钦此。②

---

① 台北故宫博物院藏：军机及宫中档，文献编号：113742；中国第一历史档案馆藏：朱批奏片，档案编号：04-01-12-0515-053。

② 台北故宫博物院藏：军机及宫中档，文献编号：113743；中国第一历史档案馆藏：朱批奏片，档案编号：04-01-12-0515-054。

二〇〇　奏报川省同治十二
年十一月雨水、粮价折

同治十二年十二月二十七日（1874 年 2 月 13 日）

头品顶戴四川总督臣吴棠跪奏，为恭报四川省同治十二年十一月份各属具报米粮价值及得雪情形，仰祈圣鉴事。

窃照同治十二年十月份通省米粮价值及得雨情形，前经臣恭折奏报在案。兹查本年十一月份重庆、龙安、嘉定、绥定四府，忠州、泸州二直隶州，各属先后具报得雪自一二次，积至三四寸不等。高山、平原一律均沾，小春畅茂。其通省粮价，俱与上月相同，据布政使王德固查明，列单汇报前来。

臣覆核无异。理合分缮清单，恭呈御览，伏乞皇上圣鉴。谨奏。十二年十二月二十七日。

同治十三年二月初四日，奉朱批：知道了。钦此。①

二〇一　呈川省同治十二年十一月粮价清单

同治十二年十二月二十七日（1874 年 2 月 13 日）

谨将同治十二年十一月份四川省所属地方各项粮价，开具清单，恭呈御览。

成都府属，价贵。中米每仓石价银二两九钱五分至三两九钱

---

① 台北故宫博物院藏：军机及宫中档，文献编号：113724；中国第一历史档案馆藏：朱批奏折，档案编号：04-01-25-0513-052。

三分，与上月同。大麦每仓石价银一两八钱三分至二两，与上月同。小麦每仓石价银二两一钱三分至二两三钱，与上月同。黄豆每仓石价银一两四分至二两四钱四分，与上月同。荞子每仓石价银一两一钱六分至一两七钱，与上月同。

重庆府属，价贵。中米每仓石价银二两七钱五分至三两七钱三分，与上月同。大麦每仓石价银一两六钱二分至一两九钱七分，与上月同。小麦每仓石价银二两六钱八分至二两七钱三分，与上月同。黄豆每仓石价银二两七钱至二两九钱七分，与上月同。

保宁府属，价贵。中米每仓石价银二两五钱七分至三两二钱三分，与上月同。大麦每仓石价银一两八钱九分至二两一钱，与上月同。小麦每仓石价银二两八钱三分至三两五钱七分，与上月同。黄豆每仓石价银一两八钱一分至二两一钱一分，与上月同。

顺庆府属，价贵。中米每仓石价银二两一分至三两四钱，与上月同。大麦每仓石价银一两六钱一分至一两八钱，与上月同。小麦每仓石价银二两九分至二两一钱二分，与上月同。黄豆每仓石价银一两五钱五分至一两六钱五分，与上月同。

叙州府属，价贵。中米每仓石价银三两二分至三两二钱七分，与上月同。大麦每仓石价银一两六钱六分至二两二分，与上月同。小麦每仓石价银二两一钱三分至二两六钱三分，与上月同。黄豆每仓石价银一两一钱一分至一两五钱二分，与上月同。

夔州府属，价贵。中米每仓石价银二两八钱二分至三两一钱三分，与上月同。大麦每仓石价银一两七钱八分至二两四钱六分，与上月同。小麦每仓石价银二两九钱五分至三两三分，与上月同。黄豆每仓石价银二两一钱四分至二两二钱四分，与上月同。

龙安府属，价贵。中米每仓石价银二两五钱一分至三两一钱六分,与上月同。青稞每仓石价银一两五钱,与上月同。小麦每仓石价银一两七钱九分至二两一钱八分,与上月同。黄豆每仓石价银一两八钱五分至一两九钱三分,与上月同。

宁远府属,价贵。中米每仓石价银二两八钱五分至三两一钱三分,与上月同。大麦每仓石价银一两四钱八分至一两六钱,与上月同。小麦每仓石价银一两五钱九分至二两二钱,与上月同。荞子每仓石价银一两四钱五分,与上月同。黄豆每仓石价银一两五钱六分至一两六钱三分,与上月同。

雅州府属,价中。中米每仓石价银二两七钱七分至二两七钱八分,与上月同。小麦每仓石价银二两二钱九分至二两六钱五分,与上月同。黄豆每仓石价银一两六钱五分至二两四分,与上月同。

嘉定府属,价贵。中米每仓石价银二两七钱四分至三两三钱二分,与上月同。小麦每仓石价银二两三钱六分至二两七钱三分,与上月同。黄豆每仓石价银一两四钱七分至二两三分,与上月同。

潼川府属,价贵。中米每仓石价银二两八钱五分至三两八分,与上月同。大麦每仓石价银一两六钱五分至一两九钱三分,与上月同。小麦每仓石价银二两一钱四分至二两四钱九分,与上月同。黄豆每仓石价银一两七钱六分至二两一钱三分,与上月同。

绥定府属,价中。中米每仓石价银二两七钱二分至二两八钱四分,与上月同。大麦每仓石价银一两五钱八分,与上月同。小麦每仓石价银一两六钱二分至一两七钱三分,与上月同。黄豆每仓石价银一两四钱三分,与上月同。

眉州直隶州属,价中。中米每仓石价银二两七钱至二两九钱八分,与上月同。

邛州直隶州并属,价贵。中米每仓石价银二两六钱至三两,较上月减一分。大麦每仓石价银一两九钱，与上月同。小麦每仓石价银二两五钱七分，与上月同。黄豆每仓石价银二两八分至二两二钱二分，与上月同。

泸州直隶州并属，价贵。中米每仓石价银三两二分至三两三分，与上月同。

资州直隶州并属，价中。中米每仓石价银二两五钱二分至二两九钱二分，与上月同。

绵州直隶州并属，价中。中米每仓石价银二两六钱九分至二两九钱七分，与上月同。小麦每仓石价银二两三钱二分至二两四钱六分，与上月同。

茂州直隶州并属，价中。中米每仓石价银二两五钱九分，与上月同。小麦每仓石价银二两六钱八分，与上月同。青稞每仓石价银二两二钱，与上月同。荞子每仓石价银一两二钱三分至一两七钱三分，与上月同。

忠州直隶州并属，价贵。中米每仓石价银二两五钱四分至三两一钱八分，与上月同。大麦每仓石价银一两四钱六分至一两六钱，与上月同。小麦每仓石价银二两三分至二两三钱九分，与上月同。黄豆每仓石价银一两二钱七分至一两五钱七分，与上月同。

酉阳直隶州并属，价贵。中米每仓石价银二两五钱五分至三两三分，与上月同。大麦每仓石价银二两二钱八分至二两六钱，与上月同。小麦每仓石价银二两六钱二分至二两七钱六分，与上月同。黄豆每仓石价银一两三钱九分至一两四钱四分，与上月同。

叙永直隶厅并属，价中。中米每仓石价银二两九钱三分，较上月减二分。小麦每仓石价银一两八钱一分，与上月同。荞子每仓石价银一两三钱二分，与上月同。黄豆每仓石价银一两六钱一分，与上月同。

松潘直隶厅，价中。青稞每仓石价银二两六钱六分，与上月同。荞子每仓石价银一两七钱四分，与上月同。

杂谷直隶厅，价中。青稞每仓石价银二两四钱，与上月同。荞子每仓石价银一两七钱九分，与上月同。

石砫直隶厅，价平。中米每仓石价银一两六钱，与上月同。大麦每仓石价银一两七钱三分，与上月同。小麦每仓石价银二两六分，与上月同。黄豆每仓石价银一两八钱九分，与上月同。

打箭炉厅，价贵。青稞每仓石价银四两八钱八分，与上月同。油麦每仓石价银一两八钱一分，与上月同。

（朱批）：览。①

二〇二　呈川省同治十二年十一月得雪清单

同治十二年十二月二十七日（1874 年 2 月 13 日）

谨将同治十二年十一月份四川省各属地方报到得雪情形，开具清单，恭呈御览。

重庆府属：涪州得雪二次，豆麦畅茂。永川得雪一次，小春滋长。

龙安府属：彰明县得雪二次，四境皆同。

嘉定府属：峨边厅得雪二次，小春畅茂。

绥定府属：太平县得雪二次，小春畅茂。新宁县得雪二次，豆麦滋荣。

---

① 台北故宫博物院藏：军机及宫中档，文献编号：113743-1。

忠州直隶州属：酆都县得雪二次，豆麦畅茂。

泸州直隶州属：合江县得雪一次，四境皆同。

（朱批）：览。①

二〇三　请将道员蹇闿议恤折

同治十二年十二月二十七日(1874 年 2 月 13 日)

　　成都将军臣魁玉、头品顶戴四川总督臣吴棠跪奏，为道员因公劳瘁，病殁中途，恳恩准予优恤，恭折仰祈圣鉴事。

　　窃臣等前将教民被殴致毙、凶犯已获情形专折奏明在案。嗣于十月中旬，接准总理衙门来函，有应行查办事件。臣等因案关紧要，非遴派监司大员，不足以昭慎重，即经檄委布政使衔候补道蹇闿前往黔江，确查妥办。兹据川东道姚觐元禀称：道员蹇闿由黔江查案回省，于十二月初一日戌刻行抵渝城，因沿途感冒风寒，染患冬温时症。次日，犹手缮会禀，与该道酌定发行，讵料积劳过深，竟于初六日辰刻在重庆府城客舍病故等情。

　　臣等伏查道员蹇闿，现年四十三岁，贵州遵义县人，以书生从事戎行，得保知县，分发来川，历任彭山县知县、茂州直隶州知州。所至瘠区边地，卓著政声。彭山县城即该员于发、滇各逆围困之时竭力抢筑者也，至今彭山民诵之。于克复修文县迭溪营及剿办马边教匪案内递保知府。同治六年，奏派带勇援黔，因剿办贵州上游教、号各匪出力，洊升今职。告假回籍，病痊后，督练征苗，经贵州抚臣曾璧光奏蒙赏加布政使衔。十一年十月间，请咨入都，由吏部带领引

见,奉旨发往四川,本年四月到省。臣等接见之余,询悉该道员自游
庠食饩后,出入于军旅之间垂二十年,未尝少息。察其人朴诚精细,
大可有为。时值贵州古州、丹江地方,寇尚未全靖,酉阳与黔疆接
壤,边境戒严,当即檄调凯撤回川之武字等营,驰往扼扎,以道员塞
闿谙熟营务,统领其军。迨黔江教案有应行查办事件,复经密饬就
近会同川东道查覆,回省面禀机宜,心力交瘁,一病不起,悼惜殊深。

查吏部奏定请恤新章内称:与接壤军务省份防堵各员积劳病
故,仍照例办理并军务甫竣未逾三月,旋即因伤身故,仍照伤亡例
议给世职等语。今该员塞闿在蜀在黔,战功久著,又系原派接壤军
务省份防堵之员,因公积劳,殁于中道,与请恤之例相符,合无吁恳
圣主逾格恩施,准予优恤,以资激劝而悯辛勤。除将查办黔江教案
情形随时函致总理衙门外,所有道员因公劳瘁,病殁中途,恳恩准
予优恤缘由,谨合词恭折具陈,伏乞皇上圣鉴训示。谨奏。同治十
二年十二月二十七日。

(朱批):吏部议奏。[1]

同治十三年二月初四日,奉朱批:吏部议奏。钦此。[2]

二〇四　讯明崇庆州民叶如通京控一案折

同治十二年十二月二十七日(1874年2月13日)

头品顶戴四川总督臣吴棠跪奏,为京控失实,讯明定拟,恭折
仰祈圣鉴事。

---

[1]　中国第一历史档案馆藏:朱批奏折,档案编号:04-01-12-0515-038。又,吴棠
等:《游蜀疏稿》,第833—840页。其尾记曰:"同治十二年十二月二十七日,具奏。"

[2]　此奉旨日期与内容,据同批折件推补。

窃照同治十一年三月初二日，准步军统领衙门咨：据崇庆州民叶如通遣抱叶洪亮，京控尹锡祉等将伊叔叶肇荣殴毙一案，同治十年七月十七日奉旨：此案着交吴棠督同臬司，亲提人证卷宗，秉公研讯确情，按律定拟具奏。抱告人叶洪亮，该部照例解往备质。钦此。将抱告叶洪亮并原呈咨送到川。臣遵即行提人卷来省，发委成都府等讯办去后。兹据讯明定拟，由司覆解前来。

臣督同按察使英祥秉公研讯，缘叶如通籍隶该州，向患足疾成废，叶肇荣系其胞弟。州属境内有桤木河一道，水自岷江分支流达州境，折而复南，为两堰分水之口，上流马头堰，下流茅草堰。分水之处，百余年前筑有堤埂，以资灌溉。

同治二年，河水泛涨，冲塌古埂，直泻茅草堰，以致马头堰干涸，无水引灌。堰长邓银受集众筹款，修筑古埂。而茅草堰众以马头堰田少，埂去尚足灌溉，该堰田多，埂复即虞泛水，因而阻挠挖毁，彼此构讼不休。

四年，前署该州袁树诣勘集讯，断令马头堰众照旧修复，不准茅草堰众复阻，示谕立案。五年二月，马头堰长叶肇荣与雇工苏起灜督修古埂，有茅草堰不知姓名多人来堰阻修，不知何人将叶肇荣砍伤身死，苏起灜亦被轰毙。邓银受路过瞥见趋救，众人纷然散去，不知谁是凶手。即往告尸兄叶如通看明，报州勘验差缉。袁树旋即卸事。石会昌到任，缉获余敬修、周万春，讯非正凶，保候另缉。嗣因限满无获，将承缉、接缉各职名咨参在案。是月，邓银受因修埂肇讼酿命，难杜后患，呈由前臬司杨重雅批府，檄委温江县段东暹勘明旧制。马头堰口原宽九尺八寸，茅草堰口原宽一丈四尺。集齐两堰人众，悉心开导，修复古埂。马头堰口不准加宽，茅草堰口酌加一尺，以示体恤。堰众悦服，具结禀覆。

是年七月暨六年八月，叶如通念弟惨毙，无凶抵偿，即将素习茅草堰文生尹锡祉、民人余腾泷、艾廷举、冷顺等指为正凶，并捏称伊等贿买余敬修等顶凶，及缉役冷泽等匿凶不拿，为匪充役，及房书傅联升等贿塌行赇等情，与苏起�之父苏宗敬先后赴省具控。经前署督臣崇实委员查讯，尹锡祉等均不知情。质之叶如通等，亦不能指实。至邓银受虽遥见争斗，而趋救时受伤者已死，下手者俱散，人多势众，亦无证据。书役等并无前项情弊，移州另缉凶犯，禀覆销案。

八年七月，叶如通心怀不甘，仍以前情赴省具控，臣批州严讯查缉。历任州因正凶无获，未曾拟结。十年春间，叶如通因前次指控凶犯，讯明非是，一时痛弟情切，起意京控，即就堰务旧案，添叙告过情节及书差舞弊、纵犯逞凶把持等情，编砌呈词，遣子叶洪亮进京，赴步军统领衙门投递。讯供奏奉谕旨交审。臣行提人卷来省，发委成都府等讯明定拟，由司覆解。臣督同臬司研讯无异，诘非有心诬陷，亦无教唆之人，案无遁饰。

此案叶如通因弟叶肇荣与雇工苏起瀴被无名凶犯砍戳、轰伤毙命，于叠次告理之后，辄复遣子京控。查呈内所控正凶，未指确证。所列赃款，亦无过付。其余均系摭拾浮词，毫无凭据，且系痛弟怀疑，与平空诬告不同，碍难反坐。惟案尚未结，遽行京控，实属不合，应照民人具控现在审解未结遽行京控者治以越诉罪例，越诉者笞五十律，拟笞五十。验系废疾，照例收赎。叶洪亮听从京控，迫于父命。尹锡祉等究无逞凶、行贿、为匪充役，余敬修等亦无受贿顶凶及书吏傅联升等贿塌弊纵、把持、匿凶等事，均毋庸议。桤木河古埝已酌加堰口尺寸，分别修复，农民称便。无名凶犯饬缉，获日另结。无干省释。

除将人卷发回并咨部外，所有讯据缘由，理合恭折具奏，伏祈皇上圣鉴，敕部核覆施行。谨奏。十二年十二月二十七日。

同治十三年二月初四日，奉朱批：刑部议奏。钦此。①

【案】同治十年七月十七日，步军统领存诚等奏报川民叶如通控案一案折：

奴才存诚等谨奏，为请旨事。

据四川崇庆州民叶如通遣抱叶洪亮，以尹锡祉等将伊叔叶肇荣殴伤毙命等词呈控前来。奴才等督饬司员，详加讯问，据叶洪亮供：我系四川成都府崇庆州人，年二十八岁，在本州南三甲居住，种田度日。同治五年间，有艾廷举等因挖水堰控州，断令赔修，并邓银寿等公保我胞叔肇荣充当码头堰堰长，伊又串通毛草堰长尹锡祉等，忽于是年二月初六日率众持械，将我胞叔叶肇荣殴杀多伤，当时诉明后身毙，并将我家佃户苏起瀛用火炮轰毙。随赴州报明相验。差役受贿，不拿正凶尹锡祉，贿买案犯顶凶，被州主查破，将伊等收责，仍令严拿正凶。伊等复贿刑书傅联升等，捏禀无名。我父亲叶如通赴本府、臬司、总督衙门控告，均辗转批回本州，至今案悬未结。我父亲具呈，令我来京赴案抱告的等语。

查叶洪亮所控尹锡祉率众持械，将伊胞叔叶肇荣殴杀多伤毙命，并将苏起瀛用火炮轰毙，报州相验，差役受贿，不拿正凶。控经臬司、总督批州，至今案悬未结等情。如果属实，亟应究办，以儆凶顽而重民命。谨抄录原呈，恭呈御览，伏候训

① 台北故宫博物院藏：军机及宫中档，文献编号：113735；中国第一历史档案馆藏：朱批奏折，档案编号：04-01-08-0050-003。

示遵行。再，遵照奏定章程，取具该抱告叶洪亮甘结，内称控经总督，并未亲提。合并声明。为此谨奏请旨。同治十年七月十七日。奴才存诚，奴才荣禄，奴才达明阿。[①]

【附】同治十年七月十七日，存诚等呈四川崇庆州民人叶如通呈状：

具呈：四川成都府所属崇庆州蝼蚁抱告叶如通，年五十八岁，指抱告叶洪亮年二十八岁，为贪揽冤沉，叩委提究事情。

蚁州属难三甲码头堰，用水灌耕，祸由河水冲坏码头堰上游古埂。同治四年，堰象培好，遭毛草堰碾户艾万同、艾廷举、艾廷仲父子图截码头堰堰水冲伊之碾，叠修叠挖。邓银寿等控州，饶主勘讯，将艾万同父子责押，谕伊培修完善。赏给告示，被原差冷泽、冷顺父子夺放。

同治四年，邓银寿等公举蚁胞弟叶肇荣充当码头堰堰长，禀州主袁，发给经公印票，照旧修固，印票黏单，候同治五年正月初二日起工，二月初四日完工。初五日，袁主亲勘，会腻未干，分谕监工捶掛，即遭艾廷举串毛草堰堰长文生尹锡祉等于二月初六日纠率数百人，各执抬炮、刀枪、矛杆，凶拥该堰复挖滋扰。蚁弟理斥。尹锡祉主督，尹洪泽、王正聪、余腾龙、王麻老三、陈福兴等持围刀杆，将蚁弟追杀里余，身受十六伤。生供诉明，巳时受伤，未时毙命。并督艾廷举、冷顺、张东东、叶老兴子、艾连光、冷廷玉、艾廷仲等放炮，将蚁佃户苏宗敬孤子苏起瀛轰毙头脑身死。蚁同苏宗敬报州。原主验明起瀛左太阳进子一寸二分五，右太阳出子一寸五分五。票差冷泽系冷顺之父，

---

① 台北故宫博物院藏：军机及宫中档，文献编号：108549。

得银舞弊，揽匿正凶，不拿尹锡祉，贿买大邑要犯余敬修、周万春，顶认行凶。袁主察破，责收外监，并将傅斌笼禁，谕拿正凶究办。尹锡祉等贿托刑书傅联升，以银六百八十两钻营，袁主捏禀无名正凶，希图塌案。蚁由州控府、臬，以贿弊埋冤控督宪批：据呈叶肇荣被尹洪泽等杀死，苏起瀛并艾廷举等轰毙，贿买余敬修、周万春顶凶等情。虚实均应彻究。仰按察司即委员程主前往，提集全案犯证，秉公严审，务将此案起衅实情及致毙叶肇荣、苏起瀛正凶根究得实，并究明州差冷泽、冷顺有无为匪犯案、更名重役情弊，分别虚实，按律严办，毋得偏徇往纵了事，词发仍缴。原告叶如通、苏宗敬押发华阳，解回候审。

嗣石主面奉臬宪密檄，于点卯当堂拿获冷顺，讯明尹锡祉主督、尹洪泽等砍戳蚁弟身死、冷顺等轰毙苏起瀛实情，将冷顺笼禁收监，另案执办，出有牌示。旋即委员陈主来川审讯。尹锡祉供出蚁弟系余腾龙、王正聪、王麻老三、陈福兴、尹洪泽等朋杀毙命，艾廷举供出苏起瀛系冷顺、张东东、叶老兴子、艾连光、冷廷玉、艾廷仲等轰毙，余腾龙供认不讳。收卡、移交石主办罪。尹锡祉仗伊文生势大，串贿刑书傅联升等，行求石主，贪揽不办，反将蚁凌雪控详禀词内注碍难语诬陷。蚁遭蠹书傅联升得银改供。蚁弟肇荣改为肇庆。蠹役冷洪受贿塌案。蚁以弊大难伸、贿塌捏详、贿逃串路三次控督辕，批均另录。遭恶书傅联升、胡大伦、陈唤廷等冤，遭冷洪始终串弊抗塌，五年不唤不讯。蚁弟肇荣及蚁工苏起瀛冤沉海底，不能伸消。

八年，易主卸事，吴主到任，即遭傅联升串。吴主一年未讯，蠹遭胡大伦、陈唤廷、张超等，两官交卸，将冷顺蒙官夺放。去年蒙保冷顺更名冷青，不违蚁案。州属此风不可不除，况于咸丰四年腊月初四日,与同张、廖二贼谋叛,伤毙蒲邑韩主。冷顺父子枪伤张玉春之弟张玉碧毙命。冷顺父子具结人亡产绝,府、臬宪案均可查,系冷顺同治三年将傅金山之父私押车凤祥店内毙命,有伤无械,案可赏查。冷泽前名冷玉、冷大老二,更名冷顺。蚁控州,新任吴主不准,保充冷顺怏恨钉心。今正月二十七日,率结盟之向老大二十余人,各执刀械,在州属龙行场向蚁子洪亮行凶。蚁子被逃赴州,喊冤呈控。吴主票差,将冷顺拿获。复遭冷顺之叔冷洪估将伊放回。叠次寻凶,蚁复控,被傅联升、冷洪等把持,上蒙下弊,致蚁含冤负屈,无由申诉,情迫无奈,只得着抱奔叩赴京以伸冤,仰生死衔结报得泣血上呈。[①]

二〇五　审理崇庆州民王万有京控一案折

同治十二年十二月二十七日(1874年2月13日)

头品顶戴四川总督臣吴棠跪奏,为京控案件遵旨提审,原告递词求息,由州审明定拟,恭折覆奏,仰祈圣鉴事。

窃臣接准步军统领衙门咨:据四川崇庆州民王万有以贪翻枉命、贿搁掩霸等词呈控一案,于同治十年七月十七日具奏,奉旨:此案着交吴棠督同臬司,亲提人证卷宗,秉公研讯确情,按律定拟具奏。原告民人王万有,该部照例解往备质。钦此。将该原告王万有咨解回川。遵查此案前于同治十年十一月二十日,据署崇庆州知州吴增辉具禀,即经批司饬州将该犯王潮柱提案省释,俟王万有回归,

---

① 台北故宫博物院藏:军机及宫中档,文献编号:108558。

取结完案。兹王万有京控递回，系先不知其叔王潮柱业已释放，全案犯故无可审办。似可即就王万有，传同已释之王潮柱等，讯供取结完案。所有王万有附控其甥陈友仁等取用其姊存钱，扫拿衣物、口粮，控经断结，仍不奉养等情，应即一并由州提讯，究断详覆，再行核办。当经行司转饬审办去后。旋经该原告王万有以先不知伊叔王潮柱业已释放，自认在京妄控，情愿认罪，回州结息，恳免行提拖累等情具呈前来。恐有贿和情弊，当将该原告发司，转发该州查讯，覆核察办。兹据崇庆州知州陈昺审明定拟，由按察使英祥具详。

臣覆加核看，缘王万有即王万友，籍隶该州。王思广、王思举、王思谟弟兄三房，于嘉庆七年分产析居。长房王思广，生子王潮寅等三人。次房王思举，生子王潮监、王潮仁、王潮受、王潮柱四人。三房王思谟，生子王潮庆一人。王帼玉系王思广之孙，王万有系王潮受之子，王万珠系王潮柱之子，王帼正系王潮庆之子。道光二十三年，王思谟为子王潮庆报捐监生。王思举率子王潮受、王潮柱，用王思广之名，以冒捐乱宗控州。经前任州年昌阿准理唤讯，王思广投具窃名呈词，呈明王潮庆实系王思谟亲子。提讯王思谟，供称王潮庆系伊妻王张氏所生。呈验超荐，伊父王启泰、伊妻王张氏，经部均注王潮庆孝孙、孝男字样。王思举供为异姓，毫无凭据。衅因王思举欲将王潮柱过继三房，王思谟不允，遂致涉讼。质之族证王思万等，供亦无异。因两造均愿和好息讼，年昌阿准息，取结完案。

咸丰七年九月，王思谟病故。王思广、王思举亦皆先期谢世。王潮庆成服建醮。王帼玉与王万有因为王潮庆借贷不允口角，经王思万等解劝未息，王帼玉即称王思谟无后，应立伊为孙，列王潮柱作证，控经前任州赵锦，唤讯王帼玉，不能指出王潮庆异姓确据，王潮柱亦无过继抚约为凭。赵锦酌断王潮庆踩田八十亩归公，以息讼端。

八年三月，王帼玉、王万有擅用王潮庆银谷，王潮庆与妻王杨氏控州，断还未缴。先后由府司控经前督臣王庆云①批司饬府提审，王潮柱捏称王潮庆系王文元之子王匀匀，经王思谟于嘉庆年间抱养，更名为嗣。从前王思谟分给伊田三十亩，拨令另居，指为过继证据，串同家族王平兴等狡蒙，未经断结。

九年三月，王潮柱借名建祠，以王万有充当首事，砍伐王潮庆业内树竹。王潮庆遣妻王杨氏及子王帼正，先后续赴前督臣王庆云衙门上控。复批府行提人卷，督同委员候补知县徐灼核讯，王潮庆实系王思谟亲生，并非抱养。王潮柱并无过继与王思谟之事。且查王文元亦无其人，其为图产妄供无疑。因王潮柱供称，并未分伊父产业，断令王潮庆仰体父志，拨田八十五亩，以补王潮柱应分次房业数，换立佃约十四张。王潮庆愿独修宗祠，并断王潮柱等将所砍树竹缴还，王潮庆自行修理，不许王万有再充首事人证。回州邀族，配搭田亩。尚未拨明具结，王潮柱复砌捏徐灼刑逼卡禁等

---

① 王庆云（1798—1862），字雁汀、贤关、家环，福建闽县人。道光九年（1829），中式进士，选庶吉士。十二年（1832），授翰林院编修。十四年（1834），充广西乡试正考官。同年，丁母忧。十七年（1837），授贵州学政。二十一年（1841），丁父忧。二十六年（1846），补文渊阁校理。翌年，充侍讲学士。二十七年（1847），迁侍读学士。是年，充武会试副考官。二十九年（1849），补通政使司副使。三十年（1850），授詹事府詹事、日讲起居注官，管文渊阁直阁事。同年，署顺天府府尹。咸丰元年（1851），迁户部左侍郎，兼管三库事务。同年，充考试大臣。二年（1852），兼署户部右侍郎，授实录馆副总裁。三年（1853），放陕西巡抚。次年，调山西巡抚，兼管盐政。七年（1857），擢四川总督。九年（1859），兼署成都将军。同年，调补两广总督。十一年（1861），授都察院左都御史、工部尚书。同治元年（1862），病卒。谥文勤。有《熙朝纪政》、《石渠余纪》、《王文勤奏稿》等梓行。

词,先后控经前署督臣曾望颜,①暨钦差大臣崇实批司饬府录覆结案。王潮柱自争继涉讼,因负欠无偿,抑郁致疾,转成疯迷病症,时发时愈。王万有与陈兰芳、杨正乾,均住隔窎远,先不知悉。

十年十一月初一日,陈兰芳、杨正乾因王潮柱、王万有与王潮庆等历年经讼不休,邀凭族邻方仁和等劝解罢讼,仍敦和睦。书立息约,交陈兰芳收执,尚未具呈。初四日,王帼玉因王潮受代伊与王潮柱借贷钱文开销与讼旅费缭轕不清,在怀远镇地方向王潮受清问帐目。王潮受不能回答,情虚恼羞,拔刀自行戳伤左右腿图赖,倒地身死。

初五日,王万有闻人传称王潮受被杀,情由不一,究不识如何毙命,投同约邻陈兰芳等,报经前任州董钧验明王潮受身死,缉获王帼玉、王潮柱到案提讯,正值王潮柱疯发,自认将王潮受戳伤。王帼玉供称:王潮受拔刀自戳,王潮柱赶拢夺刀,被王潮受带跌,扑压王潮受身上,致被戳伤等语。董钧录供通报,经前督臣骆秉章以情节支离,饬接署州程熙春确审拟解。嗣因覆审,各供闪烁,禀府提讯。维时王万有、陈兰芳、杨正乾访明,王潮受实系自戕图赖,因伤身死。王潮柱患病妄供,实未拢救夺刀。在州联名具呈。程熙春提讯王帼玉,供词相符,取具各结,禀请将犯发回。因案关服制,旁无确实见证,未能定谳。详明传到要证李腾蛟,质究明确,再行拟办。王潮柱

---

① 曾望颜(1790—1870),字瞻孔,号卓如,广东香山人。嘉庆二十四年(1819),中式举人。道光二年(1822),中式进士,选庶吉士。三年(1823),授翰林院编修。十三年(1833),补江西道监察御史。次年,调江南道监察御史。十五年(1835),升刑科给事中,兼署户科给事中。同年,授光禄寺少卿、太常寺少卿。十六年(1836),升顺天府府尹。二十年(1840),调补福建布政使,旋护理福建巡抚,代办闽浙总督。咸丰五年(1855),充通政使司参议。六年(1856),补顺天府府尹。是年,擢陕西巡抚。九年(1859),署理四川总督。同治五年(1866),授内阁侍读学士。九年(1870),卒于任。

发解到州提验,目瞪神昏,语无伦次,确系患病情状。查明家无严密房屋,照例监禁,锁锢医调。差传李腾蛟未获。程熙春卸事,移交刘溥,于同治三年三月十六日,缉获李腾蛟到案,因患病沉重,不能取供,保店医调。刘溥亦即交卸,袁树到任接交。李腾蛟病稍痊愈,讯据供称,当日眼见王潮受拔刀自戳倒地,伊拢向查问,王潮受自认因王帼玉清问借钱开销旅费细帐,无言回答,自戕图赖。是时王潮柱并未拢场等供。复集人证讯明,李腾蛟与王帼玉先后在保病故。袁树旋即卸事,历任州牧因王潮柱疯病不时举发,碍难请释。

九年三月、十月,王潮柱之母王曹氏与王万有,因王潮柱久禁在监,隐匿患疯情由,捏以刑吏盛治华弊塌、差役王荣等威逼王万珠溺毙等词,先后具控。经臣札饬查案禀覆,前署州吴曾辉查明,王万珠实于六年三月,因挑水煮饭,自行滑跌井内溺毙。未经报案,书差并未弊塌、威逼情事。并查验王潮柱疯病业已医痊,禀奉批饬,将王潮柱提释,吴曾辉移交。该州于十一年二月十二日,遵将王潮柱提案开释,交亲属领回,具文申报。

又,王万有胞妹王氏,幼嫁陈启仲为妾,并无生育。同治九年,陈王氏首告陈友仁等,经前署州吴克谦饬差传讯。因陈启仲早年与伊子陈友仁、陈友得分居,陈友仁等后将管业变卖,各提给陈启仲钱一百五十千文开设纸厂,招族人陈友勋经理。

同治八年五月,陈启仲病故。九年,陈王氏将纸厂货物变卖。陈友仁等往阻,陈王氏捏砌陈友仁等扫拿衣物、口粮等词控州,经吴克谦唤讯未结。陈王氏遣抱告族人王正友迭次控经前署成都府知府李德良批州讯覆。吴克谦复集人证,断令变卖纸料钱文归陈王氏收作养膳外,再断陈友仁等每月各揪给实米一斗,终其余年。两造甘依具结,录覆销案。

先是十年二月，王万有见伊叔王潮柱疯病医痊，尚未出监，疑因前案被禁，一时情急，起意京控，砌列王潮庆听从彭观受主使李腾蛟将王潮受戳毙，牵扯争继旧案，并叙告过书差弊塌、威逼各情，连陈王氏控案一并附入，自作呈词进京，赴步军统领衙门投递，讯供具奏，奉旨交审，将王万有咨解回川。遵查此案于同治十年十一月二十日，据署崇庆州知州吴曾辉具禀，即批司饬州将王潮柱提案省释，俟王万有回归，取结完案。兹王万有京控递回，系先不知其叔王潮柱业已释放，全案犯故，无可审办。似可即就王万有传同已释之王潮柱等讯供，取结完案。所有王万有附控其甥陈友仁等取用其姊存钱，扫拿衣物、口粮，控经断结，仍不奉养各情，应即一并由州提讯究断详覆，再行核办。当经行司转饬审办去后，旋经该原告王万有以先不知伊叔王潮柱业已释放，自认在京妄控，情愿认罪回州结息，恳免行提拖累等情，具呈前来。恐有贿和情弊，当将该原告发司，转发该州查讯覆办。兹据该州讯明定拟，由司详覆到臣，覆加核看无异。

此案王万有即王万友，因见伊叔王潮柱医痊，尚未出监，疑因伊父王潮受自戕之案被禁，一时情急，砌词京控。查所告王匀匀即王潮庆主使戳毙伊父，并王荣等威逼人致死各情，均出有因，与平空诬告不同，且一知伊叔业经省释，即行尽吐实情，自愿认罪求息。查该原告求息在未经审讯之先，与未经验尸无异。既据讯无贿和各情，自应按律问拟。王万有即王万友合依控告人命或有情急妄告、于未经验尸之先尽吐实情，自愿认罪递词求息者，讯明该罪犯无贿和等情，照不应重律治罪完结例，拟杖八十。该原告京控被解，在同治十一年正月初四日钦奉恩旨以前，与事犯到官在前无异，所得杖罪应予宽免。王匀匀即王潮庆，究无听从主使戳毙王潮受情事，应与并无弊塌贿纵、威逼人命之刑吏盛治华、差役王荣等，及讯未擅用钱文、推殴违断之陈友仁等,并无干病故之李腾蛟、王帼玉,均毋庸议。争继各原案,早经断结。王帼玉等擅用王潮庆银谷,已据清还。委员徐灼并未刑逼卡禁,请免置议。王潮受死由自戕,与人无尤。王潮柱患病收监禁锢,系照例办理,并非无故淹禁,业已医痊提释。陈友仁等月给陈王氏米食,已据遵断,照旧给领。无干省释。

除招供咨部并咨覆步军统领衙门外,所有审明定拟缘由,理合恭折具奏,伏乞皇上圣鉴,敕部核覆施行。谨奏。十二年十二月二十七日。

同治十三年二月初四日,奉朱批:刑部议奏。钦此。①

【案】同治十年七月十七日,步军统领存诚等奏报川民王万有京控一案折:

奴才存诚等谨奏,为请旨事。

据四川崇庆州民王万有以王匀匀等用刀将伊父王潮受砍伤毙命等词呈控前来。奴才等督饬司员,详加讯问,据王万有供:我系四川成都府崇庆州人,年四十八岁,在州属七家地地方居住,种田度日。我继叔王匀匀即王潮庆贿委乱宗霸地,以致串嘱李腾蛟,力毙我父王潮受登时殒命,翻诬我胞叔王潮柱,诬戳被押。我堂弟王万珠被逼投井毙命。我祖母王曹氏叠控督、臬各宪,批司饬州。伊等仍贿通不讯,案搁十载之余,我胞叔至今被押不放。我情急,连因我甥陈友仁等抗不奉养我胞姐一并缘尾,详书呈词,来京赴案呈告的等语。

---

① 台北故宫博物院藏:军机及宫中档,文献编号:113736;中国第一历史档案馆藏:朱批奏折,档案编号:04-01-01-0921-042。

查王万有所控王匀匀即王潮庆，因乱宗霸地、串嘱李腾蛟用刀将伊父王潮受毙命，翻诬伊胞叔王潮柱，诬戳被押，历控臬司、总督批州。伊等贿通不讯，案搁十载之余，至今伊胞叔王潮柱被押不放等情。如果属实，亟应究办，以儆凶顽而重民命。谨抄录原呈，恭呈御览，伏候训示遵行。

再，遵照奏定章程，取具该原告王万有甘结，内称控经总督，并未亲提。合并声明。为此谨奏请旨。同治十年七月十七日。奴才存诚，奴才荣禄，奴才达明阿。①

【附】同治十年七月十七日，步军统领存诚等呈民王万有京控呈词，曰：

具恳状：系四川成都府崇庆州民王万有，年四十八岁，呈为贪翻往命、贿搁掩霸，诉恳赏鉴事情。

缘蚁祖父三弟兄，蚁胞伯祖王思广孙存子故，蚁祖父王思举脉生蚁父四弟兄，蚁胞伯王潮监，蚁次伯王潮仁，蚁父王潮受，蚁胞叔王潮柱。惟蚁胞叔祖王思谟连娶三妾，男女无育，于嘉庆十七年时，蚁胞叔王潮柱年将两岁，被蚁胞叔祖王思谟自请族长王思广、王思尧等，屈蚁祖父王思举，将蚁胞叔王潮柱约抚与蚁胞叔祖王思谟为嗣。至嘉庆二十三年十一月十一日，蚁公祖王启泰生辰，亲族王思尧等均在夜宿。二更以后，门首炮响，族等敬看见一筇臂内抗一子，身负年庚，系有七岁。经王思尧等央蚁胞叔祖王思谟牧养，取名王匀匀，亲邻周知。因蚁胞叔祖王思谟后又另妾张氏，与蚁胞叔王潮柱不和。衅由张氏支王匀匀在道光二十三年，私自改名王潮庆，蓦行捐监，经蚁祖父

---

① 台北故宫博物院藏：军机及宫中档，文献编号：105559。

王思举以冒捐乱宗首控蚁胞叔祖王思谟,在崇庆州年主批唤,
而蚁胞叔祖王思谟自知失差,即请族亲王思尧、王思万等委劝。
蚁祖父王思举仍其和好,而蚁胞叔祖王思谟拨田三十亩,折蚁
胞叔王潮柱功名之用,系蚁祖父王思举听劝备案。

至于咸丰七年九月内,蚁胞叔祖王思谟染病,谕蚁胞叔王
潮柱请凭族长王思尧、王思万等,听蚁胞叔祖王思谟自言,后
仓存留谷石,建修宗祠;遗业千亩,提田八十,入祠焚献,我殁
无违。不料蚁胞叔祖王思谟至九月二十五日,命危病故。蚁
胞叔祖王思谟前娶张氏、周氏、李氏均已早故,被后娶张氏支
纵王匀匀霸管灭祠,经蚁胞伯祖王思广之孙王帼玉等不允,始
以乱宗霸业等情控逐王匀匀即王潮庆,在崇庆州赵主唤讯,照
遗嘱断田八十亩,归入宗祠,以免族讼,各干遵断,具结备案。
蚁胞叔王潮柱回家,不由王匀匀掌管财物,被王匀匀夫妇奸恨
钉心,私怀蚁胞叔王潮柱抚约生事。蚁胞叔王潮柱投凭。族
等与王匀匀于咸丰八年三月由州互控成都府,即叩臬辕上控。
在督批饬府提全案人证,皆以赴府。兹蒙翁府祖督同任潼川
府知府陶委员及试用知州叶委员,并用知县汪委员,同在府提
调审讯。蚁等六房族长王思尧、王思刚、王思良、王思万、王思
敬、王潮伸、王潮林、王潮俸、王潮兴、王潮用、王潮受、王帼着、
王帼玉,同蚁等皆候府辕提审明确,讯查蚁祖父王思举在道光
二十三年以冒捐乱宗控崇庆州案由,问破王匀匀自供,本系王
文元之次子,伊母刘氏及伊胞兄王芝俸实系同姓,与蚁不宗。
府辕断令王匀匀系是七岁,同姓牧养,不得干预,例应逐出,各
自还宗。王匀匀自知痛悔,哀求蚁族王思尧等呈恳免逐。府
辕批讯叠提族等,谕蚁胞叔祖王思谟所遗田业分拨回覆,经系

族证王思尧等，即屈蚁胞叔王潮柱听劝免究，王匀匀仍从其姓。蚁胞叔王潮柱应受田产五百五十亩，祠田在内。王匀匀得田四百五十亩。遵谕拨明，均允回覆。至九月二十九日，经蒙府辕提同审断，蚁胞叔王潮柱与王匀匀当堂各立拨约、朱照各甘，遵断具结，通详完案。

冤遭佃户彭观受图唆渔利，主持王匀匀、妻王杨氏，不思牧养，在省贿逗，见陶、叶委员出省上任，王匀匀夫妇支伊次子王帼正，于咸丰九年三月贿弊捏词，由府翻控，蒙叩督辕。府又复提蚁胞叔王潮柱同蚁赴府，锁交华邑，收羁难移。王匀匀在家连将府堂断拨之田指数十亩，卖与杨姓。因王匀匀得银千余，命人送省，由王杨氏在府候审。至四月十四日，蚁同蚁胞叔王潮柱被候补县徐委员在府提审，前官判断有结之案亦不为据，禀详督宪转司核札，更不为凭。每讯套蚁胞叔王潮柱过朱拨约，蚁胞叔王潮柱随将拨约当堂献验，遭徐委员验约入卷，受责收卡。房族不服，王帼玉作抱，于四月二十日以贿翻违害呈控臬辕，批府：该抱告王帼玉着即赴府投质。又遭徐委员提审，不讯乱宗原由，并不讯取族证供结，概不准蚁同蚁胞叔王潮柱及蚁伯弟王帼玉叔侄分诉，将蚁叔侄均责，锁收两县凌磨。蚁族长王思尧、王思万、王潮伸、王潮兴等皆赴府辕投质，实遭徐委员在府提审，即将族等均责回家，而蚁胞叔王潮柱奈何，着子王万珠，于七月初三日以乱法夺业叩臬辕，批仰成都府迅速提集人证到案，另委干员，秉公察断。仍遭徐委员藐批，专案刑逼蚁胞叔王潮柱献缴前官判明朱照各佃约，据共十四张。因蚁胞叔王潮柱不认缴案，被徐委员提讯，要蚁献蚁父分关，蚁即献验。殊徐委员照蚁父分关给田八十五亩，刑逼蚁胞叔王潮柱自管耕收。

蚁胞叔王潮柱受刑不允,遭徐委员饬提,集传蚁胞叔王潮柱名下佃户十四家,彭观受等均赴府堂。徐委员传谕彭观受等各佃田亩仍其王杨氏所管,每年蚁胞叔所收谷石尽交王杨氏管收。惨蚁胞叔王潮柱家口难过,复又着子王万珠于八月十三日,以翻灭勒迫,奔叩督辕。批司饬府,亲督干员,审明详覆。仍遭徐委员抗批提审,叠次重责。蚁胞叔王潮柱痛缴过朱佃约。蚁胞叔王潮柱无奈,又着子王万珠于八月二十三日,以蒙翻酷勒,叠控督辕,批司饬府,又遭徐委员赴府叠讯,见蚁胞叔卡内年余,磨灭命危,始将蚁胞叔王潮柱提店养病。蚁胞叔王潮柱在店不甘,于十年前三月十六日以鹊巢鸠居,奔叩崇宪,蒙批示未下,冤遭徐委员叠蒙抗批。于四月十五日赴府,提蚁胞叔王潮柱及蚁伯弟王帼玉同蚁,锁交华邑派差,押行蚁叔侄回崇庆州,锁候月久。因王匀匀夫妇并未回州同候质讯,至六月二十五日,州地遭贼,蚁等奔回。因彭观受计谋贿翻,亦未结案。令王匀匀托陈兰芳邀同杨正乾,屈劝蚁胞叔王潮柱,休与王匀匀缠讼。因蚁胞叔王潮柱并不允从,被陈兰芳、杨正乾见蚁父王潮受替蚁胞叔王潮柱约借债帐,本利俱无。陈兰芳、杨正乾即屈蚁父王潮受与伊同劝蚁胞叔王潮柱允从,于十一月初一日请凭亲邻方仁和等,书立息讼约据,当交陈兰芳、杨正乾二人执存。殊彭观受暗颠王帼玉均犯蚁父王潮受,即被陈兰芳、杨正乾甜言蜜语,督令蚁父王潮受收伏,王帼玉允从息案。因此叔侄未解其情。

至初四日,蚁同蚁父王潮受行赶分州,即至午时,到新街口。蚁先遇彭观受吊蚁,言语蚁父王潮受,后被王帼玉与蚁父王潮受对面扭挽。蚁见蚁父王潮受左手执王帼玉发,右手击王帼玉耳。殊王帼玉身有短刀，暗遭王匀匀听彭观受蓦买分州汛兵李腾蛟率痞预候，乘机拥拉，李腾蛟拾王帼玉短刀，立将蚁父王潮受戳毙。蚁见不识数人拥打。王帼玉杀叔，蚁当不解，情迫难救，蚁速将王帼玉扭获报州。董主将蚁父王潮受尸身验装，集讯蚁扭交凶犯王帼玉，慌供蚁父王潮受自戳，情节不合。后有李腾蛟同痞棍刘图文自赴州堂，从中抗质，蚁父王潮受自戕，又供蚁胞叔王潮柱戳毙。蚁胞叔王潮柱即时赴案，与伊等质讯。李腾蛟又认蹀刀，刘图文另供持刀，并未眼见。受责收卡。但李腾蛟被王匀匀夫妇在州私贿恶蠹王荣串弊，蓦将李腾蛟纵放。于咸丰十一年八月二十四日，州主复讯，酷刑苦逼蚁认为自戕。蚁死不允，收蚁卡磨。刑逼蚁胞叔王潮柱，认由后戳一伤毙命。况系蚁父王潮受登时伤毙，蚁陇在前，蚁胞叔王潮柱随陇在后，经蒙州主验明五刀，俱有七眼，皆在中身前面两腿，右腿三刀，对穿一下，进眼大出眼小，皆由前面一顺戳后，并无由后戳前之伤。

至九月初五日，州主卡内提蚁复讯，蚁实奈何，顺供释卡，将蚁押店。至十一月二十七日，州主又讯，当堂叠查徐委员府讯札文，含糊不明。此案久讯，俱难结详，谕将全案人证押候，行文解省，又遭王匀匀贿塌无解。押蚁年底，蚁母病危，蚁着子喊冤，将蚁放回。至十二月二十九日，州堂董主提蚁胞叔王潮柱，禁监捏详。因蚁祖母在家惨伤，谕蚁在同治元年二月初八日以贪酿刺毙赴控督辕，批司饬州：该原告着即回州候审。蚁遵回候。又遭王荣受王匀匀重贿，通堂弊掩。于三月初十日，提将蚁胞叔王潮柱解省。蒙府提勘。见蚁胞叔王潮柱供系含糊，行札提集蚁等全案人证，赴府质讯。因此案内李腾蛟被王荣纵放逃外，叠提不案。府辕将蚁犯证札发回州静候，饬差严拿李腾蛟到案遵办。经蚁暗查访，至同治二年十一月二十三日，李腾蛟染病回家，被蚁等拿获，交差王荣，派押崇都店候。不料又被王匀匀贿弊搁掩，蚁催无讯。李腾蛟在店病危，而蚁好言查问。李腾蛟自言误听彭观受圈说错行。

讵李腾蛟押于同治三年三月十六日病故，王帼玉已故。惨蚁胞叔王潮柱、子王万珠冤被王荣见王匀匀之贿，暗串蚁胞叔王潮柱还清债主之佃户郑元钧，捏词诬控王万珠父子，在崇庆州唤案，遭王荣速派马元带十余人，各执刀杆，凶入王万珠家，吓逼王万珠入井毙命。因王万珠家无丁口，冤埋无伸。蚁九旬祖母王曹氏痛蚁胞叔王潮柱在监久磨无着，在同治九年三月初八日，以冤禁无着呈恳督辕，批司饬州。因蚁祖母控案批回，叠遭王匀匀霸蚁胞叔王潮柱产不容，复王荣串弊贿刑吏盛治华，胆将蚁祖母控案压搁无行。惨蚁祖母抑郁身故时，谕蚁父叔冤仇，蚁含忍未控，反遭王荣复串郑元钧于同治九年十月，捏词补控蚁胞叔王潮柱累蚁在案。惨蚁老幼三代冤遭蠹害，于十一月初八日，蚁以贿串冤埋复控督辕，批司饬州。蚁叠控青天，批入泥坑。因此州堂恶蠹王荣势大如虎，有钱得胜，无钱难生。兹蚁胞叔王潮柱在府断结，拨明田产五百五十亩，实遭不宗之王匀匀听彭观受主谋，贿霸蚁胞叔王潮柱名下田产四百六十五亩，每年霸收蚁胞叔王潮柱租谷四百余石，吞霸不叙，乱蚁宗支，灭蚁宗祠，蓦买李腾蛟，刺毙蚁父王潮受。蚁当不解，移害蚁伯弟王帼玉卡毙。叠次贿窦，冤诬蚁胞叔在监屈磨十载余日，累蚁胞叔王潮柱妻王任氏、子王万珠，均已惨毙。而蚁叠访明确，王匀匀即王潮庆，与彭观受除谢捐监。

蚁痛父仇，莫共戴天，屡遭贿掩，九泉不甘，系蚁胞叔王潮柱今有六旬，家无丁口，自甘留田二十五亩，以作生死费用。余有田四百四十亩，愿捐除贼，求赏顶戴，九泉不忘情！

因蚁姐夫陈启仲发妻脉生三子两女，并未婚配，陈启仲妻染病物故。在道光年间，陈启仲娶蚁姐为室，今有三十余载，蚁姐亦无生育。蚁姐陈王氏同陈启仲苦积，买田共有九十亩零，即将子女婚配，又将翁姑送葬。因系陈启仲长子陈友仁在家抗强，陈启仲奈何将业议分，各管耕收，每年每人各应膳谷九石。殊陈友仁分居，并不听教，自将分业当外，更名陈怀恩，买充崇庆州户吏，另娶不叙。陈启仲父子俱难会面。蚁姐同陈启仲自将每年口粮撙积，即交伊侄陈友勋买寸纸料，今存十载余年，共有钱七百余串。不料陈启仲于同治八年五月病故，被蚁外甥陈友仁支蚁姐陈王氏，自赴厂内，向陈友勋率讨钱文。陈友勋速将存纸发卖，即交陈友仁收钱，共有四百余串。因系蚁姐在厂闻听家中陈友仁即将蚁姐衣物、口粮扫拿一空。蚁姐奔回查问，惨遭逆子陈友仁击耳推跌。蚁姐当喊分州，即喊崇庆州。因陈友仁在衙势大，塌定无讯。蚁姐奈何奔首成都，府批州讯，断逆子陈友仁等每人一月给奉米一斗。蚁姐同蚁州堂具有结状。陈友仁不违不奉，纵将伊弟陈友德等升合不奉。今系蚁姐常蚁家下，诓陈友勋所欠余钱被陈友仁串霸，不给蚁姐。惨蚁姐夫陈启仲死停年余未葬，蚁姐自思每日无粮，回家难过，只得书蚁案内赴京，拨云见日。蚁将死父生叔冤仇始以贪翻往命等情，奔叩谨呈。①

① 台北故宫博物院藏：军机及宫中档，文献编号：108560。

同治十三年(1874)

○○一 奏为御赐福字谢恩折

同治十三年正月二十日(1874年3月8日)

头品顶戴四川总督臣吴棠跪奏,为恭谢天恩,仰祈圣鉴事。

同治十三年正月十二日,赍折差弁回川,奉到上年十二月初十日御赐福字一方。臣当即恭设香案,望阙叩头谢恩祗领。钦惟皇上抱一垂型,函三受祜,尘清禹甸,福威远靖夫边陲;光被尧天,福禄早覃于中外。固已和甘克召,共乐春台;覆帱无偏,咸登寿寓。兹际符赓延喜,律应回韶,占泰祉之调鸿,仰乾文之悬象;金銮彩贲,允见珠联璧合之奇;玉垒辉腾,弥殷就日瞻云之慕。臣材惭樗栎,志懔冰渊。频年防剿兼筹,敢图燕息。此日升平共享,益励蚁忱。迭沾收降之酴恩,时惧自求之寡效。天章虔奉,日惕倍深。惟有勉策愚衷,广宣德意,愿合两川之士庶,迓万福而顺则输诚;冀酬九陛之仁恩,衍五福而来同纪颂!

所有微臣感激下忱,理合恭折具陈,叩谢天恩,伏乞皇上圣鉴。谨奏。正月二十日。

同治十三年二月十九日，奉朱批：知道了。钦此。①

○○二　奏报川省同治十二
年十二月雨水、粮价折

同治十三年正月二十七日（1874年3月15日）

头品顶戴四川总督臣吴棠跪奏，为恭报四川省十二年十二月份各属具报米粮价值及得雨情形，仰祈圣鉴事。

窃照同治十二年十一月份通省米粮价值及得雪情形，前经臣恭折奏报在案。兹查同治十二年十二月份成都、重庆、夔州、龙安、绥定、保宁、顺庆、潼川、雅州、嘉定、叙州十一府，资州、绵州、忠州、眉州、邛州、泸州六直隶州，石砫、叙永两直隶厅，各属先后具报得雨自一二次至八九次不等。田水充盈，小春滋长。其通省粮价俱与上月相同，据布政使王德固查明列单汇报前来。

臣覆核无异。理合分缮清单，恭呈御览，伏乞皇上圣鉴。谨奏。正月二十七日。

同治十三年二月二十日，奉朱批：知道了。钦此。②

---

① 台北故宫博物院藏：军机及宫中档，文献编号：113937；中国第一历史档案馆藏：朱批奏折，档案编号：04-01-12-0517-046。

② 台北故宫博物院藏：军机及宫中档，文献编号：113941；中国第一历史档案馆藏：朱批奏折，档案编号：04-01-24-0157-106。

○○三　呈川省同治十二年十二月粮价清单

同治十三年正月二十七日(1874 年 3 月 15 日)

谨将同治十二年十二月份四川省所属地方各项粮价,开具清单,恭呈御览。

成都府属,价贵。中米每仓石价银二两九钱五分至三两九钱三分,与上月同。大麦每仓石价银一两八钱三分至二两,与上月同。小麦每仓石价银二两一钱三分至二两三钱,与上月同。黄豆每仓石价银一两四分至二两四钱四分,与上月同。荞子每仓石价银一两一钱六分至一两七钱,与上月同。

重庆府属,价贵。中米每仓石价银二两七钱五分至三两七钱三分,与上月同。大麦每仓石价银一两六钱二分至一两九钱七分,与上月同。小麦每仓石价银二两六钱八分至二两七钱三分,与上月同。黄豆每仓石价银二两七钱至二两九钱七分,与上月同。

保宁府属,价贵。中米每仓石价银二两五钱七分至三两二钱三分,与上月同。大麦每仓石价银一两八钱九分至二两一钱,与上月同。小麦每仓石价银二两八钱三分至三两五钱七分,与上月同。黄豆每仓石价银一两八钱一分至二两一钱一分,与上月同。

顺庆府属,价贵。中米每仓石价银二两一分至三两四钱,与上月同。大麦每仓石价银一两六钱一分至一两八钱,与上月同。小麦每仓石价银二两九分至二两一钱二分,与上月同。黄豆每仓石价银一两五钱五分至一两六钱五分,与上月同。

叙州府属,价贵。中米每仓石价银三两二分至三两二钱七分,与上月同。大麦每仓石价银一两六钱六分至二两二分。

小麦每仓石价银二两一钱三分至二两六钱三分，与上月同。黄豆每仓石价银一两一钱一分至一两五钱二分，与上月同。

夔州府属，价贵。中米每仓石价银二两八钱二分至三两一钱三分，与上月同。大麦每仓石价银一两七钱八分至二两四钱六分，与上月同。小麦每仓石价银二两九钱五分至三两三分，与上月同。黄豆每仓石价银二两一钱四分至二两二钱四分，与上月同。

龙安府属，价贵。中米每仓石价银二两五钱一分至三两一钱六分，与上月同。青稞每仓石价银一两五钱，与上月同。小麦每仓石价银一两七钱九分至二两一钱八分，与上月同。黄豆每仓石价银一两八钱五分至一两九钱三分，与上月同。

宁远府属，价贵。中米每仓石价银二两八钱五分至三两一钱三分，与上月同。大麦每仓石价银一两四钱八分至一两六钱，与上月同。小麦每仓石价银一两五钱九分至二两二钱，与上月同。荞子每仓石价银一两四钱五分，与上月同。黄豆每仓石价银一两五钱六分至一两六钱三分，与上月同。

雅州府属，价中。中米每仓石价银二两七钱七分至二两七钱八分，与上月同。小麦每仓石价银二两二钱九分至二两六钱五分，与上月同。黄豆每仓石价银一两六钱五分至二两四分，与上月同。

嘉定府属，价贵。中米每仓石价银二两七钱四分至三两三钱二分，与上月同。小麦每仓石价银二两三钱六分至二两七钱三分，与上月同。黄豆每仓石价银一两四钱七分至二两三分，与上月同。

潼川府属，价贵。中米每仓石价银二两八钱五分至三两八分，与上月同。大麦每仓石价银一两六钱五分至一两九钱三分，与上月同。小麦每仓石价银二两一钱四分至二两四钱九分，与上月同。黄豆每仓石价银一两七钱六分至二两一钱三分，与上月同。

绥定府属,价中。中米每仓石价银二两七钱二分至二两八钱四分,与上月同。大麦每仓石价银一两五钱八分,与上月同。小麦每仓石价银一两六钱二分至一两七钱三分,与上月同。黄豆每仓石价银一两四钱三分,与上月同。

眉州直隶州属,价中。中米每仓石价银二两七钱至二两九钱八分,与上月同。

邛州直隶州并属,价贵。中米每仓石价银二两六钱至三两,较上月减一分。大麦每仓石价银一两九钱,与上月同。小麦每仓石价银二两五钱七分,与上月同。黄豆每仓石价银二两八分至二两二钱二分,与上月同。

泸州直隶州并属,价贵。中米每仓石价银三两二分至三两三分,与上月同。

资州直隶州并属,价中。中米每仓石价银二两五钱二分至二两九钱二分,与上月同。

绵州直隶州并属,价中。中米每仓石价银二两六钱九分至二两九钱七分,与上月同。小麦每仓石价银二两三钱二分至二两四钱六分,与上月同。

茂州直隶州并属,价中。中米每仓石价银二两五钱九分,与上月同。小麦每仓石价银二两六钱八分,与上月同。青稞每仓石价银二两二钱,与上月同。荞子每仓石价银一两二钱三分至一两七钱三分,与上月同。

忠州直隶州并属,价贵。中米每仓石价银二两五钱四分至三两一钱八分,与上月同。大麦每仓石价银一两四钱六分至一两六钱,与上月同。小麦每仓石价银二两三分至二两三钱九分,与上月同。黄豆每仓石价银一两二钱七分至一两五钱七分,与上月同。

酉阳直隶州并属，价贵。中米每仓石价银二两五钱五分至三两三分，与上月同。大麦每仓石价银二两二钱八分至二两六钱，与上月同。小麦每仓石价银二两六钱二分至二两七钱六分，与上月同。黄豆每仓石价银一两三钱九分至一两四钱四分，与上月同。

叙永直隶厅并属，价中。中米每仓石价银二两九钱三分，较上月减二分。小麦每仓石价银一两八钱一分，与上月同。荞子每仓石价银一两三钱二分，与上月同。黄豆每仓石价银一两六钱一分，与上月同。

松潘直隶厅，价中。青稞每仓石价银二两六钱六分，与上月同。荞子每仓石价银一两七钱四分，与上月同。

杂谷直隶厅，价中。青稞每仓石价银二两四钱，与上月同。荞子每仓石价银一两七钱九分，与上月同。

石砫直隶厅，价平。中米每仓石价银一两六钱，与上月同。大麦每仓石价银一两七钱三分，与上月同。小麦每仓石价银二两六分，与上月同。黄豆每仓石价银一两八钱九分，与上月同。

打箭炉厅，价贵。青稞每仓石价银四两八钱八分，与上月同。油麦每仓石价银一两八钱一分，与上月同。

（朱批）：览。[①]

○○四　呈川省同治十二年十二月得雨清单

同治十三年正月二十七日(1874年3月15日)

谨将同治十二年十二月份各属地方报到得雨情形，开具清单，

---

① 台北故宫博物院藏：军机及宫中档，文献编号：113941-0-A。

恭呈御览。

成都府属:成都、华阳两县得雨九次,小春滋长。简州得雨六次,红花滋长。崇庆州得雨六次,豆麦畅茂。汉州得雨三次,菜麦秀茂。温江县得雨六次,小春荣茂。郫县得雨四次,小春茂盛。新都县得雨三次,豆麦滋长。彭县得雨三次,小春滋长。灌县得雨三次,菜麦滋荣。双流县得雨三次,菜麦秀茂。

重庆府属:江北厅得雨三次,田塘积水。巴县得雨二次,小春滋茂。江津县得雨三次,小春滋长。长寿县得雨三次,塘堰积水。永川县得雨四次,冬水充盈。荣昌县得雨三次,塘水充足。綦江县得雨四次,田水有余。合州得雨三次,堰塘积水。南川县得雨三次,小春滋秀。铜梁县得雨二次,豆麦茂盛。璧山县得雨四次,堰水有余。大足县得雨四次,塘水有余。定远县得雨四次,冬水充足。

夔州府属:云阳县得雨三次,塘水蓄积。万县得雨二次,豆麦均茂。

龙安府属:江油县得雨四次,葫豆滋长。石泉县得雨二次,豆麦滋生。平武县得雨二次,二麦滋茂。彰明县得雨二次,二麦滋长。

绥定府属:达县得雨二次,田水稍积。东乡县得雨二次,二麦渐茂。渠县得雨三次,冬水足用。太平县得雨二次,豆麦滋茂。

保宁府属:阆中县得雨一次,地土稍润。苍溪县得雨一次,小春滋长。广元县得雨一次,豆麦滋长。昭化县得雨一次,二麦青葱。剑州得雨七次,田亩积水。

顺庆府属:南充县得雨一次,小春荣茂。西充县得雨三次,田水畅流。蓬州得雨二次,冬粮滋长。营山县得雨三次,地土滋润。仪陇县得雨二次,田堰水足。广安州得雨二次,二麦滋长。岳池县得雨二次,小春茂盛。邻水县得雨四次,堰水充盈。

潼川府属：三台县得雨九次，田水充足。射洪县得雨四次，豆麦荣秀。盐亭县得雨一次，小春滋长。蓬溪县得雨三次，田亩积水。乐至县得雨一次，豆麦滋长。

雅州府属：雅安县得雨二次，田水稍足。名山县得雨三次，小春茂盛。

嘉定府属：乐山县得雨三次，堰水充盈。峨眉县得雨二次，二麦畅茂。洪雅县得雨二次，小春荣茂。夹江县得雨六次，堰水充盈。犍为县得雨一次，地土滋润。荣县得雨三次，豆麦青葱。峨边厅得雨一次，二麦滋长。

叙州府属：南溪县得雨六次，田水皆足。富顺县得雨三次，小春荣茂。隆昌县得雨一次，田堰蓄水。

资州直隶州并属：资州得雨二次，小春滋长。仁寿县得雨二次，小春渐茂。资阳县得雨二次，小春滋长。井研县得雨四次，塘水充足。内江县得雨二次，小春滋长。

绵州直隶州属：安县得雨三次，小春滋长。梓潼县得雨六次，豆麦畅茂。

忠州直隶州属：酆都县得雨二次，小春滋长。垫江县得雨四次，小春滋长。梁山县得雨四次，冬粮滋长。

眉州直隶州并属：眉州得雨四次，田亩充盈。彭山县得雨三次，小春畅茂。丹棱县得雨四次，堰水充盈。

邛州直隶州属：大邑县得雨二次，地土滋润。

泸州直隶州并属：泸州得雨四次，小春滋长。江安县得雨二次，小春扬花。合江县得雨四次，二麦青葱。纳溪县得雨八次，田水充足。

石砫直隶厅得雨三次，小春滋长。

叙永直隶厅并属:叙永厅得雨五次,小春茂盛。永宁县得雨二次,地土滋润。

(朱批):览。①

○○五　请以许培身调补成都府知府折

同治十三年正月二十七日(1874 年 3 月 15 日)

头品顶戴四川总督臣吴棠跪奏,为遵旨拣员调补省会要缺知府,以资治理,恭折仰祈圣鉴事。

窃臣接准部咨:同治十二年十月初六日,奉上谕:四川成都府知府员缺紧要,着该督于通省知府内拣员调补,所遗员缺着王福保补授。钦此。当经截缺报部在案。查成都府管辖十六州县,为通省领袖,时有委审要案,政务极形繁剧,必须老成练达、守洁才优之员,方足以资整顿。臣督同藩、臬两司,在于通省现任知府内逐加遴拣选,多与是缺不甚相宜。

惟查有宁远府知府许培身,年五十三岁,浙江钱塘县人,由道光丙午科举人候选知县,遵例加捐直隶州知州,指发四川试用。咸丰六年引见,奉旨:着照例发往。钦此。是年十二月到省,因防剿出力,保举遇缺即补,加知府衔,并戴花翎,题补泸州直隶州知州,同治六年到任。四年,举行大计,卓异保荐。七年五月,经前兼署督臣崇实以荐举人材保奏,奉上谕:着送部引见,候旨录用。钦此。并案请咨赴部。卓异之案,于八年四月二十八日引见,奉旨:着回任,准其卓异加一级,仍注册候升。钦此。明保之案,于八年五月

---

① 台北故宫博物院藏:军机及宫中档,文献编号:113949。

二十五日引见，奉旨：着以知府回任候升。钦此。升补宁远府知府，同治八年十二月十八日到任。因越剿滇匪、克复永北厅城保奏，九年十一月二十四日，奉上谕：着以道员用。钦此。又于剿除会理州逆夷、地方肃清案内保奏，十年十二月十二日，奉上谕：着赏加盐运使衔。钦此。调署成都府知府。该员才具优长，通晓吏治，前在泸州、宁远府各任内，卓著循声，现署成都府知府，措施裕如，洵为知府中结实可靠之员，以之调补成都府知府，实堪胜任；例俸已满三年，正、署各任内并无降革、留任、展参案件，又系正途出身；虽宁远府亦系冲、繁、难三字要缺，而成都府为通省首府，较宁远府政务尤繁，与调补之例相符，且人地实在相需，据藩、臬两司会详前来。

合无仰恳天恩，俯准以宁远府知府许培身调补成都府知府，实于吏治、地方大有裨益。如蒙俞允，该员系实缺知府调补知府，衔缺相当，毋庸送部引见。其因公罚俸银两，饬令依限完缴。所遗宁远府知府缺，俟遗缺知府王福保到川，另案办理。所有拣员调补省会要缺知府缘由，理合恭折具奏，伏乞皇上圣鉴训示。再，此案应扣至十三年二月十一日限满。合并声明。谨奏。正月二十七日。

同治十三年二月二十日，奉朱批：吏部议奏。钦此。[①]

○○六　奏报知府庆善期满甄别折

同治十三年正月二十七日(1874 年 3 月 15 日)

头品顶戴四川总督臣吴棠跪奏，为知府到省年满，循例甄别，

---

　　① 台北故宫博物院藏：军机及宫中档，文献编号：113958；中国第一历史档案馆藏：朱批奏折，档案编号：04-01-12-0517-052。

恭折仰祈圣鉴事。

窃照道府到省一年期满,例应察看才具,分别堪胜繁简,专折奏闻。兹查发川尽先补用知府庆善,年四十二岁,盛京内务府正白旗汉军恩赐佐领下人,由附贡生报捐笔帖式,咸丰十一年九月,补授内务府骁骑校。同治七年二月,捐四品衔,并戴花翎。十一年二月,加捐郎中双月选用。四月,复捐知府,指发四川,以本班尽先补用,并免试用。十月十八日引见,奉旨:着以知府发往四川,归本班尽先补用。钦此。领照起程,同治十一年十二月二十五日到省,连闰扣至同治十二年十一月二十五日,一年期满,由藩、臬两司详请甄别前来。

臣察看该府庆善,年强才敏,堪膺表率之任,应请留川以简缺知府补用。倘或始勤终怠,仍当随时核办,断不敢稍事姑容,致滋贻误。理合循例恭折具奏,伏乞皇上圣鉴。谨奏。正月二十七日。

同治十三年二月二十日,奉朱批:吏部知道。钦此。①

○○七　奏报吴际昌等期满甄别片

同治十三年正月二十七日(1874年3月15日)

再,查吏部奏定章程:州、县、丞、倅,无论何项劳绩保奏归入候补班者,以到省之日起,予限一年,令督抚详加察看,出具切实考语,奏明分别繁简补用等因。遵照在案。兹查有候补班前先补用知县吴际昌、候补知县申详二员,均到省一年期满,自应照章甄别,

---

① 台北故宫博物院藏:军机及宫中档,文献编号:113959;中国第一历史档案馆藏:朱批奏折,档案编号:04-01-12-0517-051。

据布政使王德固、按察使英祥会详请奏前来。

臣查该员吴际昌年富才明，申详年强才敏，均请留川以简缺知县补用。除将该员等履历清册咨部外，理合附片陈明，伏乞圣鉴。谨奏。

同治十三年二月二十日，奉朱批：吏部知道。钦此。①

○○八 请以英祥等接署藩司等缺片

同治十三年正月二十七日(1874 年 3 月 15 日)

再，布政使王德固现已奉旨准其陛见，遗缺应即委员接署，以专责成。查按察使英祥，器识闳通，吏治整顿，前经委署藩篆，治理裕如，堪以委令接署。所遗按察使缺，查有盐茶道傅庆贻，上年两署臬篆，用心缜密，谳狱精勤，堪以调署。所遗盐茶道缺，查有建昌道黄云鹄，守洁才长，诚恳素著，堪以调署。所遗建昌道，查有候补道宝森，精明干练，吏事夙优，堪以委署。除分饬遵照外，理合附片陈明，伏乞圣鉴。谨奏。

同治十三年二月二十日，奉朱批：知道了。钦此。②

○○九 续查川省伤亡弁勇请敕部议恤折

同治十三年正月二十七日(1874 年 3 月 15 日)

头品顶戴四川总督臣吴棠跪奏，为续查川省剿贼阵亡、受伤弁

---

① 台北故宫博物院藏：军机及宫中档，文献编号：113960；中国第一历史档案馆藏：朱批奏片，档案编号：04-01-13-0325-033。此片具奏日期未确，兹据同批折件校正。

② 台北故宫博物院藏：军机及宫中档，文献编号：113961；中国第一历史档案馆藏：朱批奏片，档案编号：04-01-13-0325-030。此片具奏日期未确，兹据同批折件校正。

勇,恳恩敕部分别议恤,以彰忠节,恭折仰祈圣鉴事。

窃查川省自军兴以来,剿御滇、黔发、番各逆阵伤、亡故勇丁,先后奏请分别议恤在案。兹续据军营文武统领查明历年阵亡、受伤弁勇姓名、事迹,分报防剿局司道核明,汇造总册,详请具奏前来。臣查清册内阵亡军功五名,勇丁二百十五名,受伤勇丁一千六百七十一名,或临阵捐躯,或裹伤力战,均属忠勇忘身,深堪悯恻。

合无仰恳天恩,敕部准予分别议恤,以慰忠魂而励士气,出自圣主鸿慈。除册咨部外,理合恭折具奏,伏乞皇上圣鉴训示。谨奏。正月二十七日。

同治十三年二月二十日,奉朱批:兵部议奏。钦此。①

○一○　请将新疆月饷与各省协饷一体匀拨折

同治十三年二月二十七日（1874 年 4 月 13 日）

头品顶戴四川总督臣吴棠跪奏,为川省民困饷绌,司库入不敷出,请将新疆各营协饷仍照去年奏案,与各邻省协饷一体尽力匀拨,恭折仰祈圣鉴事。

窃查同治十二年闰六月间准户部咨:四川在于积欠历次指拨成禄出关饷银每月数千两、又一万两及专款十七万两内,每月提解景廉军饷二万两。嗣于九月间准户部咨:四川原协成禄月饷一万数千两,自同治十二年六月为始,按月照数解交金顺行营应用。又

---

① 台北故宫博物院藏:军机及宫中档,文献编号:113962;中国第一历史档案馆藏:朱批奏折,档案编号:04-01-16-0199-107。

于十二月间准户部咨：成禄所部现归金顺接统，四川原协金顺并由成禄协饷改归金顺行营，每月共应解五万两，为数过巨，恐力有未逮，改为每月解银三万两，源源报解。又于十三年正月准户部咨：先由部库于四成洋税项下动拨景廉军营饷银二十万两，即在积欠景廉月饷之四川省提银六万两，归还部拨景廉之款。其四川月饷二万两应遵照筹解，毋稍延欠各等因。

伏查四川一省除奉拨京饷、藏饷及本省例支各款暨防军口粮外，尚须分拨直隶、甘肃、云南、贵州、新疆五省协饷，而一省之中又有新饷、旧饷之分，有分解、垫解之异，款目纷烦，催提日急。一方之财赋有定，各省之支用靡常。部臣谓为数过巨，诚恐力有未逮，盖亦统筹川省全局，非仅指金顺、景廉两营待协之饷也。溯查去年迭奉谕旨，催提贵州欠饷五十万两、云南一半欠饷五十万两。臣督同藩司通盘筹画，川省一年进款只有三百数十万两，无从加派。一年奉拨应支之款共有七百余万两，半属虚悬，一入一出，多寡悬殊。各省协饷势难拘数定限，只有尽力匀拨，奏明奉旨在案。本年应拨各省协饷与去年相等，而核计课捐、厘金收数有减无增，实由频年旱潦相继，小民久困输将，生计日绌，悯脂膏之已竭，觉催索之殊难。譬如病者精力久耗，尪羸已甚，不得不稍加调护，以培元气也。

臣连日督同司道，竭力凑解京饷、练饷十一万及万年吉地工程十万两，司、盐两库业已搜索一空，而云、贵、甘肃三省催饷委员接踵而至，均难置之不顾。所有奉拨金顺、景廉两军月饷合计犹巨，仍请按照去年奏案，与各省协饷一体陆续分解，毋庸拘数定限，庶于酌盈剂虚之中，不致有顾彼失此之虑，据署臬司英祥具详前来。

至户部所垫景廉军饷,川省应还银六万两,仍当尽先筹措,解归部库。是否有当,理合恭折具奏,伏乞皇上圣鉴训示。谨奏。二月二十七日。

同治十三年三月十六日,奉朱批:着照所请,户部知道。钦此。[①]

○一一　奉拨万年吉地工程银两起程日期折

同治十三年二月二十七日(1874年4月13日)

头品顶戴四川总督臣吴棠跪奏,为川省二次委解万年吉地工程银两起程日期,恭折仰祈圣鉴事。

窃照恭修普祥峪、菩陀峪工程,去年已照部咨筹拨津贴、盐厘银共十万两,委员李玉宣解京交纳,恭折奏报在案。兹于十三年正月十七日准户部咨:续拨四川盐厘、津贴银十万两,径解工程处交纳等因。臣查恭修万年吉地工程,事体重大,遵即督同司道赶催各属,凑集津贴五万两、盐厘五万两,共银十万两,饬委新升马边厅同知林之洛领解,定期于十三年三月初二日自成都起程,仍照拨解京饷成案,发交蔚泰厚等银号汇解,委员至京兑齐,解赴工程处交纳,用昭慎重,据署藩司英祥、盐茶道傅庆贻会详前来。

除分咨外,所有二次委解工程银两起程日期,理合恭折陈明,伏乞皇上圣鉴。谨奏。二月二十七日。

同治十三年三月十六日,奉朱批:知道了。钦此。[②]

---

① 台北故宫博物院藏:军机及宫中档,文献编号:114327。
② 台北故宫博物院藏:军机及宫中档,文献编号:114328。

○一二　委解京饷暨固本饷项起程日期折

同治十三年二月二十七日（1874 年 4 月 13 日）

头品顶戴四川总督臣吴棠跪奏，为川省委解同治十三年份京饷暨固本饷项起程日期，恭折仰祈圣鉴事。

窃臣准兵部火票递到户部咨：奏拨同治十三年京饷一折[1]，同治十二年十一月十七日奉旨：依议。钦此。单开拨四川盐厘银十五万两、津贴银十五万两。又，固本饷项月解银五千两，前共解过银四十三万两，作为同治五年九月二十一日奉文之日起至十二年十二月二十一日止，连闰计八十八个月协济之项，先后奏报在案。

伏思京饷为部库正供，固本亦京畿要款，亟应勉力筹解。兹臣督同藩司筹集按粮津贴银五万两、盐厘银五万两，共十万两，作为本年奉拨京饷。又催集货厘银一万两，作为同治十二年十二月二十一日起至十三年二月二十一日止两个月固本饷项，均饬委崇庆州知州沈恩培承领，定期于本年三月初二日自成都起程。前因秦、陇交界地方时有散勇游匪，驿站通塞靡常，京饷关系甚重，实难冒险径解，臣于十年正月间复奏请援案发商汇兑，奉旨敕部知照在案。

所有此次饷项仍发交蔚泰厚等银号汇解，委员至京兑齐，解赴户部交纳，用昭慎重，据署藩司英祥、署臬司傅庆贻等会详前来。臣覆查无异。理合恭折具奏，伏乞皇上圣鉴。谨奏。二月二十七日。

同治十三年三月十六日，奉朱批：户部知道。钦此。[2]

---

① 户部之奏折、单，遍查两岸故宫，均无下落。
② 台北故宫博物院藏：军机及宫中档，文献编号：114329。

○一三　恭报川省同治十三
年正月雨水、粮价折

同治十三年二月二十八日(1874年4月14日)

头品顶戴四川总督臣吴棠跪奏,为恭报四川省同治十三年正月份各属具报米粮价值及得雨情形,仰祈圣鉴事。

窃照同治十二年十二月份通省米粮价值及得雨情形,前经臣恭折奏报在案。兹查同治十三年正月份成都、重庆、宁远、保宁、顺庆、潼川、嘉定、叙州等八府,资州、绵州、忠州、泸州四直隶州,各属先后具报得雨自一二次至六七次不等。田水充足,小春茂盛。其通省粮价俱与上月相同,据署布政使英祥查明列单汇报前来。

臣覆核无异。理合分缮清单,恭呈御览,伏乞皇上圣鉴。谨奏。二月二十八日。

同治十三年四月初三日,奉朱批:知道了。钦此。①

○一四　呈川省同治十三年
正月各项粮价清单

同治十三年二月二十八日(1874年4月14日)

谨将同治十三年正月份四川省所属地方各项粮价,开具清单,恭呈御览。

---

① 台北故宫博物院藏:军机及宫中档,文献编号:114604;中国第一历史档案馆藏:朱批奏折,档案编号:04-01-24-0157-107。

成都府属，价贵。中米每仓石价银二两九钱五分至三两九钱三分，与上月同。大麦每仓石价银一两八钱三分至二两，与上月同。小麦每仓石价银二两一钱三分至二两三钱，与上月同。黄豆每仓石价银一两四分至二两四钱四分，与上月同。荞子每仓石价银一两一钱六分至一两七钱，与上月同。

重庆府属，价贵。中米每仓石价银二两七钱五分至三两七钱三分，与上月同。大麦每仓石价银一两六钱二分至一两九钱七分，与上月同。小麦每仓石价银二两六钱八分至二两七钱三分，与上月同。黄豆每仓石价银二两七钱至二两九钱七分，与上月同。

保宁府属，价贵。中米每仓石价银二两五钱七分至三两二钱三分，与上月同。大麦每仓石价银一两八钱九分至二两一钱，与上月同。小麦每仓石价银二两八钱三分至三两五钱七分，与上月同。黄豆每仓石价银一两八钱一分至二两一钱一分，与上月同。

顺庆府属，价贵。中米每仓石价银二两一分至三两四钱，与上月同。大麦每仓石价银一两六钱一分至一两八钱，与上月同。小麦每仓石价银二两九分至二两一钱二分，与上月同。黄豆每仓石价银一两五钱五分至一两六钱五分，与上月同。

叙州府属，价贵。中米每仓石价银三两二分至三两二钱七分，与上月同。大麦每仓石价银一两六钱六分至二两二分，与上月同。小麦每仓石价银二两一钱三分至二两六钱三分，与上月同。黄豆每仓石价银一两一钱一分至一两五钱二分，与上月同。

夔州府属，价贵。中米每仓石价银二两八钱二分至三两一钱三分，与上月同。大麦每仓石价银一两七钱八分至二两四钱六分，与上月同。小麦每仓石价银二两九钱五分至三两三分，与上月同。黄豆每仓石价银二两一钱四分至二两二钱四分，与上月同。

龙安府属，价贵。中米每仓石价银二两五钱一分至三两一钱六分，与上月同。青稞每仓石价银一两五钱，与上月同。小麦每仓石价银一两七钱九分至二两一钱八分，与上月同。黄豆每仓石价银一两八钱五分至一两九钱三分，与上月同。

宁远府属，价贵。中米每仓石价银二两八钱五分至三两一钱三分，与上月同。大麦每仓石价银一两四钱八分至一两六钱，与上月同。小麦每仓石价银一两五钱九分至二两二钱，与上月同。荞子每仓石价银一两四钱五分，与上月同。黄豆每仓石价银一两五钱六分至一两六钱三分，与上月同。

雅州府属，价中。中米每仓石价银二两七钱七分至二两七钱八分，与上月同。小麦每仓石价银二两二钱九分至二两六钱五分，与上月同。黄豆每仓石价银一两六钱五分至二两四分，与上月同。

嘉定府属，价贵。中米每仓石价银二两七钱四分至三两三钱二分，与上月同。小麦每仓石价银二两三钱六分至二两七钱三分，与上月同。黄豆每仓石价银一两四钱七分至二两三分，与上月同。

潼川府属，价贵。中米每仓石价银二两八钱五分至三两八分，与上月同。大麦每仓石价银一两六钱五分至一两九钱三分，与上月同。小麦每仓石价银二两一钱四分至二两四钱九分，与上月同。黄豆每仓石价银一两七钱六分至二两一钱三分，与上月同。

绥定府属，价中。中米每仓石价银二两七钱二分至二两八钱四分，与上月同。大麦每仓石价银一两五钱八分，与上月同。小麦每仓石价银一两六钱二分至一两七钱三分，与上月同。黄豆每仓石价银一两四钱三分，与上月同。

眉州直隶州属，价中。中米每仓石价银二两七钱至二两九钱八分，与上月同。

邛州直隶州并属，价贵。中米每仓石价银二两六钱至三两，与上月同。大麦每仓石价银一两九钱，与上月同。小麦每仓石价银二两五钱七分，与上月同。黄豆每仓石价银二两八分至二两二钱二分，与上月同。

泸州直隶州并属，价贵。中米每仓石价银三两二分至三两三分，与上月同。

资州直隶州并属，价中。中米每仓石价银二两五钱二分至二两九钱二分，与上月同。

绵州直隶州并属，价中。中米每仓石价银二两六钱九分至二两九钱七分，与上月同。小麦每仓石价银二两三钱二分至二两四钱六分，与上月同。

茂州直隶州并属，价中。中米每仓石价银二两五钱九分，与上月同。小麦每仓石价银二两六钱八分，与上月同。青稞每仓石价银二两二钱，与上月同。荞子每仓石价银一两二钱三分至一两七钱三分，与上月同。

忠州直隶州并属，价贵。中米每仓石价银二两五钱四分至三两一钱八分，与上月同。大麦每仓石价银一两四钱六分至一两六钱，与上月同。小麦每仓石价银二两三分至二两三钱九分，与上月同。黄豆每仓石价银一两二钱七分至一两五钱七分，与上月同。

酉阳直隶州并属，价贵。中米每仓石价银二两五钱五分至三两三分，与上月同。大麦每仓石价银二两二钱八分至二两六钱，与上月同。小麦每仓石价银二两六钱二分至二两七钱六分，与上月同。黄豆每仓石价银一两三钱九分至一两四钱四分，与上月同。

叙永直隶厅并属，价中。中米每仓石价银二两九钱三分，与上月同。小麦每仓石价银一两八钱一分，与上月同。荞子每仓石价银一两三钱二分,与上月同。黄豆每仓石价银一两六钱一分,与上月同。

松潘直隶厅,价中。青稞每仓石价银二两六钱六分,与上月同。荞子每仓石价银一两七钱四分,与上月同。

杂谷直隶厅,价中。青稞每仓石价银二两四钱,与上月同。荞子每仓石价银一两七钱九分,与上月同。

石砫直隶厅,价平。中米每仓石价银一两六钱,与上月同。大麦每仓石价银一两七钱三分,与上月同。小麦每仓石价银二两六分,与上月同。黄豆每仓石价银一两八钱九分,与上月同。

打箭炉厅,价贵。青稞每仓石价银四两八钱八分,与上月同。油麦每仓石价银一两八钱一分,与上月同。

(朱批):览。①

〇一五　呈川省同治十三年正月得雨清单

同治十三年二月二十八日(1874 年 4 月 14 日)

谨将同治十三年正月份四川省所属地方报到得雨情形,开具清单,恭呈御览。

成都府属:成都、华阳两县得雨六次,小春滋长。简州得雨四次,红花滋长。汉州得雨五次,堰水充足。温江县得雨四次,小春滋长。新都县得雨三次,葫豆滋长。彭县得雨二次,小春畅茂。双流县得雨一次,菜子扬花。什邡县得雨六次,菜麦滋长。

重庆府属:江北厅得雨五次,田堰积水。巴县得雨四次,塘田

---

①　台北故宫博物院藏:军机及宫中档,文献编号:114604-0-A。

积水。江津县得雨三次，田水充足。长寿县得雨二次，小春扬花。永川县得雨七次，小春畅茂。荣昌县得雨五次，田水充足。南川县得雨三次，小春畅茂。璧山县得雨四次，田水充盈。大足县得雨四次，小春扬花。

宁远府属：西昌县得雨二次，小春滋长。

保宁府属：巴县得雨三次，田水充足。剑州得雨五次，豆麦滋长。

顺庆府属：南充县得雨三次，田水充盈。西充县得雨一次，地土滋润。营山县得雨三次，小春畅茂。仪陇县得雨二次，田堰水足。广安州得雨二次，田水稍缺。岳池县得雨三次，田水充足。邻水县得雨五次，田水充盈。

潼川府属：三台县得雨三次，田堰积水。盐亭县得雨一次，豆麦滋长。

嘉定府属：洪雅县得雨三次，地土滋润。犍为县得雨三次，杂粮畅茂。荣县得雨六次，小春扬花。威远县得雨一次，地土滋润。

叙州府属：南溪县得雨五次，田水充足。富顺县得雨三次，二麦荣茂。

资州直隶州并属：资州得雨四次，小春茂盛。仁寿县得雨五次，二麦畅茂。资阳县得雨二次，田水充足。井研县得雨二次，小春滋长。内江县得雨五次，二麦畅茂。

绵州直隶州并属：绵州得雨三次，二麦滋长。安县得雨三次，田水充盈。梓潼县得雨二次，小春滋长。

忠州直隶州并属：忠州得雨二次，田水充足。酆都县得雨三次，雨水调匀。垫江县得雨二次，小春茂盛。

泸州直隶州并属：泸州得雨六次，小春畅茂。合江县得雨七次,堰水充盈。纳溪县得雨七次,小春茂盛。

朱批:览。①

○一六　奏报钟肇立期满甄别折

同治十三年二月二十八日(1874 年 4 月 14 日)

头品顶戴四川总督臣吴棠跪奏,为道员试看年满,循例甄别,恭折仰祈圣鉴事。

窃照道府等官无论何项劳绩保奏归入候补班者,到省一年期满,例应查看出考,分别堪胜繁简,专折奏闻。兹查布政使衔遇缺尽先题奏道钟肇立,年四十九岁,浙江监生,遵例报捐布经历,频年在闽办理防剿捐输及捐助军饷,迭保盐提举衔,以同知不论双单月选用。复遵例加捐知府,并捐升道员。又因防守省城出力保奏,咸丰九年七月初一日,奉上谕:着以道员归部遇缺即选。钦此。同治七年,奏调赴蜀差委,以筹济滇饷出力,经云贵督抚臣保加按察使衔。旋又捐助黔饷,议叙花翎。十月二十六日,由吏部带领引见,奉旨:着发往四川,以道员试用。钦此。十二年二月初二日到省,因防剿滇回及历次出力保奏,经吏部核准,遇有该员原省道员缺出,无论应题、应调、应选之缺,照例以本班尽先题补、奏补。十一月十六日奉旨:依议。钦此。连闰扣至同治十三年正月初二日,到省一年期满,由藩、臬两司详请甄别前来。

臣查看该道钟肇立,心思缜密,才具优长,应请留川如遇道员缺出,无论应题、应调、应选之缺,尽先补用。倘或始勤终怠,仍当

---

① 台北故宫博物院藏:军机及宫中档,文献编号:114608。

随时核办，断不敢稍事姑容，致滋贻误。理合循例恭折具陈，伏乞皇上圣鉴。谨奏。二月二十八日。

同治十三年四月初三日，奉朱批：吏部知道。钦此。[①]

○一七　奏报熊自勋等员期满甄别片

同治十三年二月二十八日（1874年4月14日）

再，查吏部奏定章程：州、县、丞、倅，无论何项劳绩保奏归入候补班者，以到省之日起，予限一年，令督抚详加察看，出具切实考语，奏明分别繁简补用等因。遵照在案。兹查有补用直隶州知州熊自勋、候补班前先补用知县王朝弼、补用知县刘玉、候补班前先补用知县沈全修四员，均到省一年期满，自应照章甄别，据布政使王德固、按察使英祥会详请奏前来。

臣查该员熊自勋，年强才裕，请留川以繁缺直隶州知州补用；王朝弼明干有为，请留川以繁缺知县补用；刘玉年健才明，沈全修练习吏事，均请留川以简缺知县补用。除将该员等履历清册咨部外，理合附片陈明，伏乞圣鉴。谨奏。

同治十三年四月初三日，奉朱批：吏部知道。钦此。[②]

---

　　① 台北故宫博物院藏：军机及宫中档，文献编号：114609；中国第一历史档案馆藏：朱批奏折，档案编号：04-01-12-0517-051。

　　② 台北故宫博物院藏：军机及宫中档，文献编号：114610；中国第一历史档案馆藏：朱批奏片，档案编号：04-01-13-0325-032。此片具奏日期未确，兹据同批折件校正。

〇一八　奏报宋焯等员期满甄别片

同治十三年二月二十八日（1874 年 4 月 14 日）

再，查吏部奏定章程：州、县、丞、倅，无论何项劳绩保奏归入候补班者，以到省之日起，予限一年，令督抚详加察看，出具切实考语，奏明分别繁简补用等因。遵照在案。兹查有候补班前遇缺尽先补用同知宋焯、候补班前先即补知县王荫之、候补班前先补用知县陈光思，均到省一年期满，自应照章甄别，据布政使王德固、按察使英祥造具该员等履历清册，会详请奏前来。

臣查该员宋焯，年富才明，请留川以繁缺同知补用。王荫之才具稳练，陈光思留心吏事，均请留川以简缺知县补用。除将该员等履历清册咨部外，理合附片陈明，伏乞圣鉴。谨奏。

同治十三年四月初三日，奉朱批：吏部知道。钦此。①

〇一九　请准蔡廷超等员暂缓引见片

同治十三年二月二十八日（1874 年 4 月 14 日）

再，查新补崇化营都司蔡廷超、安阜营都司蒋继荣、和右营都司李文光三员，例应给咨引见。惟蔡廷超、蒋继荣委管十营精兵，逐日认真操练，甚属得力；李文光先经饬赴新任，该营接壤夷疆，路通藏、卫，治理匪易。李文光履任后，整饬边防，颇合机宜，均未便

---

① 台北故宫博物院藏：军机及宫中档，文献编号：114611；中国第一历史档案馆藏：朱批奏片，档案编号：04-01-13-0325-031。此片具奏日期未确，兹据同批折件校正。

遽易生手。合无仰恳天恩，俯准该员等暂缓北上，敕部先给署札，一俟经手事竣，边营静谧，再行照例给咨送部。是否有当，理合附片具陈，伏乞圣鉴训示。谨奏。

同治十三年四月初三日，奉朱批：着照所请，兵部知道。钦此。[①]

○二○　汇报同治十二年十月
至十二月借补千、把折

同治十三年二月二十八日(1874年4月14日)

头品顶戴四川总督臣吴棠跪奏，为借补千总、把弁缺，按照新章，恭折汇奏，仰祈圣鉴事。

窃查前准兵部咨：嗣后借补千、把总各弁缺，积至三月开单汇奏一次，以归简易等因。兹查川省自同治十二年十月起至十二月底止，各营借补千总三员、把总三员，分造年岁履历清册，由提督臣胡中和咨请汇奏暨咨部给札前来。

臣覆加查核，均与定章相符。除册咨部外，理合恭折汇奏，并照缮清单，恭呈御览，伏乞皇上圣鉴训示。谨奏。二月二十八日。

同治十三年四月初三日，奉朱批：兵部知道。单并发。钦此。[②]

---

① 台北故宫博物院藏：军机及宫中档，文献编号：114612；中国第一历史档案馆藏：朱批奏片，档案编号：04-01-17-0112-104。此片具奏日期未确，兹据同批折件校正。

② 台北故宫博物院藏：军机及宫中档，文献编号：115313；中国第一历史档案馆藏：朱批奏折，档案编号：04-01-16-0199-050.

○二一　呈同治十二年冬
季借补千、把清单

同治十三年二月二十八日(1874年4月14日)

谨将川省同治十二年十月起至十二月底止借补千、把总应行给札各弁缮具清单,恭呈御览。

计开:一、建昌镇属泸宁营领哨千总刘得俊病故,所遗泸宁营千总弁缺,考验得泸宁营右司把总杨映桂步箭全中,曾经出师著绩,奏保以守备尽先前即补,堪以借补泸宁营千总。

一、泸宁营右司把总杨映桂借补该营千总,所遗泸宁营把总弁缺,查得泸宁营右司外委包映桂年力精壮,马步箭中六矢,曾经出师著绩,奏保以守备尽先前即补,堪以借补泸宁营把总。

一、建昌镇属靖远营右哨千总任佑人地未宜,撤回另补。所遗靖远营千总弁缺,查得建昌左营左哨头司把总周应超于巡阅营伍案内,考验记名,曾经出师著绩,奏保以都司尽先补用,堪以借补靖远营千总。

一、建昌左营左哨头司把总周应超借补靖远营千总,所遗建昌左营把总弁缺,查得建昌左营右哨外委陶玉春年力精壮,弓马娴熟,曾经出师著绩,奏保以千总尽先拔补,于巡阅营伍案内记名尽先,堪以借补建昌左营把总。

一、越嶲营右哨千总董应昌在贵州军营保升遗缺,查得提标中营马兵干琨年力精壮,打仗奋勇,曾经出师著绩,奏保留川以都司尽先推补,堪以借补越嶲营千总。

一、酉阳营右司把总周燕昭勒休,所遗酉阳营把总员缺,查得梁万营外委刘彪年力精壮,弓马优娴,曾经出师著绩,奏保以千总尽先补用,于巡阅营伍案内考验记名,先行拔补,堪以借补酉阳营把总。

(朱批):览。①

○二二　奏报委解协黔饷银起程日期等情折

同治十三年三月十八日(1874年5月3日)

头品顶戴四川总督臣吴棠跪奏,为续拨协黔饷银委解起程日期,并沥陈川省民力愈艰,饷源奇绌,未能刻期全解,仍请尽力宽筹,恭折仰祈圣鉴事。

窃臣于同治十二年十二月二十五日承准军机大臣字寄:十二月初八日,奉上谕:曾璧光奏,川省欠解楚军的饷过多,请饬迅解。着吴棠饬令藩司于欠解饷内,无论何款先拨银五十万两,交委员领解回黔等因。钦此。时值腊尾年头,厘金不旺,捐输征解寥寥,无款可筹,正深焦灼,复于本月初八日钦奉谕旨饬催,跪诵之余,莫名惶悚。臣于黔事,加意顾持,匪伊朝夕,乃以库储支绌,拨解稍稽,致劳圣主廑念边陲,弥增懔惕。

查协黔的饷,自同治九年闰十月十五日起截至十一年四月底止,先后共拨解过银一百零七万三千两,嗣于勘定苗疆之后奏明,查照部议改为月协银二万两。复自十一年五月接解至十二年三月,共计银二十二万两,均经专折驰报在案。兹复督同署藩司英祥等,于无可设法之中,多方挪措,宽筹银六万两,作为同治十二年

---

① 台北故宫博物院院藏:军机及宫中档,文献编号:115313-0-A。

四、五、六月份协黔饷项，饬委候补通判裕秀、试用县丞刘钧，会同黔省来川催饷委员补用通判恩彬，承领管解，定期于同治十三年三月二十五日自省起程，解赴贵州提督周达武行营交收，以供马步全军之用。

伏念四川僻在西陲，正供有限，昔因旗、绿、台、藏之饷缺，尚资接济于邻疆。嗣以滇、黔、秦、陇之军兴，翻赖转输于本境。同治七年九月，臣奉命调任来川，正值四邻多事之秋，窃见民力艰难，饷源支绌，有岌岌不可以终日者，首先建议裁汰防营，亟图补救，而于黔中军事，则尤助饷、助兵，不遗余力，幸能仰赖朝廷威福，士卒一心，唐炯、刘鹤龄敢战于前，曾璧光、周达武妥筹于后，盖自香炉山之捷，而苗疆大致廓清矣。

臣于上年两次出省阅兵，目击边氓困苦，经连岁叠遭水旱偏灾之后，鹄面鸠形，未可再加腴削。而苗情渐定，羸卒疲兵，久役思归，必得及时沙汰，屡致书于周达武，嘱其将所部勇丁酌量裁减，并随折陈明有案。从同治十一年八月起至十二年十一月止，共解过协饷三十三万六千两，又陆续酌补在川欠饷银二十二万五千三百两。其时，周达武来函亦称，撤遣近四十营。惟原部楚勇五千九百人指食川饷，就勇数饷数核算，每月仅需银三万余两，拟定月协银二万两。原冀其汰弱留强，截长补短，为从容展布之谋，乃周达武续奏内称，又添出黔勇四千一百人，凑足一万人，责令川省照旧月协饷银五万八千两，并咨会曾璧光，奏请先拨银五十万两。第未审周达武所谓裁撤近四十营者，究系何项勇丁，即使月拨协饷仅敷支给口粮，而酌补欠饷二十二万两有奇，并原部楚勇二三千人不能撤遣，其谁信之？曾璧光、周达武殆未深悉川中近日民力愈艰，饷源奇绌，而发为是言也。

川省只捐输、厘金两款，以供本省防营及各省协饷。捐输取之于民，本年已递减至九十余万两，阅时过久，催缴较难，既非若东南财赋之区可比。厘金因川江险阻，并无巨贾富商，亦与洋税迥异，每岁所收亦不过百万以上。两项按年均摊，每月仅能收银一二十万两，盖合通省州县绅粮、盐货、局卡锱铢积累而成之者，以之自赡防营，分济各省，但形其不足，不见其有余。如必欲拘定限期解交巨款，非惟力多未逮，抑且地有不同也。臣与司道等通盘筹画，惟有尽心力所能为，从宽匀拨，以免顾此失彼，致误事机。

至武字一军，前于请旨敕下周达武统带赴黔之始，即将勇丁数目令其会同贵州巡抚查核奏报。臣于黔事，但有援邻之义，并无驭将之权。其勇丁应撤应留，屡奉谕旨，着该抚与周达武悉心筹商，妥为办理，非臣所可越俎代谋。惟就今日事情论之，似应仍照臣前奏所称周达武原议，视协饷之丰歉，分别撤留，以免哗溃之虞而收饱腾之效。所有续拨协黔饷银委解起程日期，并沥陈川省民力愈艰、饷源奇绌缘由，理合恭折具奏，伏乞皇上圣鉴。谨奏。三月十八日。

同治十三年四月初六日，奉朱批：另有旨。钦此。[①]

【案】同治十三年四月初六日，此折得批覆。《清实录》：

又谕：前因四川欠解周达武军饷甚多，谕令吴棠先拨银五十万两，所欠尾饷仍令补解清款。嗣因黔省需款甚急，复谕该

---

① 中国第一历史档案馆藏：朱批奏折，档案编号：04-01-01-0925-066；台北故宫博物院藏：军机及宫中档，文献编号：114623。又，吴棠等《游蜀疏稿》，第843—856页。其尾记曰："同治十三年三月十八日，由驲具奏。兹于本年四月二十三日，奉朱批：另有旨。钦此。"

督迅速筹解。兹据奏称,川省饷源奇绌,未能克期全解等语。所奏自系实在情形。惟黔省甫就肃清,所有裁撤勇营及筹办善后各事宜,盼饷甚殷。川省近在邻疆,向来解济饷需不遗余力。值此全黔底定,尤当于无可设法之中竭力措解,俾得清还各营欠饷,分别撤留,以为一劳永逸之计。仍着懔遵前旨,力任其难,设法筹解,以济要需。该督素顾大局,谅不至稍分畛域也。将此谕令知之。①

【案】曾璧光奏……请饬迅解:同治十二年十一月初八日,贵州巡抚曾璧光具折曰:

太子少保头品顶戴贵州巡抚臣曾璧光跪奏,为四川欠解楚军的饷过多,万难减缓,现经派员驰往守催,恳恩飞饬该省迅筹拨解,以清积欠,而定撤留,恭折驰陈,仰祈圣鉴事。窃臣前因新城防军索饷哗变,黔中待济孔殷,奏催四川先拨五十万两,钦奉谕旨,饬令照数筹拨,飞速解黔。讵日久尚未报解,臣复由六百里专咨飞催。嗣准四川督臣吴棠咨送覆奏折稿,内称:本年进款不过三百七十万两,拨款共需七百余万两,收支多寡悬绝。凡各省协饷实难拘数定限,仍准尽力筹挪,陆续分解等语。并准另咨内开:川省派兵拨饷,原为剿办苗疆而设。当下游已平,即陆续解饷三十万之多,以资凯撤,嗣后仅能月协二万,与各省协饷均匀拨放各等因。准此,随咨提臣周达武,覆称:所部一军,向有川省月供的饷五万八千两,历经拨解无误。上年九月间,川省来咨,忽将此项截至四月止,五月以后月仅解银二万两,节经黔省将遽难议减实在情形分别奏咨

---

① 《穆宗毅皇帝实录(七)》,卷三百六十五,同治十三年四月,第827—828页。

催解,并派办理营务道员周振琼赴川,沥陈困苦,该省仍坚挑不摇。讵知此系的实专饷,其不能减之故有六,而难缓者其故有四,用特缕晰陈之:同治九年间,道员唐炯等军议撤,四川总督吴棠即亟思所代,始奏派周达武来黔接办军务。因原部楚勇十二营兵力尚单,议令添募黔勇四千一百名,共足万人之数,月解的饷五万八千两,专供援黔马步全军之用,乃出自吴棠本意。名之曰的,以见必不能少,决不可缓,亦系吴棠自行奏定。非如他省之由部指拨暨由外省奏请协济可比,岂能与淮、滇、甘肃等省协饷相提并论?此不能减之一也。楚军十二营原系前四川总督骆秉章久练之师,保境援邻,素称劲旅,向系川省给月饷三万三千五百余两。唐炯一军亦系川供饷,月需银八万数千两。所定达武的饷五万八千两,名虽加饷二万四千数百两,而唐炯之军全撤,每月尚省六万数千两之多。合计三年,共省二百余万金,于川省不无裨益。使唐炯至今未撤,达武所部仍在川防堵,川省能不照常供饷?此不能减之二也。湖南援黔所需军饷,始终由湘供支。达武一军原由川调援黔省,师行饷随,与湖南事同一律。此军在黔一日,川省即供应一日之饷。此不能减之三也。裁军必先清饷,川省于上年九月咨黔,即将的饷截至四月底止。斯时欠饷数十万,果能如数解清,尚可裁军节饷。无如所拨老饷五万,原系楚军以前在川旧欠四月份月饷五万八千两,迟至今春始到,并无三十万之多。积欠分厘未清,焉能遽议裁撤?此不能减四也。达武入黔之时,川中原议方欲先剿上游,次办苗疆。及苗疆已平,遂置上游于不问,反谓川省派兵拨饷,原为剿办苗疆而设,岂止上下游同为黔省军务,如论毗连川疆,上游尤多。未有上游军务未竣,即可裁撤征军者。此不能减五也。兵勇从征三年,出生入死,平定全黔,每人能分饷几何?从未能格外犒赏,而血战应得之饷,何忍再有短少?此不能减六也。既不能减,即当如数拨解。今至上年五月起至本年九月止,连闰计十八个月,川省共应解的饷一百零四万四千两。除解过银十四万两,尚欠银九十万四千两。楚军十二营,截至本年九月底止,已欠正饷七十余万,而添募黔军四千一百名,尚不与焉。若不迅为清给,必至愈积愈多。无论迟至何日、欠至若干,终为川省之累。此难缓者一。川、黔唇齿相依,黔中军兴垂二十年,川省筹饷防剿,费帑何止千百万?今幸全黔底定,所未完者欠饷耳。果能及早解清,则一劳永逸,从此黔中免征战之苦,川省省追呼之烦,安黔即所以靖川。此难缓者二。新城叛勇滋事,即因欠饷起衅。楚军待饷已久,噪索频闻,倘仍事因循,万一再起变端,勾匪为患,必至已定之区重烦兵力。此难缓者三。楚军十二营皆由各省挑选而来,非实有巨款,清还夙欠,断难以次遣撤。从前川省之许给的饷,此时之延欠无解,各营无不同知,所望于川者甚殷。数月来,无人不愿赴川清饷。其行而覆止者,已非一次。虽经多方开导,仅能暂时相安。设使终无指望,伊等岂肯甘心。一旦相率入川,人多势众,禁之不可,阻之不能,势必至于决裂。在川省为善不终,自贻伊戚;而黔中前功尽弃,后虑方深。此难缓者四。以上皆现在实情,非川省迅解数十万整饷,断难挽救等情,咨会奏催前来。查川省欠饷,乃的实专款,与他省协拨异。今积欠至九十万有奇,各军势迫情急,决非零星拨解所能济事。伏念臣待罪黔疆,籍隶川省,但使力所能及,无不设法代筹,何忍作无厌之辈,久累桑梓? 无如黔省素称瘠苦,常年尚需各省拨饷八十余万,以供例支。今兵燹之余,孑遗仅存,史〔实〕属无可罗掘。而应支款项楚军等万人而外,尚有古州征军、各处防营、沿途碉兵,合计不下数十营,所欠正饷,无营不盈千累万,加以善后经费、地方公用,所需浩繁。各省协解无几,司局支左绌右,危迫情形日甚一日,何能筹此巨款分顾楚军? 提臣咨内所陈,委系万不得已之请,不能不专望川省,速筹拨济。想川省地方富庶,前次唐炯等军之撤,数十万整饷立时可措。此时入款虽略形短绌,出款实大于前。无论如何设法,当不难克期而集此急需。除添派委员兼程赴川,会同周振琼加紧守催外,相应请旨敕下四川督臣,仍遵前旨,督饬藩司于欠解之饷内,无论何款,先拨银五十万两,即交委员等领解回黔,以便清还楚军欠饷。何营当撤,何营当留,即可分别酌定。以后应如川议,每月解银二万两,即尽此项数,以供留防楚军。统俟一二年全省局势大定,制兵渐复旧额,再议撤减。所欠尾饷四十万四千两,仍应补解清款。倘遽难如数,或分作两限、三限,定期三月、五月,悉听川省之便。黔军积欠如有不敷,另为设法弥补。如此则川省援局大功告成,而筹拨亦有限制,不致漫无底止矣。所有四川的饷万难减缓,催令速解清款缘由,理合恭折由驿具奏,伏乞皇上圣鉴训示。谨奏。十一月初八日。同治十二年十二月初八日,奉朱批:钦此。①

【案】军机大臣字寄······交委员领解回黔等因:此廷寄《清实录》载曰:

---

① 台北故宫博物院藏:军机及宫中档,文献编号:112838。

壬午……谕军机大臣等：曾璧光奏，川省欠解楚军的饷过多，请饬迅解，并古州生苗滋事，剿捕殆尽各折片。古州苗匪潜赴丹江厅属，纠合党众，窜踞鸡讲地方，经曾璧光派何世华等带兵剿办，会同湖南防营，将鸡讲攻克，与王文韶前奏大略相同。惟黄茅岭一带尚有零匪游弋，现经周达武酌带队伍，驰赴八寨督剿，即着曾璧光、周达武督令官兵，会同湘军认真搜捕，务将余匪殄除净尽，毋任漏网。黔省甫经廓清，曾璧光等务当督饬所属文武，将善后事宜妥为经理，以靖地方。周达武一军，向由四川月解的饷，现在欠解甚多，该军待饷已久，哗溃堪虞，亟应迅拨巨款，以资支放。着吴棠饬令藩司，于欠解饷内，无论何款，先拨银五十万两，交该委员领解回黔，以后即照吴棠所议，每月解银二万两。其所欠尾饷四十万四千两，仍着补解清款。该督务当顾全大局，力筹接济，曾璧光、周达武即将各营分别撤留，迅速筹办，以节饷需。原折着钞给吴棠阅看。将此由五百里谕知吴棠、曾璧光，并传谕周达武知之。①

○二三　奏请以周斌等借补守备等缺折

同治十三年三月十八日(1874 年 5 月 3 日)

头品顶戴四川总督臣吴棠跪奏，为拣员借补守备，以资治理，恭折具奏，仰祈圣鉴事。

窃查平番营守备杨步青因案参革，会川营守备马占魁调补北川营守备。各遗缺前经臣以守备张世杰、云骑尉李宗才奏补，接准

---

① 《穆宗毅皇帝实录(七)》，卷三百六十，同治十二年十二月上，第768页。

部咨，与例不符，行令另拣合例人员请补。又，靖远营守备庆和、建昌中营守备曹贵先后病故，经臣恭疏题报开缺，声明遗缺扣留外补。查平番、会川、靖远、建昌等营，均壤接夷疆，路通滇省，控驭操防，俱关紧要，亟应拣员分别请补，以重职守而资整顿。

查前准兵部咨：平番营守备出缺，在题缺轮补新章之先，仍应专用尽先人员。又，兵部奏定章程：武职题缺轮补班次，先用尽先二人，次用各项一人。又，副、参、游、都、守各项遇有题补缺出，各计各缺，有预保省份，以九缺为一轮。无预保省份，以六缺为一轮，周而复始。其借补者，即在尽先班次之内保举补用、升用；未保尽先者，均归拣发班补用。如轮用预保时，无合例应擎之员，以拣发人员题补各等语。所有平番营守备缺，臣于各标尽先守备内逐加遴选，均与是缺不甚相宜。

惟查有尽先都司周斌，年四十四岁，奉节县人，由军功出师湖北剿匪出力，历保尽先守备，并戴花翎，发川遇缺即补。复随前浙江提臣鲍超转战广东，克复嘉应州城出力保奏，同治五年十二月初五日，内阁奉上谕：花翎四川守备周斌，着以都司仍留原省尽先补用。钦此。该员差操勤奋，拟请借补平番营守备。

又，会川营守备系接到轮补新章后第一缺，应用尽先名次在前之员。查有尽先守备黄玉林，年四十三岁，马边厅人，由行伍出师湖南，转战湖北、江南、安徽、浙江等省，打仗著绩，历保千总。复以随同大军克复武义、永康、宣平、处州府各城出力保奏，咸丰九年正月二十五日，奉上谕：黄玉林着免补千总，以守备尽先补用。钦此。十一年五月，回川收标。该员年力强盛，拟请补授会川营守备。

又，靖远营守备系第二缺，应接用尽先人员。查有尽先守备吉玉贵，年四十五岁，新繁县人，由行伍出师湖南、湖北、江西、安徽、河南等省,历保千总,回川收标。复以攻克牛腹渡贼巢,及解潼川、遂宁城围出力,开单奏保,请以守备尽先补用。咸丰十一年九月二十六日,准兵部火票递到军机处赞襄政务王大臣奉上谕:均照所请奖励。钦此。该员弓马娴熟,拟请补授靖远营守备。

又,建昌中营守备系第三缺,轮应各项守备到班,川省现无预保人员请补。查有补用守备毓秀,年四十岁,正黄旗满洲百顺佐领下人,驻防成都,由建锐营前锋在川打仗出力,迭保骁骑校。同治五年,经前任成都将军臣崇实保送堪胜绿营,进京引见。奉旨:毓秀着记名以守备补用。钦此。嗣臣在署成都将军任内,奏请开骁骑校底缺,留于川省绿营差遣,遇有相当守备缺出,即行请补。同治十一年三月十六日,奉旨:着照所请,兵部知道。钦此。该员晓悉营伍,拟请补授建昌中营守备。

以上各员均在军营立功,谙练营伍,熟悉夷情,以之请补各缺,实堪胜任;俱系隔府别营,现在并无违碍事故。黄玉林系于咸丰九年十月、吉玉贵系于咸丰十一年正月,各保尽先守备,与已经到标人员比较,名次在前。周斌由尽先都司借补守备,未逾三级。毓秀由骁骑校保准补用守备,未保尽先,应归拣发班补用,均与例章相符。

合无仰恳天恩,俯准以周斌借补平番营守备、黄玉林补授会川营守备、吉玉贵补授靖远营守备、毓秀补授建昌中营守备,实与边防、营务有裨。如蒙俞允,毓秀系曾经引见人员,毋庸送部。其余各员,俟接准部覆,再行分别给咨北上。是否有当,理合会同成都将军臣魁玉、提督臣胡中和,合词恭折具奏,伏乞皇上圣鉴训示。

再,前准部咨:川省有尽先守备名次在前之何成江等,现查标营各册,并无何成江其人,自系未经回川,无凭序补。合并声明。谨奏。三月十八日。

同治十三年四月初六日,奉朱批:兵部议奏。钦此。①

○二四　委令联昌等署理四川提督等缺折

同治十三年三月十八日(1874年5月3日)

头品顶戴四川总督臣吴棠跪奏,为委员接署提、镇印务,恭折奏闻,仰祈圣鉴事。

窃臣接准提督臣胡中和咨:前经具折奏请陛见,奉朱批:着来见。钦此。所遗提督印务应即委员接署,以便胡中和交卸起程。查有重庆镇总兵联昌,历练老成,堪资表率,以之署理提督印务,可期办理裕如。其所遗重庆镇缺亦关紧要,查有督标中营副将文升,熟悉操防,办事勤慎,上年历署镇篆,堪以委署重庆镇总兵篆务。所遗督标中军副将缺,查有总兵衔尽先副将张祖云,营务娴熟,堪以委令接署。

除分别照会饬遵外,臣谨会同成都将军臣魁玉,合词恭折具奏,伏乞皇上圣鉴。谨奏。三月十八日。

同治十三年四月初六日,奉朱批:知道了。钦此。②

① 台北故宫博物院藏:军机及宫中档,文献编号:114624;中国第一历史档案馆藏:朱批奏折,档案编号:04-01-16-0199-126。
② 台北故宫博物院藏:军机及宫中档,文献编号:114625;中国第一历史档案馆藏:朱批奏折,档案编号:04-01-16-0199-125。

○二五　请将监生陈时若等敕部照原奏核准给奖片

同治十三年三月十八日(1874年5月3日)

再,查川省前因筹办防剿,库藏支绌,兼值滇、黔边防吃紧,援军四出,需饷浩繁,经原任督臣骆秉章奏请于同治七年展办通省捐输,借资接济,于同治六年十月二十二日奏报,奉旨允准。嗣据成都、华阳等十七厅州县陆续收银十五万三百三十四两零,经臣查明足数议叙并未广额者计银二万二千二百五十四两,造册附奏请奖。嗣准部咨:报捐监生从九衔陈时若等一百二十二名与例不符,所发空照应令追缴等因。伏查同治十年二月间准户部咨:议覆御史吴鼎元奏请酌增捐例银数一折,内开外省捐输有先行劝缴银米随后再行补奖者,有粮台兑收就地发支军火者,暗地折减,以致捐生避重就轻,京捐减少。嗣后各直省捐输,惟呈缴现银接济军饷之案,准其兑收监生、从九衔两项,仍按各省奏定章程,照例定银数分别减成。所有先行收银随后补奖以及城工、团练、善后各案,除随官监生毋庸扣奖外,其仅捐监生、从九衔者,均一概不得兑收,以杜影射等语。细绎部议,所称不准兑收监生、从九职衔两项,系米票兼搭递减银数各捐局及城工、团练、善后各项捐输而言,其呈缴现银接济军饷之案,仍准兑收监生、从九衔两项。

兹查川省自同治初年以来,绅粮捐输请叙,均系呈缴现银,申解藩库,拨充京饷及邻省、本省军饷,并无办理城工、团练、善后各项用款在内,亦非粮台兑收拨充军火。且系遵照奏定章程,照例以八折实银请叙。凡由俊秀报捐监生,缴实银八十八两;捐从九衔,缴实银六十四两，并未兼搭米石、饷票，实无暗地折减、避重就轻各情事。所有报捐监生、从九职衔陈时若等一百二十二名，均系呈缴实银，核与部章相符。合无仰恳天恩，敕部照原奏核准给奖，免追执照，以昭激劝，出自鸿慈。除咨部外，理合附片陈明，伏乞圣鉴训示。谨奏。

同治十三年四月初六日，奉朱批：着照所请，户部知道。钦此。[1]

【案】吴鼎元奏请酌增捐例银数一折：同治九年十二月初十日，监察御史吴鼎元奏曰：

掌河南道监察御史臣吴鼎元跪奏，为拟请酌增捐价，恭折仰祈圣鉴事。窃捐价自癸丑、甲寅岁减成以后，嗣屡经户部分别奏增在案。顾尚有宜议增者，请但就从九衔、监生两途言之。查现时捐铜局章程，从九衔需银十七两，监生需银二十三两零。至外省各捐局之价，视捐铜局有明减者、有暗减者，其最减数目闻从九衔但需银十两，监生但需银十四两耳。臣以为其弊有四：向时捐从、监一名银数，今不止捐四名或六七名，倘此时而议增一倍之价，则一人捐可抵两人捐；或仅加半倍，则两人捐犹可抵三人捐，然较向例则减价尚多也。虽增价以后捐者必较少，然以银数之多抵人数之少，或可相当。况富厚势力之家与志在进取之人，减价固捐，不减价亦捐。今报捐者幸而不出多资，其实库中所少收之捐银，则为数难稽矣。夫以

① 台北故宫博物院藏：军机及宫中档，文献编号：114626；中国第一历史档案馆藏：朱批奏片，档案编号：04-01-35-0696-064。此片具奏日期未确，兹据同批折件校正。

收捐为名,则取于丰啬,间亦所宜,计今与已丰而取太啬,此行之偶尔则可,若时事稍纾,仍因而弗改,亦非理财之道。弊一也。名器者,帝王驭天下之大权。今走卒、屠沽以下,顶戴相望,致草野愚贱咸谓缙绅之不足贵,似乎名器太亵。弊二也。恃护身符以虐害乡邻,往时已所不免,今更易于报捐,俾狡黠之徒稍一营谋,即可得志,遂致渔利肆威,无恶不作。或者因事发案,苟非大干罪名,虽遇有严明地方官,亦只能施之薄惩。然此辈本无廉耻,朝受惩戒,夕肆强横,且或自鸣官府之莫我何,以益长其气焰。此等捐生十有一二,足使闾井不安,况呼朋引类,比党效尤,皆以报捐太易之故。弊三也。古今贤达往往有拂郁而成者,如捐价稍昂,则父兄望子弟,与子弟自待,俱不能不以读书为事。今从、监费银无几,彼父兄与子弟非有大智识者类,图以顶戴荣身了局,既非以广励儒术,又无以广储人才。弊四也。至贡生暨各项职衔捐纳价值,俱与从、监相劝一律,议增则并应议增,再推之他条,仍须一律权衡。臣非不知军务现未尽平,库款亦非至足,仍以暂依减成捐例,以示招徕。然窃意前者户部节次筹增捐价,正在时事孔急之际,今情形幸非前比,似不妨于各捐条内审其减成太甚者,先行酌量拟增,总期更张有序,庶不至于窒碍难行。应请旨饬下户部详核定议,其外省各局捐价应如何视捐铜局无大参差,并不准有暗中折减之处,亦均妥议办理。臣愚昧之见,是否有当,伏乞皇太后、皇上圣鉴。谨奏。同治九年十二月初十日。①

---

① 台北故宫博物院藏:军机及宫中档,文献编号:105028。

○二六　筹解李鸿章淮军月饷起程日期片

同治十三年三月十八日(1874年5月3日)

再,臣承准军机大臣字寄:同治九年十月二十六日,奉上谕:李鸿章奏,淮军月饷,每月加拨四川三万两。此项月饷均系有着的款,岂可稍令短绌。着吴棠照原拨淮军额款,按月如数筹解,无稍缺误等因。钦此。臣查此项淮军月饷银三万两,前已督同藩司十九次共解过银六十六万两,先后奏报在案。伏查川省库藏早已搜索无遗,近岁旱潦相继,民力拮据,捐输、厘金,弥行减色。前月筹解京饷及固本兵饷并工程饷银,共计二十余万两,不遗余力。去年收款已罄,本年甫经开征,解款寥寥,而各省催提协饷,又复纷至沓来,殊难兼顾。惟淮军留扎畿辅,并分防数省,大局攸关,现在需饷孔殷,不得不竭力筹济。

兹臣督同藩司设法腾挪,勉凑捐厘金银三万两,饬委补用同知直隶州知州丁盛荣、先用同知刘希清承领,定期于四月初五日由成都起程,解赴湖北粮台交收,拨供李鸿章所部淮军饷项。除分咨外,理合附片陈明,伏乞圣鉴。谨奏。

同治十三年四月初六日,奉朱批:知道了。钦此。①

---

① 台北故宫博物院藏:军机及宫中档,文献编号:114627。

○二七　恭报川省同治十三年二月雨水、粮价折

同治十三年三月二十六日（1874 年 5 月 11 日）

头品顶戴四川总督臣吴棠跪奏，为恭报四川省同治十三年二月份各属具报米粮价值及得雨情形，仰祈圣鉴事。

窃照同治十二年正月份通省米粮价值及得雨情形，前经臣恭折奏报在案。兹查同治十三年二月份成都、重庆、夔州、龙安、保宁、顺庆、潼川、雅州、嘉定、叙州十府，资州、绵州、忠州、眉州、泸州五直隶州，叙永、石砫两直隶厅，各属先后具报得雨自一二次至十余次不等。田水充足，小春畅茂。其通省粮价俱与上月相同，据署布政使英祥查明列单汇报前来。

臣覆核无异。理合分缮清单，恭呈御览，伏乞皇上圣鉴。谨奏。三月二十六日。

同治十三年四月二十一日，奉朱批：知道了。钦此。①

○二八　呈川省同治十三年二月雨水清单

同治十三年三月二十六日（1874 年 5 月 11 日）

谨将同治十三年二月份四川省所属地方报到得雨情形，开具清单，恭呈御览。

---

① 台北故宫博物院藏：军机及宫中档，文献编号：114846；中国第一历史档案馆藏：朱批奏折，档案编号：04-01-24-0157-111。

　　成都府属：成都、华阳两县得雨七次，小春扬花。简州得雨十四次，小春扬花。崇庆州得雨六次，小春茂盛。汉州得雨七次，小春扬花。温江县得雨四次，小春扬花。新都县得雨七次，小春扬花。彭县得雨二次，小春扬花。什邡县得雨六次，小春扬花。

　　重庆府属：江北厅得雨五次，小春扬花。巴县得雨四次，小春结实。江津县得雨五次，小春含胎。长寿县得雨七次，小春扬花。永川县得雨七次，小春扬花。荣昌县得雨五次，小春发蕊。綦江县得雨三次，小春吐穗。合州得雨三次，小春扬花。南川县得雨三次，小春扬花。璧山县得雨一次，小春含胎。大足县得雨三次，小春扬花。定远县得雨四次，小春结实。

　　夔州府属：云阳县得雨二次，小春滋养。万县得雨三次，小春含胎。

　　龙安府属：江油县得雨三次，小春茂盛。石泉县得雨二次，小春滋长。

　　保宁府属：阆中县得雨二次，地土滋润。广元县得雨二次，豆麦滋长。昭化县得雨一次，豆麦滋长。巴州得雨二次，田水未足。剑州得雨五次，小春芃茂。

　　顺庆府属：南充县得雨五次，田水充盈。蓬州得雨二次，堰水充足。营山县得雨二次，豆麦芃茂。仪陇县得雨一次，豆麦滋长。广安州得雨三次，小春滋长。岳池县得雨二次，田水充足。邻水县得雨二次，小春茂盛。

　　潼川府属：三台县得雨九次，田堰积水。射洪县得雨二次，豆麦滋长。盐亭县得雨三次，豆麦扬花。蓬溪县得雨二次，田水充盈。安岳县得雨二次，小春滋长。乐至县得雨八次，田堰积水。

　　雅州府属：雅安县得雨七次，田水充足。

嘉定府属：乐山县得雨四次，堰水充足。峨眉县得雨三次，田水充足。洪雅县得雨十一次，田水充足。犍为县得雨五次，田水充足。荣县得雨五次，田水充盈。威远县得雨八次，早秧萌芽。峨边厅得雨三次，豆麦扬花。

叙州府属：南溪县得雨九次，田水充足。富顺县得雨二次，小麦茂盛。隆昌县得雨六次，田水充足。长宁县得雨二次，小春扬花。兴文县得雨三次，小春畅茂。马边厅得雨二次，小春结实。

资州直隶州并属：资州得雨六次，小春扬花。仁寿县得雨六次，小春茂盛。资阳县得雨四次，小春茂盛。井研县得雨四次，小春扬花。内江县得雨六次，小春扬花。

绵州直隶州并属：绵州得雨四次，小春滋长。安县得雨六次，小春滋长。梓潼县得雨六次，小春含苞。

忠州直隶州并属：忠州得雨三次，小春结实。酆都县得雨七次，小春结实。垫江县得雨六次，小春结实。

眉州直隶州属：彭山县得雨六次，堰水畅流。丹棱县得雨三次，堰水充盈。

泸州直隶州并属：泸州得雨三次，农民播种。江安县得雨三次，田水充足。合江县得雨七次，田亩积水。纳溪县得雨七次，田水有余。

叙永直隶厅并属：叙永厅得雨四次，小春畅茂，永宁县得雨四次，小春长发。

石砫直隶厅得雨五次，小春滋长。

（朱批）：览。[1]

---

① 台北故宫博物院藏：军机及宫中档，文献编号：114846-0-A。

○二九 呈川省同治十三年二月粮价清单

同治十三年三月二十六日(1874 年 5 月 11 日)

谨将同治十二年二月份四川省所属地方各项粮价，开具清单，恭呈御览。

成都府属，价贵。中米每仓石价银二两九钱五分至三两九钱三分，与上月同。大麦每仓石价银一两八钱三分至二两，与上月同。小麦每仓石价银二两一钱三分至二两三钱，与上月同。黄豆每仓石价银一两四分至二两四钱四分，与上月同。荞子每仓石价银一两一钱六分至一两七钱，与上月同。

重庆府属，价贵。中米每仓石价银二两七钱五分至三两七钱三分，与上月同。大麦每仓石价银一两六钱二分至一两九钱七分，与上月同。小麦每仓石价银二两六钱八分至二两七钱三分，与上月同。黄豆每仓石价银二两七钱至二两九钱七分，与上月同。

保宁府属，价贵。中米每仓石价银二两五钱七分至三两二钱三分，与上月同。大麦每仓石价银一两八钱九分至二两一钱，与上月同。小麦每仓石价银二两八钱三分至三两五钱七分，与上月同。黄豆每仓石价银一两八钱一分至二两一钱一分，与上月同。

顺庆府属，价贵。中米每仓石价银二两一分至三两四钱，与上月同。大麦每仓石价银一两六钱一分至一两八钱，与上月同。小麦每仓石价银二两九分至二两一钱二分，与上月同。黄豆每仓石价银一两五钱五分至一两六钱五分，与上月同。

叙州府属，价贵。中米每仓石价银三两二分至三两二钱七分，与上月同。大麦每仓石价银一两六钱六分至二两二分，与上月同。

小麦每仓石价银二两一钱三分至二两六钱三分，与上月同。黄豆每仓石价银一两一钱一分至一两五钱二分，与上月同。

夔州府属，价贵。中米每仓石价银二两八钱二分至三两一钱三分，与上月同。大麦每仓石价银一两七钱八分至二两四钱六分，与上月同。小麦每仓石价银二两九钱五分至三两三分，与上月同。黄豆每仓石价银二两一钱四分至二两二钱四分，与上月同。

龙安府属，价贵。中米每仓石价银二两五钱一分至三两一钱六分，与上月同。青稞每仓石价银一两五钱，与上月同。小麦每仓石价银一两七钱九分至二两一钱八分，与上月同。黄豆每仓石价银一两八钱五分至一两九钱三分，与上月同。

宁远府属，价贵。中米每仓石价银二两八钱五分至三两一钱三分，与上月同。大麦每仓石价银一两四钱八分至一两六钱，与上月同。小麦每仓石价银一两五钱九分至二两二钱，与上月同。荞子每仓石价银一两四钱五分，与上月同。黄豆每仓石价银一两五钱六分至一两六钱三分，与上月同。

雅州府属，价中。中米每仓石价银二两七钱七分至二两七钱八分，与上月同。小麦每仓石价银二两二钱九分至二两六钱五分，与上月同。黄豆每仓石价银一两六钱五分至二两四分，与上月同。

嘉定府属，价贵。中米每仓石价银二两七钱四分至三两三钱二分，与上月同。小麦每仓石价银二两三钱六分至二两七钱三分，与上月同。黄豆每仓石价银一两四钱七分至二两三分，与上月同。

潼川府属，价贵。中米每仓石价银二两八钱五分至三两八分，与上月同。大麦每仓石价银一两六钱五分至一两九钱三分，与上月同。小麦每仓石价银二两一钱四分至二两四钱九分，与上月同。黄豆每仓石价银一两七钱六分至二两一钱三分，与上月同。

　　绥定府属，价中。中米每仓石价银二两七钱二分至二两八钱四分，与上月同。大麦每仓石价银一两五钱八分，与上月同。小麦每仓石价银一两六钱二分至一两七钱三分，与上月同。黄豆每仓石价银一两四钱三分，与上月同。

　　眉州直隶州属，价中。中米每仓石价银二两七钱至二两九钱八分，与上月同。

　　邛州直隶州并属，价贵。中米每仓石价银二两六钱至三两，较上月减一分。大麦每仓石价银一两九钱，与上月同。小麦每仓石价银二两五钱七分，与上月同。黄豆每仓石价银二两八分至二两二钱二分，与上月同。

　　泸州直隶州并属，价贵。中米每仓石价银三两二分至三两三分，与上月同。

　　资州直隶州并属，价中。中米每仓石价银二两五钱二分至二两九钱二分，与上月同。

　　绵州直隶州并属，价中。中米每仓石价银二两六钱九分至二两九钱七分，与上月同。小麦每仓石价银二两三钱二分至二两四钱六分，与上月同。

　　茂州直隶州并属，价中。中米每仓石价银二两五钱九分，与上月同。小麦每仓石价银二两六钱八分，与上月同。青稞每仓石价银二两二钱，与上月同。荞子每仓石价银一两二钱三分至一两七钱三分，与上月同。

　　忠州直隶州并属，价贵。中米每仓石价银二两五钱四分至三两一钱八分，与上月同。大麦每仓石价银一两四钱六分至一两六钱，与上月同。小麦每仓石价银二两三分至二两三钱九分，与上月同。黄豆每仓石价银一两二钱七分至一两五钱七分，与上月同。

　　酉阳直隶州并属,价贵。中米每仓石价银二两五钱五分至三两三分,与上月同。大麦每仓石价银二两二钱八分至二两六钱,与上月同。小麦每仓石价银二两六钱二分至二两七钱六分,与上月同。黄豆每仓石价银一两三钱九分至一两四钱四分,与上月同。

　　叙永直隶厅并属,价中。中米每仓石价银二两九钱三分,较上月减二分。小麦每仓石价银一两八钱一分,与上月同。荞子每仓石价银一两三钱二分,与上月同。黄豆每仓石价银一两六钱一分,与上月同。

　　松潘直隶厅,价中。青稞每仓石价银二两六钱六分,与上月同。荞子每仓石价银一两七钱四分,与上月同。

　　杂谷直隶厅,价中。青稞每仓石价银二两四钱,与上月同。荞子每仓石价银一两七钱九分,与上月同。

　　石砫直隶厅,价平。中米每仓石价银一两六钱,与上月同。大麦每仓石价银一两七钱三分,与上月同。小麦每仓石价银二两六分,与上月同。黄豆每仓石价银一两八钱九分,与上月同。

　　打箭炉厅,价贵。青稞每仓石价银四两八钱八分,与上月同。油麦每仓石价银一两八钱一分,与上月同。

　　(朱批):览。[①]

○三○　查明学政张之洞阅文幕友履历折

同治十三年三月二十六日(1874 年 5 月 11 日)

　　头品顶戴四川总督臣吴棠跪奏,为查明学政阅文幕友,循例奏

---

　　① 台北故宫博物院藏:军机及宫中档,文献编号:114846-0-B。

祈圣鉴事。

恭照乾隆三十八年钦奉上谕：各省学政务须多择阅文幕友，即极小省份，亦不得不及五六人。其人数籍贯，着该督抚查明奏闻，仍不时留心稽查，若有惜费误公办理周章者，随时入告，无稍徇隐等因。钦此。钦遵在案。兹查四川学政张之洞到任后，延有阅文幕友顾复初等六人，系籍隶江苏、浙江、湖南、湖北、贵州等省。

臣逐加访查，均属文行皆优之士，以之襄校，可期妥协。该学政现已开棚考试成都府属，除随时留心稽查、不敢稍事循隐外，谨将该幕友等姓名、籍贯另缮清单，恭呈御览。理合恭折具奏，伏乞皇上圣鉴。谨奏。三月二十六日。

同治十三年四月二十一日，奉朱批：知道了。钦此。[1]

○三一　呈学政张之洞阅文幕友清单

同治十三年三月二十六日(1874 年 5 月 11 日)

谨将四川学政张之洞阅文幕友姓名、籍贯缮具清单，恭呈御览。

顾复初，江苏贡生，候补光禄寺署正。

郑知同，贵州廪生。

樊增祥，湖北举人。

李世申，湖南举人。

赵昌言，浙江举人。

---

① 台北故宫博物院藏：军机及宫中档，文献编号：114857；中国第一历史档案馆藏：朱批奏折，档案编号：04-01-38-0165-050。

周晋蕃,贵州拔贡生。

(朱批):览。①

○三二　奏报同治十三年春季合操省标官兵折

同治十三年三月二十六日(1874年5月11日)

头品顶戴四川总督臣吴棠、成都将军臣魁玉、四川提督臣胡中和跪奏,为合操省标官兵技艺情形,恭折仰祈圣鉴事。

窃照成都省标官兵向于每年春秋二季合操一次,以申纪律。兹届春操之期,臣等于三月十八、九等日,调集军、督、提、城十营官弁兵丁,齐赴较场考校。各兵排演新旧各阵式,步伐整齐。施放连环枪炮,声响联贯。长矛藤牌各技,亦俱进退便捷。复按照各营官兵饷册,逐名考核弓箭枪炮,其马步箭中靶统计九成有余,弓用六七力不等。各兵演放抬枪、鸟枪,中靶亦有八成。爰择其技艺娴熟者,当场分别奖赏、记拔。间有生疏者,亦即勒限练习,分别劝惩。伏思川省为边陲重地,省标为各营表率,武备尤应认真。

臣等严谕各将备等督率弁兵,仍按日轮流操演,勤加训练,务使各兵技艺日益精进,咸成劲旅,不得以春操已过稍形懈弛,以期仰副圣主整饬戎行、绥靖边陲之至意。所有春季合操省标官兵技艺情形,谨合词恭折具奏,伏乞皇太后、皇上圣鉴。谨奏。三月二十六日。

---

①　台北故宫博物院藏:军机及宫中档,文献编号:114857-0-A。

同治十三年四月二十一日，奉朱批：知道了。钦此。①

○三三　请以李应观等补授知县折

同治十三年四月初四日(1874年5月19日)

头品顶戴四川总督臣吴棠跪奏，为拣员请补知县，仍援例双请，以昭慎重，恭折仰祈圣鉴事。

窃照重庆府属永川县知县童炳宸告病，遗缺扣留外补，当经臣遵照定例，以癸酉科大挑知县李应观题署。前准部咨，以该员前因到省缴照违限降调，请咨引见，奉旨：仍发往原省，以知县试用。应以引见回省之日作为到省日期，归于咨取到省人员之后序补。核计大挑知县班内尚有到省在先之员，例得先行题署。所请以李应观署理永川县知县之处，核与定章不符，行令另拣合例人员请补，专折具奏等因。

查例载：大挑举人到省后，试用一年期满，甄别以知县用者，出有升调所遗及告病、病故、休致，应归月选缺分，准其按班补用。均按科分先后为补缺之次序。如有因事降革引见奉旨仍以原官补用，归于咨取到省人员之后，咨取未经到省人员之先序补。又，各项候补、即用、委用、试用人员，有经降革开复者，均俟引见回省后按班序补。本案开复者，仍按原甲第名次及到省日期，先后补用。另案开复者，以后次到省日期序补。又，各项保奏归入候补班先用人员，有因事降革引见、奉旨仍以原官用并援例捐复者，均系弃瑕

---

① 台北故宫博物院藏：军机及宫中档，文献编号：114856；中国第一历史档案馆藏：朱批奏折，档案编号：04-01-18-0047-031。

录用之员。其从前所得即先补用之案,并前次到省日期,俱不准其随带,仍归于该员原班,以后次到省日期与本班试用人员,挨次序补。如系本案开复之员,其从前所得即补先用之案及从前到省日期,俱准随带各等语。

细绎例意,凡各项候补即用、委用、试用及各项保奏归入候补,及本班先用人员有事降革、引见奉旨仍以原官补用者,如系弃瑕录用之员,及另案开复,固应以后次到省日期序补。若因公降革援案开复并非弃瑕录用之员,均得仍照原到省日期序补。大挑知县获咎,在试用年满已经甄别之后,无论开复、捐复,均应归于咨取到省人员之后,咨取未经到省人员之先序补,例内指明甄别以知县用及业经甄别字样,系别于未经甄别者而言,则凡试用不及一年,尚未甄别,因公降调引见、开复原官之大挑知县,自应仍照试用人员之例,视其开复是否本案、另案,以为序补之区分。其义甚明。

又,查道光二十一年,陕西省请以署西乡县事降调开复知县许晖藻补吴堡县知县案内,部议大挑知县按科分名次挨补。如有因事降革引见、奉旨仍以原官补用人员,归于咨取到省人员之后,咨取未经到省人员之先,较回省先后序补。原以此项人员先于署任内缘事降革,后经给还原官,系属弃瑕录用之员,是以扣其后次到省日期,归于各科大挑咨取到省人员之末序补等因。互证参观,是大挑举人必须已经甄别以知县用,或已经署缺因事降革,弃瑕录用,始归于咨取到省人员之后序补。今李应观甫经到省,尚未甄别,亦未署缺,只因道路梗阻,缴照逾限,并非有意迟延,奉旨降调之案改为降留,确系本案开复。既与捐复、保举另案开复者不同,尤不能与已经甄别及已经署缺弃瑕录用之员相提并论。

查该员李应观,年六十四岁,湖北黄冈县附生,中式道光己亥科本省乡试举人。咸丰三年，癸酉科大挑一等，引见以知县用，签掣四川，四年闰七月二十九日到省。因沿途贼扰路阻，缴照迟延，部议降调。咸丰五年四月十二日，奉上谕：李应观着该督出具考语，送部引见，再降谕旨。钦此。该员请咨赴部，于六年六月二十四日引见，奉旨：李应观着仍发原省，以知县试用。其降调之案改为补官日，降二级留任。钦此。是年十一月二十七日回省。因劝捐两湖军饷出力，加同知衔。丁忧起复。同治八年八月初五日，回省甄别，留省以知县补用，咨请借补崇庆州州同。嗣因大挑本班到班，照例调还本班，题署永川县知县。兹准部覆，以该员系降调开复之员，应以引见回省之日作为到省日期，归于咨取到省人员之后序补。并查明大挑知县班内，尚有到省在先之员，例得先行题署，行令拣员另补。

臣查大挑知县班内到省在先之林璋，曾报丁忧，尚未起复来川。张九德前经告假回籍措资。王恩荣业经病故。至刘仰祖到省日期，虽在李应观二次引见到省之前，第李应观从前未经甄别署缺，因缴照违限降调，由本案奉旨开复。似应比照各项试用人员原案开复之例，仍以前次到省日期序补。该员年健才优，以之请补永川县知县，实堪胜任。惟该员于试用一年期内被议原案开复，是否可以比照各项试用人员原案开复之例序补，例内既无明文办理，终鲜依据。如以李应观后次到省日期比较先后，应以大挑知县刘仰祖序补。

查刘仰祖，年五十六岁，江西龙南县卫籍廪生，中式道光甲辰恩科本省乡试举人。咸丰三年癸酉科大挑一等，引见奉旨以知县用，签掣四川。咸丰四年十二月二十二日到省，甄别留省补用。该员留心吏事，以之请补永川县知县，亦堪胜任。该员等均系签掣来川之员,毋庸取具游幕、流寓等结,亦无例应回避之人及捐免回避情事,与例相符,即积大挑本班之缺。该员等均系大挑知县请补知县,衔缺相当,均毋庸送部引见,仍照例试看年满,如果称职,另请实授。案关序补,不厌详慎,是以援例双请,由署藩司英祥、署臬司傅庆贻具详前来。

除分咨外,理合恭折具奏,伏乞皇上圣鉴,敕部议覆施行。再,该员等系大挑人员,例不开叙参罚。此案准部驳回另补,系十二年十二月二十三日行文,应以十三年二月初三日作为奉文日期,扣至四月十四日限满,今该司等于三月初一日详员请补,系在限内。合并声明。谨奏。四月初四日。

同治十三年四月二十二日,奉朱批:吏部议奏。钦此。[①]

○三四　请以河清补授眉州知州折

同治十三年四月初四日(1874年5月19日)

头品顶戴四川总督臣吴棠跪奏,为拣员请补要缺直隶州知州,以资治理,恭折仰祈圣鉴事。

窃照眉州直隶州知州宋恒山于同治十二年三月二十日因病出缺,经臣恭疏题报声明。遗缺系冲、繁、难兼三要缺,例应在外拣员调补。嗣经臣以补用直隶州知州李崇蟠请补,接准部咨,以该员李崇蟠已保知府,应归于候补知府班内补用。其直隶州知州原官已断,所请补授眉州直隶州知州之处,应毋庸议。行令另拣合例人员

---

① 台北故宫博物院藏:军机及宫中档,文献编号:114875;中国第一历史档案馆藏:朱批奏折,档案编号:04-01-12-0517-010。

请补等因。查该州地居冲要，政务殷繁，且管辖三县，有表率之责，必须才具干练、熟悉地方情形之员，方足以资治理。臣督同藩、臬两司，复于通省现任候补各直隶州知州内逐加遴选，非现居要缺，即人地未宜，实无堪以调补之员。

惟查有指分四川候补班前遇缺尽先即补直隶州知州河清，年四十二岁，成都驻防京城镶红旗满洲文兆佐领下人，由生员中式咸丰八年戊午科乡试翻译举人，己未科中式翻译进士，奉旨以主事签分理藩院行走。同治元年五月，三年期满，照例奏留。四年十二月，补授旗籍司主事。是年，考取国史馆收掌官，因恭办《文宗皇帝本纪》全书告成保奏，同治六年十一月二十八日，奉旨：以直隶州知州分发省份，归候补班前遇缺尽先即补，并赏加知府衔。七年十月，报捐指省，分发四川补用。是年十二月初十日，蒙钦派王大臣验放，奉旨：着准其赏加知府衔，发往四川，以直隶州知州归候补班前，遇缺尽先即补。十二月二十日，领照起程，八年三月十三日到省。系曾任京职保举应升之阶，例不甄别。该员年强才敏，办事实心，以之请补眉州直隶州要缺知州，实勘胜任。该员向未在川先行流寓寄籍、置买田产、与本身父子、胞兄弟、胞伯叔侄开设典铺及各项经商贸易，暨在各衙门襄办刑钱事件，川省亦无例应回避之人及捐免回避情事，与例相符，据藩、臬两司会详前来。

合无仰恳天恩，俯念员缺紧要，准以候补班前遇缺尽先即补直隶州知州河清补授眉州直隶州知州，洵于地方有裨。如蒙俞允，该员系候补直隶州知州请补要缺直隶州知州，衔缺相当，毋庸送部引见，亦毋庸另请实授。臣为人地相需起见，是否有当，理合恭折具奏，伏乞皇上圣鉴训示。再，该员系候补人员，例不开叙参罚。此案系由部驳回另补，应免扣限。合并声明。谨奏。四月初四日。

同治十三年四月二十二日,奉朱批:吏部议奏。钦此。①

○三五　奏报瞿烺等期满甄别片

同治十三年四月初四日(1874 年 5 月 19 日)

再,查吏部奏定章程:州、县、丞、倅,无论何项劳绩保奏归入候补班者,以到省之日起,予限一年,令督抚详加察看,出具切实考语,奏明分别繁简补用等因。遵照在案。兹查候补班前尽先补用同知瞿烺、候补班前先补用知县范文彬,均到省一年期满,自应照章甄别,据署布政使英祥、署按察使傅庆贻,会详请奏前来。

臣查看该员瞿烺,年壮才明,请留川以繁缺同知补用;范文彬才具谨伤,请留川以简缺知县补用。除将该员等履历清册咨部外,理合附片陈明,伏乞圣鉴。谨奏。

同治十三年四月二十二日,奉朱批:吏部知道。钦此。②

○三六　奏报采觅木植道路险远请准展限折

同治十三年四月初四日(1874 年 5 月 19 日)

头品顶戴四川总督臣吴棠跪奏,为川省委员采觅木植,道路险远,恳恩准予展限,恭折仰祈圣鉴事。

窃照同治十三年二月十九日准总管内务府咨:现在奉旨修理

圆明园等处工程，奏请行文两湖、两广、四川等省，采办大件木料，每省各三千件，作正开销；并将能否采办何项木植若干件，先将丈尺、根数务于今春三月内报明，迅即运京，计发册一本，内开需用楠、柏、陈黄松木径四尺至七寸，长四丈八尺至一丈五尺不等，共大件木植三千根。又，需用杉木大径一尺五寸、小径七寸、长六丈桅木五百根，大径一尺三寸、小径七寸、长三丈原截木五百根等因。

恭查川省于道光初年奉文采办楠、柏木植四百十七根又六百七十三块，系在距省十数站之打箭炉、越巂厅老林开厂砍伐，离水甚远，中隔崇山峻岭，连年缒幽凿险，疏通道路，始能盘运出山，极费人工。中途间有损折，复添换足数。自奉文以至起运，前后时阅数载，是从前采购已属不易。自咸丰六年以后，滇、发各匪相继窜扰边腹各地，所有成材巨木多被毁伐。近年新种树木，材料短小，不能合式。此次需用楠、柏等木三千根，较前多至数倍，内地无从购觅，必须多派干员分赴夷地，带同土人、樵夫，越岭翻山，深入老林寻觅。如踩获合式堪用之木，又须履勘经过道路，或遇悬岩深涧，阻隔不通，人力难施，不得不另开僻径，预为绕道拖运地步，然后雇匠入山，锯伐成材，募夫起运。蜀中跬步皆山，素称崎岖，引重致远，其难倍于他省。此陆路之情形也。

及抵水次，又多巨石险滩，横亘中流。其自嘉定、雅州以上尽属山溪小河，舟楫不通，木植尤难扎筏，必须逐根飘放至嘉定大河，始能扎筏东下。此水路之情形也。臣现已督饬藩司拣委能耐劳苦之员，并分饬产木州县上紧踩觅，何处能获何项木植若干，如果合式，逐根丈量明确，据实开报，早为采办。惟道路险远，纵委员等多方购觅，而挽运难计时日。若照内务府原咨，限于今春三月报明丈尺、根数，迅速起运，为时太促，万难依限办理，据署藩司英祥详请奏展前来。

合无仰恳天恩，俯准展缓限期，一俟办有端倪，先将所得木植丈尺、根数详细具奏，一面采伐起运，不敢少迟。至川省杉木曾于道光初年奉文采办，因查验木质松浮，一经水泡日晒，概多损裂，不适于用，经原任督臣戴三锡奏请免解，奉旨允准在案。此次应办杉木一千根，可否援案免解，以省冗费，恭候圣裁。除分咨户部、内务府外，理合恭折具奏，伏乞皇上圣鉴训示。谨奏。四月初四日。

同治十三年四月二十二日，奉朱批：着照所请，该衙门知道。钦此。①

○三七　查明李光昭购运巨木虚浮无凭片

同治十三年四月初四日(1874年5月19日)

再，臣前准内务府咨：代奏候选知府李光昭报捐修理圆明园木植一折，内开该员李光昭愿将数十年商贩各省购留香、楠、梓、柏等项巨木价值数十万金，砍伐运京，报效上用，由两湖、四川等六省起运，准将所用木植报明地方官，详请督抚验发护票，沿途关卡查验免税等因。臣查李光昭既称川、楚等六省商贩购留巨木数十万金，已历数十年之久，则购于川省何厅州县，某处存留若干，商贩系何姓名，所在地方商民断无不知之理，当即分檄各巡道督饬各地方官确查去后。兹据永宁、川东、川北各道陆续具禀：遍访各属山厂木商及地方耆老，咸称数十年来未闻有外来李姓客商在川购办木植

---

① 台北故宫博物院藏：军机及宫中档，文献编号：114878；中国第一历史档案馆藏：朱批奏折，档案编号：04-01-37-0123-013。

存留未运之事，近岁亦无李光昭其人遣商来川采办木植，殊属毫无凭据。

又，查川省自滇、发各匪相继窜扰边腹州县，树木多被毁伐，即使李光昭购有木植已数十年，中间叠遭兵燹，亦未必独存。原呈多涉虚浮，殊难凭信。臣现续准内务府来咨：另行奏明四川等省各采办楠、柏等项合式巨木三千根。遵即行司，分委干员前赴夷地老林，上紧购觅，以备解运，已于另折奏明。所有李光昭报捐木植之事系属空言无稽，相应请旨饬下内务府将该员原呈注销，勿庸置疑；仍照内务府册开木植式样，由各省自行委员采办，以杜纷扰而期实济。是否有当，理合附片陈明，伏乞圣鉴训示。谨奏。

同治十三年四月二十二日，奉朱批：着照所请，该衙门知道。钦此。①

○三八　分解甘肃、新疆月饷起程日期折

同治十三年四月初四日（1874 年 5 月 19 日）

头品顶戴四川总督臣吴棠跪奏，为委员分解甘肃、新疆两处月饷起程日期，恭折仰祈圣鉴事。

窃查川省月协甘饷前已解至同治十一年三月止。又前准户部咨：金顺军营协饷，四川每月改解银三万两等因。已于去年十二月间奏明续解二万两在案。兹值川省甫经分拨大批京饷、工程银两及直隶练饷、黔省军饷、淮军月饷之后，库储搜索一空，省外解款寥寥，邻饷催提万紧，实有难以周转之势。惟甘肃、新疆两处催饷委

---

①　台北故宫博物院藏：军机及宫中档，文献编号：114879。

员守候日久，各军盼饷孔殷，不能不尽力筹拨，以资接济。

臣现督饬署藩司英祥凑集捐输银三万两，作为同治十一年四月份及五月上半月协甘之项，内遵旨划扣凉、庄兵饷一万两，另交凉州催饷委员存祥，汇解回凉。又照西征粮台来咨，划除西宁委员在川借拨甘饷采办旗帜银五百两，余银一万九千五百两，饬委候补知县徐孙全，会同甘肃委员俞耀承领，解赴西征粮台交收。复挪凑捐输银二万两，作为新疆协饷，发交金顺军营委员李鸣銮、刘春堂等领解回营。

该委员等均定于本年四月初四日由成都起程，趱运前进。除分咨外，理合恭折具奏，伏乞皇上圣鉴。谨奏。四月初四日。

同治十三年四月二十二日，奉朱批：知道了。钦此。[1]

〇三九　请以刘顺望补授会盐营游击折

同治十三年四月二十四日（1874年6月8日）

头品顶戴四川总督臣吴棠跪奏，为拣员请补游击，以资治理，恭折仰祈圣鉴事。

窃照会盐营游击钟准告病，经臣恭疏题报开缺，声明扣留外补。接准部覆：按照奏定轮缺章程，系第二缺，轮用尽先人员等因。查会盐营驻扎建昌所属之盐源县，远处夷疆，紧接滇省，控驭操防，均关紧要，非熟谙边情夷务之员，不克胜任。臣等于通省收标尽先游击内逐加遴选，查名次在先之白明玉、刘克斗、何遇春三员，或先

---

① 台北故宫博物院藏：军机及宫中档，文献编号：114880；中国第一历史档案馆藏：朱批奏折，档案编号：04-01-01-0925-035。

经告病离营，或未谙边境夷务，人地均不甚相宜。

惟查有副将衔尽先游击刘顺望，年四十岁，湖南溆浦县人，由勇丁出师本省，转战江西、贵州等省，打仗著绩，迭保花翎都司。同治元年，由黔入川，管带虎威左营，击败石逆，力解涪州、綦江城围、克复新宁县城出力，经原任督臣骆秉章保奏，二年九月初八日，内阁奉上谕：都司刘顺望着以游击留川尽先补用。钦此。随调防成都省城，历年办理城防、团练出力保奏，四年八月二十六日，内阁奉上谕：游击刘顺望着以参将升用。钦此。复以助剿越嶲夷匪、肃清建南出力，保加副将衔，历署督标中营游击。现在管操省标十营精兵，认真训练。该员年力强盛，营伍熟悉，以之请补会盐营游击，实堪胜任，距籍在五百里以外，并无违碍事故。该员续保升用参将，并无免补游击字样，自应于补游击后候升，现计尽先名次亦属在前。值此建南夷务初平，人地实在相需，例应声明奏请。

合无仰恳天恩，俯准以刘顺望补授会盐营游击，实于边疆要地大有裨益。如蒙俞允，俟接准部覆，照例给咨送部引见。臣等系为慎重边陲起见，是否有当，理合会同成都将军臣魁玉、署提督臣联昌，合词恭折具奏，伏乞皇上圣鉴训示。谨奏。四月二十四日。

同治十三年五月十五日，奉朱批：兵部议奏。钦此。[①]

○四○　请以李德良等调署知府折

同治十三年四月二十四日（1874 年 6 月 8 日）

头品顶戴四川总督臣吴棠跪奏，为拣员调补要缺知府，并请补

---

① 台北故宫博物院藏：军机及宫中档，文献编号：115134；中国第一历史档案馆藏：朱批奏折，档案编号：04-01-16-0199-085。

遗缺知府，恭折仰祈圣鉴事。

窃臣前准部咨：同治十二年十月初六日，奉上谕：四川成都府知府员缺紧要，着该督于通省知府内拣员调补，所遗员缺着王福保补授。钦此。当即钦遵拣员以宁远府知府许培身奏请调补成都府知府，声明所遗宁远府知府缺，俟王福保到川，另案办理。兹该员王福保于十三年四月初二日到省，自应遵旨以王福保请补宁远府知府。惟查宁远府系兼三要缺，所属五厅州县，汉夷杂处，紧接滇疆，管辖大小土司五十余处，兼理铜、铅各厂，政务本极殷繁，地方素称难治。现值滇中军务初平，游勇遗匪尚多出没，抚驭巡防，在在均关紧要，非在川年久、熟悉边疆夷务之员，难资治理。

臣于王福保到省后，详加察看，并询以刑名吏治，应对明晰，才具亦甚开展。惟甫膺外任，似于边要难治之区稍有未宜，随督同藩、臬两司于通省实缺知府内，逐加遴选，查有潼川府知府李德良，年五十五岁，顺天宝坻县廪生，道光己酉科拔贡，以知县用，签掣四川，补授开县知县。咸丰七年，升补眉州直隶州知州。嗣以守城解围出力保奏，十年十一月初九日，奉上谕：着以知府用，赏戴花翎。钦此。旋丁父忧，服满起复。同治六年十一月二十日引见，奉旨：着发往四川，以知府遇缺尽先补用。钦此。七年九月回省，委署成都府知府，补授潼川府知府，同治九年八月二十五日到任。该员老成干练，才具优长，历任地方，政声卓著，洵为知府中结实可靠之员，以之调补宁远府知府，实堪胜任；正、署各任内并无降革、留任、展参案件，其余因公处分，例免核计。例俸已满三年，与调补之例相符，且人地实在相需，据藩、臬两司会详前来。

合无仰恳天恩，俯准以李德良调补宁远府知府，其所遗潼川府知府缺，即以王福保补授。如蒙俞允，李德良由现任知府调补知府，王福保系奉旨补授之员，并非以繁改简，均毋庸送部引见，亦毋庸另请实授。是否有当，理合恭折具奏，伏乞皇上圣鉴训示。谨奏。四月二十四日。

同治十三年五月十五日，奉朱批：吏部议奏。钦此。[①]

○四一　委解滇饷起程日期折

同治十三年四月二十四日（1874 年 6 月 8 日）

头品顶戴四川总督臣吴棠跪奏，为委解滇饷起程日期，恭折仰祈圣鉴事。

窃查川省应协滇饷自同治八年四月二十九日起至十二年十一月止，先后共解过银四十三万七千两。去年经臣奏陈川省民力艰难，统筹司库出入，请将该省协饷尽力匀拨，委员径解滇省司库，毋庸再由滇省分派将领赴川守催，由部臣议覆，曾奉旨允准在案。本年川省筹拨户部京饷、直隶练饷并工程银两，暨新疆、甘肃、贵州、淮军各省协饷，共解过银三十四万两，司、盐两库业已搜刮一空。惟滇省办理善后，需饷孔殷，不得不竭力设法，以资接济。

兹臣督同藩司勉凑协滇兵饷银二万两，发交滇省催饷委员候补同知刘锡龄承领，定期于同治十三年四月二十五日自成都起程，解赴云南藩库交收，以济急需。除分咨外，理合恭折陈明，伏乞皇上圣鉴。谨奏。四月二十四日。

---

① 台北故宫博物院藏：军机及宫中档，文献编号：115135；中国第一历史档案馆藏：朱批奏折，档案编号：04-01-12-0517-009。

同治十三年五月十五日,奉朱批:知道了。钦此。①

○四二　起解京饷请援案发商汇兑片

同治十三年四月二十四日(1874 年 6 月 8 日)

再,前准部咨:奏明各省起解京饷自此奉到部文之后,装齐饷鞘,由驿解京,不得再行汇兑等因。当经饬转遵办去后。兹据臬司英祥详:川省运饷进京必须道经陕南,现查甘肃军务初平,正在遣散营勇,致秦、陇交界各地方游勇散练,络绎于道,行旅咸有戒心,不敢轻进,且褒、沔、岐、凤一带,民人未尽归业,驿路车骡未能时备,若以京饷重项沿途羁滞,更与散练游勇错杂而行,栈道险窄,实觉可危,万一失事,追悔无及。惟有仍照历年成案,暂行交商汇兑,详请具奏前来。

臣查川省僻处西陲,北连秦、陇,该省回匪初平,散勇四出,运路危险,与东南各省肃清已久者不同。京饷关系紧要,未便轻蹈不测。合无仰恳天恩,暂准援案发商汇兑,以昭妥慎,一俟探明秦中道路平靖,即饬藩司改解实银,以符部议。是否有当,理合附片具陈,伏乞圣鉴训示。谨奏。

同治十三年五月十五日,奉朱批:着照所请,户部知道。钦此。②

---

① 台北故宫博物院藏:军机及宫中档,文献编号:115136;中国第一历史档案馆藏:朱批奏折,档案编号:04-01-35-0976-089。

② 台北故宫博物院藏:军机及宫中档,文献编号:115137;中国第一历史档案馆藏:朱批奏片,档案编号:04-01-35-0978-056。此片具奏日期未确,兹据同批折件校正。